治国理政现代化研究系列　桁林主编

RESEARCHING THE GENESIS OF MARXISM
BASED ON TEXTUAL ARCHAEOLOGY

马克思主义发生史探源

——基于文本的研究

桁林　等　著

GUANGXI NORMAL UNIVERSITY PRESS
广西师范大学出版社

·桂林·

马克思主义发生史探源：基于文本的研究
MAKESIZHUYIFASHENGSHI TANYUAN：JIYU WENBEN DE YANJIU

图书在版编目（CIP）数据

马克思主义发生史探源：基于文本的研究 / 桁林等
著. --桂林：广西师范大学出版社，2022.9
（治国理政现代化研究系列）
ISBN 978-7-5598-3426-3

Ⅰ．①马… Ⅱ．①桁… Ⅲ．①马克思主义—历史—研
究 Ⅳ．①A81

中国版本图书馆 CIP 数据核字（2020）第 234004 号

广西师范大学出版社出版发行

（广西桂林市五里店路 9 号　邮政编码：541004）
（网址：http://www.bbtpress.com）
出版人：黄轩庄
全国新华书店经销
广西民族印刷包装集团有限公司印刷
（南宁市高新区高新三路 1 号　邮政编码：530007）
开本：880 mm ×1 240 mm　1/32
印张：15.5　　字数：380 千
2022 年 9 月第 1 版　　2022 年 9 月第 1 次印刷
定价：78.00 元

如发现印装质量问题，影响阅读，请与出版社发行部门联系调换。

理论不媯业

原在于生活

目　录

第一章　绪论

　　工欲善其事必先利其器,理论发展到一定程度需要方法论创新,方法论创新往往别有洞天,能极大地拓展理论的空间。就像哥白尼提出日心说一样,马克思发现了人类历史发展规律,马克思主义本身就是思想方法创新的产物。与时俱进、发展创新是马克思主义理论品质,关于实践标准的大讨论为改革开放、发展中国特色社会主义提供了强大的思想动力,今天我们对于马克思主义发展史已经有了更全面更深刻的把握,对唯物史观、历史辩证法、意识形态等范畴也有了更深认识,克服了以往的片面性和盲目性,尤其是教条主义危害,这些都有利于巩固已有的改革成果,有利于马克思主义的守正创新。

一、有关思想史的研究方法

　　研究历史无疑是对过去的重访。然而,过去是不可重复的,后人无法穿越到过去以当事人的角色经历同样的事态,只能尽量想象或模拟当时的场景及事态进展情况。历史也从不售后悔药，因此所谓回到过去，实在是永远回不到的过去。据此我们完全可以断言，《史记》有关霸王虞姬垓下对话的内容是不足信的，不可能有见证人。同理，李斯被腰斩前还想着再次跟儿子东门遛狗，这通愿望也很可能是杜撰的。① 然而，为什么《史记》偏偏成了信史，并为人们所乐道，长期受到史学界的追捧并被奉为圭臬呢？

这就引出一个严肃话题，如何正确地叙述历史，准确把握历史脉络？当然，历史也不是靠史料堆积起来的，仅靠考古当中刨出的片鳞半爪，显然不足以支撑起整部历史叙述，必须要有内在的逻辑将它们串联起来。就如同山势地形，纵然鳞次栉比、一山更比一山高，仍然是错落有致、变化有节的。会看门道的人，任何伪装的掩体都瞒不过他的眼睛，假的就是假的；看走眼的人，就容易迷失其中，找不着方向。

如此说来，马克思主义发展史靠什么接引？

当然是思想的来龙去脉、前因后果，即存在着洛夫乔伊所说的"观念的巨链"。② 我们所讲的那些历史上留下有影响力的思想，既不是无根基悬空的，也不是孤立无援的，思想史研究要不断追根溯源，按着它固有的脉络将彼此联系在一起，由此拎起来的就不是片鳞半爪，而是一连串的思想。思想的高峰不是孤立存在，也不可能孤立存在，而是重峦叠嶂，同样也是这山连着那山，形成纵横交错、错落有致的山脉。要达到顶点，须不停地翻山越岭，而指引我们顺利攀登到达顶点的，不就是怀里揣着的那张明示山势走向的

---

① 司马迁：《史记》，中华书局，2011 年。
② 洛夫乔伊：《存在巨链：对一个观念的历史的研究》，商务印书馆，2015 年。

地图吗?

　　研究思想史,首先是想方设法回到过去,即设身处境地想象过去的场景。思想史是有体温的,对于思想发生发展的原点不断地作回顾式探访,很有必要。今人毕竟不同于古人,生活的环境和习性有了很大改变,尽可能多地掌握思想的素材,就成为史学研究的基本功。① 与此同时,今人站在过去思想巨人的肩膀之上去跟古人对话,回访不是复古或炒冷饭,而是同一种思想在不同时间(时代)的对接,只有对接得上才有活思想的体现,思想史的价值就在于体现思想的时间刻度,即它的过去价值、今天创新、进步和发展。真理之所以成为真理,是因为它对所有史料开放、对未来开放,才具有普遍性,这是古今对话的最大意义和价值所在,否则研究思想史就跟品评古董差不多,虽有某种隐约联系,但毕竟相隔太远,缺乏令人信服的稳定的、必然的联系。这种回访是单向的而不是互动的,达不到回访应有目的。

　　思想史的重访包含了对真理的时间价值的重估,这恰是它令人肃然起敬之处。将思想史置于历史的脉络中,不是停留在从观念到观念、从一个思想到另一个思想的演绎之中而不能自拔。虽说思想的脉络反映的是思想的印痕,但它的源头仍在现实层面,是某种社会存在状况的反映和对时代使命的回应,只有置身于历史脉络中才能找到根基,彰显思想的强大生命力,不至于沦为空洞的大话套话。

---

① 对此霍布斯鲍姆做得很到位。艾瑞克·霍布斯鲍姆(Eric Hobsbawm, 1917—2012)是享誉国际的英国左派史家大师,渊博的知识为其思想史研究垫起足够高的基础,他能将波希米亚、土匪强盗和无政府主义者的生活细节刻画得栩栩如生。

找准这把钥匙,等于打开了思想史宝藏的大门。如果文本足够多,就文本研究思想也是可行的。过去较长时间,因素分析法占据了思想史研究的主流位置,然而,因素分析能否替代思想本身,一直是存有疑义的。譬如,同样的社会基础会有多元的思想存在,这也是不争的事实,对此又作何解释呢? 况且,思想不是孤零零存在的,思想本身就是社会现实的反映,它包含着大量人间烟火气息,不管是正确的还是错误的思想,也不管它是片面偏激的还是全面中和的、平铺直叙的还是有意歪曲的,都是某种社会存在的反映,是社会现象的一部分,只要它是真实存在过的,都会留下磨灭不掉的痕迹,就不能被漠视或虚无化对待。

思想内容本身是整个社会存在的反映(或部分存在的片面反映),是各种社会存在反映的聚合,文本本身包含了思想史研究所需的全部信息,充分而完备。任何思想对于社会现实的反映,不仅能容得了这个现实世界,还包含了自身对于现实世界的认知,并不断逼近某种现实,这本身就是一个大千世界,体现了思想固有逻辑、内在起伏变化等特征。因此,就思想(文本)研究思想,并没有脱离现实,更不是另起炉灶。《马克思恩格斯全集》历史考证版研究迅速地成为一门显学,无疑受到了这种方法论的有力支撑。思想史并非脱离现实的空想史,即使按文本自身逻辑演绎也不可能脱离现实层面,不管承认或否认,现实都在那里——正如古希腊神话中的阿喀琉斯,他的脚后跟总要触及大地——必须在现实中找到自身的落脚点,这恰是思想史与现实史重合的地方。

当然,思想史研究有它自身特点,不是历史背景所能替代得了的。虽说哲学是时代产物,但时代替代不了哲学,也代替不了思考。让背景走到前台，毕竟不是那么回事。例如，同一个历史背景下，会有形形色色的思想存在，一因多果现象也颇为常见，好比一个大屋顶下住着形形色色的房客，不同类型，各种形态，模样不会千篇一律。思想史有其相对独立性，是社会思想多元性、丰富性的根源，不是因素分析法能取代得了的。

可见，就思想来研究思想，仍有其可取之处，至少就忠实于思想本身而言，不失为一种积极稳妥的办法。就思想来研究思想，文本时序是主要依据，因素分析是辅助手段，后者不可能喧宾夺主成为思想史研究的根本方法，这应是思想史研究的共识。

二、对唯物史观再认识

(一)唯心史观和唯物史观的关系

"文化层"概念借用了考古学术语，指历史遗址残留的人类活动遗迹在土壤剖面分布上具有明显的分层现象。譬如，罗马城底下还压着另一个罗马城，今天的罗马人不同于古罗马人。开封府也因战乱和黄河泛滥，底下重叠着至少六层古城遗骸。面对越是久远的年代，就越要借助这些考古手段。

考古剖面呈现分层现象，各层土壤品质和内容物不同。通过对各层遗物的鉴定，能够确定各个年代与文明程度。与此类似，一个概念或一种观念也同样具有这种时间面向，从它的起源到发展、从过去到现在经历过不同时期的转换。概念谱系就是文化层在历史哲学领域的运用。①

　　具体到唯物、唯心史观,概念谱系就很有指导性。长期以来,我们坚信唯物史观和唯心史观黑白分明、根本对立,唯物史观是对唯心史观的根本否定。殊不知,从文化层的考证来看,唯物史观正是叠加在唯心史观之上在近代(才)崭露头角的主流意识形态。唯物史观提到的一个词"扬弃",准确地揭示出两种史观的前后关联性,表明唯物史观和唯心史观是在一个时间轴上的累积,是同一史观在不同时代的表现,不是"二"而是"一",各自表明了它们的时代性。如果非得要把唯心史观抽空了让唯物史观填满整个历史,等于抽掉了历史。同时,弱化了唯心史观进一步发展为唯物史观的另一面潜质与可能性。历史地看,简单二分法本身显然违背了唯物史观的根本方法。

　　那么,唯心史观和唯物史观的根本区别究竟何在?

　　唯心史观与唯物史观的侧重点不同,其对立性体现在,虽然唯心史观和唯物史观都承认经济基础的作用,但它更强调政治上层建筑的统领作用,并以此作为维系社会的根本和指挥棒调配一切资源。唯物史观认为,它的整体逻辑体系是颠倒的。

　　所谓唯心史观,并非如字面解释的"万物唯心造",从而沦为不切实际幻想的代名词。唯心史观也好,唯物史观也好,都不否认物质财富创造的基础性地位,这一点从双方都承认"经济基础"就能看出究竟来。"经济基础"这一称谓并非马克思发明创造,而是马

---

① 后起的现代化国家尤其强调概念谱系并对此详加考证,目标指向未来而不是指向过去。对概念的重视程度和考证力度,德国可谓开风气之先,对后世观念的塑造具有很大的影响力。

克思秉承了唯心史观的概念加以改造。所谓基础,好比盖房子的地基部分,是看不见的部分,裸露在地表上的是辉煌建筑,地位最显赫,也最为人们津津乐道。不难看出,所谓经济基础、上层建筑这种表述方式,本身就表明了高下、主次关系,以及优先序。事实上,唯心史观承认经济基础,但认为它处于下层,跟高高在上的政治上层建筑不能相提并论,更不认为经济基础能反过来起决定性作用。显然,唯心史观仅承认"基础"而已,此后便不再越雷池一步,不肯承认物质财富创造会在历史中起决定作用。否则,旧秩序岂不动荡、从此天下大变了吗?① 当然,它也不相信物质财富创造能起多大的历史作用。

唯物史观则不然,它将物质生产方式看作决定因素,一切都是围绕着物质财富创造及其生产方式展开的。虽然政治等贵为上层建筑,掌握着生杀予夺的权力,但不能不受制于物质生产条件,都得围绕物质生产而展开。可见,在马克思的观念体系中,虽然沿用了"经济基础""上层建筑"这些概念,但在旧概念中加入了新内容,不仅肯定经济基础起着基础性作用,更是强调它在社会历史发展中的决定性作用,因而改造了旧观念。②

---

① 以商业市场的秩序作比方,越是基础性的商品其价格越稳定,故此市场基本面才能波澜不惊。大宗产品(如粮棉油)之于人类或石油天然气之于工业,都是最基本的需求,价格弹性反而低,它们多大程度上能左右整个市场行情呢?几乎为零,起不了决定性作用。除非出现饥荒、恐慌等例外情形。在正常情况下,这些商品不大可能剧烈波动。市场价格稳定性主要靠大宗产品,而不是奢侈品。奢侈品价高利大,市场行情波动也大。从中我们就能辨析什么是市场中的基础性因素,什么是决定性因素。

② 马克思:《〈政治经济学批判〉序言》,载《马克思恩格斯文集》第 2 卷,人民出版社,2009 年。

相形之下,唯心史观则把政治看得高于一切,把经济看成政治的婢女,甚至瞧不起物质生产,轻易不言利,贬低商业价值,视金钱为粪土。

重义轻利是一种价值取向,它并非不讲经济利益,而是认为经济利益是附着在政治利益之下的,有了政治权力便有了其他一切。据此推论,最大的买卖存在于政治领域,而不在商业领域。这是典型的唯心史观表现。在人类历史长河中,唯心史观长期占据主流意识地位。这里举历史上的两个典型案例,涉及秦皇、汉武,作为对甚嚣尘上、不可一世之唯心史观最好的注解。

据《战国策·卷七》记载:濮阳人吕不韦贾于邯郸,见秦质子异人(子楚),归而谓父曰,耕田之利几倍?曰十倍;珠玉之赢几倍?曰百倍;立国家之主赢几倍?曰无数。① 后来的故事,想必大家都知晓。吕不韦对赌成功,赢得了与子楚"分秦国共之"这样的大局面。

另一则例子见《史记·高祖本纪》。汉武帝的曾祖刘邦功成之后给老父亲祝寿,调侃说今某之业所就孰与仲多?一句话引得哄堂大笑,殿下群臣皆呼万岁。到汉武帝手上,西征北讨,祖业撑得更大,如今十几亿人口的民族仍都自称"汉人"。②

---

① 刘向:《战国策》,上海古籍出版社,2015 年。
② 对于夏商周三代,夏称夏人或华(夏)人,商称商人,周称周人,都是后朝对前朝及其亡民的称谓,且都有封地。秦以后称秦人,汉以后称汉人,唐以后称唐人,只有封号没有封地。汉因刘邦封汉中王得名,而汉中又因汉水得名。江淮河汉是四大古河,汉者大也,天汉就是银河,汉水即地上天河。古汉水源头一说在天水,后改道南溢汇入嘉陵江。古时汉中郡所设在安康,秦国将郡所西迁至南郑,1949 年南郑更名为汉中。

可见，那时的人们已意识到，最大的买卖不在商业而在政治，之后的历史更是变本加厉，甚至到了无以复加的地步。汉武帝时代登峰造极，盐铁专营，利出一孔，天下俨然是一人之天下矣。诚如《庄子·胠箧》所讥讽的：窃钩者诛，窃国者侯。强盗逻辑盛行之下，经济基础的作用隐于幕后，只能是潜流、弱音，无法显山露水。物质生产再重要，都受制于政治。因此，长期以来，物质生产的重要性都不是从积极方面表现出来的（只有到了近代才彻底改观），更多时候是以消极方式表现出来的，如江山不稳，这个时候潜流就会显性化，从而揭示给人看，即通常讲的历史周期率，遭受"如若不然，定会怎样"的历史惩罚。一句"天下（百姓）苦秦久矣"，说明统治不得法，不得人心。一部《资治通鉴》面陈的是帝王，讲的是帝王术，对帝王苦口婆心加以规劝以表忠心：若想长治久安，做到江山永固，一定要守规矩，不能逞强蛮干，大有临时抱佛脚的味道。这样那样的谶语，无非从反面证明历史铁律确实存在，并非妄语。最不知趣的要数明末的崇祯帝，所有大臣都负他，而他不负天下，到死都转不过这个弯来。

唯物史观是对物质财富创造的双重肯定，既肯定它的地位又肯定它的作用。唯心史观迈半步、留半步，永远保持清高姿态。唯心史观与唯物史观的认知结构是颠倒的，二者彼此对立，不能同时成立。诚如前述，唯物史观和唯心史观都承认"经济基础"，但唯心史观仅到这一步，不再越雷池一步，而唯物史观不仅肯定物质财富创造的基础性地位，而且认为这是推动社会历史发展的决定性力量。所谓唯物史观的唯物性，集中体现在这里。也正因为如此，唯心史观讥笑唯物史观为庸俗的唯物史观。

　　将基础性地位和决定性作用相提并论,是唯物史观区别于唯心史观的重要特征。长期以来唯心史观占据主导地位,唯物史观之所以能够上升为主流意识形态,跟物质财富急剧膨胀的近代史紧密相关。大航海时代呈现出巨大的物质诱惑,突破了中世纪的樊篱,对物质财富的追求是推动近代史的根本动力,连英国女王都放下身段投身生意场,悄然入股海外公司,不再仅仅靠地产和税收过日子,可见,物质财富这股洪流的裹挟力量有多大——中世纪千年垒成的旧制度根基正在被一点点蚕食。倘若没有出现富可敌国的巨大利益,以法治见长的英国断不会出现如东印度公司这种公私不分的法外之域。自此以后,英国政府的海外行动,更像是一家多人合开的配备国家武装的股份公司。英国的自由资本主义很快为帝国主义所取代。

　　俗话说,千里之堤溃于蚁穴。如果自上而下都受利益诱惑不能自拔,那么,旧制度终将经不起长期腐蚀而自行溃败。近代史跟古代史的一个重要区别在于,古代战争是为掠夺而掠夺,近代战争是为了贸易和可生产的资源(原料)——尽管都由贪婪引起,但这个分水岭导致了完全不同的结局。杀鸡取卵、竭泽而渔、不择手段地靠坑蒙拐骗、烧杀抢掠获得财富终归难以为继——对多数人而言是一场灾难,甚至是灭顶之灾,这是一条不可持续的绝路。近代史将这种对物质的诱惑引向物质财富创造,由此闯出了一条新路,带来一片生机。

　　如果将这股历史洪流阻挡在国门之外,后果会怎样?以1792年的中国为例,这一年马嘎尔尼率领多达九十人的英国代表团访华,带着新式技术前来给八十三岁的乾隆祝寿。这时候机器隆隆之声已经震撼了整个西半球,法国大革命浪潮掀翻了整个西欧,相形之下,中国则患上了自闭症,处于地球另一侧充耳不闻,仍生活在日出而作、日落而息的"世外桃源"。① 究其原因,清朝皇帝(乾隆)出于自保目的,只知道防民,以"天朝物产丰盈,无所不有,原不借外夷货物以通有无"婉拒(断然拒绝)外国通商的要求。私心作祟,自以为已经到了大到不能倒的地步,谁也奈何不了我,以静制动,不思进取。可想而知,结果惨不忍睹——未出五十年,被打得稀巴烂,又是割地又是赔款,整个国家都成了陪葬,陷入半殖民地半封建的泥潭。若以当时清朝国力计算,无疑位居世界第一,但是人均水平极低,老百姓食不果腹,衣不蔽体,在温饱线上苦苦挣扎。马嘎尔尼在中国逗留半年,感到大失所望,没有看到《马可波罗游记》中所描绘的"遍地是黄金,人人身穿绫罗绸缎"那种令人垂涎三尺、富得流油的东土世界,而是"一小撮鞑靼人""靠棍棒进行威吓统治""停滞于农业的社会",于是大呼上当,形容自己所见到的是"一座雄伟的废墟",对东土世界不再有任何敬畏之心,对天朝的幻想破灭了,看清其外强中干、色厉内荏的本质。到了这份上,箭在弦上,战争已不可避免。事实证明,一旦开战,很多老百姓为了讨

① 康乾盛世从 1681 年康熙平定三藩算起,到 1796 年乾隆退位共计 115 年,又称康雍乾百年盛世。1793 年正值它的巅峰状态,国力号称天下无双。乾隆退位后仍志得意满,自称十全老人,做起太上皇,享受天伦之乐,不知国之危亡、大厦将倾。不出 50 年,1840 年鸦片战争将专制王朝从外部撕开裂缝,天国神话顿时化作泡影,1851 年金田起义从内部撕开更大的口子,洪秀全领导的太平军席卷江南,占据长江下游流域,前后长达 13 年之久。长期失去最富庶地区的财税供应,清王朝国力空虚,还手无力。为剿灭"匪患",只得鼓励地方办团练,从此以后国内政治风起云涌,各路人马大显神威。地方武装被解除了封印不再受禁,老大帝国早已名存实亡。

生活争相为洋人开道。

尽管现实如此不堪,但是,要从唯心史观转向唯物史观仍然有着极为苛刻的历史条件。因为作为主流意识形态的唯心史观,即便像上述这样千疮百孔,备受指责,甚至被人指出全部缺陷和漏洞、虚伪和做作,都不会令其自动退出历史舞台,宁肯赖着脸皮经受千锤百炼,在"新三年、旧三年,缝缝补补又三年"中努力地撑下去。

只有当巨大的社会物质财富的洪流淹没(吞噬)了整个旧秩序,即物质生产成为整个社会的中心工作,让人们进一步认清了利益和价值所在,这个时候唯物史观才能从潜流转而上升为主流。这时,一个新时代诞生了。有需求才会有供给,理论上也同样如此,唯物史观就是这个新兴时代的产物。只有到了近代,才突出经济基础这条主线;如果还是以农为本,让所有人都束缚在土地上,不可能跳出历史周期率。

唯物史观从根本上回答了社会持续稳定发展的力量究竟来自何方。它的根本要义在于:第一条,分工和交换关系的发展使得物质财富创造成为推动社会历史发展的决定力量,这是唯物史观区别于唯心史观的重要特征。但是,仅有这一条,避免不了庸俗化的嫌疑,甚至会被唯心史观讥讽为庸俗的唯物史观,因此还要有第二条,即技术进步是推动社会历史发展的根本动力。物质财富创造只有跟技术进步结合起来,才有源头活水。具备了这一条,唯物史观才不会被庸俗化。第三条,促进普遍的人的发展和人的价值不断提升,是人类社会历史发展的总趋势。尤其是当技术进步的作用越来越显著的时候,普遍的人的发展成为整个社会持续发展的条件和源泉。

具备上述三条,唯物史观才是彻底的。分工和交换关系的发展及技术进步并不能保证整个社会再生产关系能够自动实现,极有可能导致另一极端,即产能过剩、有效需求不足。这恰是资本主义经济危机的重要表征,越是发展程度高、技术进步作用大,经济危机也越深。危机就是强制再平衡的手段,借此提出了满足普遍的人的需求这一客观要求,尽管它是以消极的、被动的方式表现出来的。

(二)历史一再证明生产力内生性

半个世纪以来经济学的最大成就,在于证明生产力是内生的(endogeneity),现实也雄辩地证实了这一点。

以斯密为代表的最早的古典经济学包含生产三要素,三要素彼此独立,也就是外生的,三要素本身又是生产关系的体现,生产关系影响社会财富和生产力水平。内生是相对生产关系而言的,这是具有革命性的结论,唯物史观需要吸收这一最新理论成果和实践成果。四十年改革开放的成就证明这个结论无比正确。我们见证了这样的历史奇迹,即在生产力条件没有多大改变的情形下,(生产关系)改革开放造就了新的巨大的生产力。

这种现象一直被看作是生产关系领域的能动反应(作用)。如此巨大的力量仅仅被当作能动表现,可见决定它的力量有多大!事实上,从1958年到1978年长达二十年,占主导地位的生产力连温饱问题都解决不了,即使处境如此糟糕,生产关系仍要坚持"宁要社会主义的草不要资本主义的苗",可见起决定力量的生产力这个时候(时期)起的是反向作用。相形之下,1978 年之后调整了生产关系,(边际)生产力就自发地产生了。无论农村还是城市都有如此强烈的前后对比,安徽小岗村是如此,浙江义乌小商品市场同样如此。

这里没有什么事先已知的生产力在起作用,未知的生产力就蕴含在调整后的生产关系之中,不需要新技术,不需要机器大工业,粮食亩产就自发提高了,不再出现饿死人逃荒现象。这个神奇的决定性力量究竟是什么,不言自明。

从生产关系看,孕育着新生产力的有机体被严重束缚了,需要被打破。小岗村 18 个农民实在忍受不住饥饿煎熬按了血手印,要求包产到户,就这么低级的要求创造了农村生产力的奇迹,一劳永逸地解决了长期以来困扰中国人的温饱难题。改革开放所创造出来的生产力,绝不是预想得到的。更想不到的是,在不长的四十年时间里国内生产总值能够一跃成为世界第二,真正实现超英赶美。

这是从前难以想象的巨大生产力。站在过去的节点上,对于一个无法估量的未来生产力,只能称之为未知数,它在求解的数学方程中是被决定的因素,不能作为已知数,它又怎么能决定未来的生产关系呢?被求解的未知数(未知力量),怎么能当作已知的决定力量呢?我们只能称之为内生的变量或因素。

三、历史辩证法的实践彻底性

简而言之,历史辩证法就是对历史正反两面经验教训的总结从而得出正确的结论,这个结论既是逻辑的,又是历史的,是两方面合一,因而它具有预测功能。① 历史辩证法虽然隐于幕后,但永远不缺席。历史的彻底性就在于它要反复地证明自己的规律,像翻烙饼似的,不弄顺直滑溜就永无宁日。难怪几千年中国史会那么跌宕起伏。历史辩证法的实践性和彻底性毋庸置疑。历史就是发生了的事实,每一件事都是实实在在干出来的,哪怕像王莽那样的伪善,跟舞台戏剧表演还是两码事。

虽然历史辩证法这一观念迟至十九世纪才现身,但它实际发生作用并非自那时始。中国有着几千年的文化积淀,文王拘而演《周易》,就是在推演历史轮回变化的周期;仲尼厄而作《春秋》,很有担当地将那些反面事例钉在历史耻辱柱上,非常执着,不怕得罪人,使得历朝历代乱臣贼子有所忌惮。无论是《春秋》还是《史记》,或是《资治通鉴》,都在扣其两端,隐约其中始终有一条历史的中轴线。这大概就是孔子所讲的"执中"吧,而在《老子》五千言中,更是直呼其为"道"和"德"。"道"和"德"二者本是一回事。所谓"德"者,即得或达也,仍是"道"。

道从何而来,就从扣其两端而来,没有比较就没有甄别和取舍。这是历史辩证法的第一层含义。另一层含义,不是只有经历失败才能走向成功,而是尽可能地避免失败。历史辩证法的本意就是要通过正反两面的间接经验达到对真理的认识,历史不允许犯同样的错误。这是孔子、司马迁、司马光等一干人写作的用意所在。马克思曾引用黑格尔的话:历史事件和人物往往会反复出现,

---

① 列宁:《谈谈辩证法问题》,载《列宁专题文集(论辩证唯物主义和历史唯物主义)》,人民出版社,2009 年。

第一次是正剧,第二次就成了滑稽戏。① 很多人都援引林肯说过的一句真理,你能骗得了一时,也可能蒙骗某些人一世,但无法永远蒙骗所有的人。第一次或许还心存侥幸,第二次就连被骗者都成笑话了。例如,清末民初袁世凯还要称帝,连铁杆跟班徐世昌都不答应。这说明,时代确实是进步了。

扣其两端,目的在于执中,把握历史主线,避免重犯前人的错误,这才是正道。前人犯过的错误还用得着再犯吗?史家一心所要维护的道统,就是这个历史辩证法,而不是别的什么"统",更不是只要江山坐得稳就可以不择手段,不计后果使偏力、用蛮劲。我们也看到了,中国历史上法家成就再大,都只能算一个极端,而不能称其为道统。事实上法家也少有善终的,几乎无一例外都遭秋后算账、拨乱反正。如此冤冤相报,势必不可能有一个可持续的稳定秩序。这就是历史辩证法强有力的表现形式。

有人认为统合才是正道,有人认为仁义才是正道,岂不知反例同样多如牛毛,可见历史不能只执一面之词,否则都是极端,而将另一个极端遮蔽起来,将历史辩证法所昭示的结果统统遗忘。譬如,中国史只有一半时间处于统合状态,高度集权,另一半时间中央政权近乎瘫痪,形同散沙,处于地方武装割据状态。大的乱世如春秋战国(公元前770—公元前221)五百多年,从董卓乱政开始的魏晋南北朝四百多年,没有真正统一过,三国(220—280)、东晋及十六国(317—420)是其中最乱的。唐朝末年藩镇割据到五代十国(907—979)也有近百年乱世,再就是进入热兵器时代的清末民国,

---

① 马克思:《路易·波拿巴的雾月十八日》,人民出版社,2018年。

杀伐现象变本加厉。可见,历史不是落在一个极端上,而是在两个极端之间摇摆。难道几千年这种分分合合、大开大合的场面还不足以警醒世人?

同理,汉以来统治者所标榜的仁义之道也只是一极而已,另一极端则认为,成王成圣"乃欺世盗名耳",吃亏的总是老实人。庄子曰"圣人不死大盗不止",汉宣帝教训太子"柔仁好儒"之弊,道出了真相:"汉家自有制度,本以霸王道杂之,奈何纯任德教,用周政乎?"原来如此!鲁迅讲礼教杀人,让老百姓吃人血馒头。

历史的秋千(钟摆)不断地从一个极端荡到另一个极端,来回往复,跳不出地心引力,只能围着它转,历史周期率在长时段里表现得如此淋漓尽致。历史辩证法就是要扣其两端,看清历史全貌和它的整个过程,不至于走向偏执极端的一端来回往复摇摆。它的真谛就在于,除非能够消除异己,完全同一化,否则,历史的钟摆始终有一个向心力,那就是双方形成的合力——只有合力才能生成最大的生产力,离这个中心点越近,合力越大,离这个中心点越远,合力越小。历史辩证法所传授的全部智慧都在其中。如何让分头使力的各种极端(状态也罢、势力也罢)趋于一致,彼此从对方角度考虑求得各方都能接受的最终解决方案,形成激励,促进合力,这才是正道。

有鉴于此,党的十四大提出社会主义市场经济和要素生产力,十八届三中全会提出"三让",即让一切劳动、知识、技术、管理、资本的活力竞相迸发,让一切创造社会财富的源泉充分涌流,让发展成果更多更公平惠及全体人民,这就是合力,而合力的基石是社会主义市场经济,社会主义市场经济和要素生产力二者之间具有内在紧密的逻辑关系。新中国七十年不断探索的一个根本问题就是怎么样提供一套有效激励机制,不断扩大协作合作关系,形成最大的合力。这个根本问题解决了,社会主义道路也就走出来了。

理论自信需要在实践自信中找到归宿,并找到赋予这种自信的源泉,需要有新的动力和活力。再以义乌小商品市场为例,这是合力创造生产力的典型例子。已故社会学家费孝通先生将义乌的成功概括为"小商品大市场"六字真义,非常到位。满大街都是前店后厂的小作坊,每家仅有几台机床而已,但是义乌小商品市场所创造的合力生产力,足以与任何一家世界五百强企业相匹敌。

巨大的生产力体现在产值和效率上,它们是如何创造出来的呢?从生产关系的纵向深度来看,具有高效的自我激励机制,可以24小时自觉自愿地加班加点,丝毫没有任何被迫现象。从交换关系的广度来看,作坊与作坊之间形成广泛的分工合作关系,其协作程度之高,令人叹为观止。比如义乌小商品市场,任何一项加工品从设计到批量生产都能在24小时内完成。这就是它的规模和效率,协同合作,可分可合,同时具有了大企业所不具有的灵活性。这些都是它的竞争优势和成功之道,换作任何一家世界五百强,未必有它那么高的效率。

既然是合力,就需要维护双方的利益才能持久,因此自身的发展必须要以对方为条件,从对方角度考虑双方都能接受的合作方案,而不是强调单方面牺牲,或舍弃自我,放弃自身利益。当然,也不否定彼此斗争的必要性,但很显然,斗争是手段而不是目的,目的是要形成最强大的合力。不是为了斗争而斗争,更不能将斗争当作本质,其目的性、主次、轻重、层次都是分明的。

可见,越能被普遍接受广泛认同的共识,越接近于历史辩证法的真谛。这跟平均主义无关,而跟公平有关。例如,手心手背有不同的赋权,要能摆得平,也是不容易的。我们以掌勺分羹为例。如何让众人相安无事,相与无争?在众目睽睽之下让掌勺者分到最后一杯羹,是得到公平最简便易行的办法。离开了这条准则,其他方案再怎么去完善,除了徒然增加交易成本(包括监督成本在内),不会有令人满意的结果,只会引起更大的纷争——不消除掌勺者特权,再怎么提倡仁德爱心,讲尧舜谦让,都只有一时功效,不是什么长治久安的办法,缺乏应有的制度保证。

四、马克思主义彻底性贯穿于意识形态批判始终

马克思对意识形态批判,完成于 1845 年《德意志意识形态》书稿。这是马克思首先做出的最伟大贡献之一,马克思的两大发现都是建立在意识形态批判基础之上,没有这把卓越的剃刀,不可能有后来的两大发现。正是在这一著作中,唯物史观第一次得到了正式表述。《德意志意识形态》书稿因而成为马克思主义的诞生地,在思想史上具有很高价值,智慧女神雅典娜的猫头鹰(die Eule der Minerva)从这里起飞了。①

一部马克思主义发展史就是一部意识形态批判史。马克思的批判性非比寻常,一般人只知道马克思对资产阶级意识形态批判,却不知道他对意识形态本身的批判同样犀利。很多观念,貌似已

---

① 马克思、恩格斯:《德意志意识形态》,载《马克思恩格斯文集》第 1 卷,人民出版社,2009 年。

经被当作垃圾从前门扔了出去,又顺手从侧门捞了回来,更不要说那些从后门偷偷溜进来的,《共产党宣言》就尖锐地指出,有的屁股上还留有封建主义的胎记,却恬不知耻当作自我标榜的勋章。①

什么是意识形态(ideology)?简单地说,就是跟"物质形态"相对立的"观念形态",物质形态和观念形态这两种形态是此岸和彼岸的关系,有如镜子成像,是镜和像的关系。需要指出的是,当我们在物质后面加上"形态"二字时,它本身就已经被充分意识形态化,赋予柏拉图式的理型观念(不同程度上)。物质形态本身也是一种意识形态。可见,意识形态这一概念的穿透力是多么的强大。

意识形态这个概念最早由法兰西院士特拉西(1754—1836)在1801年出版的著作《意识形态的要素》中提出,目的是要确立像研究自然科学那样不偏不倚的观念的科学形态。这显然是不可能达到的,难怪拿破仑会对这帮不切实际的"幻想家"和"麻烦制造者"不以为然。

事实上,观念形态内在地有着共同信仰、价值或技术结构,即范式(paradigm)。对此,马克思最先作出批判性揭示,马克思之前还有卢梭、黑格尔,马克思之后有尼采(1844—1900)等人,包括海德格尔,都不同程度地揭示了真相,这个名单可以罗列很长,甚至追溯到古希腊的苏格拉底,可见其渊源之深,流传之广。但是,要论对意识形态批判最深刻、挖掘最深的还是德国人,其深刻性已达

---

① 马克思、恩格斯:《共产党宣言》,载《马克思恩格斯文集》第2卷,人民出版社,2009年。

到令人叹为观止的高度。这本身是否也是一种德意志意识形态呢？[①]

　　"范式"这一概念迟至 1970 年才由美国科学哲学家托马斯·库恩(1922—1996)在《科学革命的结构》一书中正式提出,它准确地传递出意识形态固有的属性,揭示了意识形态的本质。虽然和意识形态这一概念相比,范式提出的时间晚了一百多年,但毫无时间隔阂,二者能直接对接,彼此遥相呼应——因为没有人不在意识形态中思考问题,思考都是意识形态化的思考。自从有了这种自我意识之后,人们再提出任何一个观念,都会瞄准它背后的价值取向。套用卢梭的话,人(的思想)是自由的,但无时不在(意识形态)枷锁之中。

　　如果我们不把枷锁当作枷锁,岂不重获自由了吗? 这当然是"聪明"的做法,这是否属于自我欺骗或精致的利己主义者行为呢?

　　未必尽然如此。假使从来都生活在这种环境,预先没有枷锁意识,视之为必然或不可克服而必须付出的代价,则另当别论。"交学费"论调不就是这种意识形态的反映吗? 这是所有心灵鸡汤惯用的麻药。美国南北战争时,南方庄园奴隶们并不认为自己受到压迫和虐待,奴隶天然地依附于奴隶主,主仆关系井然有序,至少表面上风平浪静,并无剑拔弩张的紧张关系,倒是北方佬手伸得很长,要实行长臂管理,去解放南方劳动力。电影《飘》对此揭示得相当深刻,这是南北方两种意识形态的较量,对南方来说,奴隶与

[①] 马克思博士论文研究古希腊哲学家思想,反思并无情地揭露现实,不仅其研究内容,就其精神品质都跟古希腊哲学精神遥相呼应。我们对于这条思想脉络研究还不够,没有超过德国古典哲学、英国政治经济学、法国科学社会主义的范围。

奴隶主是共生关系,谁也离不开谁,奴隶一旦离开了奴隶主,无法生存。① 但北方缺劳力,因此不答应,要伸手解放黑奴。

人们往往笑话安东·巴甫洛维奇·契诃夫《套中人》的角色,岂不知自己在观察和思考问题也是不知不觉地套用某种范式,表面上是在争论某个观点,背后则是不同范式之间的较量。所以,要驳斥某人观点,最好将对方的范式连根拔除,否则还只是意气之争。显然,没有不偏不倚的意识形态,意识形态的这个特征跟特拉西的初衷正好相背。

对意识形态最好的批判,就是避免落入意识形态陷阱,而避免落入意识形态陷阱的最好办法,就是去除意识形态幻觉。例如,要使得我们的思想政治教育得法,每个人所说的话首先让自家孩子能接受,如果连自己的孩子都拒绝接受,怎么好意思拿来说服大家?某些裸官,大言不惭地高谈爱国主义,拿谎言来击鼓传花,终有落地被击穿的时候。这种教育方式显然是不可持续的。

马克思主义彻底性表现在对意识形态的批判上。无产阶级要将自身置于被审察的位置上客观看待,不为任何利益所束缚。越是彻底,不心存侥幸和任何幻想,无产阶级获得解放越彻底。狭隘地死抱自身的利益不放,终将落空。譬如,工资提高了,或是劳保福利水平上升了,但在既定生产关系下如果效率没改变,财政并没有额外的来源,结果必然是新一轮物价上涨,羊毛还是出在羊身上。又如,如果教育资源不放开,供给端没有增加,需求端争来争

① 鲁迅就曾质疑易卜生的小说《玩偶之家》的结局,旧时代女性缺乏独立性,主人公娜拉离家出走后又能怎么样?

去，表面改来改去看着眼热而已，实则于事无补。

对意识形态的批判，虽然我们前所未有地站在巨人的肩膀上，但看到的高度尚不及巨人，甚至于马克思所批判的现象，刚从前门扔出去，不幸又从后门被全盘拣回来了。最典型的就是教育的强行灌输理论，重答案轻思想、重结果轻过程，用一个模子去套，标准化的大规模应试教育这种生产方式，是当代教育体制失败的根源。重新提倡创新型思维方式和学习型政府，就是对现代教育体制的纠偏。

马克思对意识形态批判给今天话语体系建设、怎么讲好中国故事有什么启示呢？

首先，人的潜力是无限的，这既是一个愿景，也是推动整个社会向前发展的根本动力，过去是被束缚在整个生产关系底下，现在越来越独立，越来越有自由意志。这一切都要归功于（同时也取决于）分工和交换关系的发展。

《共产党宣言》旗帜鲜明地提出"每个人的自由发展是一切人自由发展的条件"，党的十九大报告提到"人的全面发展"达9处之多，在全面建成小康社会之后及时将这项任务提到了议事日程，要在如何使人的自由全面发展进一步成为现实这个主题上做大文章、做好文章。① 在"每个人"与"一切人"之间，每个人的自由发展是绝对的、无条件的，整个社会分工协作关系是建立在每个人自由意志、自愿合作基础上，激励一切生产要素的投入，由此来看市场，是否只是社会主义初级阶段才有的特殊现象呢？由此回过头来看

---

① 习近平：《决胜全面建成小康社会　夺取新时代中国特色社会主义伟大胜利》，人民出版社，2018年。

一和多、个体和整体是什么关系,人民的概念等过去所理解的教条主义,不觉得过于片面(偏激)和呆板(机械)了吗?

其次,一切都以有利于每个人的自由发展为目的,以此作为衡量尺度。公有制和按劳分配都是手段,当公有制能够促进这一目的实现的时候,我们就采取公有制形式。尤其是具有规模效应的基础建设,外溢效应非常大,天然地具有公有制性质,要求实现公有制形式。这些领域如果任由私有制为所欲为,假公济私,结果必然是灾难性的。当然,必须明白,我们不是为了公有制而公有制,它首先是一种经济行为,而不是纯粹的政治行动,如果用政治行动完全取代经济行为,等于消灭经济行为,结果扩大两极分化。历史的辩证法是这样实现的,当公有制走过头,沦为大锅饭时,就开始搞包产到户,1958 年"大跃进"所带来的灾难性后果,直接影响党内政治生态,这种政治生态一直主导着此后的政治走向,长达几十年。这样的历史教训是非常沉重的,代价也是巨大的。两代人就在这一历史的反复中折腾,成为试验品。

事实上,公有制、按劳分配,以及计划经济都是派生手段,从属于实现生产力大发展这一根本目的。要实现生产力大发展,必须要让每个人自由充分地发展。人民满意不满意、答应不答应才是检验制度优劣的标准。至于按劳分配原则,是迟至马克思晚年在《哥达纲领批判》才提出的主张,计划经济更是苏联人想出来的对策方案。这一切都是权宜可变的,只有每个人的自由而全面的发展才是矢志不渝、始终不变要坚持的宗旨。这是马克思主义发展的原动力,也是支撑马克思主义整个理论体系的支点,阿基米德的地球就是这样被撬起来的。舍本逐末只会捉襟见肘,狼狈不堪。此正所谓一处被动,处处被动,苏联教科书提出的社会主义经济三大原则本末倒置,最终将整个国民经济紧紧地束缚起来,出现长达一二十年所谓"勃列日涅夫停滞"阶段。

若不是被教条主义束缚,哪用得着松绑?事实上,无论苏联、东欧还是中国,改革都从松绑开始。

再者,人的自由全面发展永远是第一位的,成为贯穿中国特色社会主义、实现中华民族伟大复兴中国梦的一个总纲。虽然物质发达了,体现人的存在及其价值仍然任重道远。例如,GDP 上来了,却买不来健康,其目的性就丧失了;如果国家富强,人均水平上来了,但大多数人低于平均水平,社会矛盾就会激化。

举纲张目,才成体系。人的自由全面发展是架设人类文明桥梁、联系人类命运共同体的纽带,更是谁战胜谁、实现制度优越性的不二原则,走到东西方的哪个角落都叫得响。它从根本上为中国特色社会主义发展指明了方向,同时也说明中国特色社会主义不局限于一隅(国)一时(发展中国家、初级阶段),而是具有全人类共同价值追求的 21 世纪的马克思主义。

五、警惕发展史研究中的教条主义危害

在创新马克思主义中史论并进、理论和实践两条腿走路是马克思主义发展史的基本格局。理论不是拍脑袋想出来的,而是来自实践,用之于实践,跟历史有割不断的联系。苏联对马克思主义

发展史重视是有传统的。跟列宁同时代的梁赞诺夫作为这门学科的奠基者,在苏维埃政权初建之时就在欧洲广泛地搜集马克思原始手稿,这项专款由列宁特批。当时卢布极为宝贵,但苏联领导人远见卓识,即使勒紧裤带也做到精神不断粮,这种政治上的支持对于有效开展马克思原始手稿搜集整理工作起到了极大的推动作用。正因为有这样扎实工作做在前头,第三国际在跟第二国际斗争时始终处于主动地位,不至于在资料占有上先天不足。试想,如果当初第二国际垄断了马克思的所有原始手稿,苏联在思想舆论斗争中会多被动?

尽管经历了两次世界大战烽火和德国纳粹党人迫害,马克思的原始手稿几经辗转还是幸运地保存了下来。对于史学研究来说,史料就是"草料",有了草料,研究的骏马才能跑得起来。正是有了这些原始资料,才有后来《马克思恩格斯全集》历史考证版(MEGA)的编辑,这是马克思主义发展史研究的一次国际盛会,其编辑方式、合作模式影响至今,直到今天仍有参考价值,直接影响到如今《马克思恩格斯全集》MEGA2 的出版工作。尽管现在看来MEGA 的规模显得过小,但好的开头非常重要,它架起了一座通往未来的桥梁。

有关马克思主义发展史研究,像这样辉煌的历史终止于《联共(布)党史简明教程》出版之后。自联共党史教科书出版之后,所有历史叙述都定于一尊,马克思主义发展史(及其研究)就越来越受到政治束缚,只能按照其"四章二节"的调子复述,在此框架体例内不再越雷池一步,余下的工作只不过用来证明它的正确性。

联共党史就按两条路线斗争来编排,正确的永远正确,错误的永远错误,历史就按这个简单粗线条的套路来编写,成了事后诸葛亮,将整个艰辛探索过程一概抹平。如此一来,历史成了政治诠释的工具,成了如黑格尔所说的任意打扮的小姑娘。延安时期编的《六大以来——党内秘密文件》历史文献是用来整风的重要文件,一度就干脆命名为《两条路线》。这是政治家对历史的处理方式,其真实可靠性就只好宜粗(就轮廓而言)不宜细究。毛泽东自己就常讲(针对某件事情)"一风吹",不再追究。类似地,对待"文革"遗留下来的问题,邓小平也主张"宜粗不宜细",一旦纠缠于细节,牵涉面太广,必然会没完没了争执下去,不利于安定团结。

然而,对于史家而言就不能这么简单化一风吹,要讲求证据链充分,经得起推敲,要一个萝卜对着一个坑,不能有半点马虎。就像刑侦破案一样,不容错过的恰恰是细节,魔鬼往往藏在细节里头。在对待局部与整体、"一"与"多"关系上,要一视同仁,"一"放大了就是"多",现代技术可以将细胞克隆成人,因为它们拥有同样的基因信息,不能厚此薄彼。不能忽略活生生的个体,只表述为王侯将相史。

真正的理论创新,在史料面前是开放的,在辩证法面前是彻底的,这样的理论创新才能永葆青春。理论不能脱离活生生的真实生活,否则理论就成了木乃伊、纸老虎。当苏联转向实行新经济政策时,列宁甚至大胆地说(直言不讳),我们对于社会主义的看法根本地改变了。除了列宁,没有第二个人敢讲这样的话,而这恰恰体现了马克思主义的理论品质。马克思不也是这么讲吗,我不是马克思主义者。① 马克思主义并不以真理自居成为人们膜拜的教条,而是拥有认识真理的强大动力和方法。②

刻板的教条主义者割裂了史论关系,甚至切断了理论创新的脐带,成了无源之水,还在夜郎自大,怎么不跌得鼻青脸肿,甚至于粉身碎骨呢? 1957 年 4 月,毛泽东回忆党史时曾感慨:"教条主义的亏,我们吃得太多了。"③1930 年的《调查工作》是为了反对当时红军中的教条主义思想而写的。那时还没有"教条主义"这个名称,而是管它叫"本本主义"。1961 年这本小册子失而复得,重新发表时就改名为《反对本本主义》。④ 一部中共党史,就是跟教条主义斗争的血泪史。教条主义的禁锢造成马克思主义发展史研究故步自封,设置了重重禁区和敏感地带,只能大而化之、轻描淡写,容不得认真二字。

理论创新应呈现史论相互促进、齐头并进的局面。史能明辨是非,论从史出,在辩证中求得正道,这个正道就在于扣其两端而执乎其中,这是历史辩证法的真谛。如果史从论出,这就难免会削

---

① 马克思对二女婿拉法格(1842—1911)所说的这句话,据《马克思恩格斯全集》第一版收集的材料统计,恩格斯至少引述了五次:1882 年 11 月 2 日至 3 日致爱德华·伯恩斯坦的信(第 35 卷,第 385 页);1883 年 9 月 20 日格·亚·洛帕廷给玛·尼·奥沙尼娜的信的片断,也讲述了同恩格斯谈话内容(第 21 卷,第 541 页);1890 年 8 月 5 日致康拉德·施米特的信(第 37 卷,第 432 页);1890 年 8 月 27 日致保尔·拉法格的信(第 37 卷,第 446 页);1890 年 9 月 7 日给《萨克森工人报》编辑部的答复(第 22 卷,第 81 页)。列宁曾感慨:"半个世纪以来,没有一个马克思主义者是理解马克思的!"参阅《列宁全集》第 38 卷,人民出版社,1959 年,第 150—151 页。
② 恩格斯:《自然辩证法》,载《马克思恩格斯全集》第 26 卷,人民出版社,2014 年,第 499 页。
③ 张蕾:《黄顺基:道法自然 渐臻佳境》,载《光明日报》2015 年 10 月 22 日。
④ 在这篇著名的斗争檄文中,毛泽东开门见山地指出,没有调查就没有发言权。

足适履,向教条主义称臣纳贡,教条主义对于马克思主义发展史阉割,危害至深至远。马克思发展史上每个环节重大争论无不是马克思主义理论创新的契机,每一次重大挑战都意味着马克思主义发展的转机,与时俱进、守正创新是马克思主义应有的理论品质。

马克思主义是彻底的。历史辩证法将充分表明,每一次的历史反复都更加证明马克思主义的彻底性,也使得马克思主义更加彻底。马克思主义发展史研究就是这股创新之风吹进来的风气,也是理论创新的试金石,即允不允许研究马克思主义发展史,多大尺度上允许研究马克思主义发展史,能不能从站队意识转向秉持实事求是原则,都是检验马克思主义彻底性的风向标。

马克思主义理论创新,不但是要与时俱进地创新其内容,还要方法创新,以及态度的转变。我们看到,马克思的1844年手稿在世界各地出版时都曾引起思想界不小的骚动,无论是莫斯科还是布达佩斯,无论是中国还是外国,人们都惊异地发现还有另外一个马克思。究竟是另一个马克思,还是同一个马克思呢?

当然是同一个马克思,只不过以前给人看的只有一面,不够丰满和立体罢了。[1] 教条主义不回答这些问题,只采取封堵办法,造成思想禁锢和理论僵化,行动上裹足不前,在现实中寸步难行。教条主义带来的危害是有形的和无形的双重迫害,它的影响是长期的致命的,就跟阴霾一样。

教条主义就是新时代的"啃老族",它没有创造任何价值,而是在不停消耗价值,坐吃山空终会有山穷水尽之时,那时又该咋办

---

[1] 马克思:《1844年经济学哲学手稿》,载《马克思恩格斯文集》第1卷,人民出版社,2009年。

呢？老祖宗给的是探索真理的方法，现成东西总是有限的，面对新情况新问题又该咋办呢？

范蠡五湖收远迹，管宁沧海寄余生；可怜世上风波恶，最有仁贤不敢行。然不信仁贤，则国空虚，不行仁而得国者有之，不行仁而得天下者未之有也。想过没有，人生终要老去，留下的精神遗产会是什么？当我们回首往事，不要因阿谀奉承而耳赤，也不要因投机钻营、沽名钓誉而羞愧，更不要因虚度年华而后悔，这样去见马克思的时候就能无愧地说，我把全部生命都献给了世上最壮丽的事业——为人类的解放而斗争。

六、新时代宣言

追随思想史足迹，是最引人入胜的科学。马克思主义历史进程是三个面向的统一，从一个方面看是唯物史观进程，从另一方面看是历史辩证法进程，从第三个方面看是意识形态批判进程。列宁强调，在黑格尔和马克思那里辩证法、逻辑学和认识论是同一的，不必要用三个词；①他还指出，从作了唯物主义解释的黑格尔辩证法中可以找到自然科学革命中所提出的种种哲学问题的答案，

---

① 列宁:《黑格尔辩证法〈逻辑学〉的纲要》，载《哲学笔记》，人民出版社，1974 年，第357 页。列宁在《卡尔·马克思》一文中写道，辩证法按照马克思的理解，同时也是黑格尔的看法，其本身就包括现时所谓的认识论。

只要他们善于去找的话就一定能找到。①

卡瓦格博神山时常锁在云雾之中,只是偶露峥嵘。假以时日,待到云开雾散,在金色阳光烘托下,定会为其雄浑庄严的气势所震撼,笃实力行的人们终将见证那一刻的瑰丽壮观。我们的所有努力都是在对准这一刻的镜头,直到它的三个面向全部展现出来。

马克思主义意味深长,就像有待开启的宝藏。唯其深才显其威,马克思主义所拥有的正是获得真理的方法。马克思主义无穷魅力就在于此,对此研究得越透,收获也就越大。

---

① 列宁:《论战斗唯物主义的意义》(1922)。从 1914 年伯尔尼《哲学笔记》算起到 1922 年写出这篇战斗性檄文,列宁潜心研究黑格尔著作八年,就如何研究、改造和阐明黑格尔的辩证法有了明确的计划。这篇文章被苏联著名哲学家鲍·米·凯德洛夫誉为"真正意义上的列宁哲学遗嘱"。参阅凯德洛夫《列宁〈哲学笔记〉研究》(1972),章云译,马迅校,求实出版社,1984 年,第 8 页。

第二章 马克思社会形态学的确立——作为唯物史观载体和具体存在形式的社会形态究竟如何

当马克思的研究工作从国家治理层面进一步深入市民社会时,扬弃了黑格尔的旧思路,开创出唯物史观和社会形态学的研究方法,认识到国家形式和法律关系不能局限于自身的理解或泛谈普遍的公平正义原则,应从更深层次的物质生活方面和生产方式去把握,是它们制约着整个社会生活、政治生活和精神生活而不是倒过来,这才是国家形式和法律关系的本质。

社会形态研究要切入唯物史观这个正题,体现在社会结构、发展阶段和分类方法中,社会形态是唯物史观在具体时空中的展现。

一、作为唯物史观载体和具体存在形式的社会形态

恩格斯在马克思墓前的讲话高度评价马克思一生的两大发

现,即唯物史观和剩余价值学说。剩余价值学说可视为特殊的唯物史观,社会形态则是唯物史观的具体形式,是唯物史观可观察和考证的实体存在。社会形态不仅可以纵向看,从原始社会贯穿到现代社会的各种形式,以及它们的演变过程,还可以横向看分布在地球各个角落的具体的国家形态,因而分别从时间、空间不同维度展现社会形态学生动丰富的内容。

对未知领域的研究普遍遵循由外而内、先外延后内涵的方法,从归纳特征入手逐步深入本质和规律。同样,马克思在未完成的著作《黑格尔法哲学批判》(1843)中也如黑格尔那样,从国家治理这一显性的表层切入,逐步深入底层的市民社会。① 然而,他很快就发现整个逻辑秩序是头足倒立颠倒的,应将此反转过来,即从市民社会到国家而不是从国家到市民社会,这使得他有机会发现唯物史观。一旦发现了新的方法,并用它来指导自己的研究工作之后,过去受困扰的所有疑问都烟消云散,眼前豁然开朗。借助于唯物史观,整个研究工作得以从外延深入内在规定性,进而考察生产力和生产关系相互作用,对此进行分子式结构解剖,由此奠定社会形态学的科学基础。

对于横向几千种、纵向几千年形形色色的社会形态、国家形式,根据内在的结构而不光凭经验或外在特征进行分类排序,就表明这门学科已经超越了它的初级阶段而达到成熟程度,标志着这门学科的诞生。有了结构知识再进行分类,远比经验归纳法科学得多。所谓成竹在胸,就是有了结构图谱再分门别类,这种方法远

———

① 马克思:《黑格尔法哲学批判》,载《马克思恩格斯全集》第 3 卷,人民出版社,2002 年,第 5—158 页。

比经验归纳法科学得多。培根称之为"新工具"或新方法。横向和纵向相呼应,表明结论不仅能从考证远古原始社会残存的遗骸中得出,还能从保留下来的某个原始丛林中的某些原始生活方式中找到踪迹,时空两方面是彼此对应的,可以多方对照来看,深化对研究对象的认识。

譬如,千岛之国的印度尼西亚有着一千多个民族、七百多种语言,是个名副其实的民族博览国,其中有些民族的生活方式还很原始,是考察古代社会的活化石。再就奴隶制而言,不是每个地域都像古埃及那样有过大规模的奴隶劳动,但是不把人当人看待、像拥有牲畜那样拥有人口的现象在各地的历史上却是广泛而长期存在过的——从生产领域到生活领域、从政治领域到经济社会等领域,奴隶从一开始的战俘到后来被贩卖的非洲黑奴,时间跨度很长,这个庞大的劳动力群体源源不断地得以补充,奴隶被当作私有财产一样看待,直到19世纪才有废奴、禁奴法律,在此之前蓄奴行为都是合理合法的。黑人在政治上获得选举权则是在更晚的时候,直到20世纪中叶才告实现。

再如历史上各种封建制,外观上千姿百态,内容也千差万别,经常被张冠李戴,导致众说纷纭。但是,无论后人怎么定义,都不应忽略这些社会形态有一个共同本质,即都是为了有效地控制人,控制某些特殊的稀缺资源也是为了间接地控制所有人口,为达此目的甚至无所不用其极。相比之下,奴隶制直接地控制人,其枷锁是有形的,封建制则是通过物(资源)间接控制人,化有形枷锁为无形,实现了更有效的控制。那些被视作命根子的稀缺的战略资源,可以指土地、粮食、食盐或其他任何紧缺物资,也可以是水源地,或钢铁等关键物资,垄断了所有人所仰仗的这些战略资源,也就间接地控制住了人。公元前 81 年(汉昭帝六年)的《盐铁论》就是封建制的产物,汉宣帝教训太子刘奭(后来的汉元帝)时说得很直白:"汉家自有制度,本以霸王道杂之,奈何纯任德教,用周政乎?"①

从历史演变的趋势看,社会管控是逐步放松和放开的。对人的控制从直接到间接,从控制人到控制物,再到控制资本,社会流动性和个人意愿逐步增强,源源不断地形成生产合力,这才是整个社会生产力前进的方向。至于其他方向的生产力,更要靠强力甚至蛮力来维持,逞能一时而不可持久,一旦外力强制力消退便轰然倒下。

资本主义相比于奴隶制和封建制这些赤裸裸的控制手段,更加迂回,连控制方式都是间接地通过资本来实现。现时代的人力资本、无形资本价值提高的速度较有形资本更快,已经成为市场主导力量,"干股"和期权比重增加,外购知识产权比例上升,企业股权结构正在悄然发生改变。至于社会主义,更是要打破物的关系背后被资本奴役的生产方式,进一步解放生产力,让多数人更为自由充分地发展。

在社会形态分类中,既有以生产关系为尺度(尤其是所有制),也有以生产力为尺度(尤其以劳动工具为标志),二者并不矛盾,既不存在脱离了生产关系的生产力,也不存在脱离生产力的生产关

---

① 据班固编撰的《汉书·元帝纪》记载,太子刘奭(汉元帝)"柔仁好儒,见宣帝所用多文法吏,以刑名绳下,大臣杨恽、盖宽饶等坐刺讥辞语为罪而诛,尝侍燕从容言:'陛下持刑太深,宜用儒生。'宣帝作色曰:'汉家自有制度,本以霸王道杂之,奈何纯任德教,用周政乎!且俗儒不达时宜,好是古非今,使人眩于名实,不知所守,何足委任!'乃叹曰:'乱我家者太子也'"。

系,而是相互呼应,彼此对照,即有什么样的生产力就会有什么样的生产关系,有什么样的生产关系就会有什么样的生产力。这种辩证关系告诉人们生产方式不仅具有相对稳定的状态,同时也预知它什么时候改变,如何变化。那就是,生产条件改变,尤其是生产工具的新发明新创造,意味着整个生产方式将会发生联动的反应。

尤其值得一提的是所有制,它虽然不是生产方式改变的因,却是生产方式改变的结果。所有制是所有生产关系凝聚的焦点,集中体现了生产关系的一切方面,因此,社会形态按所有制形式分类就显得格外引人注目。"五形态"就是以生产关系尤其是生产资料的占有方式为依据划分的,依次分别为原始社会、奴隶社会、封建社会和资本主义社会,再加上当时所讲的未来社会形态(共产主义社会),共五种社会形态。需要强调的是,这是就所有制形式来划分的社会形态,而不是只讲所有制形态。

除"五形态"外,还有其他多种划分标准。如从生产力,尤其是生产工具看,分成如下几个阶段:分别是旧石器时代、新石器时代、青铜器时代、铁器时代、蒸汽机时代、电气化时代、自动化和人工智能的信息时代;从生产力和生产关系结合的生产方式看,分为游牧文明、农耕文明、工业文明等。2003年教材改革之后,又出现新的说法,如"史前时代""农耕文明""工业文明"等。

从马克思原著中也能得到相应佐证:

1.以生产工具、劳动资料为标志

"到现在为止我们都是以生产工具为出发点,这里已经表明了在工业发展的一定阶段上必然会产生私有制。"①

"手推磨产生的是封建主的社会,蒸汽磨产生的是工业资本家的社会。"②

生产资料对经济社会形态的决定作用:

"动物遗骸的结构对于认识已经绝种的动物的机体有重要的意义,劳动资料的遗骸对于判断已经消亡的经济的社会形态也有同样重要的意义。"③

"生产方式的变革,在工场手工业中以劳动力为起点,在大工业中以劳动资料为起点。"④

"在以分工为基础的工场手工业(和农业)的场合,机器被用来完成个别过程,而其他过程(尽管和那些用机器来完成的过程也是相连接的)则形成机器生产过程的中断,它们需要人的劳动并不是用来看管某个机械过程,而是为了实现生产本身。在机器时代以改变了的形式重新出现的工场手工业和大农业的情况就是这样。"⑤

"按照制造工具和武器的材料,把史前时期划分为石器时代、青铜时代和铁器时代。"⑥

---

① 马克思、恩格斯:《德意志意识形态》,载《马克思恩格斯选集》第1卷,人民出版社,1995年,第104页。

② 马克思:《哲学的贫困》,载《马克思恩格斯文集》第2卷,人民出版社,2009年,第602页。

③《马克思恩格斯文集》第5卷,人民出版社,2009年,第210页。

④ 马克思:《资本论》第1卷,人民出版社,2004年,第427页。

⑤ 马克思:《经济学手稿(1861—1863)》,载《马克思恩格斯全集》第47卷,人民出版社,2004年,第517页。

⑥ 马克思:《资本论》第1卷,人民出版社,2004年,第211页。

2.从生产和分配角度划分游牧时代、农业社会和工业社会

"个人的生产行为最初难道不是限于占有现成的、自然界本身业已为消费准备好的东西来再生产他自身的躯体吗？……无须改变现有东西的形式（这种改变甚至在游牧时代就已发生了）等等的这样一种状态，是非常短暂的，在任何地方也不能被认为是事物的正常状态，甚至也不能被认为是正常的原始状态。"①

马克思还指出：

"在工业社会的这一基础得到充分发展的状态和家长制状态之间，存在着许多中间阶段。"②

马克思明确提出农业社会向工业社会过渡的思想：

"由封建农业社会到工业社会的转变，以及各国在世界市场上进行的相应的工业战争，都取决于资本的加速发展，这种发展可以不是沿着所谓自然的道路而是靠强制的手段来达到。"③

二、唯物史观的发现：从国家治理进一步深入市民社会

如果把社会形态比喻为皇冠，那么，国家政权形式分明就是皇冠上的明珠。社会形态中备受瞩目的是国家政权的组织方式和组织形式。两千多年前古希腊的柏拉图和亚里士多德就对国家政权

---

① 马克思：《政治经济学批判（1857—1858年手稿）》，载《马克思恩格斯全集》第30卷，人民出版社，1995年，第485页。

② 马克思：《政治经济学批判（1857—1858年手稿）》，载《马克思恩格斯全集》第30卷，人民出版社，1995年，第143页。

③ 《马克思恩格斯全集》第46卷，人民出版社，2003年，第887页。

形式的分类作了初步尝试。

古希腊城邦最多时有一千多家,柏拉图的开创性贡献在于将形形色色的城邦作最简明扼要的分类,他在《政治家篇》中把政体按统治者人数多寡分为君主政体(一人统治)、贵族政体(少数人统治)、民主政体(多数人统治)。与此对应的极端形式分别是僭主政体、寡头政体和暴民政体。君主制要有强大的传统(包括血统)和道德支撑,如若缺少传统和道德基础,则不幸沦为僭主政体;精英集团的少数人统治同样要有民意基础,一味强权就成了孤家寡人的寡头统治。

亚里士多德师承柏拉图,但青出于蓝而胜于蓝,他具有更强的科学头脑和分类能力,将一切知识体系化,从生物学到政治学无所不涉,奠定了现代分类科学的基石。如用"界目纲目科属种"对自然界的生物加以全面分类,就是从他开始的。他的《政治学》也如法炮制,采用同样分类法——尽管当时古希腊还有 158 个城邦,呈现出各种不同的政治制度,但只用六种政体就将它们全部纳入他的分类体系当中,一如柏拉图做到的那样。其中,包含了三种基本形态和与之相对应的三种变形政体。三种基本形态分别是君主制、贵族制、共和政体,对应的三种变体则是僭主、寡头和平民政体。

对于柏拉图和亚里士多德来说,六种政体虽有优劣之分,但无先后之别,它们都是并行的、可逆的,有着较大偶然性,没有必然性可言,因而是可选择的,一切依条件而改变。

这种结构图谱,对于分析远古时代相对静止的社会或许可行,但满足不了近代史提出的要求。近代史需要快速而明确地指出政治发展方向和社会发展方向。纵观近代思想史,无论是霍布斯(1588—1679)、洛克(1632—1704)还是斯密(1723—1790)都在追求取代古代社会的改革方案,让现代国家得以诞生。其先决条件就是要使得古代国家和现代国家彻底分离。对此,如果仍在上层建筑兜圈子,毫无出路可言。

显然,这些人的关注点已经从国家治理方式进一步深入经济基础,"从天国降临到人间",从不食人间烟火转向接地气,从国家政权转向市民社会,从物质生产领域找线索,进而提出国家政权合法性不是取决于所谓的正统、道统——实则是血统、世袭的继承权之类的裹脚布,而取决于整个社会是否能够源源不断地获得更多的财富。

要实现社会财富的涌流,靠的是大多数人而不再是少数,因此必须实现最大多数人的最大幸福。当然,这里面有臆想的成分,也有煽动的成分,但这种对旧制度无情地死亡宣判,带来的却是天翻地覆的改变。

这种变化,最初只在英伦岛国发酵,未波及欧洲内陆国家,像普鲁士、奥地利、俄国等封建堡垒对于这种变化具有本能的排异反应。当然,这些国家本身也不具备这种变化条件。

显然,作为普鲁士国家意识形态代表的黑格尔既不满足于柏拉图、亚里士多德所提供的几种国家政权组织形式,同时对洛克、斯密等人提出的政权演进路径也同样不满意,他认为所有这些结论都不符合普鲁士民族发展的要求,不能给普鲁士民族发展指明方向。黑格尔最终形成的是"三明治"式解决方案,或许用夹生饼来形容更合适,即貌似左右兼顾实则不为左右所容。

　　黑格尔首先认定人类历史呈现的是精神解放史,这是他宏大历史叙事的起点。现在回过头来看,这个起点显然缺乏有力的依据,是他臆想和推论出来的。此音只应天上有,人间哪得几回闻?从《精神现象学》到《哲学史讲演录》都将此作为立论基石。他在《历史哲学》中写道:"世界历史就是对无约束的天然意志的训练,使它服从于普遍的原则,并且赋予它主观自由。"相应地,黑格尔的国家理念最高原则是自由。它远远高于现实,现实的国家只是国家理念的表现。纵览全球,自由意志从低级到高,自东向西地分作三种人,分别是东方人、希腊罗马人和日耳曼人。其中,日耳曼人体现了自由意志的真正实现。

　　黑格尔还对国家和社会作了必要区分。市民社会是外在的国家,是主观意志、个人利益的结合形式。国家形式和法律关系植根于物质利益关系,这种关系的总和就是黑格尔所说的"市民社会"(一如十八世纪英国人和法国人所说的),对此分析应从政治经济学领域去把握。黑格尔在《法哲学》中详细剖析了市民社会。从表面看,似乎与斯密的《国富论》有着异曲同工之妙,然而二者的出发点和归宿都大相径庭,甚至是根本颠倒。在黑格尔那里,市民社会不是社会发展的主体,而是国家操弄的对象。国家以它至高无上的意志、伦理精神把整个民族凝聚为一个有机的统一体。国家先于并高于家庭和市民社会,是后者存在的前提,起着决定性作用,是人类生活的最高形式。它是自我与他人、个人与社会、特殊利益与普遍利益的统一。对于《法哲学》的定位,黑格尔在书中高调宣称"哲学主要是或者纯粹是为国家服务的"。

　　近代史最大的困扰在于无法处置国家和个体、社会和个人之间的关系,不知道协调的端点在哪里,就像对待鸡和蛋的关系,不知道哪边是源头。斯密和黑格尔也不例外,但斯密最终找到了非常讨巧的办法,一方面,从封建制度的边缘生长出资本主义生产关系,也就是帕累托改进的办法,最终赎买整个封建制度;另一方面,经由竞争办法协调个人和社会之间的利益关系,从而达到整个社会均衡和谐。这就应验了治国如治水,大道如流,顺其自然而为之的道理。连公元七世纪的李世民都懂"水能载舟亦能覆舟"这个治国之道,十八世纪的德国知识分子尽管热衷于阅读《老子》,却不明白"上善若水"这个道理,反其道而行之,主张越来越激进的围堵办法。

《老子》讲得很明白,天之道不争而善胜,水善利万物而不争,江海以其善下之而能为百谷王;天下莫柔弱于水,而攻坚强者莫之能胜。这些道理,黑格尔全然不为所动,却公然地宣称自己的理论要为国家效力。以后的历史证明,德国近代史从俾斯麦开始推行强硬的国家主义,将整部国家机器铸成"铁""血"熔炉,最终走向深渊连他们自己都拦不住。所以说黑格尔的逻辑是夹生的,国家主义和个人权利一旦调和不了,后者就沦为前者利用的工具。

马克思指出黑格尔的"整个法哲学只不过是对逻辑学的补充",[①]法哲学作为客观精神的哲学只是黑格尔哲学体系的一个环节。黑格尔坦承,"自然哲学和精神哲学,似乎就是居于应用逻辑学的地位",[②]黑格尔的"精神哲学"分三个层次,一是主观精神,包

---

① 马克思:《黑格尔法哲学批判》,载《马克思恩格斯全集》第 1 卷,人民出版社,1956 年,第 264 页。
② 黑格尔:《小逻辑》,商务印书馆,1959 年,第 94 页。

括灵魂、意识、心灵；二是客观精神，包括法、道德、伦理；三是绝对精神，包括艺术、天启宗教、哲学。《法哲学》属于第二层次"客观精神"，与《哲学全书》第三部分《精神哲学》第二篇"客观精神"对应，是其补充和发挥。《法哲学》分为三篇，分别是抽象法、道德和伦理。由外在的客观的自由意志深入主观的自由意志，即伦理道德领域，涉及从责任到追求至善的几个层面。

　　《法哲学》是黑格尔晚年最重要、最成熟的著作，是他晚年在柏林大学任职期间唯一的正式出版物。① 他的其他大部分著作，都是门生根据听课笔记集结而成的。黑格尔自 1818 年调到柏林大学任教，先后 6 次系统讲授法哲学，《法哲学》是来到柏林大学第三年出版的，自 1821 年后一直使用这本教材。出版《法哲学》和在柏林大学讲学活动为黑格尔赢得显赫名声，成了普鲁士王国当朝御用学者。1831 年，黑格尔最后一轮讲述《法哲学》，打算再度修改，刚起了个头却不幸因霍乱蔓延，染疫而亡，终年 61 岁。

　　从思想起源看，黑格尔《法哲学》是马克思主义发生史的关键一环。马克思的研究方法直接脱胎于《黑格尔法哲学批判》，没有黑格尔《法哲学》就不会有《黑格尔法哲学批判》，同样地，也不会成

---

① "法哲学"又称"权利哲学"，书的全称是 *Grundlinien der Philosophie des Rechts*，即《自然法与国家学或法哲学》，Rechts 指权利或法。法是自由意志的反映，每个人的尊严、财产权应得到尊重，反之就应受到惩罚。它从两个方面保证了社会关系的公正性。最早可以追溯到 1801—1802 年间发表的论文《关于自然权利概念》。1806年，德意志人组成的神圣罗马帝国在拿破仑的强权干预下灭亡，其后拿破仑又迅速垮台，德意志政体再度出现动荡。黑格尔就是在这种反复震荡下为德意志政体找出路。关于这部书的主题及基本思想，黑格尔在海德堡时（1816—1818）就已大体形成，该书的主旨早在他耶拿讲课中，在纽伦堡教中学（1808—1816）撰写的讲义中，已见端倪。

就《德意志意识形态》——后者奠定了唯物史观诞生地的历史地位。从这一点上讲,《黑格尔法哲学批判》是智慧女神雅典娜的猫头鹰起飞场所,无论唯物史观还是社会形态学,都须追溯到黑格尔《法哲学》。

马克思在克罗茨纳赫大半年时间,重读了黑格尔《法哲学》,结合之前的在报社工作的遭遇和切身感受,准备在此基础上撰写一部专著,对现行国家及其法律予以批判。虽说是批判,但仍遵循黑格尔由国家到市民社会的方法,而为了研究市民社会,又不能不读斯密等人的经济学著作。黑格尔和斯密就像两股道上跑的火车,沿着完全相反的方向。前者立论的基石(立足点)是国家、秩序和稳定,后者是个人、自由和活力。虽说这两个方面互为因果、互为前提,但是立论只能有一个起点,容得下第二个,具有排他性,如果非得分出高下,分清谁是谁的前提,就变得相当尖锐。就好比争论鸡生蛋还是蛋生鸡、到底是大河先满还是小河先满,这类问题总是公说公有理、婆说婆有理,各执一面,难分伯仲。

当然,从国家和法这一端出发,呈现的是虚幻的意识形态和头足倒立的假象,《黑格尔法哲学批判》从现实的人出发研究历史,批判黑格尔的国家学说,提出家庭、市民社会决定国家政治,私有财产决定国家制度、法的关系,并以此为基石第一次明确将人类社会分为古代时期、中世纪专制时期、人获得政治解放的现时代和真正民主制度时期。然而,《黑格尔法哲学批判》又是注定完不成的著作,因为它还没有完全脱离黑格尔思想体系,用的还是从国家到市民社会的分析方法。这就更加证明费尔巴哈的唯物主义在思想史上所带来的革命。

马克思公开转向的抽身之作是《〈黑格尔法哲学批判〉导言》，发表在 1844 年巴黎出版的由他和卢格主编的《德法年鉴》杂志上，开始认识到"不是人们的意识决定人们的存在，相反，是人们的社会存在决定人们的意识"。"物质生活的生产方式制约着整个社会生活、政治生活和精神生活的过程。"①这跟前述的黑格尔体系形成了鲜明反差。马克思的《德意志意识形态·费尔巴哈》《关于费尔巴哈的提纲》都是思想转变后的产物。② 马克思事后总结道："法的关系正像国家的形式一样，既不能从它们本身来理解，也不能从所谓人类精神的一般发展来理解。"其所针对的就是黑格尔。③

三、"五形态"展现立体动态的时空观

社会形态学分类，既可用来横向比较，也可用于纵向比较——当它有了时间刻度之后，就分出了不同发展阶段，即社会形态在考古学"文化层"上的叠加，表明如何在旧的社会形态废墟上推陈出新建立起新的社会形态。对此，普列汉诺夫有着相当深刻的认识。"一种情况是指两个发展阶段而言，其中一个接着另一个，而为另一个所产生。另一种情况，我们认为毋宁是两个并存的经济发展的类型。"④这就表明社会形态在空间上的并存和时间上的继起是

---

① 《马克思恩格斯选集》第 2 卷，人民出版社，1995 年，第 82 页。

② 参阅附录一、二。

③ 《马克思恩格斯文集》第 2 卷，人民出版社，2009 年，第 591 页。

④ 普列汉诺夫：《马克思主义的根本问题》，载吴泽《东方社会经济形态史论》，上海人民出版社，1993 年，第 9—10 页。

对得起来的。① 1846年《德意志意识形态》以分工和分配为依据提出所有制五形态,分别是"部落所有制""古代公社所有制和国家所有制"、中世纪"封建的或等级的所有制"、现代"纯粹私有制",未来"无产阶级的占有制"。马克思还在《共产党宣言》《雇佣劳动与资本》中都讲到奴隶制社会、封建制社会和资本主义社会,再加上原始社会和共产主义社会,也是五种所有制形式。《雇佣劳动与资本》提出"古典古代社会、封建社会和资产阶级社会"依次更替。

马克思关于社会形态和社会发展阶段的思想集中反映在《〈政治经济学批判〉序言》(1859年)当中:

> 无论哪一个社会形态,在它所能容纳的全部生产力发挥出来以前,是决不会灭亡的;而新的更高的生产关系,在它的物质存在条件在旧社会的胎胞里成熟以前,是决不会出现的。……大体说来,亚细亚的、古希腊罗马的、封建的和现代资产阶级的生产方式可以看作是经济的社会形态演进的几个时代。资产阶级的生产关系是社会生产过程的最后一个对抗形式,这里所说的对抗,不是指个人的对抗,而是指从个人的社会生活条件中生长出来的对抗;但是,在资产阶级社会的胎胞里发展的生产力,同时又创造着解决这种对抗的物质条件。因此,人类社会的史前时期就以这种社会形态而告终。②

---

① 熟悉《资本论》的读者马上就能联想到资本形态也具有颇为类似的时空特征。
② 《马克思恩格斯文集》第2卷,人民出版社,2009年,第592页。

这是马克思第一次系统完整地阐述"五形态"。

迄今为止,对于"五形态"的探讨已经很深入,也提出一些相当尖锐的问题。例如,既然是大体说来,就不是每个社会都必须经历这些阶段。可以解释为仅适用于西欧这一小块区域,无意作为普适真理。普列汉诺夫指出"中国和古埃及的经济发展的逻辑,并没有导致古代生产方式的出现"[1],不要说东西方发展的路径不同,就是斯拉夫和日耳曼的历史演进都有显著差别,也没有经历西欧那样的发展史。马克思在致魏德曼的信中就已经指出,"他(米海洛夫斯基)一定要把我关于西欧资本主义起源的历史概述彻底变成一般发展道路的历史哲学理论,一切民族,不管他们所处的历史环境如何,都注定要走这条路——以便最后都达到在保证社会劳动生产力极高度发展的同时又保证人类最全面的发展的这样一种经济形态。但是我要请他原谅。他这样做,会给我过多的荣誉,同时也会给我过多的侮辱"[2]。

普列汉诺夫对此是这样解释的:"据马克思的见解,东方的、古典的、封建的与现代资产阶级的生产方式,就一般的轮廓来说,可以看作以此递进的('累进的')社会经济发展的诸时代。但我们应该知道,当马克思后来读到摩尔根的《原始社会》[3]一书时,他就改

---

[1] 普列汉诺夫:《马克思主义的根本问题》,载吴泽《东方社会经济形态史论》,上海人民出版社,1993年,第28页。

[2]《马克思恩格斯文集》第3卷,人民出版社,2009年,第466页。

[3] 即《古代社会》。马克思看到的是狄慈出版社1891年版德译本,译名为《原始社会》。

变了他对于古代生产方式同东方生产方式的观点。"①

　　就在此之前一年所写的《资本主义生产以前的各种形式》,②马克思讲的还是三种原始所有制形式,分别为"亚细亚的"、"古代的"(古希腊罗马的)和"日耳曼的",近似于黑格尔由东到西对应不同的国家和地区。但是,马克思进而认为它们都是由原生形态的"天然形成的共同体"向次生形态的"(农村)公社的各种形式"过渡的形式,可见,彼此并没有构成黑格尔似的阶梯式序列。③ 然而,当马克思把原来"日耳曼的"改成"封建的"之后,在《〈政治经济学批判〉序言》中就呈现出了如今所说的(社会发展)序列。

　　即便如此,"亚细亚的"仍然无法在这个发展序列中找到一个恰当的位置,因此,原始社会形态就成了重点研究对象。再加上当时俄国社会党人提出直接过渡问题,就使得回答这个问题变得更为迫切。恩格斯晚年研究原始社会,一方面证明了私有制不是从来就有,另一方面正式用原始社会代替"亚细亚生产方式"。

　　马克思阅读摩尔根《原始社会》深受影响,留下了《摩尔根〈古

---

① "当马克思后来读到摩尔根的《古代社会》一书时,他大概改变了他对于古代生产方式同东方生产方式的关系的观点。实际上,封建生产方式经济发展的逻辑,导致标志资本主义胜利的社会革命,但是象中国或古代埃及的经济发展的逻辑并没有引导到古代生产方式的出现。前一种情形是指两个发展阶段而言,其中一个接着另一个;而为后一个所产生。后一种情形,我们认为毋宁是两个并存的经济发展的类型。古代社会代替了氏族社会组织;同样,东方社会制度产生以前的社会组织也是氏族社会组织。这两种经济制度的类型,每一种都是生产力在氏族组织内部增长的结果,生产力的这种增长最后必然要使氏族组织解体。如果这两种类型彼此有着很大的区别,那末它们的主要特征是在地理环境的影响之下形成了。"参阅普列汉诺夫《马克思主义的基本问题》,人民出版社,1958年,第40页。

② 从属于《政治经济学批判(1857—1858年手稿)》。

③ 参阅第三章有关"三形态"的论述。

代社会〉一书摘要》。恩格斯在《家庭、私有制和国家的起源》中高
度评价"摩尔根在他自己的研究领域内独立地重新发现了马克思
的唯物主义历史观,并且还对现代社会提出了直接的共产主义的
要求"。为了回答俄国社会党人提出的革命要求,马克思晚年再次
投入原始公社研究当中,在给查苏利奇的信中又一次承认"五形
态"只适用于西欧国家,并赞成从农村公社直接过渡到社会主义,
"可以不通过资本主义制度的卡夫丁峡谷"。

那么,"五形态"之说最终是如何确立起来的呢?

恩格斯在《家庭、私有制和国家的起源》中明确指出人类历史发
展的五个阶段,列宁也赞同"五形态"。1897年列宁在为波格丹
诺夫《经济学简明教程》写的书评中讲,政治经济学应该这样来叙
述经济发展的各个时期,即原始氏族共产主义时期、奴隶制时期、
封建主义和行会时期、资本主义时期。1919年,《论国家》也主张
"五形态"。列宁虽然没有直接提到社会主义,但他的演讲是在
1919年,此时社会主义已在苏联成现实,因此不言而喻地可以这样
推论,列宁认为人类历史正是沿着原始社会—奴隶制社会—封建
制社会—资本主义社会—社会主义社会的单线序列发展。

1938年9月《联共(布)党史简明教程》发布,其中的第四章第
二节收录了以斯大林名义发表的《论辩证唯物主义和历史唯物主
义》一文,对"五形态"有了正式定调,认为它"是一百年来全世界共
产主义运动的最高的综合和总结,是理论和实际结合的典型",斯
大林明确提出"历史上有五种基本类型的生产关系":"社会发展史
首先便是生产发展史,数千百年来新陈代谢的生产方式的历史,生
产力和人们生产关系发展史……是原始公社制的,奴隶制的,封建

制的,资本主义制的,社会主义的这样五种基本生产关系更迭的历史"。

四、马克思社会形态学的最终确立

社会形态是唯物史观的认识对象。唯物史观是从具体的社会形态中发现的,解剖任何具体的社会形态都能进一步深化对唯物史观的认识,同时达到检验或预判的效果。马克思的"社会形态"概念形成于 1850—1853 年第三次"研究"政治经济学的"伦敦笔记"和《政治经济学批判(1857—1858 年手稿)》。

具体地说,马克思最早公开使用"社会形态"这个概念是在《路易·波拿巴的雾月十八日》。开始于在 1851 年 12 月写作并于次年 3 月 25 日发表的这篇长文第一次使用德文"社会形态"(Gesellschaftsformation)概念,并对"新的社会形态"和"远古的"作出区分:

> 新的社会形态一形成,远古的巨人连复活的罗马古董——所有这些布鲁士斯们、格拉古们、普卜利科拉们、护民官们、元老们以及凯撒本人就都消失不见了。①

进一步考证,这个概念源于地质学(如日本学者大野节夫认为的那样)。沉积岩分"纪、系、形(态)"三个层级,地质分类基本单

①《马克思恩格斯选集》第 1 卷,人民出版社,1995 年,第 585 页。

位就是形态(fomation)，一个形态就代表着地壳运动形成的有别于其他的一个岩层。在写作《雾月十八日》前后，从 1850 年 9 月开始直至 1853 年 8 月，马克思花了三年时间在大英博物馆写下了 24 本《伦敦笔记》(编号 I—XXIV)。就在写作《雾月十八日》的前半年，在 1851 年夏的第 XIII 本笔记上，摘录了英国农业化学和地质学家 J.F.W.约翰斯顿《农业化学和地质学讲义》(伦敦 1847 年第 2 版)有关"沉积岩分类"的内容，涉及"形态"这一最基本的分类单位，转而将地质学概念 Geologicalformation 创造性地转化为社会学概念 Gesellschaftsformation。①

考古学当中的文化层概念所揭示的人类活动遗迹，就如同沉积岩一样呈现各种不同形态，有着相当明显的时间刻度，表明地上居民的演化史，每一层构成一个阶段特定的社会形态。"社会形态"这种界定方式就比之前在《哲学的贫困》和《雇佣劳动与资本》中提到的"社会"概念更进了一步。马克思在《雾月十八日》中写道："不是社会本身获得了新的内容，而只是国家回到了最古的形态，回到了宝剑和袈裟的极端原始的统治。"

1859 年 1 月《〈政治经济学批判〉序言》全面正式启用"社会形态"这一术语，同时出现"社会形态"和"经济的社会形态"(ökonomischen Gesellschaftsfomation)两大概念，而且表明后者演进(progessive 原意是地层的累积)会有几个时代(Epochen 原意是地质时期)，并进一步提出"亚细亚的、古希腊罗马的、封建的和现代资产阶级生产方式"这几种"经济的社会形态"，全面阐明作为社

---

① 杨木:《马克思"社会形态"术语和范畴的提出及其逻辑范畴的形成》,载《西部法学评论》2012 年第 3 期。

会、历史理论和方法社会形态学说。

1867 年《资本论》第 1 卷德文第 1 版序言中"我的观点是把经济的社会形态的发展理解为一种自然史的过程"与《资本论》第 1 卷第七章《剩余价值率》篇中"使各种经济的社会形态例如奴隶社会和雇佣劳动的社会区别开来的,只是从直接生产者身上,劳动者身上,榨取这种剩余劳动的形式",这两处"经济的社会形态"的"社会形态"都被赋予了具有普遍意义的社会发展阶段含义。

一整套社会形态观念勾勒出它的系统性,跟先前的"五形态"相呼应,标志着马克思和马克思主义社会形态学的最终形成,它无疑是对唯物史观最具体生动的呈现。

社会形态与唯物史观同等重要,可以说是一个铜板的两面。唯物史观是马克思主义哲学、史学、社会学及其他一切社会学科的灵魂,社会形态则是唯物史观的载体和具体存在形式,唯物史观需要在具体的社会形态中展开和实现,各种社会形态的演进和代际交替是唯物史观的最好注脚。

有必要加强社会形态学研究,解剖具体的社会形态,由表及里,深入社会组织的毛细血管,洞察唯物史观的具体实现方式,深化对唯物史观的认识,进一步揭示马克思主义的科学价值。

第三章　东方社会与亚细亚生产方式何以可能——作为现代化原点的传统社会形态

　　从传统到现代的转变需要从认识社会形态开始,以传统社会形态为起点。如何超越传统社会形态而又避免资本原始积累的野蛮掠夺,从而跨越"卡夫丁峡谷",马克思的"三形态"理论提供了有力的思想武器。至于传统社会形态的根脉,则要到《商君书》里去寻找,才能澄清理论研究中令人困惑的诸多问题,有助于理解亚细亚生产方式究竟是如何运转的,还原马克思主义真问题,指出现代化所应致力的方向。超越传统社会就要将治国理政的重心下沉到市民社会,只有不断扩大平等主体之间的交往关系才能填平鸿沟。

一、作为现代化原点的传统社会形态

　　社会形态和唯物史观分别从空间和时间两个方面揭示社会发展规律。从一方面看,社会形态所展示的是唯物史观的存在方式及其具体形式,属于某个节点上的唯物史观,其空间上的存在和时间上的存在是对应的,也是对称的,互为补充、相互转化。从另一方面看,将各种社会形态具体存在形式按其时间轨迹连接起来,共同构成了唯物史观所要表达的历史发展规律。从横截面不同国别来看,则是各国分别处在不同历史进阶当中,它们在同一个时空中展现出唯物史观进程的长廊画卷,如同社会形态的博物馆,这些形形色色、参差不齐的社会形态既是过去的,也是现在的,同时还意味着将来。

也正是在这个意义上,亚细亚的生产方式位列其中,被当作某种特定的社会形态加以讨论。至于马克思晚年涉及有关东方社会的道路问题,仍是在探讨社会形态。可见有关社会形态问题对推动马克思主义发展起到了多大作用,这些内容都极大地拓展了社会形态学的研究视野。

(一)社会形态和社会形态学是马克思主义最重要的研究领域

说到"形态"二字,最容易让人联想到水分子。在自然界中,水分子的固、液、汽三形态最典型,非常分明,在地球上极为稳定,因而跟人类活动密切相关,如人类有关零摄氏度和一百摄氏度的标准都是根据水分子三形态变化的临界值定的标准。

就物理形态而言,水分子在不同条件下呈现的三形态,其分子结构却是同一的(同质性特征)。超导材料的发现,进一步展示了形态学研究的无穷魅力——物质以某种无阻尼的形态出现,不正是整个牛顿体系当中最理想的状态吗? 社会形态与物理形态不同之处的特征在于,社会形态不是同质的,社会形态变化呈现单向的不可逆性,不同于自然界分子形态变化的可逆性,社会形态内在的社会结构是变化的,它所依存的条件是历史的、发展的,而不像物理形态那样仍然保持内在的同一性。

社会形态的变化单向不可逆过程,与物理形态形成鲜明对比。后者只要给予不同条件,不同形态之间可逆可反。社会形态虽说也会陷入某种历史周期率而难以自拔,但大抵说来,一旦跳出来,便难以回头——不管原始社会、奴隶社会、封建社会还是资本主义社会的哪种形态,一旦其原有的社会根基被铲除之后,很难回到起初状态,而不像物理世界那样只要改变条件仍能回到原点:正常气压下超过零度冰会融化;超过一百度水会汽化,反向操作同样成立,从蒸汽到液态水再到固态冰。物理形态反向操作的那些属性并不为社会形态所拥有,人类文明是从低级走向高级不断积累熵能的过程。

社会形态变化不仅表现在外在形式上,还体现在内在的社会结构上,内外两方面具有一致性,既可从外在的社会形态判断内在的社会结构,也可从内在的社会结构分析外在的社会形态。有什么样的内在结构就会表现出什么样的社会形态,有什么样的外在形态就能反映出什么样的内在结构。当然,就形式和内容比较而言,内在结构乃是外在形态变化的依据,社会形态研究离不开结构分析,对社会形态的科学判断应以社会结构为依据。显然,结构分析已成为社会形态学的重要组成部分,研究社会形态必然会涉及其结构,由内而外,才不至于为形式主义的标签所困,陷入教条主义的泥潭。

社会形态具有历史性、递进性。它具有两个不同指向,分别指向过去和未来。社会依据不同历史条件呈现出不同的形态特征,从过去到未来的社会形态依次分别为原始社会、奴隶社会、封建社会、资本主义社会和共产主义社会。它以生产资料的占有方式和主要所有制形式为依据,抓住了社会发展根本特征。这就是著名的"五形态"说,经过苏联教科书的宣传之后,已经家喻户晓。

相应地,不同的历史条件主要体现在生产力上,最显著的标志就是生产手段和劳动工具,因此大致上又可分作新旧石器时代、青铜时代、铁器时代、蒸汽时代、电子时代、人工智能或信息时代等,它们同样成为不同社会形态的标志。

马克思主义提供了一整套分析和把握社会结构特征及其变化规律的科学理论和方法,它对于整个社会科学都产生了极其深远的影响,成为人们行动的指南。如今但凡涉及政治、经济、国际关系等行为决策,不管是哪门哪派,或多或少都会运用物质利益、阶级斗争、集团统治、经济基础等观念原理,马克思主义的影响力无所不在,总能看到它的影子。

马克思的社会结构图谱所展示的是生产力和生产关系、经济基础和上层建筑之间的决定和被决定、作用和反作用的双向互动关系。其中,生产力和生产关系是一个铜板的两面,它们共同构成了生产方式的主要内容。从生产方式的一个侧面看是生产力,即社会财富的创造、积累过程,从另一方面看则是人们在生产中结成的相互关系。所以,谈生产力就是从一个侧面谈生产关系,同样,谈生产关系是从另一个侧面谈生产力,二者是密不可分的,只是强调的侧重点不同罢了。生产力是一定生产关系下的生产力,脱离了生产关系来解剖生产力，就像考古学对待一具干尸，毫无生气可言，显然不能成为活生生的生产力，而生产关系也是一定生产力条件下的生产关系，是在已有社会财富积累基础上的，甚至可以说，生产关系本身就蕴含着生产力。只要能够调动人的积极性，其他物质条件都不是限制因素，这个道理在改革开放四十年的实践中已经被诠释得淋漓尽致，这是眼前最鲜活的事例。同理，以色列人面对沙漠这样恶劣的土生态环境，却能成为现代农业的典范，先进的滴灌技术克服了不利于农业发展的限制条件。反面事例也同样能够说明相同道理，一些躺着都能出油的"石油国家"却不得安生，国内不是苦乐不均，就是折腾得够呛。

生产关系的总和构成经济基础，上层建筑是附着在经济基础之上为其服务的政治法律制度（组织设施）及其意识形态，包括国家机器。这就将生产力和生产关系、经济基础和上层建筑这两对范畴联结起来了，由此形成社会结构的基本骨架（体系）。正是在这个体系中，我们讲生产力所起的决定作用，经济基础的决定作用，等等。

（二）"三形态"中的传统社会形态

马克思除了著名的五形态之说①，还有三形态之说。后者起始于《德法年鉴》上的两篇文章《论犹太人问题》和《〈黑格尔法哲学批判〉导言》，在经过《1844 年经济学哲学手稿》和《德意志意识形

---

① 参阅第二章有关"五形态"的论述。

态》的提炼阶段之后,最终在《政治经济学批判(1857—1858 年手稿)》和《资本论》中臻于成熟。

　　具体来说,三形态之说最早见于《德法年鉴》,它以人的解放为主线,分别是"前政治解放、政治解放、人的解放"三个阶段。《1844年经济学哲学手稿》则有"人的本质未异化的社会、人的本质异化的社会、人的本质真正占有的社会"三个阶段。《德意志意识形态》用"共同体"来指社会形态,分别是"自然形成的共同体、虚幻的共同体、真正的共同体"三个阶段。《政治经济学批判(1857—1858年手稿)》对三形态有了相对完整的表述,即"人的依赖的最初社会形态、物的依赖的第二大社会形态和个人全面发展的第三大社会形态"。《资本论》第 1 卷分别是"人们在自己劳动中的直接的社会关系、人们之间的物的关系和物之间的社会关系、自由人联合体"三个阶段。

　　现在普遍认同的"三形态"之说,最为接近于《手稿》"货币章"的以下论述:

　　　　人的依赖关系(起初完全是自然发生的),是最初的社会形式①,在这种形式下,人的生产能力只是在狭小的范围内和孤立的地点上发展着。以物的依赖性为基础的人的独立性,是第二大形式,在这种形式下,才形成普遍的社会物质变换、全面的关系、多方面的需要以及全面的能力的体系。建立在个人全面发展和他们共同的、社会的生产能力成为从属于他

---

① 德文版中用 Gesellschaftsform,旧版《马克思恩格斯全集》译作"社会形态",新版译作"社会形式"。

们的社会财富这一基础上的自由个性,是第三个阶段。第二个阶段为第三个阶段创造条件。①

《马克思恩格斯全集》中译本旧版译作"形态",新版则改为"形式",这反倒让学界一时不知所措。然而,无论三形态的具体内容是什么,也不管"形态"和"形式"有何区别,只要把握其根本特征,那就万变不离其宗。这个"宗"的根本特征,在于它的三个面向,分别指向过去、现在和未来。这是最基本的哲学命题,即它从哪里来,要到哪里去,现在何处?

需要知道从哪里来,要去哪儿,这显然是面向现代化的理论,不是面向过去的理论。"现在"既可以指马克思生活的资本主义时代,也可以指任何时代的"当下",未来就是要超越过去和现在。

如果"过去"指的是资本主义史前阶段,那么,重头戏就在于研究如何从封建制中产生资本主义胚芽而不至于胎死腹中。事实上,资本主义从来没有在封建制的腹中产生过,而是在封建制的边缘产生,属于姥姥不疼舅舅不爱的角色。中国宋、明两代历史都从反面证明一个道理,即便是商品经济高度发达也产生不了资本主义。

马克思对于这段资本主义前史,或称史前史、前史也有深入的研究,而且贯穿马克思研究的始终。早在1842年10月写下的《关于林木盗窃法的辩论》就已经触及此类问题,中年写下的《政治经济学批判(1857—1858年手稿)》及后来《资本论》中的"资本原始

---

① 《马克思恩格斯选集》第2卷,人民出版社,1995年,第33页。

积累章"更是重笔浓彩,晚年《历史学笔记》更不用说了,更是将全部精力投入史前社会形态的研究中,连《资本论》后续几卷都顾不上整理。

为什么史前史显得如此重要?它不但指向(过去)中世纪及其末期的资本原始积累阶段,还触及(现在)沙皇俄国保留下来的作为其经济基础的历史活化石——村社制度要不要改变,如何改变,即社会转型问题。

对此,亚历山大二世曾厚颜无耻地宣称,"俄国的一切都是为保护弱者而存在",而其继承者亚历山大三世更是大言不惭地说,"农民是唯一可以依靠的力量,是国家的支柱"。那个时候,几乎所有人都意识到,如果把农民同村社分开,俄国就会从内部撕裂,大量破产农民就会像溃坝一般被推入失业洪流之中;但是不分开,什么问题都耗着久拖不决,迟早也是会爆炸的。而且从国际国内的形势看,长时间也是耗不起的。这就是症结所在。

史前史揭示了这样一种现象,即在人类历史上作为一种相对静止的具有超稳定结构的社会形态——亚细亚生产方式,究竟是普遍的还是特殊的?如果中世纪也类似于同种的生产方式,那它就具有普遍性,而不仅仅是个实践问题,从而成为高度理论化的命题,跟社会形态理论密切联系在一起。

对包括俄国在内的集权专制社会分析,跟马克思关于"亚细亚生产方式",以及答查苏利奇信中所提出的东方问题等都应作如是观,这是由于社会发育早晚不同而出现的同类问题,而不是由于地理条件所导致的两类(异类)问题。

二、《商君书》对传统社会形态的建构

中国传统社会无疑是最典型的亚细亚生产方式。谈亚细亚生产方式而不论及中国传统社会,就跟郑人买履一样可笑——对墙上挂的画像顶礼膜拜,对眼前站着的大活人却置若罔闻,视而不见。马克思心目中的亚细亚生产方式以中国、印度和俄国为底色,他在 1853 年对印度农村公社土地所有制、自给自足的自然经济和专制制度这些基本特征的完整表述,堪称亚细亚生产方式概念的源头,但是要论亚细亚生产方式的典型性,首指中国传统社会。

(一) 商鞅变法的内核是什么

谈中国传统社会,时常会有这样一种困顿和错乱,即两千多年来源远流长的超稳定社会形态究竟该如何认识,为何会掉进历史周期率的陷阱难以自拔呢?[1]

这恰恰是亚细亚生产方式的根本特点。中世纪长达一千年,最终被西方人打上"黑暗时代"的标签,中国的封建时代比中世纪的两倍时间还长,社会结构超级稳定。

要论这种超级稳定的社会结构,就得从商鞅变法谈起。我们常讲"千年只讲秦政制""药方只翻古时丹",谭嗣同有言"两千年政治秦政也",王夫之曰"郡县之制垂二千年而弗能改",黄宗羲言

---

[1] 据《左传》记载,史上死得最不明不白的皇帝是晋景公姬獳,公元前 581 年景公"将食,涨,如厕陷而卒"。

"君为天下之大害",毛泽东有诗云"百代皆行秦政制",皆指向两千多年前的秦制,秦制的底版是商鞅变法,即商鞅(公元前390—公元前338)改造秦国计划。

商鞅变法涉及政治、经济、文化、社会各领域,几乎无所不包,并且做到立竿见影,在秦魏之争中逆转胜出,迅速收复河西,一代功成,从此天下无人敢欺。其功业远不至此,两千多年来如影长伴。

俗话说,一招鲜吃遍天。商鞅变法的核心就是两条,一是"利出一孔",垄断一切资源和利益,卡住所有人的生路;二是"军功爵位制",网开一面给予唯一生路,这根救命稻草就成了所有人利益和荣誉的依靠。一旦匹配了大棒和胡萝卜,有了这两手,便无人不受其驱使;而一旦推行这套规则机制,旧秩序便将荡然无存,旧制度根基被蚕食一空。它类似无情的末位淘汰制或抢椅子游戏——只留少数几把椅子任人争夺,几轮之后只留下一个最后的胜利者,其余全部淘汰。这是抄底绝杀的权术,而在争抢过程中人们趋之若鹜,乐此不疲。

没有什么书比《商君书》更纯粹地道出了最富侵略性的强国用兵的政制了。秦制所宗蓝本是观点犀利透彻的《商君书》,而非吕不韦门客杂糅百家所编的《吕氏春秋》。

(二)"利出一孔者其国无敌"

其实,"利出一孔"的发明权不在商鞅,而是传承了之前三百年管仲的治国之道。管仲(公元前723—公元前645)是春秋时齐桓公的大管家,他把国家当公司来经营,迅速从濒海的不毛之地崛起为富强国家,甚至超过强晋,升格为春秋五霸之首。譬如,齐桓公九合诸侯,那得要多大面子才做得到,没有相当实力所有诸侯能认吗?

齐国靠海,土地盐碱,不适宜农牧业,但有"渔盐之利"。俗话说,靠山吃山,靠海吃海。管仲采取"官山海"政策,整顿市场秩序,实行全国统一管理,颁发许可证,国家委托加工,转瞬间由穷国就变成富国。总之,经济权力过度集中,把国家当作公司来经营,垄断一切资源和交易。丈量土地收缴农业税、垄断矿产资源,打击贩卖私盐,对此历代王朝都不手软,任何没有国家名头的营生都宣布为非法。王安石变法时还在效法此道,青苗法、平准法、均输法都按这个套路出牌。为此,国家必须成立诸多缉私队进行围追堵截,国家机器变得越来越强大。

且不说把国家当公司来经营是否合适,就是一个公司若没了竞争对手,独孤求败,久而久之效率必衰。但管仲在意的是"笼以守民",把老百姓关进笼子,防民如同防贼。管仲强调:"利出于一孔者,其国无敌;出于二孔者,其兵半诎;出三孔者,不可以举兵;出四孔者,其国必亡。先王知其然,故塞民之养,隘其利途。故予之在君,夺之在君;贫之在君,富之在君。故民之戴上如日月,亲君若父母。"①

《商君书》效法管仲做法,对"利出一孔"推崇备至,视若法宝,认为"利出一孔者其国无敌,利出二孔者国半利,利出十孔者其国

①　黎翔凤:《管子校注》(全三册),中华书局,2004年,第1262页。

不守"，"利出一孔则国多物，出十孔则国少物，守一者治，守十者
乱"。

汉武帝后来居上，手握大权全面推行算缗、告缗、盐铁官营、均
输、平准、币制改革、酒榷等政策，[1]同时屯田戍边六十万人以御匈
奴，可谓"利出一孔"的集大成者。然而，汉武帝一死，推行这套政
策的桑弘羊就成了替罪羊，被认为是与民争利，受到"贤良文学"
（地方豪绅）的清算，移官换位，几年之后死于一场官斗。《盐铁论》
详细记载了汉武帝死后不久召开的这场颇具讨伐声势的争论。当
然，制度总有惯性，尤其是要虎口夺粮，比登天还难，最终只改酒类
专卖为征税，整体格局留存下来并无大改。

这自然是悲剧。然而，天下还有更变本加厉的事情。盐铁虽
是生产生活必需品，但还算不得民本，农田才是农耕社会最大资
源，明朝做得更绝，釜底抽薪直接把农田抓在官府手上，税赋"以田
为宗"。明朝中叶张居正搞出一条鞭法，兴师动众重新丈量全国土
地，大规模清查彻查，一时间全国上下搞得轰轰烈烈。他把所有田
赋、徭役和杂税一并摊入田亩折合成银两，最后按田亩多少收税，
目的是要逼出全部的土地，把全国耕地资源及税源牢牢掌控在中
央政府手中，不被地方势力截流。实践结果却差强人意，受到层层
官员的阻挠及地方豪强的消极抵制。由于中央和地方配合不默

---

① 缗指穿铜钱用的绳子，一缗就是一贯钱，合一千文。一算合一百二十文钱。对商
户缴税的办法是，价值二缗的货物缴一算（6%）；手工业者减半（3%），每四缗收一
算；算缗钱只针对工商户，农户例外。史书记载，算缗令推出之后，富豪皆争匿财。
张汤又建议汉武帝推出告缗令，有隐匿不报或所报不实者，全部财物充公，举报者
可分得一半财物。《汉书·食货志》记载，中产以上商贾大抵遇告破家，国家得民
财物数以亿计。

契,导致改革表里不一,雷声大雨点小。

不知从何时起,周人在《诗经》中以朴素情感表达对"普天之下莫非王土"的美好愿望,无一例外都被各国用"利出一孔"手段加以"绑架",这遭到民众的强烈抵制和反抗,连孔子都不满"苛政猛于虎"。这种紧张关系越是往后,表现得越直接,没有了任何掩饰,也不需要任何借口。

这种状况中外无有差别。马克思跟踪第六届莱茵省议会辩论的第三篇论文《关于林木盗窃法的辩论》反映的就是这种尖锐矛盾。19世纪普鲁士靠近法国有一莱茵省,其议会为了加快资本主义私有化步伐,把手伸向开放性的公共林地,断然否定捡枯树枝来生火取暖这一古老习俗,公然做出禁止性立法,治以"林木盗伐罪"。此事令民怨沸腾,遭致新闻舆论鞭挞,马克思作为《莱茵报》主编发表社评予以严厉谴责,认为这种强权行为有悖于自然法理,然而于事无济,还为打抱不平而丢掉了饭碗,连报社都被普鲁士政府勒令关闭。

(三) 军功爵位制使天下英才尽入吾彀中

如果只有"利出一孔"这一手,只会制造更多的敌人,将所有人推向对立面,必须要"给出路",让其中的一部分人为我所用,同时一石二鸟,起到分化瓦解敌对势力的作用。"利出一孔"显然过于凶狠强硬,动用国家机器拆毁一切既得利益集团所设置的各种路障(指垄断权),碾压一切障碍,畅通道路,除了国家垄断,再无其他重重(层层)垄断,但是,还要软硬兼施,方能巩固局面。商鞅同时推出的另一政策就是军功爵位制,网开一面,给那些被"利出一孔"当头一棒、洗劫一空的破落贵族指出另一条生路。在这个大转型过程中被逼得走投无路、急得团团转的人们在大棒和胡萝卜双套龙的激励机制下,有如过江之鲫蜂拥而上,达到分化瓦解旧势力目的,减轻了改革阻力。

为树立政府声望和信誉,商鞅还搞出"徙木为信"的小把戏。把一根木头从南门扛到北门,居然可以获得五十金,相当于中大彩,一时传为街头巷尾的美谈。花小钱办大事,百姓皆以立木为信,认为政府决不食言,因此推广政策就容易多了。这又是非常成功的推销策略。总之,在争功取利方面,商鞅的策略往往比常人更胜一筹。

军功爵位制实行农战合一、亦农亦兵制度,其建制有如现代屯田戍边的建设兵团,战时为兵,不战时为农。耕织和砍脑壳同属一个军功爵位序列,可以相互折算,都记在同一本功劳簿上,分成二十等级,名利挂钩,让所有人一辈子都在这个序列中奔忙。与此同时,为配合这套制度有效地实施,必须切断商业流通渠道等其他谋利手段,用户籍将所有成员拴起来,对号入座,不许人口自由流动。为此,秦国人除了耕织和砍脑壳,没有别的营生,连日常娱乐性活动都被打消了。

秦国所有人都被绑到战车上,形成一个高度集中统一的整体。统一后又将全国分作三十六郡,中央直接任命郡守县令,直插到底。过去所谓"皇权不下县"的说法具有某种欺骗性,县以下分伍什里乡,出现问题唯郡守县令是问。郡县守土有责,必得将责任层层下包。哪位胆敢掉以轻心,怠慢半步?

商鞅更是直接颁布连坐法,引发基层单位内部检举揭发,大义灭亲,如有包庇者连同罪犯一同处罚轮刑。当然,商鞅最后也死在自己所设的圈套中,结果就是国家意志一贯到底。《商君书》多处提到"壹","壹"就是集中统一。如:

> 善为国者,其教民也,皆作壹而得官爵。是故不作壹,不官无爵。国去言则民朴,民朴则不淫。民见上利之从壹空出也,则作壹。作壹,则民不偷营。

> 国大民众,不淫于言,则民朴壹。民朴壹,则官爵不可巧而取也。

> 是以明君修政作壹,去无用,止浮学事淫之民,壹之农,然后国家可富,而民力可抟也。

> 赏壹则爵尊;爵尊则赏能利矣。

(四)商鞅这套一体化体系治理效果如何

商鞅思想的核心是让秦孝公垄断一切权力,打扫房间好请客,扫除一切既得利益集团和反对势力,祭出的手段就是"利出一孔"和"军功爵位制"这两招,它们构成了全国一盘棋的肱骨。秦国围绕着这两招确立起来的一整套制度,涉及户籍、土地制度、行政区划、税收、度量衡及民风民俗,都有严刑苛法,由此构筑起庞大的上层建筑,最后也压垮了民生。

利出一孔、军功爵位制两套制度并行不悖、相辅相成,构成全国一盘棋的一体化体系,这么做当然很成功,而且一劳永逸。从结果看,秦国战车不但碾压了晚周时代所有旧贵族势力,而且秦国在商鞅变法后的一百年所向披靡,有如神助,而其制度框架都是商鞅那时敲定的,而且放之四海皆准。只是当时其他国家旧势力过于庞大,拦住不让实施罢了。

事实上,无论秦以前的分封制还是秦以后的郡县制,也无论是商鞅的军功爵位制还是魏晋时的九品中正制,抑或是隋唐以后的科举制,形式各异,花样翻新,表现方式不同,其实质都在追求"垂直一体化"的高效行政统治。整个国家犹如一家高度组织化的大公司,由公司统一考核业绩和分发福利,这无疑也是商鞅致力达到的目标。

三、《明遗待访录》对传统治理国家方式的反思

一代明遗(亡民)黄宗羲著有《明遗待访录》,痛陈明朝失去天下,字字血泪,转而追溯三代以下有乱无治的根源,在于一人之天下而非天下人之天下,也就是君主把天下当作了私产。因此,要回到三代之良治秩序,必须先回到公天下之善治,天下人之天下岂可

公器私用?①

然而,"天下人之天下"自有阶级社会以来就是一种"想象的共同体",从来没有实现过,历史是沿着利益集团统治的轨迹向前发展的,即使是分封诸侯和行政一统这么大的形式差别也了无实质性区别。只是到了近代,开辟了贸易新航线,政治发展轨迹出现了分化和岔路,才带来国家治理新的变数。

(一)黄宗羲的中心议题

明末清初黄宗羲(1610—1695)写下《明遗待访录》,藏之名山留待后人,直到清末才流传开来。在《明遗待访录》中,黄宗羲不断追问"三代以下何以有乱无治",最后挖出"一人之天下"这个总根子。这是他剖析所有历史疑问的一把刀。所谓三千年,已经追溯到了周王室这种王权统治模式,而不是只追溯到"百代犹行秦政法",或是只算明朝的账。若没有亡国的切肤之痛,断不会问得这么犀利,也不可能答得这么彻底。

这个结论一旦成立,就成了他立论的基石,所向披靡,有如阿基米德要找的那个支点,足以拨转整个历史的罗盘。

朱明时代的国本之争,核心在于让天下人忠于一家之姓,否则国将不国。这在现代人看来是非常荒唐的,然而在那个时代却被

---

① 同时代的顾炎武(1613—1682)将"亡国"和"亡天下"分开,这无疑是自打脸的一记重拳。难怪黄宗羲晚年会盛赞康熙开明统治为"圣天子"。吕留良(1629—1683)则讥讽黄宗羲"蛟龙变蝌蚪",吕留良门生严鸿逵更是斥之"干渎当事,丑状毕露"。近代章太炎对黄宗羲也颇多微辞,"黄太冲以《明夷待访录》为名,陈义虽高,将俟虏之下问"。认为《明夷待访录》是块敲门砖,调门虽高实心顾问。

当作了国家的命根子。这分明是一家子或者说一个集团绑架了天下所有的人。即便如此,到了明朝中晚期,国家(天下)与君王之间还是出现了罅隙,不再像过去所描述的那么合拍,这拉开的距离足以让有心人窥见皇权的私处。譬如万历帝,三十年不上早朝,国家机器照转不误,这说明什么呢?说明国家与君王是可以分开的,离开了君王,国家机器可以照转不误。可见,天下是天下,君王是君王。

这种说法未免让人浮想联翩,可想象的尺度相当大。如皇冠落在谁头上还不是戴,这不就给了"虚君"政治以口实,使其有了可乘之机了吗?一旦捅破这层窗户纸,那么,长期以来争执不已的所谓国本问题,也就子虚乌有,如同安徒生童话故事里穿着新衣的皇帝,演的不过是滑稽的空城计,或是马克思在《共产党宣言》里所嘲笑的沐猴而冠,露出的光腚盖着旧封建的戳子。假设把天下比作一家大公司,君王只是首席执行官而不是董事长,那么,帝制的危机顷刻降临。崇祯帝到死都没弄明白,谁该为这个王朝覆灭负责?

天下不是一人之天下,而是天下人的天下。这是古老的政治理念,也是几个世代的政治宣言,最早出现在《吕氏春秋》的《贵公》篇,而其思想源头可以直溯先秦时的孟子。在黄宗羲眼里,一人之天下便是国家治理的祸首、乱源之所在。三代以下之所以有乱无治,根源就在于独夫民贼窃取了国家机器,以为从此以后天下利害皆出于我,沐猴而冠,独断乾纲,强行推行大私以为天下大公,以天下之利尽归于己,以天下之害尽归于人。这分明是对野心家的最大奖赏。这种包赚不赔的买卖,谁见了不分外眼红?不仅秦时的吕不韦视天下为个人莫大产业,汉高祖刘邦不也在乃父面前"晒富"吗？宋太祖赵匡胤黄袍加身，合着就是一个盗国集团在推着走。

　　要知道，清朝康雍年间大兴文字狱，迫害最为疯狂，知识分子噤若寒蝉，《明遗待访录》说的这些大实话无异于犯上作乱。它要不是被"雪藏"了近两百年，逃过有清一代所有人的视线而鲜有人知，免不了招来文字狱的横祸。安徒生为什么要让一个少不更事的小孩来点破皇帝的新衣？这则寓言的高妙之处、神来之笔在于，真相让最无知的小孩道破，而那些心智健全、有辨别力的成年人都在装模作样。童言无忌说了也不犯法，而一个有行为能力的成年人说了真相，免不了身受牢狱之灾。这真是莫大的悲哀。

　　这出戏滑稽吗？皇帝赤身裸体参加大型群众集会活动，更像被游街示众，斯文扫地，哪来的权威？真相一旦被捅破，结果就是一出草草收场的闹剧。无独有偶，秦始皇周游列国以彰显皇恩浩荡，到头来却咸鱼裹尸，灰溜溜地择小路而返，不也是闹剧一场？

　　《明遗待访录》共计二十一篇，篇篇都在探究为国之道及其制度设计。黄宗羲因窥见密室里的交易，因而对所得结论非常自负，以为掌握了宇宙的真理：既然天下是天下人之天下，岂可公器私用？

　　后世人们只要是讨伐独夫民贼的檄文，莫不是从上述逻辑立论。特别是清末民初夹杂着诸多的排满情绪，此类檄文更是慷慨陈辞，充满了道义上的正确性，看得人们义愤填膺。

　　为了论证有力，黄宗羲把三代之治捧上了天。尧让天下，即使许由、务光这样具有高尚情操的人也避之唯恐不及。可见，只有少之又少的人杰才能做到先天下之忧、后天下之乐，不以一己之利为利而使天下受其利。三代之治就是由这样一些道德楷模担当的。黄宗羲一方面承认天下人各自私、人各自利，各为其私、各为其利（这种见解当然是了不起的历史进步），另一方面又让统治者占据无人企及的道德高地，因此逻辑上是自相矛盾的，好像统治者不是从人堆里产生的，而是由特殊材料制成的，无人能够效仿。这种二元假设不正表明思想的分裂吗？黄宗羲以一种想象的共同体作为立论的基础，是相当危险的。黄宗羲自己坦言，用三代君王的道德标准来衡量，三代以下私欲膨胀，根本守不住如此高的道德底线，那么，明知如此还强求岂不添乱？

只要仔细推敲，这样立论也是不充分的。如果碰上霸王硬上弓，非要公器私用该怎么办？退而言之，倘使君王装模作样、表里不一，假公济私或私通款曲，玩一出调包计，如之奈何？

周公恐惧流言日，王莽谦恭下士时，假使当时便身死，一生真伪复谁知？其实何止王莽，近代袁世凯、汪精卫等一干人，都是前恭后倨的势利眼。倘若狐狸不露尾巴，世人岂不都要被蒙在鼓里了？

(二) 追问制度现代化的条件

历史车轮滚滚向前，回到三代之治这种"想象的共同体"几无可能，天下早已不是天下人的天下，而是一人之天下，把戏（trick）就在谜面底下。所谓"共天下"者，是豪门显贵结成利益联盟之下的共治，也就是分赃议会。若将此理进一步延伸到君王和天下的关系，就更像拖拉机手和拖拉机的关系，君王只是出现在了它该出现的位置上,他的背后则是强大的利益联盟。古罗马元老院的集团势力一直牢牢把持着朝纲,尾大不掉,倒是民主选举出来的护民官走马灯似的换,成了元老院台前幕后的傀儡。即便像凯撒这么有实力的人物,他一旦想把这个格局扳过来,最后也只能沦为元老院集团势力的刀下鬼。

既然君王操控国家机器,又像拖拉机手操控拖拉机一样可以轮换着开,那么,谁开不是开呢,难道不是这个理吗?如果这个理成立,那么,僭越就是潜在的危险。有位才有为,其他人不在其位,则不谋其政,如是而已。

问题在于,不是每个人都能当操盘手的,那么,谁有机会上手,谁有资格开这部机器呢?对此,《逸周书·殷祝》说得还比较含蓄,"天下非一家之有也,有道者之有也"。但意思很清楚了,如果李家、赵家、朱家相比拼,那就看谁的拳头硬。

看上述两句的前半句,都跟古人说法并无二致,看点是在后半句。后半句已经越出了常理,然仔细推究起来,似乎又在情理之中——在如此纷争的时代,倘若还用三代之治那种"想象的共同体"来自欺欺人,未免有点恍若隔世——当别人把自己卖了的时候,还在帮人数钱,岂不是连三岁小孩的智商都不如,皇上如此裸奔也太不把众人放在眼里了吧?

不管是周天下的分封制,还是古罗马的共和制,基本格局都是豪门显贵的联合统治。君王是豪门显贵利益联盟这条船上的总舵主,天下之治,无非是要理顺这种利益格局。只要摆平了"山头",也就摆平了天下。这才是历史秘籍。周天下自不必说了,有饭大家吃,维护了八百年。这个"大家"你我都是懂的,平头百姓并不在内。东晋南渡"王与马共天下",此王(王导)此马(司马氏)位置倒了个,皇帝是外来户,混迹于江南豪门显贵中间,也能苟延残喘好几十年。小说《红楼梦》描写贾雨村一到地方任职,便有手下人递上护身符,那是拜码头用的。如果不拜码头,说不定哪天阴沟里翻船也不知道谁干的。

这种利益联盟像一张无形网那样铺天盖地,窒息了整个政治生态。这也是莎士比亚戏剧的大时代背景——文艺复兴时代。在这些时代背景下,再讲什么天下者天下人之天下,显然已经过气。文艺复兴时代把中世纪描述得无比黑暗,讲的实际上是自己身处的时代。

无论是分封诸侯还是行政一统,都离"天下人之天下"久远矣,分封和行政之别仅在于既得利益集团内部能不能摆得平,想不想分家单干。秦并六国、凯撒专权,都是这种情形下发生的事情。秦并六国与七国权变是一盘棋,不讲秦并六国,不知道秦国厉害,反之,不讲七国权变,就会夸大秦国实力。若不是七国权变,秦国怎能吞得下六国?哪怕只剩下三国格局,也能维持很久。从力学结构上讲,三国格局是最稳定,也是最有利于稳定的。为什么这种稳定的格局反而维持不了呢?根本原因就在于内部异质性。不论是秦并六国还是七国权变,透过虚与委蛇的礼义廉耻,骨子里使的都是权变之术。如此互相欺骗,也就破坏了诸侯内部的协调一致性。春秋战国,讲权谋、权术之变开始大行其道。先秦诸子兜售权谋法术并以此为业者,大有人在,不止是法家、兵家而已——兵者诡道也,孙子不过在其行为正当性方面加了修饰,用的还是那些手段。

有需求才会有买卖,这些法术最终都卖到了帝王家。如公孙鞅见秦孝公,秦孝公只喜欢听霸道不愿听王道,结果公孙鞅在秦国只贩卖霸道。霸道可以富国强兵,霸业一代可期。苏秦为此也挂上了六国相印,俨然成了联合国军总参谋长,一时风光无限。

然而,一个只讲利益的人,是不值得信任的,因为人们不知道他葫芦里卖的到底是什么药,此人信誓旦旦的背后是不是又在打什么鬼花样呢?这就是悖论。孔子讲听其言而观其行,商鞅如此宣扬背信弃义、不择手段,怎么可能取信于人?分封何以最终敌不过一统?历史会循着绝对君主制越走越远,讲的也是这个理,如果做事情都像这样急功近利、不择手段,没有下限,那么商鞅给秦国开出的药方就是最合胃口的,各国都是拼拳头。诸侯之间的信任完全丧失了,这是走向联盟最终解体的第一步。孔子想要恢复先王之治,宣扬克己复礼,就是想把诸王手脚捆住。

春秋时诸侯之间还能会盟,摆摆公道。齐桓公九合诸侯,摆平事端,未发一兵一卒,靠的就是一张脸。后世人们见此不免耻笑,你齐桓公就是个十足的老炮儿。春秋时仅剩的这点礼数,到了战国也不管用了,没有国家会仗义执言,只讲见利忘义的地缘政治。可见,走向一统的思想基础早已在秦并六国之前很多年就完成了,剩下的只是谁来当大掌柜。七国不合心已分,再无仁义名分约束,秦国只是后来居上罢了。

一人之天下逐渐胜出取得历史性的主导地位有其必然,唐太宗的那番大白话没见过大世面的人是讲不出来的。春秋战国消磨了500多年时光,最终天下还是让给了"唯一者"。百代都行秦政法,孔学名高实秕糠。这方面中国远远地走在了世界前列。所谓黄宗羲定律,实在是一条铁律。

反观欧洲中世纪,还处在相当于中国的"春秋战国"之中。梵蒂冈相当于周天子,各国像护法的诸侯,相互之间也斗了差不多一千年,更像是在挟天子以令诸侯。但是,到了近代,新航线出现之后,欧洲进入了一个新时代,这股新的源流就来自文艺复兴以来欧洲政治制度的变迁,东西方文明开始发生激烈碰撞。巧合的是,欧洲文艺复兴(发生在14世纪到17世纪)与明朝(1368—1644)处在同一个时代,两地在几乎没有任何交流的情况下探讨同样的问题,即国家如何由乱到治。

这是非常有意思的学术现象。从结果来看,一个化腐朽为神奇,闯出了属于自己的新天地,另一个落到万劫不复的深渊。问题在于,为什么差别会如此悬殊? 这里面到底几分是天灾,几分是人祸;几分是运气,几分是人力;几分是偶然,几分是必然;几分是外因,几分是内因? 借由这种比较,对国家治理达到更为本质的认识。

黄宗羲亲历明亡清兴的代际转折年代痛定思痛所写下的《明遗待访录》,自有其独到的价值,如对历史的考评及对治国理政源流的考察等。当然,能窥见历史"真相"的远不止黄宗羲一人,欧洲的马基雅维利(1469—1527)比黄宗羲早一百年就已经将真相公之于世了。由马基雅维利以下至霍布斯、洛克等,欧洲政治思想史一路逶迤前行,披荆斩棘,不仅降服了国家机器利维坦,还对之进行重构,使之不再助纣为虐,这才有后来的西式现代国家构造。

这些当然都是后话。能够促成这么大转向的,背后必然有某种强大的势力,破坏了它们,遁入像中国这样千年帝国的历史周期率,那么,这股强大的破坏力量是什么呢? 从唯物史观的角度看,同时代中,除了商业的力量,中外之间没有其他更大的差别。在这个商业时代,海洋与陆地相比是一个更加活跃的因素,也更不可控,因而变数更大。有明一代出于家天下稳坐龙椅的私心,长期实行海禁,甚至撤销海关,连民间制造稍大些的船只都是违法的,要受《大明律》严厉制裁,政府唯恐禁海不力,还隔三差五拿出这部法律来宣告一番,渲染紧张空气。无所不在的行政权力牢牢地控制着这个国家,经济早已沦为政治的附庸,有明一代的最终结局是事先能够料到的。

再看欧洲地中海沿岸,就难以实行海禁之类的行政干预,因而商业很容易滑出行政权力控制范围而自行坐大,由于行政权力做不到全覆盖,出现了两个交叉的世界,也就是我们通常讲的黑白两道。尤其是贸易新航线开通之后,更是成为一种新的政治格局,最终转化为旧贵族与所谓暴发户两大集团之间的内战。这场战争也就决定了很多国家的未来走向,由此推开了欧洲近代史的大门。

四、治国理政重心下移是现代化的必然趋势

如果统治者急功近利,只考虑自身眼前利益,不管死后洪水滔天,那一定会处在历史轮回中。韩非子曰:太上禁其心,其次禁其言,其次禁其事。将禁止性行为分成上中下三个层次,以为只要拿捏得当,就能将国家玩于股掌之间。作为前辈的商鞅其实做得比韩非更彻底,不仅上中下三路齐发,还都要一个鼻孔出气。政策趋于步步收紧,最后画地为牢,老百姓更不敢乱说乱动。

《商君书》刻薄寡恩,"驭民五术"充斥着官民对立、相互猜忌甚

至彼此仇视的情绪,上下交恶,毫无容人之量。诸如"民强国弱,民弱国强。故有国之道,务在弱民"。又曰"政作民之所恶,民弱;政作民之所乐,民强"。"民辱则贵爵","民愚则易治"。可见它本身就是始作恶者。其中《说民》甚至认为"任奸则民亲其制",已经到不择手段地步;《去强》认为"重罚轻赏则上爱民,民死上;重赏轻罚则上不爱民,民不死上"。这些当然都是阴谋诡计,上不得台面,若任其公然横行天下,善于权谋,工于心计,必然会毒害民风,结果必然使得个人和国家关系交恶,两方面都不得善果。

孟子曰"民之为道也,有恒产者有恒心,无恒产者无恒心"。几乎是同时代的商鞅,却反向操作,摧毁人民意志最好的办法是剥夺他们的财富,家无积粟,疲于奔命,驱之如牲口;倘若家有余食,则逸于岁,不好驱使,代价也大。例如,"水门事件"曝光后,尼克松支付了总统竞选连任委员会几名成员的"封口费",虽然连任成功但已濒临破产。即便总统也没有权力动用公款支付这笔费用。如果能用纳税人的钱摆平多数媒体,这事情也不至于闹到如此不堪的地步。

事实上,治国理政不是只有《商君书》推崇备至的那一极,还有《贞观政要》等其他秘籍所讲的另一极。高明的统治者如李世民,将自己和百姓的关系比作船和水的关系,指出其中的利害关系,劝诫后来者不能不顾及百姓的生存状况。自孟子以降(甚至更早时)就在强调民为邦本,治国以百姓的生存为前提,不能一锅端。

上下是互动的,你怎么对待老百姓,老百姓就会怎么对待你。孔子讲,危邦不入,乱邦不居;天下无道则隐;道不行,乘桴浮于海;苛政猛于虎。最后的结果是,百姓坚壁清野,都跑进森山老林躲起来了,竭泽而渔反而没鱼。故此,黑格尔提出以历史辩证法为要义的"绝对精神",因此要守中有度。例如,沿海渔业都有休渔期和捕捞期,而且不许大肆捕捞鱼苗。又如,近代德国人工林讲求永续利用,不能短视到"有水快流、吃干榨尽"。发展到后来,联合国也在倡导可持续发展的生态观,涉及面扩大到矿产资源、山林湖海、大气环保等广大领域。

在商业贸易领域,斯密的《国富论》同样强调合作关系要以对方的生存和发展为条件,合作只有共赢,关系才能扩大,整个市场因此会越来越火红,而不是榨干对方。犹太人之间做生意从来都只赚二成收益,这是旧约规定的商业信条。反过来,吃独食一花独放,哪来的满园春色?商业合作中恭喜对方发财并非一句客套话,而是商业精神之体现。那些零和博弈的独角戏,如欺行霸市不以竞争合作为准则,把对手逼到墙角,以牺牲他人利益为代价,都是反垄断法中的禁止性行为,不允许继续存在下去。而在早期资本原始积累阶段,这些野蛮行径作威作福,倒是司空见惯。

相形之下,高度行政化的社会结构看重的是等级和特权,以此造就巨型的笼子,将所有人一网打尽。尽管儒家始祖孔子有教无类,仍然未能脱身世俗,不但做不到"乘桴于海",还在刻意将所有人划分为"劳心"和"劳力"两大阶级。在这个有着辈分、资历、等级的序列中,越是上层拥有的权势越大,享受的特权越多,完全置身于国家福利荫庇之中的也不乏其数。另一端,越是下层,人数越多,也越不重要,大多数人都处在尾大不掉的体制边缘挣扎。试问,为什么反对中世纪扯起的第一面大旗竟然是"平等"?就是针对世袭身份、特权而来的,已经到了天怒人怨的地步,结果得到山呼海啸般的响应。

在等级森严的社会结构中,充斥其间的是国家机器这个庞然大物,它是维持整个社会秩序的有力工具。即便是伯里克利标榜为民主典范的雅典城邦,它何尝没有等级结构呢?十几万常住人口仅有两万人是城邦公民、拥有投票决策资格,享受着城市给予的福利,世袭的统治阶层只占城市人口的少数,而占人口大多数、在城市中劳作的那些外乡人,则被摒除在"外人"之列,享受不到同等的政治权利和福利。自然地,守城职责也就落到本邦人头上,外乡人不负任何责任,对后者来说,他们只是匆匆的过客,无论谁统治都得照章纳税。可见,本邦人和外乡人这两部分人离心离德。这两部分人口比例悬殊,导致社会结构的重心不稳,时刻都有被倾覆的危险。而越是不稳,就越有抱团的倾向,最后整个社会变得更加封闭。其结果,非但不能促使行政权力松绑,反而使其加倍地上收,最终走向独裁。这种历史轨迹,从全世界范围看都几乎没有例外的。

就中国史而言,商鞅之后的两千年始终处于这种历史轮回之中难以自拔,反复地从一个公元前极端走向另一极端,形成钟摆效应。商鞅生活在公元前 395 年至公元前 338 年之间,两千年之后,近代思想史上里程碑式的人物如马基雅维利(1469—1527)、霍布斯(1588—1679)、洛克(1632—1704)一系列思想巨匠相继诞生,从中世纪的迷雾中穿云而出,迎来精神重生的曙光。

马基雅维利《君主论》的行文风格有如《商君书》,将政治权谋毫无保留地和盘托出,全面展示出来。同样都是旧制度的套利者,然而两人死后的评价却有天壤之别。商鞅备受后世谴责,被认为是小人得志的弄臣和恐怖手段的设计师,而马基雅维利则不然,备受追捧,跟但丁齐名,成了新时代的领航者,是揭露王权裸奔真相的吹哨人。

何以至此? 究其根源,在于商鞅是在影响实权人物(如秦孝公),触及很多既得利益者,而马基雅维利则相反,为很多既得利益者所利用。他当时已是失势的小人物,并不招里奥十世待见。两人就像李斯形容的不同境况中的老鼠,一个活在粮仓里,有恃无恐,硕大无比,对人毫无畏惧,另一个是粪坑里的老鼠,骨瘦如柴,还整天提心吊胆。商鞅属于那种粮仓里的老鼠,而马基雅维利差不多是粪坑里的老鼠。

真正认识到现代意义上国家功能的是霍布斯。1651 年,霍布斯于英国内战期间出版了《利维坦》,将国家比作一只无人能挡的巨型怪兽。国家是人造的,但它反过来吃人。虽然霍布斯和商鞅两人相隔近两千年,无任何交集,但对国家的认识有着惊人的相似性,他们都认为国家机器是人们必须面对、回避不了的庞然大物。商鞅和霍布斯分别揭示了国家本质,但是立论的起点及对待它的态度截然相反,商鞅是要努力成就它,建立它的权威和对它的崇拜;霍布斯却要破除对它的迷信——如果国家不能保护个人生命和财产安全,反而受到威吓,那就抵制它。

霍布斯的立论基础在于此。这是英国经验主义传统带来的影响。然而,那些自以为能驾驭得了它的人,最终都为它所吞噬。俗话说请神容易送神难,我们都听过骆驼进帐的故事。骆驼一旦把头伸进来,接着就把身子也伸进来,直到把主人踢开。"利维坦"就充当了这种反客为主的狠角色。

任何思想都不是空穴来风。有了以上理论铺垫,洛克《政府论》才得以横空出世。西方的现代化理论从降伏"利维坦"这尊庞然大物开始,降伏的办法是实行结构性改革,对国家权力重新配置和分配。因此,洛克的推论早就暗含在霍布斯的前提当中。洛克的贡献在于,一是将国家和国家机器分开,政府作为国家机器是可以改造的,甚至打碎重建。例如,洛克的三权和孟德斯鸠的三权就不是一回事,不是神圣不可调整的天条。看不到洛克立论的前提,未免就有刻舟求剑之嫌。二是认为国家主体是民而不是君,国家意志要服从和服务于人民。在海外突如其来的巨大商业利益面前,连当时的女皇伊丽莎白(1533—1603)都得放下身段悄然入股——这种行为要是放在过去为人不齿,这种现象一方面说明时代更张,国家机器已遭侵蚀,另一方面也说明国家意志正在历史性地发生深刻改变,不能再拿老皇历来衡量。洛克得出这样的结论,政府权力必须受到限制,对滥用权力的政府,人民有权推翻它。这种革命觉悟比法国早了一百年,法国直到卢梭出现,才能响亮地喊出"主权在民"这个口号。这个时候路易十六才回过味来,但为时已晚,被送上了断头台。

欧洲迟至近代才有了民族国家的观念,之前到处都是领主封地,商业发达的沿海地区偶有几个城市独立,也都臣服于封建领主的统治。封地是世袭的,有如私人财产,会因继承或婚姻关系而改变,国家边界反倒不重要,不时地会发生改变,有土地并入或迁出。例如,英王继承了诺曼底大片的土地和人口,同时获得诺曼底公爵身份。不要说土地,就是王位因为联姻彼此都有了继承权。整个西欧更像是皇族的大家庭,远及俄罗斯都沾亲带故,从而构筑起强大的封建堡垒。如哈布斯堡王朝，其家族成员曾充当奥地利、匈牙利、西班牙、葡萄牙等许多国家和地区的皇帝或国王、大公、公爵等，以超国家的形式统治西欧长达半个世纪。在这样一个君权神授、"王比民大，王是民的主"的世界格局里，国家边界随国王意志而变更，就像身子只能跟着脑袋跑一样，脑袋的自主性自然要比身子大得多。

很显然，主权在民的国家和君权神授的国家性质完全不同。倘若主权在民，"民比王大，王服民意"，那么，国家边界自然稳定下来，不会像送鹅毛那般被轻易地改变。主权在民是治国理政现代化的理论基石，但也只有经过两次世界大战，一个个民族国家才挣脱了旧制度的牢笼，比较彻底地独立出来。在此历史性剧变中，旧秩序分崩离析。现在回过头看，整个 20 世纪都旨在揭示这个真理。

"人"是贯通生产力和生产关系、经济基础和上层建筑的因素，切不可忽视每一个具体的、活生生的个体所具有的最基础的细胞功能，它有如一根红丝线将不同层面串连起来，起到了社会结构上下沟通的效果。在整个生产方式发展变化中，一切皆以人的积极性作为检验社会活力的标准，近代以来这些特征表现得更加显著。若是离开了人的积极性、创造性，一切生产力、生产关系、经济基础和上层建筑俱是泡沫，皆成枉然。《礼记》记述孔子也曾感叹"苛政猛于虎"，当人民负担不起税负时，也就跟官府玩起了"躲猫猫"游戏——既然交不起税，从此也就不再交税，这基本上就是双输的格局。汉初休养生息，轻税赋，财政反而盈余有加。正向和逆向选择机制导致的后果何其大也。

可见，无论生产力还是生产关系、经济基础还是上层建筑都得考虑人在物质财富创造中的积极性、创造性，并以此为核心来创新制度，这个社会才是良性的、可持续的，可谓上下同气。当然，不同时代、不同历史条件所侧重的"人"不尽相同。魏晋时期靠九品中正制、靠门阀也能长期维持，古代雅典城邦依靠为数不多的公民（最少时才一两千人）也能繁荣富强。至于"圈外的"人则不算在其中，奴隶社会更是视广大奴隶性命如草芥，即使如此仍能长治久安，这也是不争之实。然而，当代以科技创新为主，就不能靠人盯人，管得了身子做什么却管不了脑子里想什么，需要有激励相容机制，也就是自己的发展要以他人发展为条件，交换关系的发展壮大就依靠这个原则实现。

迄今为止，商业、交换和市场的发展，已经极大地解放了生产力，有力地促进资源、要素的流通和社会财富的极大丰富，在繁荣的背后则是人的积极性的充分发挥。在科技创新的巨手强有力推动下，则是更多人、更大的积极性汇聚起来的洪流。看看乔布斯所领导的苹果公司的人力资本创新模式所取得的成效，再对比从前施乐公司（Xerox）的组织创新模式的绩效，不难窥测人力资本创新对于未来社会形态的影响力有多大，顺之逆之昌亡两判。因此，还得广泽天下，不能有特权和歧视，要一视同仁，顾及每个人的积极性。哪怕是大公司在激励机制上都得改弦更张，更加倚重"干股"和"外包"这些办法来提高效率，人的要素在现代生产方式中更加突显出它的重要性，说明社会发展的主体是大写的"人"而不是资本。

党的十八届三中全会吹响了全面深化改革的号角。所谓全面深化改革,就是要做到"三让",即让一切劳动、知识、技术、管理、资本的活力竞相迸发,让一切创造社会财富的源泉充分涌流,让发展成果更多更公平惠及全体人民,其目的就是要最大限度地发挥人的积极性、创造性,"三让"的每个层面背后无不反映这一指导思想。还在 20 世纪 90 年代中期制定"九五"计划时,党中央就提出转变生产方式,改变过度追求投入、追求数量规模扩张的发展模式,转向高质量发展,在实现小康社会满足温饱等基本需求之后,党的十九大提出对美好生活的向往应成为我们追求的目标,只有当最大多数人的幸福建立在创新发展这种生产方式基础上时,它才是可持续的。

五、结语

马克思在《政治经济学批判(1857—1858 年手稿)》分析资本主义发展前史时,仿佛是不经意间插入对于东方社会和亚细亚生产方式锐利的见解,实则不然,传统社会是发展史研究的起点,洞察历史真相的源头。如他认为,"人的孤立化〔指个体化〕只是历史过程的结果。最初人表现为属的存在物〔种属群〕、部落体、群居动物……"。① 东方社会锁死了这条历史道路,走不出历史周期率,究其原因就在于"亚细亚的历史是城市和乡村无差别的统一"②,它们把农业和手工制造业结合起来,形成"自我满足的统一体",对贸易和个人发展不作任何要求。马克思再三强调这些"自我管制的

---

① 《马克思恩格斯全集》第 46 卷(上册),人民出版社,1979 年,第 497 页。
② 《马克思恩格斯全集》第 46 卷(上册),人民出版社,1979 年,第 480 页。

村落"把农业和手工业结合起来,变得自我满足,①尽管表面看起来并不令人生厌,却是专制主义的坚实基础,使"父权""君权"这种"最高统一体"得以永生。它所助长的不仅是"专制主义"②还有公社的原始性。正是这种原始性使其成为封闭的社会,从而使"作为国家的"公社和作为"最高的地主"的国家得以"通过国家支配的水利灌溉系统实现权力的集中"。③ 由于私有财产缺乏真正独立性,国家有权支配公社的剩余劳动,个体只有依附性而没有任何独立性,使得这种统治方式长盛不衰。

事实上,即便没有水利灌溉,只要采纳商鞅的利出一孔和军功爵位制也能达到同样的治理效果。资本主义前史与东方社会有着天然的联系,它们本质上是一家亲,中世纪千年面貌呈现出来的不也是这么一种死而不僵的状态吗? 可见,马克思并没有离开主题或随意插入有关资本主义前史的论述,而是有意为之,把握历史发展规律必然要探究它的来龙去脉、前因后果。

---

① 《马克思恩格斯全集》第 46 卷(上册),人民出版社,1979 年,第 484 页。
② 《马克思恩格斯全集》第 46 卷(上册),人民出版社,1979 年,第 473 页。
③ 《马克思恩格斯全集》第 46 卷(上册),人民出版社,1979 年,第 474 页。

第四章　"潘多拉盒子"究竟是怎么被打开的——作为历史和逻辑起点的《资本论·资本原始积累章》

　　《资本论》第二十四章近似附录,跟全书其他章节不在一个层次,逻辑上显得格外突兀。[①] 如果说《资本论》描述的是资本主义现状,看到的是成熟的资本主义生产方式,并透过这种现象揭露资本主义生产方式的本质,那么,第二十四章——《资本原始积累章》与众不同,讲的是资本主义的过去,也就是资本主义前史,或称前资本主义史,考察资本主义是怎么得来的。显然,《资本论》有着三个不同面向,既反映资本主义的过去,也反映当下资本主义及其发展变化趋势。

　　《资本原始积累章》跟《政治经济学批判(1857—1858 年手

---

① 跟它相对应的还有《资本论》第一章最后一节"商品拜物教"。如果说黑格尔《逻辑学》中"存在、无、变化"这一章体现了他的全部哲学,那么,《资本论》商品的拜物教这一节则揭示了唯物史观的全貌。

稿)》(因其内容广泛性又被人称作《政治经济学批判大纲》①) 有着紧密联系,谈资本原始积累必然会提及《大纲》,而《资本论》对资本原始积累的论述则是经典中的经典,这些经典论述就是萃取了《大纲》的精华。正因为有着如此深厚的积累,《资本论》第二十四章对于资本原始积累的概括和描述,达到了前所未有的理论高度,相当于皇冠上的明珠。

《资本原始积累章》之所以显得特别重要,是因为它所反映的历史恰好是近代史的开端,它是在考证资本主义的来处。资本主义所有特征在它的胚胎期都已经孕育好了,剩下的只是何时展开、以什么形式表现出来而已。

就像古希腊传说中的“潘多拉盒子”,里面关着天神和魔鬼共同创造的精灵,这是世上最危险的礼物,受欲望和好奇心驱使的潘多拉把它打开了,从此人心大乱。“潘多拉盒子”也就成了飞来横祸的代名词,而且灾难往往是由人心不足造成的。古代社会人神不分,神话也像真的发生过似的,深不可测。西欧近代史就是“潘多拉盒子”打开的过程。被牢牢禁锢在中世纪铁皮盒子里的资本原始积累,在最后阶段释放出来了,从此一发不可收拾。

离开资本原始积累这个大背景研究马克思主义发展史,很多

---

① 马克思 1857 年 10 月至 1858 年 5 月间所写的《政治经济学批判》手稿,标题是马克思自己加的,主体由 7 册笔记构成,计 308 页,包括《货币章》和《资本章》。莫斯科先后于 1939 年、1941 年分两册用德文出版,编者加上《政治经济学批判大纲(草稿)》的标题,《大纲》由此得名。马克思在 1858 年 5 月写给恩格斯的一封信中提及这部手稿,称“写得很乱但整个轮廓(Grundrisse 即大纲)已经有了”。1858 年 11 月 29 日致恩格斯的信中谈及这部手稿时称之为“草稿”。参阅《马克思恩格斯全集》第 29 卷,人民出版社,1972 年,第 317 页。

历史症结难以解开,出现理论研究的黑洞现象。只有以资本原始积累为背景研究马克思主义发展史,眼前才会豁然开朗。如马克思最早所针对的林木盗伐问题关注的就是资本原始积累现象。青年马克思扬帆起航的思想起点是资本原始积累,它是苦于资本主义不发达,而不是苦于资本主义发达,这一点往往为人们所忽视。广大发展中国家的症结也是在这里。马克思本人以资本原始积累研究为起点,也以资本原始积累研究为归宿,首尾相扣。《马克思恩格斯全集》第 3 卷(1995 年中文版)收集了马克思和恩格斯的早期作品,主要探讨的问题就是德国现代化的受制条件;马克思晚年所关注的俄国局势,仍在探讨怎么摆脱资本原始积累,跨越"卡夫丁峡谷",足见这个问题的复杂和棘手。

一、资本主义发展的历史性前提

(一) 作为近代史序曲的资本原始积累阶段

关于资本原始积累,普遍认为是资本主义社会以前的一个特殊阶段,存在的时间极为短暂,甚至还没形成一个完整的、成型的社会形态便转瞬即逝,从封建主义直接滑向了资本主义,不过一代人工夫便大功告成,从此隐退幕后,被记忆"淡化",略带而过,并不构成历史叙述的主体部分和重点内容,就像正餐之前的甜点或开胃菜一样,做个陪衬、铺垫或序曲。

资本原始积累作为从封建制转向资本主义的重要环节,是跨越这道鸿沟的惊险一跃。若是缺了这个环节,就不会有资本主义,更不会有后来资本主义所创造的一切;倘若跳不过去,就会掉进万劫不复的深渊陷阱造成系统性毁灭。

为什么近代史研究需要特别关注资本原始积累?近代史发端无一例外都是资本原始积累推动的,它在近代史中具有特殊重要地位和作用,意味着近代史的开端。资本原始积累现象(阶段)在历史起承转合当中曾起着莫大的杠杆作用,包含着之后社会发展的基因密码,它直接催生了区别于过去封建社会的新社会形态的胚胎,包含着后续社会形态演变的最初萌芽。有太多的后果需要回溯这一段历史根源,它会被不断地提及和追忆,虽成往昔仍是挥之不去。

无论把资本原始积累看作现象、阶段还是环节,它都是重彩浓抹的一笔。其一,如果没有资本原始积累作为先导,封建制不可能接纳资本主义生产关系,资本积累无从产生。资本主义产生的起点就是资本原始积累(阶段),离开了这个起点,产生不了资本主义。这既是逻辑前提,也是历史前提,是二者的高度统一。其二,存在所谓路径依赖现象。即便有了资本积累,但如果它的起点太低,资本主义也是发展不起来的。有多高的资本原始积累,才能有多快的资本主义进程。宋明两朝商品货币关系高度发达,加起来近六百年,还是产生不了资本主义,原因就在于商品货币关系永远处在封建权力婢女的位置,这个地位从来没有改变过。

资本原始积累是否只作为一个特殊的、极其短暂的历史阶段存在,发生在资本主义生产方式产生时、存在于资本主义社会形态之前,从而与资本主义阶段划清界限,就像赃款"洗白"了一样从此换了人间?

事实是,资本原始积累作为一种特殊现象,不仅存在于前资本主义历史当中、作为资本主义产生的历史条件而存在,它在资本主义社会形态仍然如影随形,借尸还魂——本质上并无改变,只不过剥夺和剥离变得更加隐蔽、曲折和婉转,不像过去那般血腥和赤裸裸。甚至产业、税收、融资政策、行业垄断权等,都已成为资本原始积累的新手段、新渠道和新形式。

(二)历史性变局的两大前提条件是如何创造出来的

从封建制转向资本主义,由前资本主义史翻篇成为资本主义史,必须要有两大历史前提才能实现,简言之就是"两个剥离"。第一个剥离,是生产资料从封建关系下剥离出来,由此产生资本主义性质的私有制,这是资本主义生产方式赖以存在和发展的第一个历史条件;第二个剥离,将大量劳动力从旧的生产关系中剥离出来,源源不断地提供给大规模工厂化生产方式,这是资本主义生产方式赖以存在和发展的第二个历史条件。

在马克思著作中,"羊吃人"的圈地运动是最典型的资本原始积累现象。天然的封建依附关系被剥夺,原来依附于土地的农民及其家庭从土地上被剥离出来,加入浩浩荡荡的城市就业大军。毫无疑问,资本主义私有化是促使事态质变的根本动力,资本主义方式的私有化加速了封建制解体。同时要强调的是,如果没有封建制的解体,就释放不出大量剩余劳力。这些劳力长期依附于旧体制中,现在被无情地抛向劳动力市场。就像奴隶被牵到市场上出卖一样,过去由奴隶主牵着,现在则由自己牵着。说它原始,不仅因为它是资本主义的前史、序曲,还在于实现方式极其野蛮、血腥和暴力。如英国颁布法令,禁止沿街乞讨行为,强制流浪汉就业。而在当时的情况下,劳动条件极其恶劣,劳动强度大,工资又低,很多人宁愿忍冻挨饿也不愿进工厂。恩格斯早期著作《英国工人阶级的状况》(1845)揭露的就是这种人间地狱。

两个历史性前提结合在一起,创造出了全新的资本主义生产关系。同样还是那么多的资源和劳力,但是社会动员能力不同,现在能够创造出的生产力比以前所有社会所创造的生产力还要大,社会财富仿佛一夜之间从地底下冒出来似的,它无情地冲击着旧制度。封建制的堡垒再坚固,也经不起如此巨大的利益诱惑,最终还是从内部被攻破。

完成资本原始积累同时也就创造出资本主义生产方式本身。从横截面看各国资本原始积累过程,从早期青涩生硬的运作手段,到后来驾轻就熟,始终围绕着如何造就资本主义生产方式所必要的前提、条件这一中心议题展开。英国完成这个历史性巨变,前后经历了几百年时间,从1215年的《大宪章》到1653年克伦威尔自任护国公,有过好多回合的拉锯战;法国为完成这个转变爆发了大革命,多少人头落地;美国虽是新生国家,也爆发了内战。德国(普鲁士)作为后起国家,更是不惜诉诸国家强力,实行"铁血"政策,硬生生地完成资本主义发展所需要的条件,即对生产资料和劳动力的剥夺与被剥夺、剥离与被剥离过程。这个历史进程越是到后来,完成它所需要的时间也越短,原来需要十几代人、几代人才能完成的转变,现在只要一两代人就能实现。

资本原始积累阶段正好是 14 到 16 世纪西欧文艺复兴时期,这个时期同时是海洋大国纵横驰骋大显神威的时候,开启了大航海时代。相形之下,深处内陆的普鲁士,现代化的起步要晚得太多,更不要说远在亚洲的中国,醒来得更晚。这是研究《资本原始积累章》时值得深思的话题。中国直到 1840 年鸦片战争之后才蹒跚学步。它从反面论证,与大航海时代同期的朱明王朝(1368 — 1644),为什么资本主义工商业却扎不了根,仍会长期陷于王朝更替的历史周期率难以自拔? 正是这些现象,将东方社会亚细亚生产方式与资本原始积累对立起来,从而与跨越"卡夫丁峡谷"问题联系起来。

二、资本原始积累的本质

(一) 马克思发现的"新大陆"

马克思博士毕业后来到《莱茵报》①工作,曾就莱茵省议会立

---

① 《莱茵政治、商业和工业日报》的简称。1842 年 1 月 1 日至 1843 年 3 月 31 日在普鲁士王国莱茵省科伦市出版,前后出版 456 期。该报的主要股东是莱茵省的自由工商业主,由开明人士伯·腊韦等创办,编辑是伯·腊韦和阿·鲁滕堡,路·舒尔茨和格·荣克负责发行。青年黑格尔派分子布鲁诺·鲍威尔、埃德加·鲍威尔、赫斯、科本等人都为该报撰稿。《莱茵报》当时站到了专制政权的对立面。1841 年9—12 月,马克思参与该报筹备工作,第一任主编古·赫夫铿只任 18 天,便由阿·鲁滕堡接替,版面的实际控制权掌握在青年黑格尔派的小团体"自由人"手中。恩格斯、马克思分别从 1842 年 3 月、4 月起为该报撰稿,同年 10 月马克思担任该报主编。由于该报发表一系列"不当言论",再加上新国王对新闻舆论的全面控制,普鲁士政府遂于 1843 年 1 月 19 日决定从 4 月 1 日起查封该报,而在查封前实行严格的双重审查。马克思于 1843 年 3 月 17 日发布辞职信。1843 年 3 月 31 日该报出版最后一期。最后几期报纸是由达·奥本海姆编辑的。

法议题发表过几篇社评,其中第三篇是在为林木盗伐行为伸张正义。就是这篇不甚起眼的小文,透露了德国现代化的受制条件,同时开启了马克思主义发展史的航程。

> 1842—1843 年间,我作为《莱茵报》的编辑,第一次遇到要对所谓物质利益发表意见的难事。莱茵省议会关于林木盗窃和地产析分的讨论,当时的莱茵省总督冯·沙培尔先生就摩塞尔农民状况同《莱茵报》展开的官方论战……①

这岂不是杀鸡用牛刀,什么情形下会用立法形式来重新界定法律权属关系?

之所以要如此小题大做,是因为牵涉封建遗产的归属,这是一个特定历史条件下带有普遍性的利益问题,所以才会有立法会上展开辩论。事情的原委是这样的:

欧洲中部和北部的冬天气候寒冷,只有到工业化阶段煤炭才开始大规模供应,而在此之前烧火取暖主要靠木材,穷人只好捡树枝生火御寒。这是中世纪保留下来的一项传统的救济制度,凡是公有土地上的林木自然修整下来的枯枝可以自由拾取,随时无偿提供给那些需要的人,这些人当然都是穷人。在中国也保留了这项民约,历朝历代都是通行的。这是资本主义以前约定俗成的习惯法。然而,就是这项对全社会免费开放的普遍的救济制度,到了马克思时代却被戛然叫停,理由竟然是有人以捡枯树枝为名砍伐

---

① 马克思:《〈政治经济学批判〉序言》(1859),载《马克思恩格斯选集》第 2 卷,人民出版社,2012 年,第 81 页。

林木。对于乘人不备折伐树木现象,无论过去还是"现在"都很难避免,何以"现在"的惩戒手段要变本加厉,甚至要一刀切完全地禁止呢?当然,随着城市人口增加,人均可捡拾的数量越来越少,争抢在所难免,但也不至于因此要一纸禁令使得公有林地完全变成"禁地"。

不管是以"公共利益"还是"效率优先"的名义,在明眼人看来,都无异于是在发出私有化的信号。对于过去公用地及地上附属物的权属关系重新界定,是有关资本主义私有化问题,这才是要害所在,利益所在。从中不难看出,封建制和资本主义是两种性质截然不同的私有制。以下提及私有化,特指资本主义生产方式下的私有化,以示区别于封建主义生产方式的私有制。

导致立法上权属变更,无非两种可能,一是有人盯上了这块公用地,二是有人相中了这片木材。看上这片木材,是因为工业需要原材料;要是看上这块地,改作他用,恐怕连树带地都得移交他人。不管是哪种理由,都意味着封建遗产的权属关系将会发生重大改变。英国将公用地圈起来用于放牧,提供纺织业所用的羊毛、城市肉食供应等,都是经济利益最终战胜了公众利益,导致立法移花接木般地改变。毫无疑问,私有化才是促进整个事件发展的根本动力和幕后推手。

老版《马克思恩格斯全集》前三卷(1979)和新版《马克思恩格斯全集》前三卷(1995),或《马克思恩格斯文集》第一卷,此七卷收集了马克思早期著作,反映了马克思所处时代的特征,留下了马克思对于资本原始积累特征考证的影子。那个时代的德国处于转向资本主义的过程当中,具体地呈现了资本原始积累的各种现象、各种特征。此七卷反映了马克思(包括同时代的恩格斯)从感性到理性、从自发到自觉的思想认识的转变历程。毫不夸张地讲,对资本原始积累的深刻批判和有力抨击,生成了马克思主义的最初形态。

在马克思生前少有的正式出版物中,《资本论》(1867)独占鳌头,有关"资本的原始积累"内容赫然列于全书第二十四章(倒数第二章)①,用来说明"资本主义生产的历史前提",相当于作为全书附录的"资本主义前史"或"前资本主义史",其余部分则都是在阐述资本主义的历史与逻辑,讲的是商品价值规律与资本主义生产过程。

把资本原始积累看作"资本主义前史",还有一处重要佐证,见之于马克思《政治经济学批判(1857—1858年手稿)》。其中"资本主义生产以前的各种形式"这一节就紧接在"资本的原始积累"一节之后,仅从章节的题目编排看作者用意,分明是在表述资本主义的前史;从内容上看,则是对资本主义产生的历史条件分类加以考察,提出既相互区别又相互联系的两大重要历史条件。② 这部分内容被看作研究马克思社会形态理论最重要的文献之一,但是,其价值远不止如此,它也是有关资本原始积累的最好佐证——正因为如此,它才能为社会形态理论提供方法论依据。

---

① 马克思:《资本论》第1卷,人民出版社,1975年,第781—832页。
② 这部分内容在老版《马克思恩格斯全集》第46卷上册(1979年中文版)和新版《马克思恩格斯全集》第30卷(1995年中文版)分别是第470—497页和第465—510页。

（二）资本原始积累的本质在于封建特权资本化

在封建制解体前夕，摆在俄国人面前最直接、最关键的问题是，究竟走资本主义道路，还是走社会主义道路？所谓"卡夫丁峡谷"，仅是一种形象的比喻，最初所要表达的含义就是俄国现行公社制度能不能不经过资本原始积累这个痛苦阶段而直接过渡到社会主义？这就是问题的由来。

这一切又是如何跟"卡夫丁峡谷"搭上线的呢？原来，在罗马附近确有个卡夫丁城，历史上曾有支军队偷袭罗马，结果反被包围，在卡夫丁附近缴械投降，对方阵营架起刺刀让他们从中走过，以示羞辱。"卡夫丁峡谷"指的就是这种不堪境地。这种羞辱在古代社会视荣誉为生命的贵族眼中是不可忍受的，不幸的是，现代化的社会转型也处于某种被胁迫而不得已的境地。

首先是观念的冲击。"私"和"有"是什么概念？"私"和"有"都是"有"，"有"的存在形式是"私"，无论是你的、我的，还是他的，总之所有资源、财富都有归属，都有主体，占有、使用（支配）、收益和处置的权属关系是明晰的。日本语里"私"（わたし）就是指"我"，"有"则是指产权归属关系，私有就是所有，公无所谓"有"，而是"无"所有权。公共草地、河流、森林、空气、阳光没有严格意义上的所有权。大自然足够大，足以容得下，谁都可以进入、通行，谁都可以捡柴火。

可见，"非私""非有"的初始状态与私有化目标是对立的，表明前资本主义完全不同于资本主义私有制，而且，相对于资本主义私有制而言,前资本主义的资源、财富存在方式是非私、非有状态,是共同体的存在形式。这里不用"公有"两字,因为只要跟"有"沾边的,哪怕是"公有"也是另一种"私有",无非是人员多少、范围大小的差别,相对于权属以外的人员来说,都有排他性。所以,准确地讲是"公无",也就是谁都不能拥有,不能以任何部分人的名义占有。

但凡讲到私有化,首先得有非私有的前提。既然是资本主义私有化,不言而喻地,那就首先得有非资本主义私有这一历史前提——封建制显然不同于资本主义私有制,具有很强的人身依附关系。两种私有制不是等量级别的,不能笼统地讲私有制,若用资本主义私有制的尺度来衡量,它显然不够彻底。因为农奴和土地是世代联系在一起的,只有到了近代才将二者硬生生地掰开。

从"前资本主义"到资本主义的变化是突破"非私""非有"状态一步跨入"私"和"有"的状态,是千年未有之大变,不仅是"田园牧歌式"生活方式的终结,同时意味着旧的共同体(人身依附关系)被彻底打破,成为历史性的一次惊险跳跃。

正因为如此,俄国废奴运动、美国废奴运动都造成巨大内乱。俄国 1861 年进行大规模的农奴制改革,反而成为沙皇政权最终解体的导火索;同样的历史性挑战也在美国发生,导致南部奴隶制摊牌亮底,最终演变为内战;而晚到的德国(普鲁士)则要老辣得多,靠俾斯麦对内维稳、对外扩张的强硬两手与"铁血"政策,维持了相当长的时间。但是,德国最终还是将自己绑到了战车上,成为两次世界大战的罪魁祸首。

这些国家在跨越"卡夫丁峡谷"时都遇上了麻烦,没能逾越过去,最后都翻了车,掉进万劫不复的深渊。有的看似跳过去了,但后来还是止不住后溜,最终还是掉进了鸿沟。所以,"卡夫丁峡谷"就成了现代化的一道魔咒,就像我们今天讲"贫困陷阱""中等收入陷阱"一样,一旦掉进去就难以自拔。

三、历史现象呈现的脉络

(一)俄国的经验教训

近代史的所有问题都出在资本原始积累这个环节上——能不能跳过去,怎么跳过去?就相当于商品的价值实现环节,商品脱手是实现商品的价值的重要环节,卖不掉砸在自己手上,倒霉的不是商品而是商品所有者。为了实现从封建制向资本主义的转变,摆在各国近现代化面前的只有两条路,一条是西欧资本主义发展的老路,通过野蛮血腥的资本原始积累方式实现,另一条则是避开资本原始积累直接过渡到社会主义的新路。

社会主义针锋相对地提出新的历史使命和要求,就是要终结资本原始积累(现象、行为和阶段),不再经历西欧式的原始积累阶段,而是采取直接过渡的办法,以直接的公有制形式占有资源,解决初始资源分配不公问题。从一开始就避免人为造成的剥夺、剥离和两极分化,避免了私有化、大量资源被私人侵吞这种发生在其他国家的历史厄运在本国的重演,避免制造新的阶级分化和社会分裂。

第一,社会主义不是出现在高度发达的资本主义国家,而是出现在帝国主义链条最薄弱的环节。苏联的诞生带来了社会主义的初盛。第二次世界大战之后,在全球范围内形成了颇具规模的社会主义阵营。①

第二,随着民族意识、人权意识、民主法治意识觉醒,经历资本原始积累阶段的发展老路走不下去了,野蛮和血腥的直接剥夺和剥离方式再也行不通。②

第三,直接过渡到社会主义方式堵住了资本原始积累的去路,一旦没有了资本原始积累过程,就很难产生出新的资本主义。这就从根本上铲除了资本主义的根基。

然而,直接过渡最不利的后果在于泼出洗澡脏水的同时,连带着也把盆中婴儿一并泼了出去。这里的"婴儿"指的就是本来就很薄弱的商品货币关系,这时候连带着也被取消了,其目的就是把资本主义生产关系消灭在萌芽状态。

取消商品货币关系所导致的后果,一是失去了经济核算的尺度,二是失去了正常生产和交换的动力,意味着不再按价值规律办事,只会使得经济关系更加扭曲。由于预算没有限度,价格不反映供求关系,不反映稀缺程度,货到地头死。计划经济所设想的目标与实际操作的结果反差甚大。为此,20 世纪二三十年代东西方两

---

① 列宁在这个新时代给出了全新的答案。这个时代就是资本主义从自由竞争进入垄断阶段,因而社会主义有可能在帝国主义链条的某个薄弱环节率先取得突破。这个预言不但成功了,而且随着民族独立运动广泛而深入展开,还带来了国际共产主义运动的高潮。

② "辉煌的"白银时代不会再出现,代之而起的是间接、含蓄和隐蔽的剥夺和剥离,大部分人从封建共同体中被剥离出来,美其名曰人的解放,以后又有了结构调整等的说辞,针对的还是同样现象。

大阵营之间爆发了一场大论战,分别以奥斯卡·兰格(1904—1965)和弗里德里奇·哈耶克(1899—1992)为代表,辩论双方围绕社会主义生产到底有没有核算、怎么核算的、不靠市场能否行得通等问题展开。

在实行计划经济的最初阶段,曾认为国营体系能够撑起整个再生产关系,因此试图用计划取代市场,但始终不能成功。究其根源在于两点,一是就空间来说,计划的盘子大不过市场的盘子,无法全覆盖,因而取代不了。如果只发展计划经济,就不会有义乌小商品市场出现,意味着牺牲了相当于世界五百强企业那么大的生产力。计划经济再强大,都像一座座孤岛,处在市场经济的汪洋大海之中,而不是倒过来。跟市场越对立,越是排斥市场经济,意味着计划经济即便没有增加任何生产力也得承担更大的社会责任。这就好比小牛拉大车,显得力不从心。由于损害了交换关系,整个再生产关系不能正常实现,此时摔坏的就不止是商品,还有商品所有者。这个时候,作为这个体系一分子的国营工业(国有企业)还能独善其身吗?二是没找到利益结合点。仅就劳动时间来说,严格来讲计划只定义在八小时工作时间内,八小时之外不存在计划,但市场没有如此苛刻的时间限制,因此不把市场的积极性调动起来,丧失的将是其他三分之二时间的生产力。这对于加工制造产业来说是致命的,意味着丧失市场和竞争力。

所有计划经济的改革都以价值实现为突破口,最后得到的结论是,不能逾越商品货币关系。1956年在总结"大跃进"教训时,毛泽东讲"价值规律是一座大学校",1987年党的十三大发出振聋发聩的声音,商品货币关系的充分发展是不可逾越的阶段,这些都是经过惨痛教训之后得来的经验。没有商品货币关系的充分发展，不可能有社会产品的极大丰富。① 20世纪80年代末90年代初，苏联在重新放开市场以后，除了价格一路飙升，其他方面如生产和供给都毫无起色，致使再生产关系更加混乱，从而为私有化提供了可乘之机。从这种现象看，苏联发展程度那么高，都没能跨过"卡夫丁峡谷"，最终退回到历史的起点。从事后回头看，苏联解体是才刚开始的序曲，俄国私有化和休克疗法才是重头戏。1992年俄国私有化，几乎在一夜之间完成。全国1.5亿人口，全部国有资产作价1.5万亿卢布，每人分得1万卢布不记名可转让有价证券（私有化券）。

请问，谁有能力收购廉价股权呢？毫无疑问，只有那些企业实际负责人和掌握贷款权的银行家及掮客，倘若没有内贼，很难轮得上门外伺机破门而入的"陌生人"。

不难设想，在股权完全分散的情况下，企业仍处于亏损状态，其经营状况甚至比没有私有化预期的情况下还要糟糕，普通百姓持有的这种股权就形同手纸，不如换取生活必需品来得实惠。这就使得那些能获得银行贷款的掮客有可能大量收购廉价股权。此时，实现资本主义生产方式所需要的外部条件成熟了。

从内部来讲，企业受内部人控制，只有股权相对集中地被内部人收购之后，才有积极性改善企业经营管理，股价才会恢复应有价值，否则企业会一直亏损下去，股价不正常地被沽空，直到有人接盘为止。由此内外配合，全面洗劫了国家和国民。俄国私有化和

① "不可逾越"是党的十三大提出的著名论断，党的十四大进一步明确了改革目标，确立了社会主义市场经济体制。

休克疗法造就了资本主义发展所需要的内外两大条件。

俄国私有化之后在很短时间内迅速结成金融寡头的利益集团,也只有到了这个时候,资产价格才走出谷底,恢复到它应有的价值。这是典型的内部人控制现象。这个阶段变本加厉地促成俄国的两极分化。试想,如果股票还是分散的个人所有,那么,股票价值仍然会一如既往的低迷。

实行如此简单粗暴的私有化手段,会造成什么后果呢? 国企私有化的结果,持股比例严重不对称,占 90% 的小股东们持股不到 10%,占 1% 的大股东持有 85% 以上股权。它所实现的是寡头控制,这是人们最不愿意看到的最坏的结局。没有公平竞争的环境,不可能有市场效率。美国于 19 世纪末开始打击寡头垄断,恢复公平竞争的市场环境,没想到俄国还处在这段历史的前夜。令人诧异的不仅在于这么迅速地完成私有化这一事实本身,还在于为什么整个社会如此纵容私有化现象发生。就像偷盗行为,为什么满大街的人都装作没看见呢?

其一,俄国私有化是在财政危机得不到化解的情况下发生的。财政危机之所以发生,是因为国有部门效率下降和私有化预期。这两个方面相辅相成,导致生产力严重下降,于是整个社会陷入恶性循环而难以自拔的停滞状态。这不是简单的财政危机,而是深刻的社会危机。当然,国际油价下降导致债务危机也是促成这场危机爆发的重要外因。这是俄国发生私有化的大背景,它是改革不成功的表现。危机越大,私有化动机就越大,私有化动力也越强,最后出现一卖了之,出现卖厂、卖地、卖矿真忙的景象。

其二,俄国私有化采取人人有份的策略,表面看实现了初始分配的公平,1万卢布私有化证券人人有份,结果则不然,助长了贫富分化。因为初始分配的价值既无股息,也无权参与决策,企业价值被严重低估,而且这种状况所有人都无法改变。能够改变这种状况的唯一办法就是被内部人收购,让股权相对集中。这就是所谓的"沉船计划"。由于资本市场高度不发达,存在严重的信息不对称,委托代理关系扭曲,大部分人最终只得将股票廉价转让,换取面包等生活必需品来克服当下经济危机,度过下岗失业的难关。这种再分配格局无异于乘人之危时的再次掠夺。

其三,休克疗法较之私有化进一步造成更普遍的社会分配不公和两极分化。对于那些本已不堪负重的广大中下层民众而言,无异于雪上加霜,导致相对贫困化,甚至是绝对贫困化。

利用国家意志加速财富集中和社会分化,在最短时间内以最小的阻力满足资本主义产生的两个最重要的历史性条件,无疑是资本原始积累的新方式。魔鬼往往藏在细节里,这些细节正是所有转型国家都必须张大眼睛看住的。

一是监守自盗。存在多种手段、通过各种手法瞒天过海,千方百计掏空国有资产。私有化有多种渠道,有合法和非法、直白和隐蔽的办法,有用行政手段,也有用入股方式或利用资本市场的,真真假假的招、拍、挂,不一而足。

二是由私有化引发债务危机、金融危机。由于私有化过程当中没有人对债务、信贷(无论是借方还是贷方)负最终责任,结果必然是债台高筑,金融领域更是重灾区。

三是金融垄断。两极分化不只是结果,而是一开始便形成了,以后只会越来越大,愈演愈烈。金融垄断使得近水楼台先得月,一部分能得到贷款的企业和个人可以支配较多的金融资源,初始资源分配呈现一边倒状态,秋风扫落叶般地落入少数人手中。

四是私有化往往烙有"原罪"的胎印,为了使之合法化必然要洗白或藏匿资产,从而导致大量资本外流,可用外汇紧缺,国家不得不实行用汇管制。而这些现象又是全面危机爆发的前兆。

(二)跨越"卡夫丁峡谷"有着更广泛的内涵

落后的农业国为了超越资本主义发展阶段,在无产阶级夺取政权之后有过各种尝试,苏联搞过集体农庄,中国搞过人民公社,都碰了钉子。对于卡夫丁峡谷的理解不能仅限于资本主义前史,而要着眼于整个现代化过程,眼界才会豁然开朗——跨越"卡夫丁峡谷"无异于冲击"夹击线":

第一,所谓"夹击线"就不是只有一股力量,而是新旧两股势力较量,因此未来将是一条刃锋道路,时间窗口转瞬即逝,短暂而宝贵,机不可失。

第二,如果跨不过去,结果将是系统性危机。借用马克思的话来说,摔坏的将不只是商品,而且是商品所有者。

有了这两条,可以更全面理解近现代史转型和转变过程。可以讲,"我"和"有"是现代性所赋予的特征,就是强调产权明晰,这是让一切资源充分涌流,让一切要素竞相迸发的必备条件。非私、非有的原初状态没有产权观念,适应不了工业化、市场化、城市化的时代要求,所以才会低效率,甚至无效率。产权明晰是党的十三大对所有制改革提出的一个基本要求,对于包括国企在内的所有企业都适用,包括乡镇企业、联营企业及其他合作企业。突破旧的生产关系的一个重要方面(表现),就是引入产权观念和产权制度。产权不明晰,不可能有效率和激励。

在所有制改革和流通领域改革孰先孰后问题上,曾有过无数次争论。传统的教科书讲得非常肯定,所有制决定一切(社会属性)。事实却证明,任何没有市场基础的所有制改革都将一事无成,不管是实行企业承包也好,股份制改革也好,都难以起到提高效率的作用。所有制改革最后还是借助(资本)市场、通过国企上市实现保值增值,迎来国企发展的第二春。党的十四大明确提出,必须将整个社会主义经济基础落到市场经济关系上,而不是单纯地用所有制来贴标签。

所有权和产权理论讲得更透彻,在不存在交易费用、交换关系畅通无阻的情况下,无论采用哪种所有制形式都同等有效。这说明,市场化改革是第一位的,所有制改革是第二位的。党的十八大强调要让一切资源充分涌流,让一切要素竞相迸发,就是着眼于创造人尽其才、地尽其力、物尽其用、货畅其流这样的市场条件。

反观计划经济和统配价格,我们同样能得到如下结论,不是因为计划经济才要统配价格,而是因为统配价格才要有计划。计划经济是逐步实现的,但只要有了统配价格,计划经济一定会实现,而且必须实现。但是,统配价格在实际执行中又会被打折,有了对内、对外双重标准,否则难以执行。即便是实行计划经济最为彻底的苏联,在规划、计划、平衡投入产出时也得考虑影子价格,否则失衡会更严重。① 由于计划执行中的价格有内外之别,存在对内调拨价和对外销售价的差别,因此,但凡计划经济实行久了,谁都知道批条子的含金量,寻租机会极大。一旦放开价格,计划内和计划外两种价格显性化,各自追求自身的利益,计划内价格会自动向计划外价格靠拢。正因为如此,实行价格双轨制就很容易把计划经济搞乱,隐性价格显性化意味着涨价。然而,不搞价格双轨制,所有资源都被几个部门垄断,哪来市场? 又何谈作为计划经济的补充呢?

一旦没有了市场,连价格都会失真,还哪有效率可言? 20 世纪30 年代,兰格和哈耶克的争论之一就在于计划价格能否保真,兰格认为可以用试错法实现,这就是后来的影子价格计算法。苏联计划经济之所以能保持较长时间,是因为在投入产出计算中考虑了影子价格。如果只允许单一的计划价格存在,资源配置只会更加扭曲。当然,影子价格跟真实发生的市场价格还有很大差距。

计划经济一统天下时,市场涉足领域很狭窄,处于计划之手够不到的边缘地带。即便如此,市场仍被当作资本主义尾巴予以割除。在行政支配经济的情况下,由于缺少价值规律的有效调节作用,"放乱收死"恶性循环就成了基本周期律。对此,毛泽东在《论十大关系》中讲得很清楚,放放收收是基本规律,过七八年调整一次。中国之所以能打破旧格局华丽转身(转型),很大程度上受益于市场开放和外向型经济。供销两头在外,才能打破计划经济一统天下的局面,体制外空间从而得以释放出来。当然,开放市场空

---

① 中国的计划经济所强调的综合平衡,就是要考虑方方面面因素。

间是不断拓展，逐步实现的。先有四个经济特区，以后又延伸到十四个沿海城市，再后来就是沿江、沿边开放经济带，最终形成珠三角、长三角等开放城市群，从而奠定今天的开放格局。

相形之下，国内市场（内需）和价格改革是迟至20世纪90年代才开始发挥作用的，在此之前通货膨胀一直难以克服。事后来看，加入世贸组织更像是给社会主义市场经济的加冕礼。事非亲历不知艰，从"非私""非有"的原初状态向"我""有"财产存在状态，这是多么巨大的观念转变，存在若干环节的惊险跳跃，是社会的根本性转型。

第一重转变是从"非私""非有"到"公"和"有"，变成了内部人控制。前述表明，但凡涉及"有"都有排他性，即"私"的一面。"公有"也不例外，"公"是有限的"公"，不是对所有人开放，只是强调体制内的"公"。所以，从"非私""非有"到"公有"、"国有"（部门、企业），本身也是"私"，只不过尺度大小不同。但凡落到"有"上，产权有所归属，即便不是"私有"，也都是"私"的一种表现。这种"私"导致的后果就是内部人控制。"单位人"的优越感就是这么生成的。否则，就很难想象"小企业办大社会"，会将生老病死的负担统统包下来。一个开放的、社会化的福利体系才是健全社会应有的标记，企业办社会是极大的资源浪费，正常的企业，都会尽可能节约成本，而将这些既管不了也管不好的负担推给社会。

第二重转变发生在"有"的层面，将"此有"通过各种方式、渠道、名目转变成"彼有"，转包、委托加工、上市、兼并、重组、拍卖等各个环节都有可能侵占、转移国有资产，化大公为小公（小金库）、化公为私，完全取决于内部人自我约束，加剧国有资产流失。

以采矿权的拍卖为例,由于所有者"不在场",所谓招、拍、挂就流于形式,起不到抑制瓜分国有矿产作用,最终都是内部人说了算。这个时候官商双方就构成了利益共同体,巨大的利益在内部分赃,只有分赃不匀才会内讧。

其他典型的案例还有 2004 年被叫停的 MBO,即内部人杠杆收购企业或其部分股权。由于股权激励非常有效,MBO 制度在规范的市场经济国家是很普及的,使得职业经理人的利益跟股东利益高度一致,然而,问题在于我们的此项制度设计不是基于股东利益而是基于职业经理人自身的利益,由职业经理人自行设计,岂不是让二当家僭越成了主人? 可想而知,其结果只会加速国有资产流失。

改革开放四十年实践及之前三十年经验从正反两个方面充分说明,没有"效率"就不会有"共享",只能沦为共同贫穷。中国从20 世纪 50 年代中期开始"超英赶美",然而真正超英赶美只是最近十年才有的现象,其速度令人目眩,其成就举世瞩目。其中,"效率优先"政策起到了强劲有力的牵引作用,倾其所有,几乎将所有优质资源、所有优惠政策集中作用于一部分人、一部分地区、一部分产业。然而,光有"效率"还很不够,作为经济共同体还必须兼顾到"后富",没有"共富"很容易在高速运行时因重心不稳而侧翻,或在刹车降速时由于结构性冲突而散架,由此看来,"效率优先"的政策窗口期也是有限的,不可能无限期地延长下去。到了第三步战略,应要侧重解决"共富"问题,这是全面建成小康社会"全面性"的关键所在。党的十八届三中全会将2020 年全面建设小康社会的奋斗目标进一步具体化为全面建成小康社会,念念不忘初心——"全面性"就是它的初心。所谓"全面建成",不只是看人均水平,还要看大多数人有没有达标。如果人均水平达标而大多数人不达标,这样的"人均水平",更像是一块遮羞布,掩盖了严重的贫富分化。

共享既是社会化生产关系不断得以扩大的动力,也是它的结果,最大的共享莫过于社会化生产关系扩大所实现的规模效应。共享是建立在效率原则、分配再平衡和补偿原则基础上的,由此建立起整个庞大的共享体系。这个体系内在地有着优先序,如果违背了这个优先序,共享是不可持续的。真正的共享是全面建成小康社会的本质要求,真正的共享要使得大多数人都能发挥积极性、主动性、创造性,形成激励相容的有效机制。所谓全面建成小康社会的"全面性"正体现在这里。

前面所讲的原则都旨在于防止两头极端化,避免富的极富,穷的极穷,为此采取了很多措施,花费大量财力物力,然而,关键不在于两头的"少数",而是中间大多数人。只有调动大多数人的积极性、主动性和创造性,让大多数人不断跟进,这样的发展才是可持续的,而且能够成为可持续发展的源泉。"先富"政策不只是有人先富,还有广大的就业,这才是它能够四十年长盛不衰的源泉。[1]

无论效率原则也好,公平原则也好,都应着眼于大多数人的可持续发展动力,立足于这样的发展目标,而不是首先着眼于两头。先着眼于两头,就会顾此失彼,到头来整个政策体系是扭曲的,彼此相互消减;同时又由于重心不稳,因而左右摇摆,没有准信。决定政策的主线和方向的准绳在中间大多数人,这才是大头,至于两

---

[1] 一个重要的指标是非公经济提供了80%的就业岗位,此时若非公经济不发展,就业状况将难改善。这为坚持"两个毫不动摇"提供了充足的底气。

头少数人,完全可以适用例外法则,并不会影响到大局。

重估效率原则和先富政策,必须着眼于鼓励绝大多数人的积极性、主动性和创造性,着眼于做大分母,而不是允许一部分人挑奶皮,甚至吃独食。极少数人一夜暴富意味着绝大多数人的积极性、主动性和创造性受到极大抑制,最终丧失的是整个社会的发展潜力。

第五章 马克思博士论文对哲学基本问题的探索

青年马克思在大学时代已经充分意识到哲学的重要性。博士论文不仅是青年马克思研究古希腊哲学的重要成果,也深刻体现了马克思对哲学基本问题的早期思索。在比较德谟克利特和伊壁鸠鲁二者哲学思想的差别时,马克思从哲学基本问题的高度认识并熟练运用辩证法,充分肯定主观能动性的重要性,同时也深刻认识到唯心主义方法的缺陷。这为他日后更深入地开展研究乃至创立唯物史观奠定了深厚的哲学基础。

一、从马克思《给父亲的信》谈起

博士论文《德谟克利特的自然哲学与伊壁鸠鲁的自然哲学的差别》是青年马克思研究古希腊哲学的最重要成果,见证了马克思青年时期思想成长的重要阶段,也深刻体现了马克思对哲学基本问题的早期思索。学界对马克思博士论文并未达成一致认识，涉及该论文的哲学世界观及其对唯物史观之创立的影响时颇有争议。①

马克思着手研究古希腊哲学直至完成博士论文这段时间是在柏林大学度过的。马克思《给父亲的信》写在这段时期之前，总结了在柏林大学第一年的学习经历，"记载了青年马克思思想演变的重要因素和他追求科学世界观的热忱"②，是认识和理解马克思博士论文的一份珍贵资料。

1836 年，马克思从波恩大学转入柏林大学法律系。尽管是法律专业的学生，但他更热衷于研究哲学和历史，这与作为黑格尔哲学重镇的柏林大学所具有的浓厚哲学氛围分不开。1837 年春季，马克思因身体欠佳到柏林郊区疗养，其间接触了青年黑格尔派的博士俱乐部。同年 11 月，马克思写下了他在学生时代保存下来的唯一的也是最早的一封信，即《给父亲的信》。信中指出："在患病期间，我从头到尾读了黑格尔的著作，也读了他大部分弟子的著作。"③同时信中表达了对哲学的热爱："我应该研究法学，而且首先渴望专攻哲学。"④次年，马克思正式加入博士俱乐部。当时该俱乐部正热衷于探讨古希腊哲学，⑤可能受此影响，马克思研读了大量古希腊哲学的著述，完成了七本《关于伊壁鸠鲁哲学的笔记》。

① 孙熙国：《是地道的唯心主义哲学还是唯物史观的秘密诞生地：马克思〈博士论文〉与唯物史观的创立》，载《学术月刊》2013 年第 5 期。
② 《马克思恩格斯全集》第 40 卷，人民出版社，1982 年，第 2 页。
③ 《马克思恩格斯全集》第 40 卷，人民出版社，1982 年，第 16 页。
④ 《马克思恩格斯全集》第 40 卷，人民出版社，1982 年，第 10 页。
⑤ 陈先达、靳辉明：《马克思早期思想研究》，北京出版社，1983 年，第 37 页。

笔记中除大量摘录外,也有自己的评注,针对各派哲学家的观点发表了许多独创而深刻的见解。同时,还为研究整个希腊哲学体系制定了宏大的写作计划。

信中反映出马克思所作的大量思考已经触及哲学的基本问题。他在信中总结研习法律的心得时指出了关键问题,即"现实的东西和应有的东西之间的对立……是唯心主义所固有的"①。同时,马克思也反思,学习不能脱离实际,自己一开始研究的都是形而上学的东西,是"脱离了任何实际的法和法的任何实际形式的原则、思维、定义……"②。为此,"从理想主义……转向现实本身去寻求思想"③。马克思此时已在思考理论与实际、精神世界与现象世界之间的关系,认识到哲学基本问题的重要性,正如信中所说:"这又一次使我明白了,没有哲学我就不能前进。"④

《给父亲的信》透露出来的大量信息解释了青年马克思为什么要致力于研究哲学。青年马克思深受黑格尔弟子们的影响,对哲学产生浓厚的兴趣。这是马克思研究古希腊哲学的重要背景,在着手研究古希腊哲学之前所作的思考触及了哲学基本问题,又使得他超越青年黑格尔派。在博士论文中,马克思已经站在哲学基本问题的高度进行思考,并试图从古希腊哲学中寻找答案。

---

① 《马克思恩格斯全集》第 40 卷,人民出版社,1982 年,第 10 页。
② 《马克思恩格斯全集》第 40 卷,人民出版社,1982 年,第 10 页。
③ 《马克思恩格斯全集》第 40 卷,人民出版社,1982 年,第 15 页。
④ 《马克思恩格斯全集》第 40 卷,人民出版社,1982 年,第 13 页。

二、马克思博士论文对哲学基本问题的探索

马克思的博士论文《德谟克利特的自然哲学与伊壁鸠鲁的自然哲学的差别》主要包括两大部分内容,分别考察德谟克利特和伊壁鸠鲁二者自然哲学的一般差别和在细节上的差别。在一般差别的考察中,马克思的认识已经上升到哲学基本问题的高度;在原子论哲学的细节考察中,马克思尝试在伊壁鸠鲁的原子论哲学中求解哲学基本问题,并对之进行反思。

(一)从一般差别的考察中提炼哲学基本问题

在一般差别的考察中,马克思发现,德谟克利特在处理原子和可感知现象世界之间的关系时是混乱甚至矛盾的。一方面,德谟克利特认为只有原子和虚空是真实的原则,而"感性现象不是原子本身所固有的……是主观的假象"[1]。另一方面,他又认为"感性知觉的世界是真实的和富于内容的世界。这个世界虽然是主观的假象,但正因为如此,它才脱离原则而处于独立现实性的地位;同时,作为唯一的真实的客体,它本身具有价值和意义"[2]。

德谟克利特一方面认为感性世界是主观的假象,另一方面又视其为唯一真实的客体,显然自相矛盾。马克思的上述分析揭示了一个根本性问题,即德谟克利特认为原子和现象世界之间是没

---

① 《马克思恩格斯全集》第 40 卷,人民出版社,1982 年,第 199 页。
② 《马克思恩格斯全集》第 40 卷,人民出版社,1982 年,第 201 页。

有关联的,"原子的概念和感性直观互相敌对地冲突着"①。德谟克利特束缚了自己的思考空间,从而陷入苦恼和困境之中。

当把感性世界作为唯一真实的客体时,为了寻求它的价值和意义,"德谟克利特被迫改用经验的观察。他不满足于哲学,便投入实证知识的怀抱"②。为此,德谟克利特走遍半个世界以便积累经验、知识和观察所得的资料。然而,由于原则与现象世界之间的隔离,德谟克利特认为,这些来自经验观察的感官资料并不是"真实的即哲学的知识"③。其后果,德谟克利特在追求原子哲学时尽力避免受到现象世界的影响,他甚至为此弄瞎了自己的双眼。总之,德谟克利特追求两种知识,一种是经验观察的感官知识,另一种是真实的哲学知识。他认为这两种知识是完全对立和隔离的,自己的思维因此陷入了二元分裂的境地。

与德谟克利特的怀疑论和自相矛盾不同,伊壁鸠鲁独断地将感性世界视为客观现象。同时,伊壁鸠鲁也不像德谟克利特那样重视实证知识,一心只追求哲学知识并为此感到满足和幸福。在伊壁鸠鲁身上体现了"自我满足的思维的平静和从内在原则汲取自己的知识的独立性"④。

比较了德谟克利特和伊壁鸠鲁哲学思想的差异之后,马克思认为二者的一般差异取决于反思的形式,"这形式表现着思想对存

① 《马克思恩格斯全集》第 40 卷,人民出版社,1982 年,第 200 页。
② 《马克思恩格斯全集》第 40 卷,人民出版社,1982 年,第 201 页。
③ 《马克思恩格斯全集》第 40 卷,人民出版社,1982 年,第 201 页。
④ 《马克思恩格斯全集》第 40 卷,人民出版社,1982 年,第 207 页。

在的关系,两者的相互关系"①。二者在世界与思想之间所建立的一般关系中,把各自的特殊意识同现象世界的关系客观化了。德谟克利特是把感性世界看作主观假象的怀疑论者和经验论者,而伊壁鸠鲁是视感性世界为客观现象的独断论者。前者从必然性角度考察自然,力求解释和理解事物的真实存在,后者只看到偶然性,倾向于否定自然的一切客观实在性。②

　　通过比较,马克思意识到"似乎存在着某种颠倒的情况"③。就思想和存在的关系而言,德谟克利特将自然现象视为必然性,是一种机械论的认知模式,认为思想和意识没有发挥作用。伊壁鸠鲁则将自然现象视为偶然,一切取决于自我意识。马克思所谓"反思的形式"直接涉及对哲学基本问题的回答,将德谟克利特和伊壁鸠鲁二者在哲学观上的一般差异归结为哲学基本问题。

(二) 从原子论的细节考察中求解哲学基本问题

　　德谟克利特在思想和精神中有一个原子化的世界,同时面对着一个现象世界,但无法在这二者之间建立联系。原子化世界无法解释现象世界,因而不能使人们克服对现象世界的恐惧,进而不能摆脱神学和上帝的思维束缚。马克思在对伊壁鸠鲁原子论的细节考察中发现了一种解决问题的途径。

　　首先,从伊壁鸠鲁提出的原子偏斜中找到了问题的突破口。

①《马克思恩格斯全集》第 40 卷,人民出版社,1982 年,第 203 页。
②《马克思恩格斯全集》第 40 卷,人民出版社,1982 年,第 207 页。
③《马克思恩格斯全集》第 40 卷,人民出版社,1982 年,第 207 页。

偏斜"表述了原子的真实的灵魂、抽象个体性的概念"。① 没有偏斜运动的原子是没有独立性和个体性的。马克思以物体的直线下坠运动对此做出了解释。"每一个物体,就它在下坠运动中来看,不外是一个自身运动的点,亦即一个没有独立性的点,这个在某种一定的存在中——即它所描绘的实践中失掉了它自己的个体性。"②如果没有偏斜运动,原子就只是一个没有独立性的点,且消失在直线运动中,进而无法与现象世界建立联系。这正是德谟克利特无法在原子与现象世界之间建立联系的原因。

马克思由此发现,原子实际上是一个矛盾统一体,直线运动和偏斜运动都不可或缺。直线运动是原子的物质性表现,只进行直线运动的原子,还只是"纯粹物质性的存在"③,不是真正的原子。或者说,"在原子中未出现偏斜的规定之前,原子根本还没有完成"④。偏斜运动"是它(原子)胸中能进行斗争和对抗的某种东西"⑤。一定程度上受青年黑格尔派的影响,马克思将"某种东西"阐释为原子的自我意识。⑥

马克思在揭示出偏斜作为原子的独立性和自我意识的特征以

---

① 《马克思恩格斯全集》第 40 卷,人民出版社,1982 年,第 214 页。

② 《马克思恩格斯全集》第 40 卷,人民出版社,1982 年,第 221 页。

③ 《马克思恩格斯全集》第 40 卷,人民出版社,1982 年,第 212 页。

④ 《马克思恩格斯全集》第 40 卷,人民出版社,1982 年,第 213 页。

⑤ 《马克思恩格斯全集》第 40 卷,人民出版社,1982 年,第 212—213 页。

⑥ 马克思对自我意识的强调受到了青年黑格尔派哲学的影响。马克思参加的"博士俱乐部"就是"以鲍威尔为代表的自我意识哲学团体"。参阅孙伯鍨《探索者道路的探索》,安徽人民出版社,1985 年,第 28 页。在关于伊壁鸠鲁哲学笔记中,马克思指出:"'偏斜直线'就是'自由意志',是特殊的实体,原子真正的质。"参阅《马克思恩格斯全集》第 40 卷,人民出版社,1982 年,第 121 页。

后,进一步揭示了排斥运动发生的原因。马克思援引卢克莱修的观点说:"众多原子的排斥就是卢克莱修称之为偏斜的那个'原子规律'的必然的实现。……如果原子不偏斜,就不会有原子的反击,也不会有原子的遇合,并且将永远不会有世界创造出来。"①至此,偏斜—排斥—现象世界的逻辑体系已经呈现出来。

通过对偏斜的考察进而认识到原子的个体性特征和自我意识是至关重要的。德谟克利特正是由于缺少对偏斜的把握,不能通过原子自身的内在矛盾来理解排斥,只能将其解释为物质层面的分裂和变化。所以,马克思说:"伊壁鸠鲁的原子偏斜说就改变了原子王国的整个内部结构……所以伊壁鸠鲁最先理解了排斥的本质……而德谟克利特则只认识到它的物质存在。"②

马克思在用偏斜揭示了排斥的本质后,又进一步考察了原子的质,"因为那互相排斥的众多原子……必定具有质的差别"③。具体而言,马克思考察了原子的体积、形状和重量这三种质。质的差别体现了原子的独立性特征,因而对质的考察也是对偏斜的进一步阐释。所以,马克思通过对质的考察进一步揭示了原子的内在矛盾,并进一步建立了原子与现象世界之间的联系。马克思说:"原子的概念中所包含的……矛盾,表现在单个的原子本身内,因为单个的原子具有了质……于是从具有了质的原子的排斥以及与排斥相联系的凝聚里,就产生出现象世界。"④

---

① 《马克思恩格斯全集》第 40 卷,人民出版社,1982 年,第 216 页。
② 《马克思恩格斯全集》第 40 卷,人民出版社,1982 年,第 217 页。
③ 《马克思恩格斯全集》第 40 卷,人民出版社,1982 年,第 218 页。
④ 《马克思恩格斯全集》第 40 卷,人民出版社,1982 年,第 228 页。

马克思认为,伊壁鸠鲁正确区分了作为"元素"的原子和作为"始原"的原子,前者是构成现象世界的基础,而"始原"则只存在于虚空之中。原子要与现象世界建立联系,首先必须成为元素,而"只有那具有质的原子才成为'元素'"①。德谟克利特的原子概念只是存在于虚空中的始原,因而无法与现象世界建立联系。至此,不难发现,马克思在剖析伊壁鸠鲁原子论的过程中建立一套"思想对存在的关系"的逻辑体系:原子—偏斜—质—元素—排斥—现象世界。

(三) 从天体现象中发现原子论哲学的缺陷

马克思深刻剖析了伊壁鸠鲁的原子论哲学,建立了从原子到现象世界的逻辑体系。但马克思同时发现,伊壁鸠鲁在解释天体现象时与他的原子论发生了冲突。伊壁鸠鲁的意图是否定宗教神学,并帮助人们摆脱对天体现象的恐惧感。为此,他不再从原子出发,而是主张从现象出发,通过感性知觉来说明天体的运行及其使人感到惊异的原因,进而排除恐惧感,并达到排斥神学的目的。

伊壁鸠鲁发现,"在天体中一切促成原子发展的矛盾——形式和物质之间、概念和存在之间的矛盾都解决了;在天体中一切必要的规定都实现了。……因此,天体就成为现实的原子"②。然而,伊壁鸠鲁在天体中同时发现了独立的、不可毁灭的物质,"而天体的

---

① 《马克思恩格斯全集》第 40 卷,人民出版社,1982 年,第 229 页。
② 《马克思恩格斯全集》第 40 卷,人民出版社,1982 年,第 239 页。

永恒性和不变性又为群众的信仰、哲学的判断、感官的见证所证明"①。按照伊壁鸠鲁的原子论哲学,天体作为现实的原子,其运动都是偶然发生的,不应该具有永恒性和客观实在性。② 因此,天体现象与伊壁鸠鲁的原子论发生了冲突。天体的永恒性打乱了"自我意识的心灵的宁静"③,或者说,"自我意识在天体现象中看到了它的死敌"④。

伊壁鸠鲁处理原子与现象世界之间关系时也遇到了麻烦,从原子出发能够建立其逻辑体系,但从现象出发时却违背了这一体系。马克思总结说:"如果抽象的、个别的自我意识被设定为绝对的原则,那么一切真正的和现实的科学……当然就被取消了。"⑤伊壁鸠鲁将自我意识的作用绝对化后就脱离了现实,因而无法对现象世界作出科学解释。通过对天体现象的考察,马克思进一步认识到原子论和唯心主义的缺陷,即"现实的东西和应有的东西之间的对立"。唯心主义的方法最终没有使马克思得到哲学基本问题的满意答案。

三、马克思博士论文深入哲学基本问题的历史意义

马克思在开展古希腊哲学研究时,意识到哲学基本问题的重

---

① 《马克思恩格斯全集》第 40 卷,人民出版社,1982 年,第 239 页。
② 《马克思恩格斯全集》第 40 卷,人民出版社,1982 年,第 207 页。
③ 《马克思恩格斯全集》第 40 卷,人民出版社,1982 年,第 238 页。
④ 《马克思恩格斯全集》第 40 卷,人民出版社,1982 年,第 240 页。
⑤ 《马克思恩格斯全集》第 40 卷,人民出版社,1982 年,第 242 页。

要性,带着这个问题开始一系列考察。在对伊壁鸠鲁原子论的考察过程中,马克思试图用唯心主义方法求解哲学基本问题,但没有得到满意的答案。尽管如此,这一心路历程为他以后开展更深入的哲学探索乃至创立唯物史观打下了重要基础。

(一) 熟练运用辩证法并发现主观能动性的重要性

马克思在剖析伊壁鸠鲁的原子论哲学时,一贯地采用矛盾分析法,在直线与偏斜、物质与形式、思想与存在等各种对立统一关系中把握原子的本质,并运用肯定、否定和否定之否定的发展规律建立了原子与现象世界之间的逻辑关系。[①] 这足以表明马克思已经掌握了辩证法的精髓,这受益于黑格尔哲学及青年黑格尔派的影响。正是基于辩证法的熟练运用,马克思能够洞察伊壁鸠鲁与德谟克利特在原子论上的本质区别,进而打破了传统的认知,[②]“解决了一个在希腊哲学史上至今尚未解决的问题”[③]。

从辩证法的角度看,德谟克利特的原子学说是机械论的,用盲

[①] “马克思认为,原子的冲击是偏斜运动的必然结果,原子在其生命过程中具有三个环节:直线运动表现原子的直接性即肯定性,偏斜运动是它的否定,原子的冲击便是否定的否定。经过这三个环节,原子便按照它的概念实现了,它从本质世界过渡到了现象世界。于是,一个感性的世界就被创造出来了。”参阅孙伯鍨《探索者道路的探索》,安徽人民出版社,1985 年,第 75 页。

[②] 马克思的博士论文突出贡献在于打破根深蒂固的偏见,“即把德谟克利特的物理学和伊壁鸠鲁的物理学等同起来,并把伊壁鸠鲁所作的改变看作只是一些随心所欲的臆造”,甚至认为后者剽窃了前者。参阅《马克思恩格斯全集》第 40 卷,人民出版社,1982 年,第 198 页。

[③]《马克思恩格斯全集》第 40 卷,人民出版社,1982 年,第 188 页。

目的必然性解释原子运动。伊壁鸠鲁则着眼于原子自身的内在矛盾，从而为辩证法的运用开启了一扇窗。然而，伊壁鸠鲁原子论中的矛盾分析和辩证法因素，依然处于自发阶段，并没有上升到理性认识。① 掌握了辩证法的马克思发现了这一问题，充分挖掘了伊壁鸠鲁原子论的价值，将其中自发的、分散的辩证法因素进行了系统的整理，使之上升为一套完整的理论体系。

通过对伊壁鸠鲁原子论的剖析，马克思第一次熟练运用了辩证法，为以后开展更深入的哲学探索奠定了坚实基础。辩证法最终成为马克思在创立新的哲学世界观和理论体系过程中所采用的根本方法。

基于辩证法的运用和原子自我意识的启发，马克思认识到人也是精神与物质的对立统一体，并强调了人的主观能动性。他说："要使人作为人的人成为他自己的唯一真实的客体，他就必须在他自身中打破他自己的相对的定在，欲望的力量和纯粹自然的力量。"可见，在与物质欲望和自然力量的对立中，人本身所具有的主观能动性凸显出来。

对自我意识和主观能动性的强调首先揭穿了宗教神学的虚伪。在伊壁鸠鲁看来，所谓上帝和神灵都是自我意识或精神的产物，因此，"希腊哲学家在天体崇拜中崇拜的是他们自己的精神"②。伊比鲁鸠因此摆脱了对神灵的恐惧，用自我意识取代上帝和神灵，从而获得内心的平静。正是从批判宗教神学的角度，马克

---

① 孙伯鍨：《探索者道路的探索》，安徽人民出版社，1985 年，第 83 页。
② 《马克思恩格斯全集》第 40 卷，人民出版社，1982 年，第 234 页。

思称赞伊壁鸠鲁"最伟大的希腊启蒙思想家"①。马克思进一步指出:"对神的存在的证明不外是对人的本质的自我意识存在的证明,对自我意识存在的逻辑说明。……对神的存在的一切证明都是对神不存在的证明……"②。

打破了宗教神话,同时也就揭示了机械论的重要缺陷,因为这种哲学观一个根本假设是将第一推动力归功于上帝。因此,上帝的神话一旦被打破,机械论所假想的第一推动力也就不攻自破了。以上帝存在为前提的自然科学也将为自我意识的自然科学所取代。马克思似乎从中看到了人类走向更加文明的曙光,因为"在伊壁鸠鲁那里,原子论及其所有矛盾,作为自我意识的自然科学业已实现和完成……"③。

彻底打破上帝的神话,是马克思创立唯物史观的重要前提。德国古典哲学从康德到黑格尔的发展历程中,辩证法得到了充分发展,但假想上帝的存在限制了他们对主观能动性的认识,未能完成哲学的革命。马克思在批判继承辩证法的同时,也驱逐了上帝,使人的主观能动性得以充分施展,为创立新哲学开辟道路。

(二) 为抛弃唯心主义并走向现实世界做了必要准备

一般认为,马克思在写作博士论文时是具有唯心主义倾向的,正如列宁所言:"马克思就当时的观点来说,还是一个黑格尔唯心

---

① 《马克思恩格斯全集》第 40 卷,人民出版社,1982 年,第 242 页。
② 《马克思恩格斯全集》第 40 卷,人民出版社,1982 年,第 285 页。
③ 《马克思恩格斯全集》第 40 卷,人民出版社,1982 年,第 242 页。

主义者。"①有学者甚至认为,此时的青年马克思"是一位地道唯心主义哲学家"②。事实上,马克思在剖析原子论的过程中的确采用了唯心主义的方法,但不是"地道的唯心主义者"。

德谟克利特和伊壁鸠鲁的原子论都是唯心主义的产物,原子的概念本身就是思维的产物,而非源于真实的存在。从思维对存在的关系看,德谟克利特与伊壁鸠鲁都遵循了唯心主义的方法,即都是以各自原子论哲学作为出发点和基本原则,只是二者的原子论不同而已。马克思在解读伊壁鸠鲁的原子论时也是按照唯心主义的推理方式建立起原子与现象世界之间的逻辑关系。但马克思同时发现了原子论的重要缺陷。现实世界最终是不能用原子论来解释的,即不能还原为伊壁鸠鲁所构想的原子。③ 从根本上讲,由于没有掌握辩证法,伊壁鸠鲁强调矛盾的一方时没有看到其对立面,将原子的自我意识绝对化,从而滑向了偶然性的极端,忽视了必然性,甚至"否定自然的一切客观实在性"④。精通辩证法的马克思显然对此有深刻认识,并批评伊壁鸠鲁"轻视实证科学"⑤。

马克思在尝试运用原子论的唯心主义方法来破解哲学基本问题时,并没有得到满意的答案。此后马克思经过深刻的反思,逐渐

---

① 《列宁选集》第 2 卷,人民出版社,1995 年,第 414 页。

② 张一兵:《青年马克思的第一次思想转变与〈克罗茨纳赫笔记〉》,载《求是学刊》1993 年第 3 期。

③ 马克思在运用辩证法剖析原子的质的过程中也否定了原子还原论。原子间有了质的差别,就不可能是简单的数量关系。原子之间的排斥和融合是从量变到质变的不可逆的过程。

④ 《马克思恩格斯全集》第 40 卷,人民出版社,1982 年,第 207 页。

⑤ 《马克思恩格斯全集》第 40 卷,人民出版社,1982 年,第 202 页。

抛弃了唯心主义的方法，不再纠缠于原子论，将视角转向现实社会，不再继续开展原来的哲学研究计划。博士毕业后，马克思不再像鲍威尔等青年黑格尔派那样仍然纠缠于哲学的空谈，而是注重社会实际，积极参与到社会实践中。1842年成为《莱茵报》编辑后，更是积极投身到群众斗争的实践洪流中，通过大量社会调查，更深入地思考哲学基本问题。此时，马克思所撰写的文章就不再是纯理论的了，而是直面现实问题。更重要的是，马克思在亲身实践中发现了经济问题的重要性。恩格斯回忆说："我曾不止一次地听到马克思说，正是他对林木盗窃法和摩塞尔河地区农民处境的研究，推动他由纯政治转向研究经济关系，从而走向社会主义。"①正是得益于社会实践，马克思走上了开创唯物史观的光明大道。

（三）根本在于现实世界和社会实践

马克思比较德谟克利特和伊壁鸠鲁二者的哲学思想，同时在思考思维对存在的关系这一哲学基本问题。德谟克利特和伊壁鸠鲁都是以作为思维产物的原子为基本原则和出发点。德谟克利特的原子论与现象世界是隔离的，无法在原子与现象世界之间建立联系。马克思重点剖析了伊壁鸠鲁原子论，从原子自身的内在矛盾出发，在原子与现象世界之间建立了一套逻辑体系。这一逻辑体系也成为马克思用唯心主义的方法求解哲学基本问题的一次尝试。

---

① 《马克思恩格斯全集》第39卷，人民出版社，1982年，第446页。

在建立这一逻辑体系的过程中,马克思熟练运用了辩证法并充分意识到主观能动性的重要性。这为他否定宗教神学坚定了信心,并为批判形而上学的唯物主义和机械论奠定了基础。同时,马克思也发现了这一逻辑体系的缺陷。按照这一逻辑体系,现实世界应该起源于思维的产物即原子,然而,由原子论所构想的世界与现实世界并不一致,现实世界并不能由原子论来解释。由于原子论不能决定现实世界,思维不能决定存在,加深了马克思对唯心主义缺陷的认识,即"现实的东西和应有的东西之间的对立"。马克思在博士论文中已经意识到唯心主义的方法并不能为他所沉思的哲学基本问题提供满意的答案,因而不得不抛弃唯心主义。马克思选择的出发点不再是原子论,而是现实世界,促使马克思与青年黑格尔派分道扬镳。青年黑格尔派沉迷于哲学空谈,马克思则迅速走向社会实践,放弃了原来的古希腊哲学研究计划。

马克思的博士论文是对哲学基本问题的一次曲折探索,对他以后创立唯物史观是不可或缺的准备阶段。重温马克思的这一心路历程对当代哲学领域诸多争论也有重要启示。强调到社会实践中去,并不意味着支持庸俗的物质观和金钱观,扼杀人的主观能动性。人作为物质和精神的对立统一体,要成为真正的自己,不屈从于机械论哲学的宿命论和物质刺激,而是要充分发挥主观能动性以改造世界并克服物质欲望。

马克思自己的人生追求实践了这一伟大的哲学思想。

第六章 "犹太人问题"争论在唯物史观形成中的作用

马克思历史唯物主义形成的一个重要维度是对布鲁诺·鲍威尔关于"犹太人问题"解决方案的批判。鲍威尔关于"犹太人问题"的解决方案将宗教批判而不是政治批判作为起点,是德国观念论"逻辑在先"思维范式的必然结果,而非学界一般所理解的对险恶政治环境的策略性妥协。在此基础上,鲍威尔认为"犹太人问题"产生的根源在于犹太教排他性和特殊主义的自我意识,这种个别性的自我意识使犹太人将自己排除在市民社会之外;基督教克服了犹太教的特殊性和排他性,却使自我意识发展成为一种普遍的特殊主义和绝对的排他性,在本质上和犹太教一样,都不是真正的普遍自我意识,因此鲍威尔认为只有废除宗教,达到普遍自我意识才能真正实现犹太人的解放。在《论犹太人问题》中,马克思只是从市民社会决定政治国家和宗教观念这一论断出发,批判鲍威尔混淆了政治解放与人的解放的关系,没有触及德国观念论"逻辑在先"的思维范式,因此马克思对鲍威尔关于"犹太人问题"解决方案的批判只是外在批判;在《德意志意识形态》中,马克思通过对物质生活资料生产与意识之间关系的分析,指出意识生产从属于物质生活资料生产,彻底超越了德国观念论"逻辑在先"的思维范式,完成了对鲍威尔关于"犹太人问题"解决方案的内在批判。

一、鲍威尔关于"犹太人问题"解决方案的起点

马克思主义政治哲学的研究兴起之后,《论犹太人问题》成了热点,"这篇不到 2 万 3 千字的回应性文章竟然吸引了有着不同理论立场、不同理论背景的学者的阅读、研究,成为研究马克思政治、法权、宗教、市民社会、现代性等思想必须认真研读的一个文本,也是马克思的赞成者与批评者都难以绕开的一个文本"①。表象繁荣的背后,存在以偏概全的隐忧,"长期以来……我们……基本上都是单纯根据马克思的概括和论述来推测其批判对象乃至当时的理论图景的。比如说,作为马克思开启其与鲍威尔思想剥离进程序幕的重要作品《论犹太人问题》,实际上是对后者先前刊印的一部小册子《犹太人问题》和一篇重要论文《现代犹太人和基督徒获得自由的能力》较为详尽的评论,但由于国内研究者过去对这些文本几乎没有直接接触过,致使所获得的思想信息实际上很单一、肤浅乃至很片面,所得出的结论自然也就很难说是客观、准确和到位的

---

① 林进平:《探问〈论犹太人问题〉及其现代性之思》,载《现代哲学》2016 年第 2 期。

了"①。因此,脱离布·鲍威尔在《犹太人问题》和《现代犹太人和基督徒获得自由的能力》中关于宗教批判的内容,很难全面、准确地判断马克思在《论犹太人问题》对布·鲍威尔关于"犹太人问题"解决方案的批判所达到的理论高度,并因此忽视历史唯物主义内涵的丰富性和复杂性,从而将历史唯物主义片面化和简单化。

宗教批判是青年黑格尔派的主要特征,施特劳斯、鲍威尔、切什考夫斯基、费尔巴哈、赫斯、施蒂纳及青年马克思和恩格斯被归为青年黑格尔派,他们的共同特征是批判宗教和受过黑格尔哲学影响,除此而外就是相互攻击,甚至老死不相往来。比如"施特劳斯讨厌鲍威尔,反过来也一样。尽管鲍威尔的观点有了改变,但施特劳斯不能宽恕他,也不能宽恕他的激进主义……就鲍威尔方面而言,他是以谴责施特劳斯来追求荣誉"②。正如马克思在《德意志意识形态》中对这一段经历的概括:"在普遍的混乱中,一些强大的王国产生了,又匆匆消逝了,瞬息之间出现了许多英雄,但是马上又因为出现了更勇敢更强悍的对手而销声匿迹。"③这些观点各异,甚至对立的青年黑格尔派成员为什么都以批判宗教为自己的主要任务,或者可以将问题转化为青年黑格尔派对德国现实的批判为什么从宗教入手。

通常的解释是"在政治专制的条件下,人民被剥夺了参加积极

---

① 聂锦芳:《再论"犹太人问题"——重提马克思早期思想演变中的一桩"公案"》,载《现代哲学》2013 年第 6 期。

② 兹维·罗森:《布鲁诺·鲍威尔和卡尔·马克思:鲍威尔对马克思思想的影响》,王瑾等译,中国人民大学出版社,1984 年,第 43 页。

③ 《马克思恩格斯文集》第 1 卷,人民出版社,2009 年,第 512 页,附录二{p.1}。

的政治生活的可能。因此,哲学、文学或甚至宗教常常成为先进的、有社会前途的阶级的思想家表达社会反抗的天然讲坛"①。即"由于政治斗争的道路荆棘丛生,所以资产阶级反对封建专制势力的政治斗争,一开始是在反宗教的哲学斗争的形式下进行的"②。青年黑格尔派之所以选择宗教进行批判,是因为相对于政治,宗教是一个安全的领域,这是一种策略性的选择,如果政治领域相对安全,那就可以直接对政治进行批判。这种解释有其合理的成分,但是其缺点也是显而易见的。首先,这是用外在的、偶然的因素来解释青年黑格尔派为什么进行宗教批判,缺乏理论性;其次,当马克思在《德法年鉴》时期,对政治进行批判的时候,人们往往认为他"找到实现其社会政治目标的更为急进的体系",因为对宗教的批判相对于对政治的批判,只是对"副本"的批判,马克思转向政治批判的时期,德国的政治环境并没有改善,如果"策略说"成立的话,那么马克思转向政治批判就是一种缺乏策略的表现;再次,这与史实不符,众所周知,鲍威尔和费尔巴哈都是因为宗教批判被解除了大学教职,可见作为策略,宗教批判并不比政治批判安全。

因此即使当时德国的政治环境允许政治批判,青年黑格尔派依然会从宗教入手进行批判,而不是从政治入手进行批判,因为"青年黑格尔派同意老年黑格尔派的这样一个信念,即认为宗教、概念、普遍的东西统治着现存世界。不过一派认为这种统治是篡

---

① B.A.马利宁、B.H.申卡鲁克:《黑格尔左派 批判分析》,曾盛林译,社会科学文献出版社,1987 年,第 28—29 页。
② 孙伯鍨:《探索者道路的探索》,南京大学出版社,2002 年,第 20 页。

夺而加以反对,另一派则认为这种统治是合法的而加以赞扬"①。即德国的观念论"逻辑在先"思维范式是青年黑格尔派与老年黑格尔派共同的理论前提,这种理论前提决定了青年黑格尔派对现实的批判必然从宗教批判开始,而且认为宗教批判是其他一切批判的前提和决定条件,没有宗教批判,其他一切批判都不可能实现。

德国观念论"逻辑在先"思维范式"在把握绝对时不是按照经验事物之间在时间上的先后顺序来理解事物的发展规律,而是从事物的本质决定事物的现象存在出发,因而指认事物的本质对事物现象而言在逻辑上具有优先地位"②,所以认为现实的物质世界(事物的现象)在逻辑上是由概念、思想、意识等观念(事物的本质)来规定和解释,现实的物质世界因观念而具有了秩序和意义,所以要改变现实的物质世界的秩序和意义,就必须对赋予现实的物质世界以秩序和意义的观念进行批判。按照上面的逻辑,要改变德国落后的现实状况,就必须首先批判存在于德国观念中的落后方面。在德国当时的各种观念中,既有由康德开创,经费希特、谢林发展,由黑格尔集大成的,与英法先进国家同步的观念论哲学,也有落后于同时代国家的宗教观念和封建政治观念,而在欧洲的历史上君权神授的观念导致宗教观念决定了封建政治观念,因此青年黑格尔派要改变德国,按照德国观念论"逻辑在先"的思维范式,必然首先对宗教进行批判,对宗教的批判是其他一切批判的前提。所以在青年黑格尔派看来对宗教进行批判就是对政治进行批判,

---

① 《马克思恩格斯文集》第 1 卷,人民出版社,2009 年,第 515 页,参阅附录二(二){p.2}。

② 李成旺:《实践·历史·自由》,人民出版社,2018 年,第 100 页。

也就是对德国的现实进行批判,青年黑格尔派延续了德国观念论"逻辑在先"的思维范式,认为观念赋予了现实世界以秩序和意义,因此马克思在评价青年黑格尔派运动时认为这是"一种席卷一切'过去的力量'的世界性骚动",但"这一切都是在纯粹的思想领域中发生的"。① 青年黑格尔派把一切观念归结为宗教观念,把一切意识归结为宗教意识,把一切人归结为宗教的人,把一切关系转化为宗教的关系,总之,在德国观念论"逻辑在先"的思维范式下,青年黑格尔派认为一切都是宗教的表现,所以当宗教被"转化为迷信",那么作为宗教表现的一切,就都是迷信的结果,即成了"对法的迷信,对国家的迷信等等",因此要批判现实的一切迷信,就必须首先批判对宗教的迷信,因为作为迷信的宗教观念是其他一切问题的根源,所以对宗教的批判就是对政治和现实的批判,所以要解决德国的现实问题就必须首先进行宗教批判,用正确的意识来替代错误的意识,即用"人的、批判的或利己的意识来代替他们现在的意识,从而消除束缚他们的限制"。②

施特劳斯用神话学的方法将圣经故事和基督教教义看作早期基督教团体集体无意识的产物,认为"耶稣不是上帝的化身,而是历史上曾经存在过的犹太传教士,他之所以成为上帝的化身是后人把他神化的结果;福音书中的故事既不具有历史真实性,也不具有神圣意义"③。因此施特劳斯就将基督教的起源问题划入历史领

① 《马克思恩格斯文集》第 1 卷,人民出版社,2009 年,第 512—513 页,参阅附录二(二){p.1}。
② 《马克思恩格斯文集》第 1 卷,人民出版社,2009 年,第 515—516 页,参阅附录二(二){p.2}。
③ 孙伯鍨:《探索者道路的探索》,南京大学出版社,2002 年,第 30 页。

域,推翻了基督教在理性和真理领域的崇高地位。针对施特劳斯在《耶稣传》中的观点,布·鲍威尔提出了自己的福音书批判理论,他认为施特劳斯将基督教的起源归结为集体无意识的产物,依然没有从根本上否定上帝的存在,因为不以人的自我意识为中介的集体无意识仍然是一种神秘的力量,"施特劳斯的错误,不是在于他指出了某种一般力量(口传的力量),而是在于这种力量在他的著作中仅是在一般形式下起作用的,只是从自己的普遍性内部直接引申出来的。这是宗教观点,是对奇迹的信仰,是宗教观念在批判观点中的再现,是对自我意识的宗教的粗鲁行为和忘恩负义"①。因此,布·鲍威尔以自我意识作为基督教历史的起点,认为福音书是福音书作者个人的自我意识的产物。

马克思在青年时期深受自我意识哲学的影响,在他的博士论文中,他通过对原子偏斜运动的分析,高度赞扬了伊壁鸠鲁哲学中的自我意识精神。但是物质利益问题使自我意识哲学在现实问题的解决上显得有心无力,而此时费尔巴哈通过对黑格尔哲学的批判,提出了哲学人本主义,使唯物主义登上了哲学的王座,马克思和恩格斯开始借助费尔巴哈的人本主义哲学清算自己从前的哲学信仰,在《神圣家族》中,他们用大量的篇幅来批判布·鲍威尔的自我意识哲学,"已有文献证明,马克思恩格斯在出版《神圣家族》之后是希望得到布鲁诺·鲍威尔回应的,这或许是因为只有这样才能更加全面地掌握青年黑格尔派的思想发展,更彻底地研究和批判青年黑格尔派的唯心史观",布·鲍威尔在七个多月后通过《维

---

① 普列汉诺夫:《普列汉诺夫哲学著作选集》第 1 卷,生活·读书·新知三联书店,1959 年,第 519 页。

干德季刊》上发表的《评路德维希·费尔巴哈》一文回应了马克思和恩格斯的《神圣家族》,认为他们的思想只是费尔巴哈思想的翻版,因此对费尔巴哈的批判,就是对《神圣家族》的批判,"马克思恩格斯正是看到了《评路德维希·费尔巴哈》之后才开始着手进行反击,在批判鲍威尔的同时,开始扬弃始于《关于费尔巴哈的提纲》的费尔巴哈哲学批判,撰写了《关于费尔巴哈的卷帙(第一部分)》《答布鲁诺·鲍威尔》《费尔巴哈(笔记)》,以及《II. 圣布鲁诺》等几个文本。这是构成《德意志意识形态》的重要文本",因此马克思和恩格斯对布·鲍威尔的批判构成了《德意志意识形态》写作的"原始论题"①。

　　马克思与布·鲍威尔的公开论战始于对"犹太人问题"解决方案的分歧,布·鲍威尔在《犹太人问题》和《现代犹太人和基督徒获得自由的能力》中对犹太教和基督教的批判是在德国观念论"逻辑在先"思维范式的前提下展开的。德国观念论"逻辑在先"的思维范式是理解布·鲍威尔宗教批判逻辑的理论前提,因此用马克思的历史唯物主义的逻辑来评价布·鲍威尔,认为布·鲍威尔只知道对宗教进行批判,而不知道对政治和市民社会进行批判是不客观的,因为在德国观念论"逻辑在先"的思维范式下,对宗教的批判包含了对政治和市民社会的批判,因此在根本上也就是对政治和市民社会进行批判。所以,要理解布·鲍威尔宗教批判的逻辑就必须首先理解并承认德国观念论"逻辑在先"的思维范式,德国观念论"逻辑在先"的思维范式是布·鲍威尔宗教批判的理论前提,

---

① 王贵贤、孙碧云:《〈德意志意识形态·费尔巴哈〉的"原始论题"》,载《北京行政学院学报》2018 年第 6 期。

也是他解决"犹太人问题"思路的起点。

二、鲍威尔关于"犹太人问题"解决方案的逻辑

布·鲍威尔对宗教的批判始于他对施特劳斯《耶稣传》的批判。对《耶稣传》进行批判时,布·鲍威尔"并不是黑格尔左派,而是一个正统派","他站在护教论的立场反对施特劳斯"[①]。在《耶稣传》中"施特劳斯否认上帝在一个单个人的身上显现的可能性,他认为耶稣不过是对上帝在整个人类中化为肉身的一种幻想的表现。福音书被他解释为早期基督教团体对救世主的期望的产物"[②]。布·鲍威尔在对施特劳斯进行批判的过程中,逐渐认识到"《新约》是比《旧约》更高的启示阶段,这种进步暴露了较早的启示的局限性,说明任何一种自命为绝对真理的启示自身都注定包含着矛盾"[③]。这样布·鲍威尔就在对基督教的辩护中发现了自我意识的重要性,从而转变为对基督教的批判。基督教的"福音书"并不像施特劳斯所认为的那样是早期基督教团体集体无意识的产物,而是"福音书"作者个人自我意识的产物,只不过在"福音书"中,人的自我意识表现为异化的自我意识,是应该给予批判的、需要进一步发展的自我意识。只有这样,人的自我意识才能回复到

---

① 孙伯鍨:《探索者道路的探索》,南京大学出版社,2002 年,第 35 页。
② 戴维·麦克莱伦:《青年黑格尔派与马克思》,夏威仪、陈启伟、金海民译,商务印书馆,1982 年,第 49 页。
③ 孙伯鍨:《探索者道路的探索》,南京大学出版社,2002 年,第 35 页。

自身,因此,"布·鲍威尔的哲学把理性活动当成纯粹的否定"①,只有这种"纯粹的否定"才是自我意识绝对的、普遍的表现,任何"自命为绝对真理的启示"都是相对的、片面的观念。人的自我意识就是一个从相对的、片面的观念到绝对的、普遍的观念的过程,因此从《旧约》到《新约》的过程就是人的自我意识从相对、片面到绝对、普遍的过程,但《新约》代表的是一种异化的绝对普遍自我意识,还需要继续发展。

布·鲍威尔在《犹太人问题》和《现代犹太人和基督徒获得自由的能力》中延续了之前宗教批判的逻辑,把这种逻辑运用到犹太教与基督教的关系上面,来分析德国的"犹太人问题"。所谓德国的"犹太人问题"主要是指"1841 年底,弗里德里希·威尔海姆四世颁布法律草案,提议恢复中世纪的犹太人同业行会,以把犹太人和基督教社会彻底隔离开",这一举措引起了德国各界的震动,人们纷纷讨论这一举措,讨论的核心就是"犹太人是市民社会的一个要素还是一个外来共同体,应不应该把他们视为平等的市民个体"及如何实现犹太人的解放等问题。② 布·鲍威尔在分析和解决"犹太人问题"时延续了德国观念论"逻辑在先"的思维范式和之前宗教批判的逻辑,用自我意识的发展情况来衡量犹太教和基督教在自我意识发展中的地位,从而将"犹太人问题"产生的根源归结为犹太教的排他性,认为要解决"犹太人问题"就必须废除宗教,不仅废除犹太教,而且也要废除基督教。

---

① 莱泽克·科拉科夫斯基:《马克思主义的主要流派》第 1 卷,唐少杰、顾维艰、宁向东、李正栓译,黑龙江大学出版社,2015 年,第 93 页。
② 李彬彬:《思想的传承与决裂》,中国人民大学出版社,2015 年,第 17 页。

首先,布·鲍威尔认为犹太教是一种排他性的宗教,因为"对于犹太人来说,只有他们的同胞才是兄弟和亲密的人,除了犹太人,所有其他民族对他们而言——按照戒律,必然是不合法的,而且是不受戒律保护的",犹太人只有在弥赛亚来临时才能得到耶和华的拯救,他们是被耶和华"拣选"的民族,因此在犹太人看来,外邦人和犹太人之间不是人与人的关系,犹太人与外邦人之间不具有可通约的绝对的、普遍的本质存在,或者可以说犹太人自己把自己排除在人之外,认为自己是一种特殊的存在,因此犹太人的上帝代表的不是一种普遍的、绝对的观念,而是一种相对的、片面的观念。所以,布·鲍威尔认为犹太人之所以是犹太人是因为犹太教具有排他性,是一种相对的、片面的观念,这种相对的、片面的观念导致犹太人把自己排除在"基督教的共同体"之外,犹太人在近代基督教国家中被排斥首先是由犹太人自己造成的,即使基督教国家不排斥犹太人,犹太人自己也会把自己排除在基督教国家之外,因为犹太教如果消除了自身的排他性,那么犹太教就不再是犹太教。所以布·鲍威尔认为主张让基督教国家做出让步,给予犹太人平等公民权的人是"是最敌视犹太人的敌人,他们不想让犹太人感受到批判的痛苦,而批判现在得到了一切。不经历批判的烈火,任何人都无法迈进已近在咫尺的新世界"[1]。在布·鲍威尔看来,主张基督教国家对犹太人做出让步的人是在强化犹太教的排他性,强化犹太教加给犹太人的相对的、片面的观念,让犹太人永远停留在历史的某一个阶段,而无法迈进"已近在咫尺的新世界"。

---

① 布鲁诺·鲍威尔:《犹太人问题》,载聂锦芳、李彬彬编《马克思思想发展历程中的"犹太人问题"》,中国人民大学出版社,2017 年,第 34 页。

其次,布·鲍威尔也不赞成让犹太人皈依基督教的做法,因为基督教与犹太教相比虽然克服了犹太教的"特殊主义"和"排他性",但是这种克服却是"把特殊主义和排他性变成完善的、普遍的特殊主义和排他性"。基督教不再是某一民族的宗教,而是一种世界性的宗教,基督教"把人从他的家、故乡、尘世的关系中和联系中,从他与国家及民族的联系中驱逐出去,只有这样,人才能再次以神奇的形式得到他为了福音而抛弃的一切:神奇的故乡、神奇的家、神奇的父亲、神奇的母亲、神奇的孩子、神奇的兄弟姐妹、神奇的妻子"。因此,"基督教消灭了民族的界限,并促成了普遍的共同体"。相对于犹太教所代表的自我意识来说,基督教代表的是一种普遍的、绝对的自我意识。但是这种普遍的、绝对的自我意识是一种普遍的特殊主义和绝对的相对观念,"犹太教只是从一个民族中排除了其他的民族,与此相反,基督教的共同体排除了每一个民族,排除了所有民族的特性,并且疯狂地反对每一个相信自己的民族,反对每一个从自身的信仰中得出自己的戒律的民族"。基督教作为完成了的犹太教既扩大了包容性,也扩大了排他性,"犹太人对其他信仰的人是慈善的、感激的。但是基督徒说,不是我的朋友,就是我的敌人","基督教的爱是排他的、坚定的、僵化的、强硬的"①。因此,基督教相对于犹太教虽然是自我意识的一个高级阶段,但是在本质上二者还是一样的,即一种排他性的宗教,因此让犹太人皈依基督教的做法,只是用一种排他性去代替另一种排他性,用一种特权代替另一种特权。所以,布·鲍威尔认为"反对犹

---

① 布鲁诺·鲍威尔:《犹太人问题》,载聂锦芳、李彬彬编《马克思思想发展历程中的"犹太人问题"》,中国人民大学出版社,2017 年,第 68—73 页。

太人解放的人远远优越于那一群支持者,因为他们真正看到了犹太人和基督教国家的对立,他们的错误只在于:他们把基督教国家假设为唯一真正的国家,而没有像批判犹太教那样给以批判"①。在此处我们就可以明白为什么马克思说布·鲍威尔通过对犹太人的宗教的批判回答了"应当得到解放的犹太人和应当解放犹太人的基督教国家"二者的特性是排他性和自私自利。

再次,布·鲍威尔认为政治解放不能解决"犹太人问题"。法国的"七月革命消灭了一般的国家宗教,把国家从教会中解放出来,使它摆脱教会的一切影响",因此法国的犹太人通过政治解放获得了"法律上的自由——公民一律平等",但是在生活中,犹太人并没有获得自由,"生活仍然被宗教特权划分开来……本身自由的公民分为被压迫者和压迫者"②。布·鲍威尔指出法国法定休息日的设定是按照基督教的传统来设定,而没有考虑犹太人的传统,因此在获得政治解放的法国,在实际生活中,犹太人并没有和基督徒享有事实上的平等权利,政治解放并不能消除犹太人和基督徒事实上的不平等。所以要想真正实现犹太人和基督徒真正的、事实的平等,就必须"攻击、消灭市民压迫和政治压迫的宗教前提",即消灭宗教。马克思指责布·鲍威尔只是批判基督教国家,没有批判国家本身,"不是一个中肯的评价"③。

不难发现,布·鲍威尔认为"犹太人问题"产生的根源在于犹

① 布鲁诺·鲍威尔:《犹太人问题》,载聂锦芳、李彬彬编《马克思思想发展历程中的"犹太人问题"》,中国人民大学出版社,2017 年,第 4 页。
② 布鲁诺·鲍威尔:《犹太人问题》,载聂锦芳、李彬彬编《马克思思想发展历程中的"犹太人问题"》,中国人民大学出版社,2017 年,第 82 页。
③ 李彬彬:《思想的传承与决裂》,中国人民大学出版社,2015 年,第 111—106 页。

太教的排他性,排他性不仅体现在犹太人身上,体现在基督徒身上,也体现在一切宗教的观念中,"犹太人问题是一个大的普遍性问题的一部分,我们的时代正在解决这个普遍问题"。"犹太人想要获得自由,但是由此不能得出,为了更接近自由的可能性,他们必须成为基督徒。犹太人和基督徒一样,他们既是奴仆又是农奴",不废除宗教的政治解放是不能使"犹太人问题"真正得到解决的。"如果犹太人想要获得自由,那么他们不应该信奉基督教,而应该信奉解体了的基督教,信奉解体了的宗教,信奉启蒙、批判及其结果——自由的人性。"①废除宗教,使人获得普遍的自我意识——不断地批判——是人获得自由的表现,也是"犹太人问题"解决的前提。

三、马克思超越鲍威尔"犹太人问题"解决方案的过程

布·鲍威尔关于"犹太人问题"解决方案的前提和逻辑是对德国观念论"逻辑在先"思维范式的继承。无论是康德还是黑格尔都认为现实问题的起因在于观念层面的冲突,因此要解决现实中的问题就必须先解决观念层面的冲突,所以康德为了解决理论理性在观念层面的冲突,通过回答先天综合判断何以可能,提出了先验哲学,为了解决实践理性在观念层面的冲突,通过回答道德形而上学何以可能,提出了绝对命令;黑格尔为了解决近代由于对思维的误解而造成的对思维力量的滥用,通过考察思维本身的结构,提出

---

① 布鲁诺·鲍威尔:《犹太人问题》,载聂锦芳、李彬彬编《马克思思想发展历程中的"犹太人问题"》,中国人民大学出版社,2017 年,第 106—133 页。

了逻辑学,即"研究以抽象思维要素存在的理念的科学"①。在德国古典哲学看来,一切问题的产生的根本在于观念层面的冲突,因此,对现实问题的解决在于从观念层面解决思想之间的冲突。所以,从康德开始到青年黑格尔派为止,他们对德国问题的解决都是在观念层面提出解决方案,所以马克思在《德意志意识形态》中认为他们都是在观念中兜圈子,而没有考虑"他们所作的批判和他们自身的物质环境之间的联系问题",他们没有意识到他们对德国问题在观念层面的批判是受德国现实的物质生产条件限制的,即"这些哲学家没有一个想到要提出关于德国哲学和德国现实之间的联系问题"。② 马克思对布·鲍威尔的批判经历了三个阶段,首先是在观念论层面对鲍威尔进行批判,其次是在抽象的社会关系层面对布·鲍威尔进行批判,最后是在物质生产层面对鲍威尔进行批判,因此,马克思对布·鲍威尔的批判是一个其不断摆脱德国观念论传统的过程,在这个过程中,马克思对鲍威尔的批判逐渐从外在批判过渡到内在批判。

在《论犹太人问题》中,马克思对鲍威尔的批判既是在观念层面进行的,又是一种外在批判。首先,"马克思基于经验事实指出布·鲍威尔犯了'头脚倒置'的错误。这种错误表现在他颠倒了世俗局限性和宗教局限性的因果关系";其次,马克思主要批判了布·鲍威尔将政治解放与人的解放混淆,认为人的解放的过程的

----

① 黑格尔:《哲学全书·第一部分·逻辑学》,梁志学译,人民出版社,2017 年,第 53 页。

②《马克思恩格斯文集》第 1 卷,人民出版社,2009 年,第 516 页,参阅附录二(二){p.2}。

顺序是政治解放→人的解放→宗教解放,废除宗教实现的只是政
治解放,而没有真正实现人的解放,因此布·鲍威尔只是批判了基
督教国家,而没有批判国家本身,关于这一点,在论述布·鲍威尔
的逻辑时,已经指出马克思的评价"并不是一个中肯的评价";最
后,马克思指出要实现人的解放,就必须对市民社会进行彻底的批
判,这样才能使人真正获得解放。①

马克思对布·鲍威尔的批判奠基在这样一个前提上,即市民
社会决定政治国家和宗教观念。但是,在此时马克思对市民社会
的理解并未达到历史唯物主义的高度,而是从费尔巴哈的宗教是
人的本质的异化的观点出发的,所以在此处,"马克思把市民社会
看作'人的本质的实现'或'人的本质的客体化',因此,说市民社会
决定国家也就意味着国家是由人的本质所决定的"②,而非意味着
国家是犹太人从事的商业活动决定的,因为在《论犹太人问题》中
马克思对犹太人所从事的商业活动并没有太多好感,而是像费尔
巴哈一样将其视为一种"卑污的犹太人的表现形式"。人的本质在
根本上依然是一种观念论的产物,所以马克思从市民社会决定政
治国家和宗教观念这个前提出发对布·鲍威尔进行批判,就仅仅
是一种在观念层面对布·鲍威尔进行的批判。另外在《论犹太人
问题》中马克思并没有说明他的这个前提为何成立,而按照布·鲍
威尔的理论,情况刚好相反,他认为宗教观念决定政治国家和市民
社会。而马克思在《论犹太人问题》中唯一对布·鲍威尔的理论前

---

① 李彬彬:《思想的传承与决裂:以"犹太人问题"为中心的考察》,中国人民大学出版
社,2015 年,第 111—137 页。

② 孙伯鍨:《探索者道路的探索》,南京大学出版社,2002 年,第 125 页。

提进行的回应,只存在于对美国宗教事实的论述上,指出美国没有废除宗教,也实现了政治解放,这样就反驳了布·鲍威尔的理论前提,美国的宗教观念并没有决定美国的政治国家和市民社会。但这种批判是用事实对理论进行批判,即没有在理论上证明对方的理论存在问题。

黑格尔在《哲学史讲演录》中讲到芝诺的"阿基里斯追不上乌龟"悖论时,指出"犬儒派人西诺卜的第欧根尼对这种关于运动的矛盾证明曾如何用十分简单的方法进行反驳——他一语不发地站起来,走来走去——他用行为反驳了论证。但这个轶事又继续说,当一个学生对他的这种反驳感到满意时,第欧根尼又斥责他,理由是:教师既然用理由来争辩,他也只有用理由来反驳才有效"①。在《论犹太人问题》中我们看到马克思以不同于布·鲍威尔的思想前提,在观念层面对布·鲍威尔进行了批判,而不是对布·鲍威尔的理论前提进行质疑,所以马克思对鲍威尔的批判从理论的前提层面来说是一种外在批判。因此,在《论犹太人问题》马克思对布·鲍威尔的批判依然是在德国观念论的传统中展开的,并没有摆脱这一传统。

《巴黎手稿》开启了马克思批判布·鲍威尔的新维度,即在抽象的社会关系层面对布·鲍威尔进行批判。② 在《1844 年经济学哲学手稿》中,马克思将人的本质界定为自由自觉的劳动,虽然与费尔巴哈对类本质的规定不同,但是,在本质上和费尔巴哈一样,

---

① 黑格尔:《哲学史讲演录》第 1 卷,贺麟等译,商务印书馆,1959 年,第 313 页。
② 《巴黎手稿》包含《1844 年经济学哲学手稿》和马克思在巴黎研究经济学的笔记,如《詹姆斯·穆勒〈政治经济学原理〉一书的摘要》(简称《穆勒评注》)。

依然是在观念层面来讨论人的本质,没有超出德国观念论的传统;在同属《巴黎手稿》的《穆勒评注》中,马克思提出了一种不同于劳动异化理论的交往异化理论,从而开启了马克思摆脱德国观念论传统的可能性。

马克思对鲍威尔的批判使他意识到"对黑格尔的辩证法和整个哲学体系的剖析,是完全必要的,因为当代批判的神学家不仅没有完成这样的工作,甚至没有认识到它的必要性",这主要是由于布·鲍威尔的哲学是以黑格尔的哲学作为前提,所以在《1844年经济学哲学手稿》中,马克思将黑格尔作为主要的批判对象,并且预告了自己将会在另一本著作中对布·鲍威尔进行深入具体的批判。《1844年经济学哲学手稿》虽然是以黑格尔作为批判的主要对象,但是这样做是为了给批判布·鲍威尔扫清障碍。马克思在对黑格尔进行批判的过程中发现,"把仅仅针对思辨的批判通针对不同材料本身的批判混在一起,十分不妥,这样会妨碍阐述,增加理解困难"①。即黑格尔哲学的体系过于庞大,只能先一项项进行批判,再进一步做总的批判。《巴黎手稿》就是马克思在政治经济学方面对黑格尔进行的批判,在其中马克思发展了费尔巴哈的类本质概念,他一方面把自由自觉的劳动作为人的类本质,认为黑格尔只看到了劳动积极的一面,而没有认识到市民社会对人的类本质,即自由自觉的劳动,造成的伤害,因而提出了劳动异化理论;另一方面,马克思把"相互补充"作为人的类本质,认为"人的交往就应该是人格与人格之间的关系",但是在市民社会中,人与人之间的

---

① 《马克思恩格斯文集》第1卷,人民出版社,2009年,第111—112页。

交往却受到了伤害,成为一种"社会交往的异化形式"①。

通过以上论述,我们看到马克思对人的类本质的理解是在两个层面展开的,一个是观念的层面,一个是抽象社会关系的层面。在观念层面,我们看到马克思对异化劳动的批判是从预设的类本质概念出发展开的,因此,马克思在这个维度依然没有摆脱德国观念论的传统,即没有考察观念与现实的物质生产之间的关系;在抽象社会关系层面,我们看到马克思对交往异化的批判虽然也是从抽象的、预设的人格与人格之间的关系出发,但是对交往的考察必然要涉及作为观念的交往与社会物质生产之间的关系,因此正如有的学者所说,《穆勒评注》中的交往异化是马克思思想的转折点,即马克思通过对交往异化的批判,开始考虑观念与现实的物质生产之间的关系。必须指出的是马克思在此时自己并没有自觉意识到自己对人的类本质的两种不同规定之间的差别,因此,《巴黎手稿》蕴藏了马克思思想发展的两种可能,一种是继续沿着德国观念传统的道路前进,另一种就是突破德国观念论传统,开创新的道路。

《神圣家族》就是马克思在《巴黎手稿》预告的批判布·鲍威尔哲学的著作,在这部著作中,马克思延续了他在《巴黎手稿》中对类本质的两种不同规定,一方面在观念层面对布·鲍威尔进行批判,另一方面从抽象的社会关系层面对布·鲍威尔进行批判。在观念层面,马克思认为"现实人道主义在德国没有比唯灵论或者说思辨

---

① 韩立新:《〈穆勒评注〉中的交往异化——马克思的转折点》,载《现代哲学》2007 年第 5 期。

唯心主义更危险的敌人了。思辨唯心主义用'自我意识'即'精神'代替现实的个体的人,并且用福音书作者的话教诲说'叫人活着的乃是灵,肉体是无益的'。显而易见,这种没有肉体的精神只是在自己的臆想中才具有精神。在布·鲍威尔的批判中,我们所反对的正是以漫画形式再现出来的思辨"①。因此他开始"揭露思辨方法的秘密",他通过分析"果实"这个概念,揭示思辨哲学家如何将各种具体的水果变为"果实"的概念,并将"概念实体化",通过"概念实体化"将外部感性事物虚化,将抽象概念实体化,接着为了解释世界,又将抽象概念转化为"具体概念",这样就完成了对感性现实与概念之间关系的颠倒,即感性的、具体的"果实"→抽象概念的"果实"→具体概念的"果实",被思辨唯心哲学家解释为抽象概念的"果实"→具体概念的"果实"→感性的、具体的"果实"。马克思指出"绝对的批判从黑格尔的《现象学》中至少学会了这样一种技艺,即把存在于我身外的现实的、客观的链条转变成纯观念的、纯主观的、只存在于我身内的链条,因而也就把一切外在的感性的斗争都转变成纯粹的思想斗争"②。

在抽象的社会关系层面,马克思指出"'思想'一旦离开'利益,就一定会使自己出丑'"。在这样一种思想的指导下,马克思批判了布·鲍威尔对群众的批判。按照布·鲍威尔的逻辑,在完成对宗教的批判之后,就已经完成了对群众的启蒙,群众就会具有普遍的自我意识,但是,"面对……两份为了群众利益发声的报刊被禁,群众竟冷漠相对",因此布·鲍威尔认为"群众是旧的世界形式瓦

---

① 《马克思恩格斯文集》第 1 卷,人民出版社,2009 年,第 253 页。
② 《马克思恩格斯文集》第 1 卷,人民出版社,2009 年,第 288 页。

解之后唯一残留下来的事物,对群众的批判就是对整个旧教养的最终结果的批判"①。面对现实,布·鲍威尔的自我意识哲学从启蒙群众变成了批判群众,把历史与群众对立起来,认为群众作为旧观念的残留阻碍了新观念在历史中的展开,阻碍了历史的发展。马克思认为"历史的活动和思想就是'群众'的思想和活动",布·鲍威尔对群众的批判是"把一切外在的感性的斗争都变成纯粹的思想斗争",即鲍威尔没有考虑观念与现实的物质生产之间的关系。②

以上分析表明,马克思对布·鲍威尔的批判依然延续了《巴黎手稿》中两个维度,没有意识到两个维度之间的矛盾关系,也没有认识到费尔巴哈哲学与德国观念论传统之间的关系,在完成《神圣家族》之后,本以为完成了对布·鲍威尔的批判,结果,布·鲍威尔和施蒂纳都把马克思当作费尔巴哈哲学的一个注脚予以回应,认为《神圣家族》不过是费尔巴哈思想的拓展,本质上与费尔巴哈哲学并无区别。马克思和恩格斯撰写《德意志意识形态》的初衷就是为了回击布·鲍威尔的回应。布·鲍威尔和施蒂纳对《神圣家族》的回应是促使马克思梳理自己思想的直接原因,剥离其中的费尔巴哈因素,即德国观念论传统的影响,对其在《巴黎手稿》中开启的两条不同道路达到了自觉的程度。

在《德意志意识形态》中,马克思开始清除其思想中德国观念传统的影响,将《巴黎手稿》中的抽象社会关系通过物质生产具体化,并提出了德国哲学与德国现实之间关系的问题,这意味着马克

---

① 李彬彬:《思想的传承与决裂》,中国人民大学出版社,2015 年,第 185 页。
② 《马克思恩格斯文集》第 1 卷,人民出版社,2009 年,第 286—288 页。

思开始对德国观念论的前提进行理论上的内在批判。在《德意志意识形态》中,马克思充分讨论了观念的产生与物质生产之间的关系,从物质生产的维度来阐发历史与观念的起源。"德国的批判,直至它最近所作的种种努力,都没有离开过哲学的基地。这个批判虽然没有研究过自己的一般哲学前提,但是它谈到的全部问题终究是在一定的哲学体系即黑格尔体系的基地上产生的。不仅是它的回答,而且连它所提出的问题本身,都包含着神秘主义。对黑格尔的这种依赖关系正好说明了为什么在这些新出现的批判家中甚至没有一个人试图对黑格尔体系进行全面的批判,尽管他们每一个人都断言自己已经超越黑格尔哲学。"马克思把布·鲍威尔及其所代表的青年黑格尔派的理论前提归结为黑格尔哲学,认为他们没有反思自己进行批判的理论前提,即德国观念论"逻辑在先"的思维范式,把观念对物质世界的决定当作不证自明的前提。

马克思认为观念并不是从来就有的,而是人们的历史发展到一定阶段的产物。首先,"全部人类历史的第一个前提无疑是有生命的个人的存在"。而人为了生存就必须进行物质生产活动,人的物质生产活动体现在三个方面,即"生活资料的生产""新需要的生产和"人口的生产",马克思强调"不应该把……这三个方面看做是三个不同的阶段,而只应该看做是三个方面,或者……把他们看做是三个'因素'";其次,马克思把"生活资料的生产"与"人口的生产"统称为"生命的生产","生命的生产""表现为双重关系:一方面是自然关系,另一方面是社会关系",因此"生命的生产"蕴含着人类的"社会关系的生产",所以人类历史最初的物质生产活动体现为四个方面或四个要素,在"社会关系的生产"中人们发现了"意识"或"精神"。所以观念即"意识"或"精神"是物质生产活动的产物。最后,马克思分析了"意识"或"精神"发展的过程,指出"意识"或"精神"发展取决于物质生产活动的发展,所以"不是意识决定生活,而是生活决定意识"①,一定的观念是受一定的社会关系制约的,而社会关系又是物质生产的表现。因此,德国的传统观念虽然赋予德国现实以意义和秩序,但是德国现实也决定了德国哲学的内容,所以,对德国现实的改变不能仅仅停留在观念层面,必须深入具体的社会关系层面,也就是深入物质生产层面。至此马克思完成了对布·鲍威尔在"犹太人问题"中宗教批判的理论前提,即德国观念论"逻辑在先"思维范式,因此也就成功完成了在"犹太人问题"上对布·鲍威尔的批判。②

　　重思马克思对布·鲍威尔关于"犹太人问题"解决方案的批判,不是为了满足个人的好古癖,而是为了揭示历史唯物主义形成过程的丰富性和复杂性。德国观念论"逻辑在先"的思维范式是理解西方传统哲学的关键所在,这种思维范式不是不要改变世界,而是将改变世界的实践仅仅限制在"纯粹的思想领域",抽象地发展了人的能动方面,布·鲍威尔对"犹太人问题"的解决方案充分地展现了这种思维范式的内在逻辑,而这迫使马克思不得不思考"意识"或"精神"的产生问题,以回应这种思维范式带来的挑战。马克思正是在超越德国观念论"逻辑在先"思维范式的基础上实现了传统西方哲学的革命性转折,创立了历史唯物主义。

---

① 参阅附录二(二){p.5}。
② 《马克思恩格斯文集》第 1 卷,人民出版社,2009 年,第 514—536 页。

第七章　智慧女神的猫头鹰是怎么起飞的
——《黑格尔法哲学批判》及其《导言》评析

　　马克思两个早期文本《黑格尔法哲学批判》及其《导言》已经初步勾勒出一个较为完备的思想体系。这个体系如此成熟，以至于马克思以后的所有作品仿佛都是对它的求证——正如同西方哲学史两千年来所做的全部工作都是在给柏拉图的思想做注脚一样，马克思以后的每件作品都是在向《黑格尔法哲学批判》及其《导言》致敬。①

---

① 哲学家怀特海（1861—1947）说："公正的说，关于西方哲学最令人信服的特征就是一系列对于柏拉图思想的注脚。在哲学领域内，没有一个问题不能从他的作品中找到一些观点的。"神学家乔伊特（1817—1893）也说："所有的一切理念，乃至大部分的基督教观念，皆可以从柏拉图著作里找到胚芽。"波普尔（1902—1994）说："柏拉图著作无论影响好坏，都是不可估量的。可以这样说，西方思想或是柏拉图的，或是反柏拉图的，没有第三种可能。"

一、马克思主义发展史研究的起点

《德意志意识形态》(1845)一直被公认为是马克思主义发展史的起点,唯物史观在那里得到完整清晰的表述。但是此前1844年巴黎手稿《序言》开宗明义地讲到思想起源,这又如何解释呢?

> 我……曾预告要……对法学和国家学进行批判……我打算用不同的、单独的小册子来相继批判法、道德、政治等等……本著作(指1844年手稿)……只限于国民经济学……涉及的范围。[1]

这段话(夫子自道)一方面揭示了马克思的思想发展过程,从《黑格尔法哲学批判》及其《导言》到1844年手稿,再到《德意志意识形态》,由总到分的清晰路径;另一方面不也更加证实《黑格尔法哲学批判》及其《导言》恰好是最初构建起来的思想体系吗?后续作品都是它的注脚,为的是进一步说明它。

尽管《黑格尔法哲学批判》还没有成熟到公开出版的程度,自认为还"十分不妥",但它毕竟已经"加工整理准备付印",说明最初的思想体系已经建立。

从《黑格尔法哲学批判》到《德意志意识形态》编织成的思想轨迹,反映的是马克思主义从"受孕"到"诞生"的完整过程,而它的起

---

[1]《马克思恩格斯全集》第3卷,人民出版社,2002年,第219页。

点正是《黑格尔法哲学批判》。

　　为什么这个体系会如此成功,席卷全球? 大致说来,它(指《黑格尔法哲学批判》)从一开始就站到了巨人的肩膀上。这个思想巨人,毫无疑问指向的就是黑格尔。这就难怪《黑格尔法哲学批判》会有如此的思想高度。当很多人把黑格尔当作"死狗"来对待时,马克思在《资本论·跋》中公开承认自己是这位大思想家的学生,不仅《资本论》的价值理论部分在叙述方法上借鉴了黑格尔,整个理论体系一开始就建立在对黑格尔的批判之上。

　　这里所讲的批判,不是摒除而是扬弃,包含着对"合理内核"的继承。

(一)黑格尔确立的国家观念离不开绝对精神的"普照之光"

　　黑格尔法哲学体系(以下简称黑格尔体系)所要确立的,是一个什么样的现代国家? 这是黑格尔体系最终落脚的地方,也是黑格尔体系的核心问题。

　　要是没有理解错的话,黑格尔体系的核心在于建立公正廉洁的政府和市场起决定作用的经济这么一种现代秩序。其中,市场起决定作用的经济处于主体地位,而公正廉洁的政府起着主导作用,两方面是互动的,相互以对方为实现条件,同时又有助于对方的实现,最终目标是要达到繁荣昌盛、民族复兴。

　　可见,黑格尔体系不是玄学,而是行动的指南。那么,这是否只是黑格尔一厢情愿呢?

　　显然不是。为确保最终目标的有效实现,还有逻辑上的双保险。一是市场的要求和生产力要求,决定了政府必须廉洁奉公。如果营私舞弊,市场会退缩,生产力也会萎缩。权衡利益得失,迫使政府约束自身行为,不至于把手伸得太长,对市场横加干预。二是如果政府缺乏应有的自觉意识,仍旧一意孤行,还有一道强约束迫使其就范,那就是历史铁律。用黑格尔的话来讲,就是绝对精神。这个绝对精神不是黑格尔捏造出来故弄玄虚的,它指的就是历史铁律。望文生义将绝对精神看作客观唯心主义,是非常片面的,忽略了黑格尔所声称的历史与逻辑的统一性。

绝对精神是从卢梭的普遍意志(有译为共同意志)转化而来的,不以个人意志为转移,从而也就克服了主观性。普遍意志的天然代表是国家,国家是普遍意志的体现。卢梭的普遍意志具有鲜明的时代特征,普遍意志不同于某些人专断独行。在这种语境下,黑格尔同时赋予它应有的历史属性,就成了历史观念。

绝对精神是从黑格尔历史哲学中得出,它是黑格尔法哲学的前提。黑格尔在《法哲学原理》序言中对此有过明确的交待。在历史哲学终结的地方,智慧女神雅典娜的猫头鹰开始起飞,进入法哲学的圣地。这是他对卢梭提出的时代命题的回应。

既然是历史铁律,需要放宽历史尺度,不是几年就能打发得了的。说到历史铁律,更像是一道魔咒,令执政者也不得不降低身段谨慎行事。黑格尔体系的重要参照系,就是邻国的大革命。俗话说,隔壁有样不用上账,要避免大革命造成的悲剧,普鲁士政府必须要有所作为。法国大革命最终以拿破仑上台收尾,进入强权铁腕统治时代,这个结局也正是绝对精神所需要的结果。

黑格尔相信,有了上述双重约束,一个现代化国家就会从天国降临到人间,由理性转化为现实秩序是指日可待的。通过强权、强力推行法治社会的新秩序,吸纳社会的有生力量,既符合人民意愿、符合历史潮流,也符合执政者长治久安的目的。这样的结果岂不皆大欢喜?剩下的事情就是蓝图怎么落地了。

那么,黑格尔体系是否完美无缺呢?

显然没有达到。倘若黑格尔体系是完美无缺的,内部派系也不至于吵成一锅粥,左右分立到老死不相往来地步。事实上,黑格尔体系在他本人死后不久即遭解体。黑格尔体系最终没能降临到人间,成为普鲁士人的福祉,这才是最大的挫败。

(二)黑格尔体系暴露出来的"阿喀琉斯之踵"

该如何评判黑格尔体系呢?明眼人很快就将识破黑格尔体系的"阿喀琉斯之踵",它的不实之词迟早要穿帮。黑格尔是历史上少数几位前后评价反差极大的思想家,生前名声日隆、死后被说得一文不值。但是,对黑格尔有一点是完全可以肯定的,他超越了时代和利益,没有包藏私心。如果说有私心,民族复兴就是他最大的私心。

黑格尔属于那种几百年后才能被人致敬的思想家,需要很长时间才能挽回声誉、赢得尊重。有不少人认为,黑格尔体系的重心已经发生了重大转移,从国家转向了市民社会,并以此作为进一步分析的切入点。这完全是方向性错误,偷换了历史的主体性。如果现代化的主体不是国家,为什么现在仍然沿用国家现代化这一概念,这不就意味着实现现代化的主体仍然是国家么?建立公正廉洁的政府与市民社会相呼应,并不意味着国家的主体资格被废除了。

1. 作为黑格尔体系的第一道屏障,中立的政府是否真实存在?

马克思大学毕业之后在最初几年的报社编辑生涯中接触到大量的社会现实。马克思在《莱茵报》上撰写的最后一组社评中,涉及"莱茵省议会关于盗窃林木会议录"。所谓"盗窃林木"是什么概念?不过是对那些按老皇历办事的拾柴火者要治以重罪,说明普鲁士政府正在大力推行山权、林权的私有化。

拾柴火者触犯了林木盗伐罪,剥夺拾柴火者的自古以来就有的权利(公共权利),政府为私有化站台撑腰,这种现象证明政府是公正廉洁的吗?私有化无孔不入防不胜防,黑格尔体系显然守不住这道防线,在巨大的现实诱惑面前成了一种幻想,表现得软弱无力。真正主宰法律的是谁,背后都是些什么人,法律的倾向性如何,在巨大的利益面前都现出了原形。马克思后来回忆道,正是这些议题"第一次使我关注经济问题",而针对"摩泽尔地区葡萄种植者的贫困状况",马克思提出了警告,突出经济条件对于政治活动的决定作用:

> 人们在考察政治状况时很容易走入歧途,即忽视各种关系的客观性,而用当事人的意志来解释一切。但是存在着这样一些关系,这些关系既决定私人的行动,也决定个别行政当局的行动,而且就像呼吸方式一样不以他们[意志]为转移。只要人们一开始就站在这种客观立场上,人们就不会违反常

规[常识]地以这一或那一方的善意或恶意为前提,而会观察看起来首先只是个人的活动所赖以进行的那些关系。①

2.作为黑格尔体系的第二道屏障,历史辩证法是否真的管用?

俾斯麦跟恩格斯年龄相当,最早出入英国的时间也相仿,然而,两人投身的事业却是南辕北辙,认定的道路水火不容,最终各自选择不同道路。恩格斯选择了无产阶级的解放事业,而俾斯麦呢,虽然也认为黑格尔体系行不通,但他要为普鲁士量身定制另一套体系。

俾斯麦同样认为中立的政府是不可能有的,也不可行,只会画虎不成反类犬,造成更大笑话。因此,政府不能"和稀泥",必须要勇于担当,旗帜鲜明地表明自己支持什么、反对什么的态度,制定规则和界限,好让人们有所依从和奉行。

俾斯麦亮底牌的底气从哪里来呢?要知道,他那个时代政治家要靠选民选举,如果不能吸引信众,断不敢这么吆喝。当然,他的信众不是选民,而是威廉皇帝。可见,他的底气跟发展市民社会、着力培育和推进市场这些论调没有半点干系。俾斯麦选择的是向外扩张的道路,完全绕开市民社会,将后者狠狠地丢在一旁,对于社会上一切组织都严加看管和防范,严格限制、严密控制和监视。

如果说黑格尔魔咒(历史辩证法)需要一百年才显灵,俾斯麦

———————————

① 《马克思恩格斯全集》第1卷,人民出版社,1956年,第363页。

这套政策却能立竿见影,只要一二十年工夫就能将小小普鲁士锻造成为统一而强大的德意志帝国,为此人们会信哪一家呢?

当然是眼见为实。更何况,俾斯麦创造了一代人的奇迹。因此,黑格尔的第二道屏障再也无人坚守,人们早已将黑格尔魔咒置之脑后。对黑格尔来讲最具震慑力的历史铁律,并没有起到应有的震慑作用,它至少在短期内失效了。

3.对比之下现实道路的曲折性

德国的现代化道路为我们提供了检视黑格尔体系的样本。各国的现代化,都是依据各自初始条件找到切实可行的路径,没有哪家是一个模子里铸出来的,都是骑驴看唱本。尽管如此,仍然有一些规律可循:

第一,现代化的着眼点和着力点在于国家,这是一个关键环节。我们至今还在讲国家现代化或现代化国家,不论就政治层面还是制度层面,都离不开国家。国家不是指地域范围大小,而是指行为主体、责任主体,即国家必须担负起现代化的重任,改革和完善自身的制度建设,这是其他主体所无法取代的。这是我国花了四十年时间才得出的结论。从 20 世纪 70 年代后期提出"四个现代化"到党的十八届三中全会提出国家治理体系和治理能力现代化,才把国家的主体意识、主体责任、主体地位突显出来。而黑格尔一开始就认识到位,避免走很多弯路,避免了乱折腾、穷折腾。找到支点,没有抓瞎,便于集中力量办大事。

第二,国家现代化主要体现在道路、制度、理论体系上。一国的现代化道路、制度、理论体系三位一体,相互支撑。同理,当我们批判黑格尔体系时,依据的也是德国现实条件及它实际所走的道路,比较理论和现实的差距到底在哪里。事实上,一个封闭僵化的体系,局限于自我循环,是绕不出死胡同的。黑格尔如意算盘拨得再精,如果现实当中所有条件都被限制得死死的,也会动弹不得,只能是困兽犹斗,愈战愈败,哪会有理想效果?最坏的结果,就是对人的道德作无上的要求,这是国家治理体系欠缺、治理无能的表现。近现代的国家治理方式越来越远离压迫式,转而追求激励式。不管真实的也罢,意识形态的也罢,至少表面形式上在往这个方向靠拢。

第三,德国的现代化道路,采取对内强硬对外扩张的"铁血"政策,带来了两大政治效果,一是纵容封建势力、特权阶级跟现代经济结合,避免像其他国家一样惨遭清算的厄运;二是避开并弱化了国内日益紧张的阶级斗争。18世纪末的德国正因为不靠内需、不靠民生,所以才能下得了手,不计后果、不惜诉诸"铁"与"血",用铁腕手段实行高压政策,实行党禁,禁止集会结社自由,禁止罢工,哪会讲民主?这个阶段,阶级斗争实际上被软化、弱化了(一直到世界经济危机爆发,德国社会民主党才迎来转机)。其政治后果是什么?就是将德国送上两次世界大战的战车。所以,不能用一时的繁荣说明问题,而是要看历史长周期,它需要慢慢咀嚼。从这个角度讲,黑格尔魔咒最终还是显灵了。

第四,应将"柏林墙被拆除"和欧洲一体化进程看作德国现代化道路的延续。"柏林墙被拆除"曾被看作东西方冷战终结的标志,但更重要的价值在于,它是欧洲一体化进程的一部分,而且是非常重要的一部分,之后德国在欧共体中担负着主心骨作用。欧共体已经大大超出了一国治理的框架,需要建立共同体的治理框架,这是一种全新的模式。单一货币联盟已经实现,进一步实现财政上的联合是否能同样顺利? 当前由希腊债务危机引发的欧债危机,使得这一进程暂时受阻。另一个令人不安、具有长远影响的问题就是欧洲难民问题。其实,难民不是产在欧洲,而是欧洲之外的那些冲突不断的热点敏感地区。以美国为首的世界霸权摧毁了那些地区的旧秩序之后,并没有带来人们所希望的民主自由,而是加重了地区性武装冲突,催生了大量难民。能逃生到欧洲大陆的只是一小部分,大部分难民困守在本国。欧洲难民问题产生了人道主义危机,使得欧共体内部产生严重分歧。长远来看,大规模的难民问题安置不当,将来一定会转化为宗教、族群矛盾在欧洲内部开花。

二、马克思对黑格尔法哲学体系的批判

(一) 马克思如何对待黑格尔体系

1.马克思对黑格尔结论的否定

我们现在所看到的《黑格尔法哲学批判》手稿只侧重于国家层面,这部分只占黑格尔原著后部大约三分之一的内容,我们没有看到马克思对前部三分之二内容的研读记录或笔记,这部分内容很可能从一开始就被马克思略去了。

这说明什么呢? 答案只能是,黑格尔所要建立的法治国家正是马克思的批判对象,马克思主义理论要从这里起步。

法哲学,有的翻译为权利哲学,也有的翻译为国家哲学,不管

涉及哪个层面,都旨在从宪法上界定人们之间的相互关系。蹊跷的是,贺麟居然译成了"辩证法和哲学",结果连一丝法和权利的影子都不见了。①

法是指规则,要确立什么样的规则,当然要看正当性(right)。因此正当性和合法性往往是合一的。不是因为法律赋予它才有权利,而是具有正当性法律才赋予它权利,否则就是天理不容。

然而,将法哲学直接等同于国家哲学,这就有点德国特色了——它明确地提出国家意志在其中发挥的作用。这究竟是法哲学的终点,还是法哲学的起点呢?透过黑格尔法哲学,我们看到满满的都是国家意志和国家意识。这是国家意志引导的结果呢,还是整个社会氛围都在主动迎合这种趋势?它不可能是单方面作用的结果,而是互动的效果。于是,国家成了解开所有社会矛盾的总根、总纲。它的优势是一站式解决所有问题,劣势是风险高度集中,稍有不测满盘皆输。这既道出了普鲁士的现状,也道出了它的局限和窘迫。

黑格尔生前不遗余力地反复宣讲国家角色的极端重要性。1818—1819学年,黑格尔在柏林大学首度开坛讲授法哲学,紧接着便在1821年出版专著。这样的快节奏在黑格尔一生当中很少见

---

① 贺麟译述马克思早期经典哲学论著《马克思博士论文黑格尔辩证法和哲学一般的批判》,载《贺麟全集》第9卷,上海人民出版社,2012年。

到。黑格尔亲手写作并于生前出版的专著不多,仅有少数几部,①除成名作《精神现象学》外,《法哲学原理》就是最重要的了,之前出版的《哲学全书纲要》(1817)仅是大纲而已。当然,大纲中已经提出了法哲学概念,这也说明他早已关注这类问题,但这项主题并不突出,没有被列为专题讨论,而是蜻蜓点水一带而过。但到了1821—1825年,黑格尔便在柏林大学花六个学年讲同一主题,占他一生学术分量之重也就可想而知了。② 除了说明所讲内容本身的重要性,是不是当时社会矛盾已经越来越聚焦到国家身上了? 这是极为重要的政治风向标,这既是普鲁士政治风向,也是整个政治思想史的风向。

正是出于同样原因,马克思一旦着手研究社会问题,便也沉入黑格尔法哲学之中,而且咬定青山不放松。马克思对于黑格尔法哲学到底有多重视,不难从他所花的时间和精力推断出来。

事实上,黑格尔《法哲学》授予马克思的不止是知识,还有眼界见识,是它把马克思的视线引向国家层面。黑格尔对法国大革命有着自己的判断,大革命让整个社会撕开的一道裂口再也愈合不上,两大阶级对垒。黑格尔不愿意看到如此对立的乱象在普鲁士

---

① 包括《精冲现象学》《逻辑学》《哲学全书》《法哲学》,分量最重构成其学术流派的柏林讲演录由"老年黑格尔派"弗·马莱茵克(Philipp Marheineke)、约·舒尔兹(Johannes Schulz)、爱·甘斯(Eduard Gans)、娄·赫宁(Leopold Henning)、亨·何佗(Heinrich Hotho)、弗·费尔斯特(Friedrich Förste)和卡·米希勒(Karl Michelet)等整理出版。

② 黑格尔1831年再次开坛讲授法哲学,并着手准备修订再版。不幸的是,这次讲授刚起头,黑格尔不久就谢世了,修订也就无从谈起。我们现在所看到的中文版,出自他的学生甘斯1933年修订的版本,汇集了大量历年来听课学生的笔记,既有黑格尔当堂发挥的内容,也难免会掺杂学生自己理解的心得。

政局中重演,因此想援引第三方力量介入。这样的第三方力量会是谁呢? 它必须是中立的,而且有能力平衡左右政治力量。它本身就是公共利益的代表,不应有任何自身的特殊利益。这股力量具有超凡卓著、异常强大的调解能力。

黑格尔寄希望于政府作为一个超然于各方利益之外的第三方中立者来重新厘定秩序。即便自身出现了某些局部的、个别的小团体,也能够通过官僚政治内部的竞争机制得以自我净化。这就是黑格尔开出的药方,我们不妨称之为第三方解决方案,它是黑格尔法哲学的主题。

我们当然希望政府(国家)能够公正中立,但问题在于它做不到,也不可能做到。这种想法不是过于天真幼稚,便是有意欺骗。

理由很显然,如果你有钱,就会有更大的社会影响力,甚至影响政府决策,影响政府做什么和怎么做;但如果你是个穷人,就很难具有这种影响力。马克思不认为第三方解决方案有多靠谱,难道官僚政治没有自身的特殊利益,他们本身不就是一个特殊的利益集团吗?①

这一方案无助于问题的解决,因为家贼更难防,官僚政治反而加速了政治分裂。试想,如果把球员和裁判捆绑在一起,吹出来的岂不是都是黑哨? 既然政府做不到公正中立,那么它怎么能自诩为一个"普遍的阶级"呢?

---

① 对官僚政治的看法也是辩证的。马克思在 1851 年所写的政论性文章《路易波拿巴的雾月十八》中是这样评价的,官僚制度集中化和平等对待每个人,这是绝对君主制的产物,是摧毁中世纪的进步力量。中世纪就是神秘主义、等级制和权威三位一体,但是,它最终受到了自己培养出来的平等精神的挑战。

尽管国家自称是普遍利益的代表、共同意志的体现,但事实远不是那么回事,公务员也不是天使,这些称呼都不过是语言的蒙蔽,徒有一层表象罢了。把自己装扮成"普遍的阶级",不过是为了获得合法性而已。这正好击中了黑格尔体系的"阿喀琉斯之踵"。在这部未完稿中,马克思得出如下结论:

> 真正的问题在于我们没有普选权。

言下之意,是不是拥有普选权一切都会好起来呢,是否公职人员由此都成了天使?马克思没有直讲,但他指出,"如果是普选,国家可能就是普遍利益"。在手稿末尾,马克思提出弥合社会分裂的办法在于实行普选权:

> 扩大并尽可能普及选举权和被选举权。无论是法国还是英国,这都是政治改革的核心利益。

为什么普选权有如此大的功效,从根本上改善市民社会?答案在于,它能够唤起人们的公共性、社会性意识,将这些社会属性重新带回到社会中。如果还是像以往那样,假借人的社会本质,转手托付给国家,所有社会性事务都依赖国家,结果那些社会属性对于人的真正生活就不会产生任何影响力。

> 只有不受限制的选举(选举和被选举),市民社会才第一次真正上升到自身的抽象,上升到政治存在,作为自己真正普

遍的和基本的存在。但是，这种抽象之完成同时也就是抽象之扬弃，从而与自己的政治存在相对立。随着一方的分离，另一方，即它的对立面也就垮台了。在抽象的政治国家中，选举改革就是市民社会的瓦解。

但是，普选怎么就能产生普遍利益呢？普选还是在对立和冲突中间寻找回旋余地，怎么一下子就被说成是普遍利益，进而被塑造成了普遍意志呢？

可见，这个答案是不彻底的，不能令人满意。它在逻辑上也难以成立。这部专著之所以未完稿，是因为它还没有揭示出全部真理。

2.费尔巴哈提供了批判的武器

一旦深入地剖析人与人之间的社会关系，就能发现真正的唯物主义，这就跟黑格尔发生冲突了：

> 黑格尔的现象学及其最后成果——作为推动原则和创造原则的否定性的辩证法——的伟大之处首先在于，黑格尔把人的自我产生看作一个过程，把对象化看作失去对象，看作外化和这种外化的扬弃；因而，他抓住了劳动的本质，把对象性的人、现实的因而是真正的人理解为他自己的劳动的结果。①

---

① 《马克思恩格斯全集》第 42 卷，人民出版社，1979 年，第 163 页。

　　就在这个时候，费尔巴哈递上了批判的武器。费尔巴哈揭露了黑格尔哲学不过是理性化了的神学。费尔巴哈宣称，人是主体，上帝只是人自身的投影；人们无力实现愿望，却将希望寄托在上帝身上，这是本末倒置。马克思赞赏费尔巴哈的观点，从而把黑格尔观点概括成如下样子：

　　　　人的本质，人，在黑格尔看来是和自我意识等同的。因此，人的本质的一切异化都不过是自我意识的异化。自我意识的异化没有被看作人的本质的现实异化的表现，即在知识和思维中反映出来的这种异化的表现。相反地，现实的即真实地出现的异化，就其潜藏在内部最深处的——并且只有哲学才能揭示出来的——本质说来，不过是真正的、人的本质即自我意识的异化现象。①

　　马克思批判黑格尔的核心在于，外部世界是人的自然组成部分，如果人不能跟自己的环境相适应，异化不会随着外部世界的假象的消失而自动终止。

　　　　对象性的存在物具有客观的效果，只要它的存在不包含对象性的因素，它就不具有客观的效果。它所以能创造和设定对象，是因为它本来就是自然的。因此，并不是在设定这一行动中从自己的"纯粹的活动"转而创造对象，而是它的对象

---

① 《马克思恩格斯全集》第42卷，人民出版社，1979年，第165页。

性的产物仅仅证实了它的对象性活动,证实了它的活动是对象性的、自然存在物的活动。①

3.马克思重新肯定黑格尔的前提

1843 年夏,马克思在奔赴巴黎跟卢格一起主编《法德年鉴》杂志之前完成了《论犹太人问题》(以下简称《论犹》),它实际上是两篇书评的合成,分别针对布鲁诺·鲍威尔一本书和一篇文章,分作一、二两个部分。

"犹太人问题"是什么性质,是宗教问题、族群矛盾? 显然概括得都不全面,其本质是现代性问题——欧洲的犹太人问题由来已久,并不是每个时候犹太人问题都能立为政治解决的议题,能提出诸如此类的问题并纳入政治议题,本身就已经超出了宗教问题的讨论范围。宗教问题也罢,族群矛盾也罢,本身只是个幌子,要的是这面能够聚众的旗号,背后的推手是政治力量,因此这种问题最终只能靠政治力量来解决。宗教矛盾、族群矛盾的基础是日益严重的利益分化和差距扩大。单方面地解决问题只会加深矛盾,还应该从解决根本问题,起到釜底抽薪,断源阻燃之效。

虽然《黑格尔法哲学批判》手稿否定了黑格尔的结论,但是,《论犹》重新肯定了黑格尔的前提,文章末尾写道:

> 黑格尔无疑是正确的,我们的确需要某种普遍的东西,我们不应该让社会陷入各自为了自己特殊利益的纷争中。

---

① 《马克思恩格斯全集》第 42 卷,人民出版社,1979 年,第 167 页。

　　虽然官僚政府不是普遍意志的代表,但我们仍然需要一个普遍的观点、立场,需要普遍的解放。

(二)最终找到的答案

1.寻找革命的有生力量

宗教上的异化,已经由费尔巴哈解决。现在到了进行政治批判的时候。政治异化也像宗教那样本末倒置,国家本来应该反映人的本性,结果却剥夺了人实现自身(价值)的机会:

　　　　政治制度从前是宗教的领域,是人民生活的宗教,是同世间的、现实的存在相对立的人民生活普遍性的上天。这种政治领域是国家中的唯一国家领域,它的内容同它的形式一样,是类的内容,是真正的普遍性;但与此同时,因为这个领域同别的领域相对立,所以它的内容也成了形式的和特殊的内容。现代国家中的政治生活是人民生活的经院哲学。君主制是这种异化的完整的表现。共和制则是这种异化在它自己的领域内的否定。①

德国人引以为傲的就是政治哲学,站在岸上对于其他民族(主要指法兰西)早已做到的事情评头品足。但是,光有想法是不够的,得要有行动。那么,德国有没有能力发动一场类似法国1789年

————————————

① 《马克思恩格斯全集》第1卷,人民出版社,1956年,第283页。

那样的大革命呢？

　　这实在是太难了，实在物色不到能担此重任的阶级，而且自身特殊利益能跟整个社会利益相一致。在落后的德国，有没有这样一个适当的阶级？马克思提出了这样的问题：

　　　　那么，德国解放的实际可能性在哪里呢？

　　马克思承认黑格尔所讲的，我们需要某种共同的东西，但是谁会为人类带来普遍的解放？尽管马克思已经宣告人类彻底解放的目标，还需要进一步明确实现这一目标的手段和途径，否则这个目标怎么实现？需要找到实现目标的代理人。在 1844 年 1 月所写的《〈黑格尔法哲学批判〉导言》有了明确答案，它正面地回应了"谁来执行这一普遍的意志"：

　　　　这将是无产阶级。

　　就是这篇《导言》，被后人奉为"马哲之始"。这个结论是马克思到了巴黎之后提炼出来的，是对前一阶段黑格尔法哲学批判的阶段性成果，也是供给《法德年鉴》的第二篇文章。

　　《导言》本来是作为《黑格尔法哲学批判》引论用的，由于作者放弃了原书写作，故此单独成篇。

　　有人就会反过来问，那么，黑格尔是否考虑过无产阶级？不管有没有考虑过，他最终是否定这个结论的。既然他否定了资产阶级，为什么不能用同样理由来否定无产阶级呢？黑格尔认为他们都没有跳出利益纷争的格局而采取更加中立的态度,双方都在有意撕裂社会,无论把宝押在哪一方,只会加剧分裂。

马克思对此的回答是近乎宣言式的,响彻云霄:

> 就在于形成一个被彻底的锁链束缚着的阶级,即形成一个非市民社会阶级的市民社会阶级,一个表明一切等级解体的等级;一个由于自己受的普遍苦难而具有普遍性质的领域,这个领域并不要求享有任何一种特殊权利,因为它的痛苦不是特殊的无权,而是一般的无权,它不能再求助于历史权利,而只能求助于人权,它不是同德国国家制度的后果发生片面矛盾,而是同它的前提发生全面矛盾,最后,它是一个若不从其他一切社会领域解放出来并同时解放其他一切领域,就不能解放自己的领域,总之是这样一个领域,它本身表现了人的完全丧失,并因而只有通过人的完全恢复才能恢复自己。这个社会解体的结果,作为一个特殊等级来说,就是无产阶级。①

2.为什么是无产阶级,为什么只有无产阶级才能担负历史重任?

谁能代表普遍意志,为什么是无产阶级? 这项论证将交由1844年巴黎手稿来完成。

巴黎手稿贯穿着异化论思路,从黑格尔体系中跳出来了。为了更贴近生活,手稿牵涉大量经济内容。这一手稿是马克思在完

---

① 《马克思恩格斯全集》第 1 卷,人民出版社,1956 年,第 466 页。

成了七册巴黎笔记（经济学摘要）之后创作的，是在经济学摘要过程中逐渐形成的。有一段时期曾被误认为是《神圣家族》的草稿。①

异化论与商品生产相结合，导致马克思得出这样的结论，尽管现代社会每个人都被异化，但是工人被异化得最彻底，表现出来的特征就是他们的劳动与他们的利益完全被隔开来。

马克思讨论了异化的四种类型，其中，最基本的类型是劳动的异化，而劳动是人的最基本的活动。马克思认为那个被异化得最严重的阶级——无产阶级更能代表普遍意志——由于受到的迫害最大、扭曲得最严重，因而最有动力去改变现状，克服被异化了的境况。

如果他们觉悟了，认识到解放别人就是在解放自己，只有解放别人才能最终解放自己，这不正好是代表着某种普遍意志吗？

逻辑上绕了这么大的圈子，最终又回到原初的那个主题，足见马克思没有否定普遍意志，只不过换了另一块材料，即用无产阶级取代黑格尔的官僚阶级。跟黑格尔相比，马克思走的是下层路线，提供的是无产阶级的新方案，黑格尔反倒在半空中被吊打，两头都不认账。

3.马克思的国家观

如果说国家是靶子，那么，异化论就是射出去的子弹。要不是触及国家问题，马克思也不会深入异化论。在这里，被异化的不止是工人阶级，而是全社会所有成员，因而异化具有了普遍特征。正

---

① 1927年俄文版《马克思恩格斯文库》第3卷，附录中只收了第三手稿（笔记本Ⅲ），冠以《神圣家族的准备材料》。1932年苏联出版的《马克思恩格斯全集》历史考证版第1部分第3卷原文刊发全部手稿，冠以《1844年经济学哲学手稿》。

如《神圣家族》所言：

> 有产阶级和无产阶级同是人的自我异化。只不过有产阶级在这种自我异化中有一种满足感，看到的是自身的强大，在这种异化中获得了人的生存的外观。而无产阶级感受到的则是绝望、无助，看到的是非人的生存现实。①

由此涉及国家性质及其政治职能，需要讨论国家怎么样才能去政治化，实际上是要剥离它的政治权力。

> 真正的政治权力，其实不过是一个阶级用来压力压迫另一个阶级的有组织的力量。②

1844 年巴黎手稿第二部分提出了克服异化的办法，那就是：实现共产主义。只有共产主义才能克服异化，除此之外没有其他办法。

说实在，共产主义的解决方案在当时是很有法国特色的，是法国社会主义者(如傅立叶、圣西门、蒲鲁东)想出的办法(包括实践和试验)。马克思在 1844 年转向共产主义时，得出这样的结论，国家就其本质来说是对人的否定，因而主张废除国家：

---

① 马克思、恩格斯：《神圣家族》，载《马克思恩格斯全集》第 2 卷，人民出版社，1957 年，第 41 页。

② 马克思、恩格斯：《共产党宣言》，载《马克思恩格斯选集》第 1 卷，人民出版社，1995 年，第 294 页。

国家是建立在公共生活和私人生活对立基础上的,建立在普遍利益和特殊利益对立基础上的。国家本身就是以这个矛盾为基础的。因此,行政机关不得不限于形式上的和消极的行动。为了消除在行政机关的任务、它的善良愿望和它能够采取的手段之间的矛盾,最好的办法就是消灭国家。

当阶级统治消失之后,就不会再有现在这个政治意义上的国家了。①

取代国家的是共同治理的联合体:

历史发展到一定程度,阶级差别消失了,全部生产集中在巨大的全国联合体手中,公共权力去政治化。②

未来将建立一种联合,它排除了阶级划分,并且不拥有恰当表达的政治权力。

在联合体中,每个人的自由发展是一切人的自由发展的条件。③

当然,国家的管理职能还应予保留,未来还会有公共权力,只是公共权力不再和(政治)国家绑在一起了。④

---

① 《马克思恩格斯全集》第 1 卷,人民出版社,1956 年,第 479—480 页。
② 马克思、恩格斯:《神圣家族》,载《马克思恩格斯选集》第 1 卷,人民出版社,1995 年,第 294 页。
③ 马克思、恩格斯:《共产党宣言》,载《马克思恩格斯选集》第 1 卷,人民出版社,1995 年,第 294 页。
④ 马克思《法兰西内战》强调中央政府须保留"为数不多的非常重要的职能"。

马克思肯定了巴黎公社的普选做法,领导人与普通工人拿同样的工资,还有就是非集中的治理方式。不管这些做法在现实当中还有多大欠缺,至少它们都已经开始试行了。只要迈出第一步,紧跟着就会有第二步……办法总比问题多,这些都不是关起门想出来的主张,其实路就在脚下。同理,保留哪些国家职能,怎样发挥它们的作用,也不是现在能回答得了的,"只能[交由将来]科学地回答"。

三、智慧女神的猫头鹰从这里起飞

(一)对黑格尔法哲学批判孕育新的逻辑体系

对马克思主义发生史进行研究,离不开马克思(包括恩格斯)早期文本,作品非常丰富,如《莱茵报》时期多篇社评、《德法年鉴》上正式发表的最早两篇论文、鸿篇巨制《神圣家族》《德意志意识形态》及洋洋洒洒的 1842 年、1843 年、1844 年手稿等,每一篇都通往马克思主义发展史的起点。

其中,在《德法年鉴》1844 年 1—2 期合刊(仅出此一期,1844年 2 月出版)上发表的这篇《〈黑格尔法哲学批判〉导言》,包含着马克思主义发生史的全部基因密码,只要仔细分析不难发现,它所涉及的各大主题都是未来马克思主义思想体系中的重要组成部分,如异化论、意识形态批判、历史辩证法、唯物史观及被颠倒了的又重新颠倒过来的认识论等,所有未来的思想硕果都能从中找到它的雏形,有的还是由此引申出来的。

普遍认为作为准出版物的《德意志意识形态》手稿是马克思主义诞生地,唯物史观在那里第一次有了清晰完整的表述,智慧女神雅典娜的猫头鹰是从那里起飞的。然而,在《德意志意识形态》之前的《〈黑格尔法哲学批判〉导言》就能从容不迫、游刃有余地同时驾驭众多主题,必然是成竹在胸——《导言》所呈现出来的马克思主义的最初思想形态,以问题为导向,开启了自己的发现之旅。

《导言》之所以重要,是因为它是研究马克思主义发生史的起点。反倒是读者,被文中多个主题分散了注意力,反而不得要领。于是《导言》的价值就这样被遮蔽住了。

1.黑格尔逻辑焦点再聚焦

《〈黑格尔法哲学批判〉导言》首先涉及黑格尔《法哲学原理》。黑格尔在柏林大学深耕多年,听众不计其数(包括在校生和校外旁听生),其思想体系有如参天大树,荫庇莘莘学子,以至于黑格尔死后多年,新入校的马克思还能从其门生那里感受到黑格尔的余音。当整个学界掉转头来反对和声讨黑格尔、把他当作一条“死狗”拖出来鞭尸时,很多人避之唯恐不及,马克思却勇敢地站出来声称自己是黑格尔的“学生”。[①]

从《黑格尔法哲学批判》就可见证马克思和黑格尔之间在学术思想上的继承与发展关系,尽管是以批判的方式呈现的。《法哲学原理》是黑格尔晚年最重要的著述,这不是一本普通的学术论著,而是对整个德国时政的一次学术聚焦,为德国现代化提供制度顶层设计原则。他曾为此几度开课,一说是三次,正着手第三次开讲时就过世了。可见《法哲学原理》在黑格尔心目中的地位和重视程

---

① 马克思《资本论》第 1 卷第 2 版跋(1873)。

度。黑格尔的讲稿很多,而专著并不多,除了《精神现象学》这是为数不多的重要著作。这一著述代表着黑格尔的政治遗产,是检验他一生学术成就的试金石。

马克思站在哲学巨人的肩膀上,对黑格尔法哲学进行了二度聚焦。《黑格尔法哲学批判》集中在黑格尔《法哲学原理》第三篇第三章的国内法部分,这部分内容在黑格尔原著中所占篇幅不大,也不是最显眼的,但在马克思看来,这部分无疑是最值得重视的内容。

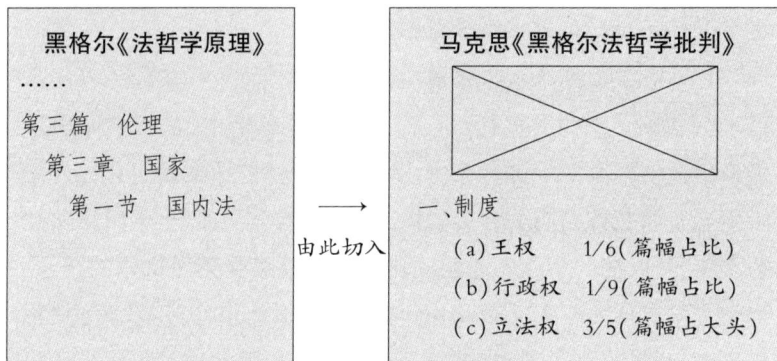

黑格尔与马克思思想体系比较

马克思在 1843 年花费相当多的时间和精力用来批判黑格尔的国家观。① 如上图所示,和黑格尔《法哲学原理》相比,马克思没有涉及黑格尔所述的其他部分,如法理学、道德、市民社会等,而是将目光进一步锁定到了国家制度,尤其是立法权,即以黑格尔《法

---

① 马克思研读黑格尔法哲学显然是有目的、有选择的。从 1843 年 3 月至 9 月马克思花了六个月时间研读黑格尔法哲学《国家篇》,做了 150 页的笔记、摘抄和批注,汇集起来就是后人所说的《黑格尔法哲学批判》。

哲学》关于国家部分的第261—313节为对象。这部手稿直到20世纪30年代才发表出来。

从目前所掌握材料看,马克思《黑格尔法哲学批判》内容没有超出对社会制度、秩序的批判。好在马克思对该笔记的所有页码都作了编号,除第一页没有找到外,其余部分内容完整,可以断言《黑格尔法哲学批判》显然是在黑格尔聚焦之后的再度聚焦,集中讨论建立什么样的社会制度和秩序。

何以见得这个问题就是核心之核心,要单独将这部分内容拿出来讨论呢?

要回答这个问题,离不开时代背景,时代所面临的问题与挑战才是解锁的钥匙。从黑格尔聚焦到马克思再聚焦,都是对时代的呼应。

那么,这个时代焦点(纠结)在哪里呢?

2.什么是现代国家

现代化是近现代史的最强音。欧洲是当时竞相现代化比拼得最激烈的地区,因为落后就要挨打,各国都致力于本国现代化,否则就有被踢出局的危险。从军事到经济、从内政到外交都存在巨大的外部压力和内在动力,谁也不能置之度外,这就加速了封建主义的瓦解。

那么,什么是现代国家? 这首先取决于如何定义现代国家的基本特征。譬如,民主法治是否是现代化的标配,什么是民主法治? 导致对于现代国家的各种歧义,以至于众说纷纭,莫衷一是。

马克思给出的尺度是用生产方式来衡量。所谓现代化,就是社会结构由以等级、身份为特征的纵向一体化转变为横向以交换关系为主体的合作共赢方式,建立在这种经济形态基础上的国家形式,才称得上真正的现代国家。不用去计较现代国家有哪些表征,而是深入现代国家的经济基础。

如此巨大的社会转型意味着什么? 清末先有李鸿章后有梁启超都意识到这是三千年未有之变局①。三千年时间是什么概念呢?两千年一秦制再往前推八百年,直溯王权统治之始(周王室)。三千年专制的铁桶越箍越紧,已经形成棘轮效应——只紧不松。

对于一贯的家长制来说,这么大的弯能转得过来吗? 近代史有如过山车一般此起彼伏,地动山摇、改天换月,怎么绕出来,始终是个大问题。有人形容这是在穿越历史三峡,有人比喻为"卡夫丁峡谷",能有惊无险越过去的毕竟是少数,而掉下去的将是万劫不复的深渊。

3.生产方式现代化

从斯密到黑格尔,再到马克思,都将国家性质跟社会经济生活紧密联系起来了,这是时代使然。社会经济关系主宰这个时代已经显性化,讲国家性质必然要联系社会经济生活,主仆关系已经颠倒过来了。

斯密的《国富论》解决了他在《道德情操论》回答不了的令人困惑的问题,为什么在追求社会利益的同时要牺牲个人利益以成全道德? 这是二元论的扭曲的"三观",其表现就是口是心非、言行不

① 同治十一年(1872)五月李鸿章复议制造轮船未可裁撤折全文如下:"臣窃惟欧洲诸国,百十年来,由印度而南洋,由南洋而中国,闯入边界腹地,凡前史所未载,亘古所未通,无不款关而求互市。我皇上如天之度,概与立约通商,以牢笼之,合地球东西南朔九万里之遥,胥聚于中国,此三千余年一大变局也。"

一、知行分离，就如同皇帝满大街裸奔真相却不被戳穿，众人逢迎都依脚本表演，这让专授伦理道德的斯密教授热脸贴到了世俗社会的冷屁股上。所以《道德情操论》会越讲越没有底气——在肯定社会共同体前提下，要么个人利益不值得追求，要么已有的道德观念成问题。《国富论》就是要解决这样的"两张皮"现象。

斯密将个人利益和社会利益的优先序颠倒过来——过去反对"大河不满小河满"，现在反过来要问"小河不满大河怎么满得了"。如果将每个人追求自身利益包藏在整个社会利益之中，而不是置身事外，格格不入，那么个人利益不就与整个社会利益一致了吗，追求个人利益不也就在同时追求社会利益了吗？

这样大胆的假设挑战的是整个旧秩序。它等于给社会上的每个人都安装上了一个"小马达"（动力装置），允许满大街兜生意，为了改进自身福利到处钻营，最后达成全面均衡，这就是现代经济学所称道的最有效率的状态。帕累托改进和福利经济学第一定律揭示的就是这个道理。萨缪尔森在他一版再版的《经济学》中描述了古罗马盛况，作为一个自身不生产货物的消费城市，怎么样得到全世界货物源源不断供应，而且是自告奋勇络绎不绝？这么长远距离的运输，不可能靠鞭子来完成，俗话讲，鞭子更长也有莫及之时，主要靠各个环节咬合得很好的交换关系。

关键在于，斯密为上述个人行为贴上了正当合理的标签，这是对旧秩序的最大威胁。它的前提是要有完全竞争的市场经济，斯密的观念和言论本身就说明这个时代确实已经根本改变了。回想洛克《政府论》批驳的对象，如果君权神授的意识形态和神圣王位的旧秩序不解体，市场经济只能作为手段，不能成为生产方式或生活方式本身,就像冯仑讲的"夜壶",内急时拿出来,不用的时候嫌臭,不可能取得应有地位。①

4.人的现代化

马克思在提出生产方式现代化之外,重点勾勒的是人的现代化这条主线,人的现代化就是生产方式现代化的包络曲线,人的现代化就寓于生产方式现代化之中。我们后面将会看到,不提出人的现代化这个根本问题,生产方式现代化就会跑偏,有如脱缰野马失去方向,用物的现代化取代人的现代化。

这就显示出了马克思强大的思想力量,没有被斯密带到沟里去。说白了,技术和装备现代化都是手段,不是目的,人才是目的,人是万物的尺度。有人讲,这是唯心主义的观念,不错,这是个最彻底的唯心主义观念,但是只要它彻底了,就跟唯物主义比肩而立。列宁讲,(唯心主义)它无疑是一朵不结果实的花,然而却是生长在活生生的结果实的、真实的、强大的、全能的、客观的、绝对的人类认识逻辑活生生的树上的。② 彻底的唯心主义就是彻底的唯物主义,③所谓人的现代化,它不是绝对的、无条件的,而是建立在一定生产方式基础上并以此为条件逐步实现的,但是,不管是怎样的生产方式,人的现代化这个大方向是不可以改变的,物的现代化要为人的现代化提供条件,扫除障碍而不是经由物的关系增设障碍,不能让死物拖住活人,这种逆时代潮流而动的伎俩不可能最终

---

① http://news.ifeng.com/shendu/fzzm/detail_2011_12/14/11318884_0.shtml.

② 列宁:《谈谈辩证法问题》,载《列宁选集》第 2 卷,人民出版社,1972 年,第 715 页。

③ 原句是:聪明的唯心论比愚蠢的唯物论更接近于聪明的唯物论。参阅列宁《哲学笔记》,载《列宁全集》第 38 卷,人民出版社,1974 年,第 305 页。

取得成功。历史辩证法的彻底革命性就这样被烘托出来了,马克思主义站到了时代的思想巅峰。

每个人的自由发展需要一定的物质基础和条件,离开了这些基础和条件,便是乌托邦式的幻想。譬如,资本主义标榜自由,但是无产阶级已经自由得一无所有,除了维护社会需要的劳动力再生产再无其他选择,那还是自由吗?只能说是虚伪的自由了。再如社会分化为两部分人,一部分人从一开始就输在了起跑线上,还能跑得出成绩来吗?连正常成绩都发挥不出来,更别说激发潜力了。但是,我们知道,激发每个人的潜力才是制度自信的不竭源泉。

(二)《导言》逻辑体系的进一步演进

1.观念中的陷阱

斯密强调完全竞争条件下如何通过改善边际增量来实现增长效应,固然很重要,但无视存量部分的再分配效应,后者决定了现代化的起步状态,究竟是先迈左腿还是右腿?只有将两方面都考虑进来,才有完整的格局,否则总会有被遮蔽的部分,失去了全面性,而被遮蔽的这部分往往是非常重要的。

罗纳德·哈利·科斯讲得更绝对,初始资源分配(包括产权在内)无关紧要,重要的是要有充分的流动性(市场),这就是著名的科斯定理。俗话讲,不怕不识货就怕货比货,只要有足够大的价值,世上所有资源都为你所用,就像 iphone(手机),能够整合全球供应链,迅速获得极大资源,它并没有事先占有什么资源。这就是市场效率,即一切都来源于市场,一切都产自市场。反之,没有市场经济,货到地头死,再大的价值也归于零。可见,只要市场充分了,应有的价值都会回归,不会因为初始资源分配有任何改变,工资、利润(利息)、地租不会取决于初始资源分配,而取决于市场条件所能实现的程度,这跟这些生产要素的人格化代表是张三或李四毫无关系。换了谁都充当同样的角色,履行同样职能。

初始资源分配真的无所谓吗?显然不是,这跟普遍的经验相去甚远,为什么是这样的呢?因为它倒果为因,所有的市场效率都是在确立初始资源分配之后实现,而不是在确立初始资源分配之前就能确立的,否则就不需要改革了,这就是巨大的观念陷阱,目的是混淆通过改善边际增量实现的增长效应和改变存量的再分配效应之间的区别,将二者混为一谈,以达到重新分配资源的目的。不管是宏观经济现象还是改革问题,都需要将两种效应区别开来,避免从中趟浑水。

2.重新检视现代化的起点

恰恰是初始资源分配决定现代化的路径。不信的话,就让我们看实际的历史演变过程。马克思在《资本论》中揭示出资本原始积累创造了两大历史条件,一是让资本家攫取了第一桶金,二是创造了雇佣劳动大军。没有这两个条件,在封建主义重围中如何产生资本主义萌芽呢?这是历史上最肮脏的一幕交易,广大农民在无知被动的状态下被剥夺了原有的权利。要知道,在原有封建体系下他们也是拥有一定权利的,不可能被清出场,然而,靠着这场运动将他们彻底清出场了。显然,德国也在极力效仿英国做法,马克思时代莱茵地区《林木禁伐令》就是在这种背景下炮制出来的。

而在俾斯麦执政时期,更是采取了强力铁腕政策。无论英国还是德国,他们都通过对外扩张的成功镇住国内的矛盾。唯有法国例外,海外殖民和贸易受挫,加剧了国内的阶级斗争,导致一场又一场革命,在革命和复辟反复演变中将贵族势力彻底埋葬。

有意思的是俄罗斯,从一个极端——最顽固的封建堡垒和欧洲宪兵队迅速转向现代国家。回顾俄国1861年改革是怎么进行的,它让农奴赎买自己的身份,结果怎么样呢?这项制度设计主要是用来补贴农奴主,以换取对改革的支持,但对占人口大多数的农民来说这无异于一场掠夺,意味着双重的剥夺。一则使他们失去固有的封建体系保障,尽管这些保障只是名义上的,但有总比没有好;二是凭空增加了一笔赎金,用来解除封建义务关系。从边际效果来看可能更糟,对农奴主来说新增福利微不足道,但对农奴来说失去的很可能就是奶粉钱。

不妨回想一下马克思曾经的战友——法国的蒲鲁东是怎么定义财产的。蒲鲁东最有名的一句话"财产就是盗窃",是对法国大革命之后社会现状的最好概括。用马克思的话来说,这种新的生产关系(集中体现在财产关系上)自它来到这个世间起,从头到脚的每个毛孔都沾满了血和污垢。这是激进的阶级斗争的根源,总有清算的那一天,那里剥夺者就会被剥夺。

历史往往会在不同的时间或不同的地点反复出现,这就是历史周期率。如果说第一次充满悲剧色彩,让人同情,那么,第二次、第三次出现时就令人啼笑皆非了,这时候是该哀其不幸,还是该怒其不争呢?

3.历史辩证法的真谛

显然,这不是现代化的全部真相,历史还没有终结。如此极端的不平等的秩序自它诞生之日起就注定不可持续。

那么,无产阶级的力量从何产生,只能从反复的阶级斗争中产生,即从一个被彻底边缘化了的消极被动的无组织的阶级逐步成长为自觉的、有组织的、有战斗力的阶级。

列宁的《国家与革命》从另一个侧面证明了历史辩证法的真实存在。当一个被高度组织起来了的无产阶级专政的铁拳高高举起的时候,资产阶级就会被吓破胆。

如果不能从正反两面看待历史现象,是发现不了历史辩证法真谛的,也吸取不了这样的教训。

4.无产阶级的历史使命

那么,无产阶级的历史使命是什么,为什么无产阶级只有解放全人类才能最终解放自己。这是研究《导言》最大的困惑,同时也是最为耀眼的思想光辉,将马克思主义思想的先进性发挥得淋漓尽致。

为什么无产阶级不能最先解放自己?

且不谈最先解放自己能否取得成功,单讲无产阶级最先解放自己会是一种什么样的结果。这不是局限在自身利益上,死抱住既得的一块利益不放吗?它跟资产阶级取得统治地位是一个逻辑,最终还是落入了阶级斗争的历史周期率中走不出来。

法国大革命就是按着解放自己的逻辑进行的,每个集团都想最大程度上维护自身利益,结果打得一塌糊涂,几乎到了不可收拾的地步。全体无产阶级能从中得到什么利益?什么都得不到,想象当中似乎有很大的利益,事实上根本就得不到。

那么,无产阶级从革命运动中学到了什么?

答案是,制度要想保持长期稳定,不能因人而异,换了谁都是一样的结果,这种机制从长远来看对无产阶级最有利。这就好比切瓜,如果谁来了都先切一块最好的拿走,非争得头破血流不可,如果让切瓜的拿最后一块,就能保证制度的公平性和持久性,对所有吃瓜群众来说也是最有利的。

谁真心诚意维护这种公平正义? 答:唯有无产阶级。无产阶级要是不充当制度的监军,最终受损的必然是无产阶级自己。

从《导言》到《共产党宣言》讲的就是这个历史辩证法。只有从这个角度切入,才能明白马克思的用心所在,真正领会"无产阶级只有解放全人类,才能最后解放自己"的真谛。否则都是隔靴搔痒,难成大气候。

第八章　再论《黑格尔法哲学批判》
——《原理》与《批判》的分歧与对立

黑格尔《法哲学原理》无疑有着特殊国家的社会历史背景——论用宪法包装君权,普鲁士无疑是始作俑者。马克思以其独到的眼光对此发起猛烈的批判,道出为黑格尔所遮蔽或有意掩盖的真相,揭示出更为基础的社会基本矛盾。

一、黑格尔不是稻草人,《法哲学原理》也并非不堪一击

普遍地认为,《黑格尔法哲学批判》(以下简称《批判》)颠覆了黑格尔《法哲学原理》(以下简称《原理》)的唯心主义逻辑,即不是国家决定市民社会,而是市民社会决定着国家。这种认识太过简单,而且只专注于一个点而不计其余,显得不够全面。

如果一位拳击手击倒的只是稻草人,并不能证明自身实力强大,只有找准对手才能显示真正的水平。很显然,黑格尔不是稻草

人,《法哲学原理》也并非不堪一击,只有首先理解《原理》,才能更好把握《批判》。

我们讲黑格尔并非稻草人,而《法哲学原理》也并非不堪一击是有道理的。1820 年 6 月黑格尔为《法哲学原理》写下充满战斗激情的序言,该序言的结尾处出现了那句为后世人们所津津乐道的名言:"……对灰色绘成灰色,不能使生活形态变得年青,而只能作为认识的对象。密纳发的猫头鹰要等黄昏到来,才会起飞。"①密纳发的猫头鹰不仅是智慧的象征,更是对哲学的反思。这句话出现在最后,比附希腊神话中的典故,因而被认为对《原理》有着方向性隐喻。那么,黑格尔法哲学起飞的黄昏有着怎样的时间观念呢?

就时事而言,它处于法国大革命的黄昏,又处于德意志迈向统一的前夜;就哲学而言,它是启蒙运动的黄昏,又是现代诸多哲学流派发轫的前夜。黑格尔在序言中不加掩饰地写道:"哲学的任务在于理解存在的东西,因为存在的东西就是理性。就个人来说,每个人都是他那时代的产儿。哲学也是这样,它是被把握在思想中的它的时代。妄想一种哲学可以超出它那个时代,这与妄想个人可以跳出他的时代,跳出罗陀斯岛,是同样愚蠢的。"②该书序言的语言风格充满雄辩乃至战斗的激情,在很短的篇幅中就多次流露出嘲讽和鄙视的口风,评论某某看法是"恣意的""简单的"。

这部哲学著作和他的时代是紧密相连的。黑格尔几乎是伴随着法国大革命而成长起来的,而且是被法国大革命催熟的思想家。

---

① 黑格尔:《法哲学原理》,范扬、张企泰译,商务印书馆,1961 年,第 14 页。其中,"密纳发"是智慧女神雅典娜的罗马名字。

② 黑格尔:《法哲学原理》,范扬、张企泰译,商务印书馆,1961 年,第 12 页。

1789 年,正值革命爆发之年,他还是 19 岁的大学生,就读于杜宾根神学院。1815 年发生了拿破仑兵败、波旁王朝复辟、神圣同盟缔结,距他被男爵邀请就职柏林大学还差 3 年。1830 年,波旁王朝再次被推翻,就在他去世前一年。对于这场欧洲历史上最恢弘、深刻的大翻转(借用英文 revolution 的本意),他的情感掺杂了太多复杂的元素。

他先是极力推崇卢梭,为打倒暴君而欢呼雀跃。然后批评雅各宾专政,在《精神现象学》和《历史哲学》两大著作中,都旗帜鲜明地反对雅各宾派的过激行为。他崇拜拿破仑,认为他是"骑在马背上的世界灵魂",当这位皇帝失败时,他又因那些"庸碌之辈"毁掉了自己心目中的"高尚者""伟大人物"而痛心不已。在 1816 年在海德堡大学的就职演讲中,他一改过去对普鲁士专制制度的批评,公然宣称"普鲁士国家就是建立在理性基础上的"。大概从这时起,他开始自觉地贯彻保守路线,对法国大革命有了更深入的哲学反思,《原理》和《历史哲学》都是这个时期的作品。当然,黑格尔不是简单地反对法国大革命,也不是反对法国大革命本身,一直到晚年成为御用的哲学家,仍然坚持每年的 7 月 14 日都要庆祝攻占巴士底狱的胜利。他的思想一直受到法国大革命的滋养,其君主立宪思想就是法国革命的德国理论。[1] 总体来讲,对于法国大革命的态度是抽象肯定,具体否定,在大方向上拥护革命,但反对革命中的狂热和对秩序的彻底颠覆,他惧怕"无止境的混乱"[2]。"黑格尔对于法国大革命的一些理想、口号、原则——自由、平等、打破旧制

---

[1] 侯鸿勋:《黑格尔对法国革命的态度》,载《哲学研究》1980 年第 8 期。
[2] 侯鸿勋:《黑格尔对法国革命的态度》,载《哲学研究》1980 年第 8 期。

度,特别是自由,他大声说:'好得很!'但对法国大革命的实践活动
和群众运动,则高喊'糟得很!'"①

更重要的是,黑格尔不仅在实践问题上反对法国大革命中的
过激行为,他更在哲学层面系统反思和分析了相关问题,可以说,
《原理》的假想敌就是法国大革命"乱象"和社会契约论。而且,他
重点反对的就是社会契约论:

> 这样一来,这些单个人的结合成为国家就变成了一种契
> 约,而契约乃是以单个人的任性、意见和随心表达的同意为其
> 基础的。此外又产生其他纯粹理智的结果,这些结果破坏了
> 绝对的神物及其绝对的权威和尊严。因此之故,这些抽象推
> 论一旦得时得势,就发生了人类有史以来第一次不可思议的
> 惊人场面:在一个现实的大国中,随着一切存在着的现成的东
> 西被推翻之后,人们根据抽象思想,从头开始建立国家制度,
> 并希求仅仅给它以想象的理性东西为其基础。又因为这都是
> 缺乏理念的一些抽象的东西,所以它们把这一场尝试终于搞
> 成最可怕和最残酷的事变。②

黑格尔直戳卢梭社会契约论的脊梁骨和它的理论发动机——
公意。按照卢梭的说法,公意是经由众意"蒸馏"出来的意志,这种
意志代表了社会整体的理智,所以也是政府得以成立的基石,更是

---

① 贺麟:《关于研究和批判黑格尔的几个问题》,载《黑格尔哲学讲演集》,上海人民出
版社,1986 年,第 681 页。
② 黑格尔:《法哲学原理》,范扬、张企泰译,商务印书馆,1961 年,第 254—255 页。

政权得以在选民之外相对独立运行的理论前提。但黑格尔认为，卢梭的公意仍然是众意，两者并无想象中的那种区别，无论如何区别都免不了个人意志的不确定性。从他的其他论述来看，由此展开，将推导出社会契约基础上的公意并不具有稳定性，也不可能符合"客观精神"运行的要求，公意和众意一样，仍然会破坏作为客观精神而存在的现实秩序。黑格尔的这一看法，实际上淡化，乃至否定了社会契约论当中最具巧思的"蒸馏"瞬间，正是依持这个瞬间，社会契约论才能证成发自选民的意志，虽然具有很多非制度因素，却能以其为基础支撑起一个充满制度意义的意志。

　　黑格尔那些主张的另一个时代背景，是有关德意志统一的问题。黑格尔是日耳曼民族主义者，其国家学说从历史哲学的角度反映了 19 世纪德意志民族实现政治统一的愿望。[①] 1871 年 1 月 18 日即威廉一世在凡尔赛加冕为德国皇帝之前，并不存在一个在法理上统一的民族国家——德国。1815 年虽然成立了德意志联盟，但三十多个君主制的邦国各自都有自己的绝对主权。最大的邦和最小的邦一律都是主权国家。[②] 虽然联盟条例第 19 条规定，各邦在贸易和交通方面将"采取一致行动"，但谁都不愿意放弃独立的税收和商业政策。[③] 当时连有没有一个统一的德意志民族，都是打问号的。1815 年，在"荣誉、自由、祖国"的宗旨下，耶拿大学的学生才率先成立"全德学生社团"，之后迅速被其他大学仿效。耶

---

① 陈乐民：《黑格尔的"国家理念"和国际政治》，载《中国社会科学》1989 年第 3 期。

② 弗兰茨·梅林：《中世纪末期以来的德国史》，生活·读书·新知三联书店，1980 年，第 101 页。

③ 邢来顺：《19 世纪德国统一运动的再思考》，载《华中师范大学学报（人文社会科学版）》2005 年第 3 期。

拿学生社团的目标不过是"希望德国能被视为一个国家,德意志民族能被视为一个民族"①,如此而已。这个史实说明,那时德意志非但不是统一的民族国家,甚至连是不是一个民族,都是问题,完全要靠那些有理想、有知识的热血青年去推动才能实现。

黑格尔的逻辑是,当时德意志统一的道路并不明朗,身处其中的黑格尔不可能意识不到这些问题。紧邻法国的普鲁士要避免类似"乱象"发生,需要以国家政治的稳定为保障,谋求更好地发展。只有避免"乱象"才能获得自身强大,只有强大才能抓住统一德意志的机遇。从理论上讲,政治稳定必须有一套足以和社会契约论相匹敌的理论建构,占领国家政治理论的制高点。在这个"黄昏"时分,黑格尔将做出怎样的贡献呢? 或许,他想成为他所定义的那种伟大人物,即用自己的思想影响这个时代,做时代精神的清道夫:

> 公共舆论中有一切种类的错误和真理,找出其中的真理乃是伟大人物的事。谁道出了他那个时代的意志,把它告诉他那个时代并使之实现,他就是那个时代的伟大人物。他所做的是时代的内心东西和本质,他使时代现实化。谁在这里和那里听到了公共舆论而不懂得去藐视它,这种人绝做不出伟大的事业来。②

---

① 邢来顺:《19 世纪德国统一运动的再思考》,载《华中师范大学学报(人文社会科学版)》2005 年第 3 期。
② 黑格尔:《法哲学原理》,范扬、张企泰译,商务印书馆,1961 年,第 334 页。

密纳发的猫头鹰之喻,透露出黑格尔对理性的怀疑,既要总结法国大革命的教训,又要实现德意志统一,这只猫头鹰是一种审慎的悲观主义认识论的象征,以承前启后的冷眼反对一切激情引导下的乌托邦。黑格尔所要进行的是一场政治理论的拯救运动,纠正自社会契约论以来关于国家学说的"偏差"。

二、黑格尔老臣谋国,《法哲学原理》布局考究

既然说黑格尔《原理》"以国家学为内容"[1],为什么该著作前半部分却在大谈抽象法和道德呢?这种结构布局,除了展现客观精神的完整逻辑理路,还有哪些考虑呢?

(一)《原理》的框架因循古罗马乌尔比安以来私法和公法的划分

《原理》第一篇抽象法的结构是私法部分,第三篇伦理法的核心部分,属于公法。私法部分篇幅较小,大约只有全书的五分之一,其结构和《法学阶梯》相似,[2]都保持了"人法""物法""诉讼法"的法学阶梯结构(这也是拿破仑民法典的基本结构)。只不过,他避开了"人法"中关于主体资格的讨论,也没有关于诉讼问题的分析,而将婚姻家庭问题放到了本书的伦理部分。抽象法中的所有权部分所涉问题,大致在罗马法中有形体物范围内,并且针对了最有代表性的占有和所有权问题。契约部分所涉问题,大致是无

---

① 黑格尔:《法哲学原理》,范扬、张企泰译,商务印书馆,1961年,序言,第12页。
② 查士丁尼:《法学总论》,张企泰译,商务印书馆,1989年。

形体物范围内的契约部分。不法部分所涉问题,对应罗马法中侵权之债部分。在公法部分,触及国家运行的三个主要权力。

划分公法、私法不同领域,再融合《法学阶梯》结构,有两大好处。一是能将全书创新的体系深入已有的学术传统中。黑格尔要实现占领法学基础理论要津之野心的努力,最便捷的方式就是依托已有体例,在要津所在的各个点位展开学术攻坚,给社会契约论以迎头痛击。欧洲大陆自 12 世纪罗马法复兴以来,有关法律的讨论就没离开过罗马法,德意志地区的法学在 14 至 16 世纪更是经历了比拉丁地区更为深刻的移植罗马法运动。德意志地区和拉丁地区不同,虽然也非常重视《法学阶梯》,但更偏重学理意味浓厚的《学说汇纂》。①

二是在法律体系设计中自觉地摆脱神学的桎梏,赋予它鲜明的世俗特征。关于法律的讨论,另外还有圣经传统的律法传统(霍布斯在《利维坦》中充分利用了这一传统),黑格尔都毫无顾忌地遵循罗马法传统,整个理论体系完全建立在异教徒罗马人的世俗基础上,摒除了被神学拉扯回原位的危险,完成了清晰的政教分离体系。

该著作在体例上接近康德的《形而上学原理——权利的科学》,二者都有公法私法的划分及罗马法的结构。不过,两人志趣大相径庭,康德描述权利运行的过程,认为所有制度的内核是单个人的权利,而黑格尔虽然也从私法开始讨论,下的蛋却是别人家的,论证出来的结果是国家权力的至上性。如若给《原理》也像康

---

① 叶秋华、高仰光:《论 14 至 16 世纪罗马法在德意志地区的兴起》,载《山西大学学报(社会科学版)》2004 年第 3 期。

德著作那样加一个副标题,最恰当的莫过于套用原著中的"自然法和国家学纲要"或"权力的科学"。

(二) 比拟和铺垫

《原理》讲的是国家理论,但一开始并没有切入国家制度这个正题,而是从私法入手。在整部著作中,私法为公法做铺垫,也是为公法中的自由意志做前导。这种以私法为基础向公法展开的论证方式并非首创,17 世纪以来的社会契约论就用了这种方法。

> 家国说、社会契约说,以及 19 世纪末以来出现的有机体说、功能主义说和结构主义说等各种国家理论,在一定意义上都是某种系统化、理论化的隐喻,.它们都是在运用当时人们最易理解、意蕴丰富的原型来系统地和理论化地解说国家这个复杂的社会现象,都是一种自成体系的话语,都是证明国家权力行使的合理性及局限性的一种方式……契约论的国家学说之所以能在近代西方发生,恰恰是因为这些思想家生活在一个契约交易活动日益增加的时代,他们利用了最容易得到的、最便利的,同时也是普通人最常见因而也最容易接受的思想资源,并以此为基础进行了理论化、体系化的创作,从而实现了国家学说的发展。而西方社会之所以在众多的国家学说中接受了这一派理论,就是因为契约实践和契约精神培养了一

个广泛的社会接受群体。①

　　《原理》的理论靶子是社会契约论。黑格尔通过对私法的重新描述,对自由的运行也作了重新解释,从根本上动摇了社会契约论中有关单子化个人的假设,这样才能在伦理法的部分展开有关国家神圣性的论述。罗马法的特征是以陌生人社会为背景,描述了独立的意志在市民社会中的权利义务境遇,所以私法内容,就是罗马法在描述一个具体的活生生的个人的意志特性,陌生人社会中的单子化个人正是社会契约论得以建立的社会理论基石。如果要在当时欧陆的语境下重新塑造"意志"这个枢纽地位的概念,就需要借用罗马法的资源,在罗马法的框架中完成学理的替代,从而达到直捣黄龙的效果。黑格尔关于私法的论述,主要内容无关法律,而是"自由的概念的发展所通过的各个环节"②。

　　黑格尔在言及所有权时,强调所有权是灌注了个人意志的物这一特征,造成有些物具有不可转让的特性。"那些构成我的人格的最隐秘的财富和我的自我意识的普遍本质的福利,或者更确切些说,实体性的规定,是不可转让的,同时,享受这种福利的权利也永远不会失效。这些规定就是:我的整个人格,我的普遍的意志自由、伦理和宗教。"③对于所有权中不可转让的部分的描述,为后续反对社会契约做铺垫——既然有些东西是不能拿来交换的,那么

---

① 苏力:《从契约理论到社会契约理论———一种国家学说的知识考古学》,载《中国社会科学》1996 年第 3 期。
② 黑格尔:《法哲学原理》,范扬、张企泰译,商务印书馆,1961 年,第 109 页。
③ 黑格尔:《法哲学原理》,范扬、张企泰译,商务印书馆,1961 年,第 73 页。

契约就不是放之四海而皆准的,个人在国家中的这种地位就决定了他无权订立关于国家的社会契约。

黑格尔在契约部分展开凌厉攻势,几乎到了图穷匕见的地步,就差捅破最后一层窗户纸。因为有了前面私法部分的层层铺垫,再将剑锋指向康德和卢梭,这套组合拳就打得行云流水、酣畅淋漓。在第75节,他终于表达出自己对于婚姻契约论和国家契约论的反对态度,康德因婚姻契约论而被直接点名,卢梭也由社会契约论几乎浮出水面。这也和后续的国家论部分紧密相连。在私法部分批评康德和卢梭,是将防御战线全面推向前线的战略——进攻就是最好的防守——探讨私法不仅能达到理论上釜底抽薪的效果,更能带节奏——把对手说得一无是处,甚至连常识都不懂,使其污名化,那么对方一时间就会连还手的能力都没有了。

三、马克思对黑格尔法哲学的批判

《法哲学原理》就像一颗流星,为普鲁士的历史所埋葬,在人类思想史上转瞬即逝。若没有马克思的批判,《原理》也不可能有超越德语国家的绵长影响力。[1]

就在《原理》出版22年后的1843年,马克思写下了克罗茨纳

---

① 约翰·麦克里兰:《西方政治思想史》,彭淮栋译,海南出版社,2003年,第566页。

赫笔记《黑格尔法哲学批判》。① 该著作主要针对黑格尔《原理》的第 261—313 节,所用方式基本上是摘抄一段黑格尔的论述,然后针对该段文字进行分析和批判。就章节来看,全书 360 节,这部分只占六分之一,翻译成汉语后也只占正文篇幅的五分之一。但这部分正是《原理》最核心的内容,黑格尔在此论述了"国家法",主要涉及王权、行政权和立法权。

1821 年完成《原理》时黑格尔已经 51 岁,是柏林大学钦命教授兼该校评议会委员,②普鲁士王国官方理论的担纲人。而 1843 年完成《批判》的马克思只有 25 岁,刚刚辞掉《莱茵报》主编职务,连"正式工作"都没有,在富有人文气息的克罗茨纳赫的田园生活中,与新婚妻子燕妮相伴闲居。③ 黑格尔不仅是在朝的"肉食者",而且处于顶极位置,一言一行都有可能影响普鲁士王国乃至德意志地区。

相比于黑格尔的"大口",马克思那时只是位卑言轻的"小

---

① "马克思的黑格尔法哲学批判手稿不是一个孤立的文本,而是从 1841 年底到 1844 年期间马克思对黑格尔法哲学作的一系列批判,拥有庞大的文本群。早在 1841 年博士论文的详细注释中,马克思就反对那种对黑格尔观点肤浅的、道德化的批判,1843 年 3 月到 9 月克罗茨纳赫笔记 *MEGA* 认为,克罗茨纳赫笔记是用于准备'以黑格尔法哲学批判的形式对法学和国家学说进行的批判'。"参阅郭丽兰《〈黑格尔法哲学批判〉意义新探》,载《河北学刊》2008 年第 5 期。

② 贺麟:《黑格尔著〈法哲学原理〉一书评述》,载《黑格尔哲学讲演集》,上海人民出版社,1986 年,第 533 页。

③ 韩立新:《从国家到市民社会——马克思思想的重要转变》,载《河北学刊》2009 年第 1 期。

口"。① 两位哲人地位悬殊,发表言论的环境各不相同。黑格尔在权力的中心发声,他所极力维护的是整个普鲁士的政权体系、秩序和传统;马克思积极倡导底层革命,通过"鼓动风潮,造成时事"来推动社会的发展,在革命激情的鼓动下出现更多争取权利的斗争。在朝者总想以稳健的统治方式守住社会的基本盘,收获变革带来的好处,避免糟糕情形的发生。但是如果社会的基本诉求得不到满足,尤其是利益诉求被忽视时,难免会出现过激行为,企图以此局部排遣淤积的社会矛盾。两方面如能更好地沟通协调,将能弥补王权运行的弊端。当然,这往往是不切实际的空想。

虽然两位哲人的论述都朝向未来,但凭借的资源不同,"老年人常思既往,少年人常思将来"。黑格尔在书中批评卢梭和康德时已经提到,但他认为自己所凭借的不是虚幻的理性,而是具体的理性,即已存在的国家制度,他倡导在现行制度框架下改良,主张在权威主导下沟通,反对自下而上的革命。而这正是马克思所批评的:"有个学派以昨天的卑鄙行为来说明今天的卑鄙行为是合法的,有个学派把农奴反抗鞭子——只要鞭子是陈旧的、祖传的、历史性的鞭子——的每个呼声宣布为叛乱……"②黑格尔的资源是对既往史实的反思,其逻辑是通过向后看实现向前看。当一种说法看上去正确却有违日常生活最起码的常识和常理时,马克思抓住

---

① 借用海瑞的"大口小口"之说。海瑞认为官宦是"大口",他们的声音皇帝容易听到,虽则人数少但影响力大,一般小民是"小口",人数多但不得上闻,影响力小。参阅李鸿然《海瑞年谱(续二)》,载《海南大学学报(社会科学版)》1996年第1期。
② 马克思:《〈黑格尔法哲学批判〉导言》,载《马克思恩格斯全集》第3卷,人民出版社,2002年,第201页。

这一点,以逻辑为武器,连起了物质基础和上层建筑的关系。这恰恰体现了更广阔的制度理路,而黑格尔认为这是不现实的。马克思将自己更宏观同时也更基础的视角引入对黑格尔的批判。

以私有财产经由土地贵族再到国家这个论述过程为例,黑格尔写在纸面上的逻辑确实经不起推敲,就像马克思形容的那样千疮百孔,但真正的逻辑恐怕不只是写纸面上的,而是暗含真实的历史条件。普鲁士王国崛起,发展到黑格尔时也不过百年,而且是在强邻如虎、环伺不已的条件下强行发展起来的。容克贵族在国家中的地位显得非常突出。从腓特烈大帝的父亲腓特烈一世开始,只有容克贵族才能担任高级军官,在普鲁士从弱小的勃兰登堡公国到中欧强国的发展过程中,容克贵族在战争中一直都是中流砥柱。容克贵族整合了市民社会中单个人的力量,"打包"成为能为国家所用的社会单元,在普鲁士国家发展中起着枢纽作用,因而决定了容克贵族在普鲁士国家政权中的领导地位。这种地位,正如黑格尔所说,是一种既定的"现实"。因而黑格尔对土地贵族在国家中的地位的论述,实际上是先有结论,再用私有财产等前导因素包装起来。他更进一步指出黑格尔论述过程存在明显的逻辑混乱,即一方面认为政治国家是社会存在的最高的自在自为的现实,它决定着社会,而另一方面,又不断试图通过私有制度来支撑这个前提(其实是结论),私有制又在论述过程中决定着政治国家。①

逻辑的实际地位是黑格尔和马克思在两部著作中对阵方式的重大不同。《原理》结论在先,逻辑在整个著作中并不是像看上去

---

① 马克思:《〈黑格尔法哲学批判〉导言》,载《马克思恩格斯全集》第 3 卷,人民出版社,2002 年,第 132—138 页。

的那么煞有介事,它服从和服务于前在的结论,真正的逻辑则是普鲁士王国既成的事实,是智慧女神雅典娜的猫头鹰起飞之前的法国大革命所反衬出来的社会结果,是普鲁士王国何去何从的谨慎结论。黑格尔是在反思法国大革命之后,前瞻普鲁士乃至德意志的发展,整体上为普鲁士的国家制度量身订立几根擎天巨柱,包括神圣的国家、代表国家整体的王权、过滤了个人不确定因素并能担任职业政治家的土地贵族、能够整合市民社会的行业工会。黑格尔先打上这几根桩子,再浇上钢筋水泥建成大厦,这就是所谓逻辑论证。马克思毫不留情地戳穿这种纸糊的逻辑,不断加以攻击。①马克思在批判中多次使用一些针对黑格尔逻辑的词,说它是"神秘"和"神秘主义",马克思还擅长将黑格尔逻辑推向极致,以达到嘲讽挖苦的效果。②

逻辑上的看法不同,是两位哲人视野不同的外在形式。黑格尔这位德意志的英雄正在下一盘属于普鲁士和德意志的大棋,而他在布局过程中暴露出逻辑漏洞,反映出普鲁士、德意志的意识形态违背市民社会的普遍常识,这一点被马克思抓到了。马克思认为黑格尔一厢情愿的说法,将招致更大的矛盾,这种政治体系设计

---

① 比如关于王权和立法权的中介功能,马克思就曾指出黑格尔的逻辑混乱。参阅马克思《〈黑格尔法哲学批判〉导言》,载《马克思恩格斯全集》第 3 卷,人民出版社,2002 年,第 107 页。

② 比如马克思在批"君主这一概念不应当是推导出来的东西,而应当是无条件地从自身开始的东西"时,嘲讽道:"在这方面,君主身上的虱子同君主本人没有丝毫区别。"又比如马克思在批"……王位世袭制是从君王的概念中产生的"时,嘲讽道:"这样,国王的最高宪政活动就是他的生殖活动,因为他通过这种活动制造国王,从而延续自己的肉体。他儿子的肉体是他自己肉体的创作。"参阅马克思《黑格尔法哲学批判》,载《马克思恩格斯全集》第 3 卷,人民出版社,2002 年,第 37、53 页。

不仅不能消解社会动荡的危险——法国式革命的危险,反而会加重社会底层和国家机器之间的矛盾——黑格尔所强调的体制反而会固化业已严重的社会制度,从短期看确实能维护现政权,但从长远看,它忽视了社会最基本的力量,最后会干涸而亡。马克思这一基于物质决定精神的唯物主义发现,显示出他开阔的视野。显然,黑格尔的这盘棋只属于普鲁士,而马克思的这盘棋则属于全人类。马克思考虑的是在资本主义发展的条件下,如何构建国家制度,这个问题是整个时代、整个世界的大问题。如果仅仅沿着黑格尔指出的道路前行,有可能实现普鲁士和德意志短期的梦想,避免"法国式乱象",但这只能是侥幸成功,而且从长远来看,这种忽视基本矛盾的体系有其潜在的巨大风险。当这种风险浮出水面之日,就是整个黑格尔体系土崩瓦解之时。

　　后来的德国史,似乎也证明了两位哲人各自的观点——普鲁士践行了黑格尔的论述,在 19 世纪避免了"法国式乱象",并统一了德意志,似乎验证了黑格尔的预言。普鲁士过度强调国家而忽视底层具体个人的特征在一连串的成功中得以强化。这种特征与后来德国发动两次世界大战的动因之间不无内在关联,战争使得黑格尔尤为珍视的国家和秩序荡然无存,并以黑格尔预料不到、俾斯麦控制不了的方式驶向深渊。

　　在普鲁士强悍的国风笼罩下,整个国家机器成为世界历史上国家制度谱系中的怪胎,社会也为战争付出了高昂的代价,精神支配下的帝国最终成就了耻辱,马克思所指出的基本阶级矛盾并没有因为黑格尔有意掩饰而自动消失。马克思剑锋所指,黑格尔应声倒地,证明他不过是表面强大的裱糊匠。糊的功夫到位就成了装饰,而装饰达到一定火候,就被当作装修了,其实还是泥坯,既不牢靠,也不稳当。

四、现代化的路径依赖与选择

黑格尔《法哲学原理》基本上是《哲学全书》第三环节《精神哲学》一书中的第二篇,即论"客观精神"部分的发展、发挥和补充。[①]黑格尔把"精神哲学"分为三大部分,位列第二的是客观精神,分法、道德、伦理三个环节。《法哲学原理》的纲目大致上也与"客观精神"对应。

什么是"客观精神"? 就是外在于选民的,其存在和运行不受选民恣意左右的准则。

> 人们有了这个自由意识以后,就想把这个自由意识变成一种制度。这个意识是我们人类主体对待外部世界的一种关系,即自我与对象的一种关系。那么当人意识到自由的时候,他就想创造出一种适合于这种自由的外在关系形式,这就是客观精神。我们把客观精神当作自由的一种体现,我们内心都知道自由是怎么一回事情,但我们能不能把这种自由建立成一种社会呢? 这就产生了客观精神。[②]

---

① 贺麟:《黑格尔著〈法哲学原理〉一书评述》,载《黑格尔哲学讲演集》,上海人民出版社,1986 年,第 535 页。
② 邓晓芒:《邓晓芒讲黑格尔》,北京大学出版社,2006 年,第 115 页。

黑格尔所说的国家,其合法性并非直接来自选民,是来自先在的"普遍理念"①,"国家"这个范畴,不是因为选民需要才随之产生的,而是如同客观环境一样,是先于选民存在的。客观精神,对于一般人民来说,是客观的,外在的,而对于通盘考虑②的黑格尔来说,则成了他主观选择和描述的范围。

《法哲学原理》在涉及国家和人民关系时,强调自上而下的秩序;在涉及精神和物质关系时,强调精神决定物质的作用。尤其在论述国家时,落到了化不开的"绝对自在自为的理性"③。因此就其内在结构而言,无疑是唯心的。但考虑到这部著作的功效,又有很强的实践性,它设计一切有效的制度避免发生"法国式乱象",促进普鲁士的强盛和德意志的统一。文中多次强调国家的直接现实性,处处渗透了对宪制传统和秩序的珍视,同时流露出对空泛理性的怀疑。从普鲁士和德意志当时的角度来看,黑格尔的看法要更现实也更具实践意义。

面对波澜壮阔的世界历史,黑格尔并不耽于空想,而是积极提出自己的主张。前述对于擎天巨柱的选择就很讲究政治艺术。选择适当,确实能促进国家政治发展,推动社会进步,引领整个国家走向正确方向。

但是,若是选择失当,或坚持不住,同样会有政治风险,而且会酿成更大的政治后果。这种例子在国家权力运行中比比皆是。以1908年以后的清廷为例,当权者并非不知道风雨飘摇、全局溃败的

①　黑格尔:《法哲学原理》,范扬、张企泰译,商务印书馆,1961年,第253、259页。
②　约翰·麦克里兰:《西方政治思想史》,彭淮栋译,海南出版社,2003年,第567页。
③　黑格尔:《法哲学原理》,范扬、张企泰译,商务印书馆,1961年,第253页。

危险,但一味迷信中央集权和满人收权这种方式,错误地选择了支撑帝国的中心要素,过激地操纵权柄,偏执地维护这些要件,一再错过调和矛盾的机会,由此导致不可逆转的局势。当1911年清朝皇族内阁名单最后出笼时,举国哗然,各地立宪派不再买账,造成清廷统治虚置——辛亥革命起初揭竿而起的只有四千多人,若是没有立宪派作为内应,武昌首义不可能迅速波及全国。

《黑格尔法哲学批判》反映出来的双方思想的分歧和对立,似乎没有表面看上去的那么大,双方都强调不容忽视的实践意义,由于双方眼界锁定的范围大小不同,分歧和对立就显得格外突兀。黑格尔立足于当时当地,处处为普鲁士打算,他不仅是普鲁士的英雄,后来的历史也证明了他是德意志统一的英雄;马克思则是世界革命的导师,而非普鲁士和德意志看家护院的门神——他的理论所开启的这个时代浪潮不是为了普鲁士和德意志,因此也不可能为他们量身定制——先知往往难以得到乡人认同,因为他们拥抱的是整个世界。就如同庄子所说的,大鹏展翅高飞,燕雀安知鸿鹄之志也。

马克思在《导言》的结尾提出无产阶级的革命道路,从世界历史看这是一项伟大创举,而且他特别强调了"无产阶级"。它所继承的前人思想中,就包括了洛克、卢梭等人。洛克、卢梭所论述的社会契约,就是以选民为基础,论证人民是权力的基础,并且说,自下而上的革命具有正当性。这个普遍的大道理,并不投合当时普鲁士政府的胃口,只要强调无产阶级革命,就不可避免重现"法国式乱象",普鲁士也会因此失去统一德意志的机会。这种结果对于当时的统治者(集团)来说,无论谁来执政都是不可接受的。所谓的选择,实际上并无任何回旋余地。要为世界革命做贡献,就不能为德意志统一做贡献,别无选择。

《黑格尔法哲学批判》体现了唯物辩证法和唯物史观,将黑格尔精神决定物质、国家决定市民社会的逻辑结构颠覆过来。美中不足的是,马克思在整个著作中并没有回应黑格尔对法国大革命的质疑,也没有回应黑格尔对于理性的怀疑。直到 1845 年所写的关于费尔马哈的十一条提纲中,才对后一个问题有所回应。

第九章　异化论开启思想史批判另一扇大门
——《1844 年经济学哲学手稿》评析

　　马克思《1844 年经济学哲学手稿》（简称 1844 年手稿或巴黎手稿）自 1932 年公开出版以来，备受瞩目。[①] 手稿在各国的翻译出版都是一件大事，激起的反应是多方面的，不限于思想理论界的震撼，甚至引起社会的轩然大波。

[①] 一般地对"1844 年经济学哲学手稿"和"巴黎手稿"两种称谓不加区分，也有严格地以不包括《穆勒评注》的巴黎手稿为《1844 年经济学哲学手稿》。1927 年，在苏联马列主义研究院院长梁赞诺夫主持下出版了俄文版《马克思恩格斯文库》第 3 卷，笔记本 III 的大部分内容以"《神圣家族》的准备材料"为题置于《文库》的附录。1929 年巴黎出版的《马克思主义评论》杂志第 1 期，编者分别以"关于共产主义和私有制的札记""关于需要、生产和分配的札记"为题发表了另一些片断。1932 年，苏联出版阿多拉茨基主编《马克思全集历史考证版》第 1 部分第 3 卷，发表了德文原文全部手稿，并冠以"1844 年经济学哲学手稿·国民经济学批判·附关于黑格尔哲学的一章"之名。同年，朗兹胡特和迈耶尔在莱比锡出版《马克思历史唯物主义（早期著作）论集》也收录这部手稿。1956 年苏联出版《马克思恩格斯全集》俄文第 2 版，莫斯科马克思列宁研究院重新核对手稿，加上了小标题，中文版就来自这种形式。1982 年新版《马克思全集历史考证版》同时采取两种编排方式，一则按写作顺序，二则按逻辑结构，加上标题。

　　手稿出版之后,各国又都经历了由热捧到冷处理的过程,前后冰火两重天。一种是捧杀,认为"青年马克思是我们时代的发现",手稿是"包罗马克思的全部青年思想的唯一文件","真正的马克思主义的启示录",是"马克思主义发展的最高形式","成熟的顶峰"。如弗罗姆的《马克思关于人的概念》,属于早期的最重要的西方马克思主义著作,它第一次明确提出马克思主义哲学的本质为人本主义的观点,认为"卢卡奇是第一个恢复马克思的人本主义的人"。另一种是棒杀,认为"是对他的学说的倒退,背离了他学说的最重要的、最出色的、真正非暂时性的东西","终究表现出它的创作能力的某种障碍和削弱"。

　　手稿 1979 年正式推出中文版后同样备受关注,①就在 1982 年思想理论界掀起了关于人道主义与异化问题的讨论,随之而来的是清除精神污染和反对资产阶级自由化运动。除此之外,手稿本身的思想内容更值得关注。

---

① 最早中译本由何思敬译自德文第一手稿第四部分,宗白华审校,以"被疏远化了的劳动"为题发表于《新建设》1955 年第 11 期;同年还有贺麟译自德文的手稿序言和最后一章,以"黑格尔辩证法和一般哲学的批判"为题于 1955 年 11 月由人民出版社发行单行本。1956 年 11 月人民出版社在两位先生译文基础上,参照德文版《马克思恩格斯全集》第一部分第 3 卷的顺序和《马克思列宁主义文库》的格式形成1844 年手稿的第一个中文版本。1979 年又出了两个中文版,都以 1956 年新版俄文本(第 2 版马克思和恩格斯全集)为蓝本,一是刘丕坤译、人民出版社出版的单行本;二是由马恩列斯著作编译局翻译的《马克思恩格斯全集》第 42 卷。朱光潜参与全集中《手稿》的翻译咨询,他从德文版《手稿》中选译了其中跟美学相关的文字加以解读与注释,收在由中国社会科学院哲学研究所美学室编辑的《美学》辑刊第二期。2000 年,《马克思恩格斯全集》中文第 2 版第 3 卷出版,收录了 1844 年手稿,按照《马克思恩格斯历史考证版全集》第 2 版(MEGA2)第一部分第 2 卷的逻辑顺序编辑。

手稿主要讨论劳动在实际社会生产中的存在状态。从思想演变的逻辑关系上讲，前面对接马克思自己所讲的要研究物质利益关系①，从而证实马克思是如何转向物质利益研究的(过程)，后面对接劳动价值论和《资本论》，论述如何超越现有的思想认识而达到更高的理论层次，手稿就是跨越这两个阶段的重要文本，反映了马克思思想发展的关键节点。

最值得关注的是手稿中涉及的异化现象，在文本中显得格外突出。手稿全文8万字，"异化"一词出现了157次，尤其是"异化劳动"部分，在短短9千字中竟出现了65次之多，出现次数占到全部的1/3。

异化出现在马克思主义词汇中是异类还是同质，是杂音还是乐音，历来是有争议的。有的把它解释成物化，以缓解这种张力，就更显得不伦不类。这存在着至少三种可能性。一是非本质的，具有偶然性或阶段性特征，当找到更好的工具和表达方式时，就会弃之不用。二是为马克思主义理论奠基，深埋在理论基础之下，只是不显山露水罢了。三是构成马克思主义的理论核心，是马克思主义最本质的特征之一。围绕这三个方面分别展开，出现百家争鸣局面。

---

① 马克思在《〈政治经济学批判〉序言》(1859)中曾有过介绍，在1842—1843年间作为《莱茵报》编辑时第一次对物质利益发表意见时遇到了难事。

一、异化本质是个人意志与社会意志的背离

(一) 回顾马克思的思想历程

　　1842 年,马克思首先发起的是对黑格尔法哲学的批判,他没有直接批判黑格尔的权利哲学(这是下一步在 1844 年巴黎手稿中即将完成的工作),而是对准了黑格尔的国家学说。马克思之前在《莱茵报》写作政治评论时,就不得不去正面阐述自己对于国家的看法,如宣传部门的新闻检查制度和行业自律原则都对他的工作造成直接限制和恶劣影响,马克思的国家观念跟普鲁士专制政权相对立,官僚制度就是他猛烈抨击的对象之一。1843 年手稿抨击了黑格尔对官僚体制的维护,说黑格尔在国家与市民社会之间折中调和。费尔巴哈就在这个时候提供了批判的武器。巴黎手稿把国家、宗教、法律、道德等上层建筑都看作特定生产方式的产物,手稿得到的结论是,国家就其本质来说是对人的否定。

　　马克思在随后的 1843 年夏又写出了《论犹太人问题》(以下简称《论犹》)。这篇论战式文章起因于布鲁诺·鲍威尔的《犹太人问题》一文,后者在文中探讨了反犹太主义的历史起源①。在鲍威尔看来,德国是个基督教国家,只有实行政教分离才能解决宗教冲突,让信仰回到信仰那里去,让国家世俗化,让政治获得独立,这样犹太教也能得到起码的尊重。

――――――――――

① 起源于普鲁士新国王于 1841 年 12 月 13 日颁布《内阁敕令》,在德国境内恢复中世纪所采取的隔离犹太人的政策,由此引发关于“犹太人问题”的大讨论。

现实中有可能做到吗？显然，马克思并不认同这个答案，认为这种想法太幼稚了。即使做到政教分离，也无法消除宗教歧视。美国早在19世纪就实现了政教分离，可是直到20世纪，大学招生中犹太人受歧视这种现象仍然消除不了。那么，这种歧视从哪里来？它植根于市民社会，反映在人们的日常行为举止中。正是现实中的这种普遍压力，才最终成为国家意志。显然，这是社会问题而不仅仅是政治问题，仅从政治层面上治不了根。提出"普遍的解放"正是马克思看问题深刻的地方。他在《论犹太人问题》中写道，黑格尔无疑是对的，我们的确需要某种普遍的东西，不该让社会陷入普遍的纷争，各自为自身特殊的利益闹腾。

在《论犹》中他说："国家官僚不是普遍意志的代表，但我们仍需要一个普遍的观念、立场，需要普遍的解放，那该怎么解决呢？"

《黑格尔法哲学批判》并没有最终完成，马克思在1844年1月份拿出了一篇更加气势磅礴的雄文《〈黑格尔法哲学批判〉导言》，正面回答了"谁来执行这一普遍的意志？"的问题。

提问直截了当，回答得也很干脆，那就是"无产阶级"。马克思想到的是那个处于城市最底层、被异化得最厉害的无产阶级，希望他们能够觉悟并行动起来，无疑最能代表普遍的意志。他将无产阶级看成推动历史进步的根本力量，喻之为革命的心脏。①

马克思认为，费尔巴哈揭开了自我异化这层神秘的面纱，现在需要超越费尔巴哈，进一步深入日常生活中揭露异化的本质。他还说，青年黑格尔派光说不练，最重要的是行动，好的理论要解决

_____

① 以上内容同时参阅第六章第二节。

实际问题,而不是跟现实生活脱节。这些现实生活中的人,都是普罗大众,马克思要在这群人中间找到力量,首先赋予他们以力量。这些力量从何而来?马克思说,不需要从外头找,他们自身就有,本身就具足一切力量,只不过尚未觉悟罢了。

马克思将无产阶级看作物质力量。为什么是无产阶级?因为无产阶级被压迫得最深,扭曲得环保厉害,因而改变现状、克服异化的动力也最大。这一步的论证工作是在 1844 年巴黎手稿中完成的。

马克思努力让异化贴近现实,为此他付出巨大努力,赋予了许多经济实质,尝试着分析商品生产,这导致他将异化论跟商品生产结合,并声称,尽管现代社会的每个人都处于被异化状态,但工人无疑是被异化得最彻底的,完全和他们的利益分离,因此他们最有动力克服目前这种状态。但是,这种解放必须是全面彻底的,否则便不会成功,因此不能只限于一个阶级,打自己的小算盘。这个精神在后来的巴黎公社运动中得到了实践,如一切公职人员只领取相当于一个熟练工人的收入,马克思对巴黎公社原则给予了高度评价。①

1843—1844 这两年间,马克思在这个被他批得体无完肤的异化问题上结出了最初的理论硕果。这部手稿摘录了英国经济学家的著作,描述了人道主义的共产主义用来取代当前的异化社会,并

---

① 1871 年巴黎公社运动爆发,随即遭到血腥镇压,仅存 64 天。马克思两个女婿都是巴黎公社运动成员。大女婿龙格当选巴黎公社委员。巴黎公社失败后第三天,马克思就在伦敦第一国际总委员会上宣读《法兰西内战》,全面阐释巴黎工人斗争和巴黎公社运动的本质、原则、经验教训等,提出了一系列关于无产阶级国家政权建设思想,认为巴黎公社运动是对共产主义理论的一个有力证明。列宁评价《法兰西内战》是"马克思主义在国家问题上的最高成就"。

批判了黑格尔的《精神现象学》。其间，马克思经常与蒲鲁东、巴枯宁争论黑格尔的辩证法，甚至通宵达旦。

但是，即便异化了又能怎么样呢？并不是所有工人都会挺身而出，他们是沉默的大多数，要让群众动员起来需要时间和耐心，让事实来教育群众。批评者说，无产阶级怎么可能承担得了如此重大的历史使命？工人是愚蠢的，只要给点面包就能使他们相互之间打起来，靠这群被异化了的工人阶级来拯救这个被异化了的世界，不是天方夜谭吗？显然，马克思不认同黑格尔所说的那个官僚集团（阶级）①，而是看中了无产阶级。马克思何以能够得出与黑格尔相反的结论，认定无产阶级就能充当一个普遍的阶级呢？

这个问题确实是无法正面回答的，必须借助于反证法。试问，假如无产阶级不充当普遍的阶级，会得到什么样的结果？结果必然是普遍地受苦，遭受愚弄。

难道不是这样吗？当无产阶级一遍遍、一次次地接受残酷的教训之后，就被教育成为一个训练有素、有觉悟的阶级。这不是什么高深的理论，而是实践问题，即无产阶级哲学是在历史辩证法中得到锤炼的。②

故此，马克思学会了耐心等待，同时准备更充分的理由。于是，他着手阅读斯密和李嘉图的理论。看他这个时候的思想，跟李

---

① "官僚制度集中化和平等对待每个人，这是绝对君主制的产物，是摧毁中世纪的进步力量，中世纪就是神秘主义、等级制和权威三位一体，但是，它最终又受到了自己培养出来的平等精神的挑战。"马克思：《路易波拿巴的雾月十八日》（1851）。
② 在黑格尔的认识论中，主客体分离就是异化，异化是以主体为轴心展开的，目的是使得主体能够驾驭得了客体，由认识的必然王国达到自由王国，就如同孔子在七十岁时所能做到的"从心所欲不逾矩"，或如宋明理学所讲的知行合一。

嘉图走得更近,而且找到了初步答案。只是还需要进一步寻找依据,就是后来的剥削理论。

到 1844 夏,马克思基本上放弃了巴黎手稿的写作。[①]

这个时候马克思结识了比自己小两岁、更年轻的恩格斯,后者当时只有 24 岁,怀里揣着《政治经济学大纲》,使得马克思自叹弗如。

促使二人走到一起的,正是观念接近和对时局的一致看法,当时的社会环境和政治形势促成两位青年走到一起,之后二人结成终身挚友。他们首度合作完成了一部批判青年黑格尔派的评论集《神圣家族》。恩格斯对此作了哲学评论,马克思却将它写成了文学评论,由于大部分内容都是马克思执笔的,因此那种夹叙夹议的文风就占了大头。

马克思和恩格斯二人之后还合写了很多著作,如《德意志意识形态》《共产党宣言》等。

(二) 异化问题在马克思主义思想史的位置

思想的高峰不是孤立存在的,也不可能孤立存在,而是一山连着一山,重峦叠嶂,形成纵横交错、错落有致的山脉,要达到顶点,需要不停地翻山越岭,而指导我们顺利达到顶点的,是一张标明山势走向的地图。[②] 思想史研究不断追根溯源,按着它固有的脉络将彼此连在一起,由此拎起来的就不是片鳞半爪,而是一连串的思

[①] 第一次放弃是《黑格尔法哲学批判》,马克思认为应该分册来论述,于是有了 1844 年手稿,那么这次又有什么理由让如此辉煌的鸿篇巨著再次掩埋在尘封的历史中呢?
[②] 参阅第一章绪论部分,本书第 2 页。

想。思想必须置于思想史的脉络中去梳理才能立体丰满起来,一是纵向的联系,即思想的来龙去脉、前因后果,另一是横向的联系,在解决同样历史任务时前后左右相互之间的影响,包括他们的共同性和差异性等。

对于异化这个观念,除了马克思在谈(以 1844 年巴黎手稿为例),青年黑格尔派若干人也都在谈论,而且可以追溯到黑格尔那里。在黑格尔背后,则有着更为强大的背景,直接跟斯密那一头搭上了关系。整个思想网络存在着洛夫乔伊所说的"观念巨链"。[①]如果仔细分析,所有这些人的观念又都有着极大的差异。[②]

将思想史置于历史的脉络中,而不是停留在从观念到观念、从一个思想到另一个思想的演绎中。虽然思想的脉络反映的是思想的印痕,但它的源头在于现实层面,是某种社会存在状况的反映和对时代使命的回应,只有置身于历史脉络中才有根基,才能显示出强大的生命力。找准这把钥匙,等于打开了思想史宝藏的大门。因此,抓住时代主题,历史脉络就自然呈现。对于思想史研究来说,思想的起承转合等变化远比最终结果重要得多,细节比结论更重要,在有关异化的问题上涉及:第一,异化(无论作为思想、方法还是理论)处于马克思主义的哪个位置,是浅层次、深层次还是中心位置?第二,异化在马克思主义发展史上的地位,有无特殊的使命或启示?第三,异化在马克思主义发生史当中究竟起到什么样的作用,属于中间成果还是最终成果?

---

① 洛夫乔伊:《存在巨链——对一个观念的历史的研究》,商务印书馆,2015 年。
② 德国人比较重视存在或观念的时间指向。在柯塞勒克(Reinhart Koselleck)定义中,每个观念都有时间层次,就像考古中文化层堆积构成遗址的编年史一样,有过去、现在、未来三个面向。

乍一看,异化这种表述方式是非常感性的,属于现象层面的术语,但仔细推究便会发现它大有来头,其理论渊源非常深厚,不可等闲视之。

当一个思想连着另一个思想、一个人连着另外一个人,彼此的思想脉络相通时,就具有典型的思想史研究的价值。首先,沿着异化这条线索追溯到源头,是没有断流的,而且非常具有德国特色,它从黑格尔那里传承了其哲学传统。其次,这种德国特色包括思考和处理问题时具有同样的或类似的方式方法,这种共性反映了某种具有普遍性的时代特征。

可见,就异化观念所挖掘出来的遗迹,不是孤立的某个人或是某个方面的思想,而是很多人的思想,彼此盘根错节地交织在一起。理清异化这个问题,一则正本清源,不再视异化为洪水猛兽,以拒绝的心态关起门来无视它的存在。二则壮大马克思主义的来源,丰富马克思主义的资源和给养。从黑格尔到马克思,至少有三个问题有待进一步深入,一是辩证法和历史辩证法,到底讲什么,二是唯物史观的来源,三是异化问题。根子越深,叶子越茂密,越能经得起风吹雨打,理论自信是要下真工夫的。此外,还涉及另一重大理论问题,就是异化论是不是马克思主义最终成果,马克思有没有放弃异化思想? 有人认为取而代之的是剥削论;另一些人认为马克思始终不曾放弃异化论,《资本论》中的拜物教就是异化思想的反映,《资本原始积累章》也体现了异化思想。

无论如何,至少在思想扬帆起航阶段,马克思利用了异化这个概念,而且马克思用它来证明无产阶级必须担负起时代赋予的历史任务。这些都是明摆着的事实,《〈黑格尔法哲学批判〉导言》中事先交代得很清楚,1844 年巴黎手稿不过是要证明这些结论。

二、从斯密到黑格尔再到马克思

(一) 斯密从《道德情操论》转向《国富论》所完成的意识形态革命

要讲清异化问题,需要将斯密、黑格尔、马克思三人联系起来,弄清楚各自所面对的时代任务是什么,哪些是共同的,又有哪些差异。

斯密最初是格拉斯哥大学道德哲学教授(1752 年起),最终却成了现代经济学的始祖,1776 年《国富论》出版,这种转变是富有戏剧性的。他最先出版的讲授教材《道德情操论》,倾注了他太多的心血,就在去世前不久他还在修订,可见这部著作在他心目中的地位有多重要。

《道德情操论》明辨真善美,它所宣扬的伦理道德无疑是非常重要的。然而,令斯密苦恼不堪的是,它在现实中难以贯彻执行,如果定要照此执行,将会寸步难行,吃亏的总是老实人。久而久之,谁还愿意做这样的傻瓜呢? 更多的人则是阳奉阴违,说一套做一套,结果是知行分离,言行不一。所有这些现象,都跟斯密所宣扬的那套伦理道德渐行渐远,讲坛上下隔着那层窗户纸只是没人点破而已。这样一来,这套价值观就岌岌可危了,而在众人眼里,斯密则成了装模作样其实啥也没穿的裸奔者。

理论的不彻底导致它难以在现实中贯彻下去。追求理论的彻底性是促使斯密写作《国富论》的根本动力。斯密不认为过去所讲的那套伦理道德完全错了,任何社会都要讲真善美,人们不接受的只是那套不切合实际的说辞,显得过气而又那么虚伪做作,需要调整角度,眼睛向下,不要说那些高高在上的"神话",而要接地气,从天国降临到人间,将那些夸夸其谈不食人间烟火的外在伦理道德要求转化为每个人切实的内在需要,学说普通的"人话"。这种转变在不知不觉中完成了意识形态革命。

斯密的角色转变适应了新的形势,这是他识时务的本领,也是其理论能够取得成功的关键。第一,时代确实变了,已经到了平民时代,不再是贵族与特权时代。旧时王谢堂前燕,飞入寻常百姓家,此时社会需要调动的是更多人的积极性,发挥更多人的主动性,这一点显得比以往任何时代都重要。第二,增进伦理道德要与个人切身利益相向而行,这一点比以往任何时代更突出。旧的道德体系已不堪一击,成了吓死胆小、撑死胆大的纸老虎,如果伦理道德再不与个人切身利益挂钩,甚至背道而驰的话,所有人都会弃它而去,还怎么让人增进伦理道德? 完全丧失了动力。

直到今天,仍有很多人以为《道德情操论》和《国富论》的价值观是对立的,因而斯密的整个精神世界是分裂的。如印裔英国人阿马蒂亚·森(1998 年诺贝尔经济学奖获得者)说:"在经济学的发展历程中,由于人们只看到斯密在其《国富论》中论述资本主义生产关系,重视经济人的谋利心理和行为,强调'自利',却相对忽略了其在《道德情操论》中所重视的社会人的伦理、心理、法律和道德情操,从而曲解、误读了亚当·斯密学说。"美国人米尔顿·弗里德曼(1976 年诺贝尔经济学奖获得者)说:"不读《国富论》不知道应该怎样才叫'利己',读了《道德情操论》才知道'利他'才是问心无愧的'利己'。"

"对立说"没有看清楚斯密的《国富论》已经从个人自身角度将

《道德情操论》那套结论重新演绎了一遍,二者是统一协调的。①
过去伦理道德都是外在的要求,不管它是以上帝的名义还是以社
会的名义,总之都是外在的道德律令,不是个人自觉自愿地去做,
而现在呢,则是设身处地计算切身利益的结果,说的是令人信服的
大实话,整个画风、气氛都变得柔和多了,虽然结果不变,但整个伦
理道德体系完全倒置过来了,从一个必然王国转向了自由王国,不
再是二元对立、剑拔弩张状态。它视人的自利动机为社会发展的
发动机,伦理道德秩序与个人的自利动机并行不悖,不仅让人变得
更加自觉,而且社会关系更加牢靠,都有一个稳固的基础。每个小
电泵都开足马力,活力四射,整个伦理道德秩序也会蒸蒸日上,生
龙活虎。

治国如同治水,因势利导才是聪明的做法,能起到四两拨千斤
的作用。社会和国家不在群体之外,而在群体之中,所有人合起来
组成了社会,社会是由群体和一个个的个体组成,就像细胞之于身
体的组织和器官一样,离开细胞便什么都不复存在。② 只有拉近市
民社会与国家之间的距离,才能化解道德危机。可见,《国富论》就
是新版《道德情操论》,是解决道德危机的一把钥匙,它们在做同样
的功课,回答同样的问题。

只是时代变了,需要用不同的方式解决。这一漫长的社会革
命,进而塑造了新的意识形态。早在 13 世纪初(相当于中国宋

---

① 不强调利他性而强调自利性,就是希望促进有效的激励机制。这只是其中的一个
重要方面,核心还在于从天国降临到人间,回归个人的世俗需要。
② 社会和个人关系不是二元的,但往往走向一个极端。墨家重视群体作用,曾在历
史上扮演第三股势力的角色,试图起到黏合作用,最终也没有成功。

朝），英国就有了《大宪章》，其中最重要的条款是：不经过法官和司法程序，任何人的生命、财产都不可被剥夺。这是在跟王权讨价还价，当然不可能一次成功。有的人认为，近代史应从英国制定《大宪章》算起，人类最值得推崇并高歌颂扬的历史是个体权利和尊严开始确立并被保护。激进派总是用"社会"和"公众利益"等抽象的概念（实质是群体主义）来剥夺个体权利（如用税收方式剥夺私有财产），针对这种情况，保守派内阁首相撒切尔夫人问，社会在哪里，"有的是个体的男人和女人，有的是家庭"①。"如果不管什么事情国家都插手干预，代替原本应该是由个人、家庭和邻里做出的决定，那就会挫伤个人的积极性，也会使群体迷失方向，而社会问题将增加而不是消失。""我一向拒绝接受这样一种观点，即在这种个人主义和社会责任之间存在着某种冲突。我认为个人应该最终对自己的行为负责，如果我们对一些不负责任的行为不施以惩罚，那么不负责任就会成为很多人的标准行为。更重要的是，这种态度还会影响他们的子女，让他们从一开始就误入歧途。"②它所反映的是《国富论》的核心理念，已经深深地植入了英国人的脑海里。

斯密并没有道出全部真理，相当一部分真理仍被遮住了。就像手电筒打出的一束光，只照亮眼前行走的道路，这个范围之外仍是黑暗。但是，就我们目光所及，便把它当作全部真理，所以走到亮光之外就很容易跌倒或撞到物体。

斯密有意无意淡化的那部分记忆是什么呢？就是资本主义原

---

① 撒切尔夫人 1987 年 10 月 31 日接受杂志采访。http://blog.sina.com.cn/s/blog_4e93c75d0102ecbm.html。

② 撒切尔夫人：《唐宁街岁月》，国际文化出版公司，2009 年，第 574 页。

始积累,它在斯密时代已经属于过去时。斯密在一个正确的时间说了正确的话,但它不能泛指,而是特指,即它是有历史条件的,如果早他一百年的洛克讲出同样真理,或晚他五十年的黑格尔也这么想问题,都会显得不切实际,不仅危险,而且幼稚。

新的意识形态动了谁的"奶酪"(既得利益)?首当其冲的是旧秩序下的贵族和特权阶层(阶级)。只讲市民社会组成的国家,贵族就没有名份了,这个利益冲突和矛盾到了1500年时变得尤为激烈,一直到1688年光荣革命时仍然很尖锐,但是,说来奇怪,再过九十年,也就是到了斯密时代,居然可以泰然处之。究其原因,早已是三代之外了,借用李白诗句,就是"轻舟已过万重山"。此时,阶级早已分化(资产阶级化)完毕。斯密于1776年出版《国富论》是在资产阶级革命和市民社会确立之后,所以他能够在没有任何痛苦的情况下毫不费力地实现伦理道德立场的这种转向。

黑格尔时代的德国就不是那么回事。此时资本主义原始积累还在发动和发酵过程中,远没有完成。"形形色色的身份都是从家庭威权和特权中衍生出来,迄今为止,所有进步社会的进程都是一场从身份到契约的运动,人的全部关系乃是个人与个人之间的自由允诺的关系。在西欧,朝此方位爬升的社会运动一直具有非凡意义。于是,奴隶的身份消失了——它被主仆之间的契约关系所取代。"①英国资本主义原始积累断断续续进行了四百年,②到了斯密时代已基本完成,所以斯密能够华丽转身,而黑格尔却无法置身

① 梅因:《古代法——它与早期社会历史的联系和现代思想观念的关系》,法律出版社,2016年。
② 从12世纪开始就有了圈地运动的苗头,屡禁不止,但尚未形成大气候。

事外。我们看到，直到 1842 年，也就是黑格尔死后第 12 个年头，莱茵省议会还在辩论要不要设立林木盗伐罪，做着与英国 13 世纪同样的工作。[①]

没有比较就看不出差距。从封建制过渡到资本主义，不经过血与火的考验，怎么能够完成得了？不是因为思想转不过弯来，而是身子太沉拖累了脑袋。德国的现实条件不具备这样的社会革命，黑格尔也不可能完成这样的思想革命。还得再等半个世纪之后，由俾斯麦来执行这项革命遗嘱。德国的资本主义化是在什么时候完成的？是在差不多此后五十年俾斯麦时代完成的，这个时候不仅黑格尔早已过世，马克思也已经过世了。

(二)黑格尔法哲学体系是对斯密《道德情操论》和《国富论》的综合，而在德国这是注定不可能完成的事业

黑格尔法哲学体系可视作《道德情操论》和《国富论》的拼盘。从内容上看，《法哲学原理》第一部分讲私法，维护私有产权，跟《国富论》阐述的那些原则没有什么两样，一派井然有序的市民社会景

[①] 中世纪每个庄园的领地上都有　大片公地，这个开放地带允许辖区内农民放牧、砍柴和采摘野果，充当救济和福利的功能。但是，自 12 世纪以来，这些公地陆续被侵蚀霸占，15—16 世纪这一波浪潮更加强劲，势不可挡，罗马天主教会在 17 世纪时还曾公开指责这一强盗行径，但大势已去，无计可施。到了 17 世纪光荣革命之后，生米煮成熟饭，再也回天无力，连农民都积极参与到这场圈地运动。于是，英国就将这场旷世运动彻底合法化。马克思在《资本论》中深刻地指出了资本主义原始积累的历史作用，它创造了资本主义发展的两大历史条件，一是原始资本，二是无产阶级，正因为将无产阶级从土地中剥离出来，从而提供了大量廉价劳动力，这又进一步促进了资本主义的生产。可见，这是双重的剥削，异化来源于此。

象,看不出法国蒲鲁东们所批判的财产即盗窃的任何遗迹。斯密可以对从前发生过的事情不闻不问,装作什么都不曾发生,然而黑格尔对于当下发生的事情怎么可能装聋作哑不管不顾呢?这就注定他的这个体系无法像斯密那样圆满完成。《法哲学原理》第二、三部分重回《道德情操论》的道德伦理逻辑,又怎能回得去呢?前后怎么粘在一起?在斯密那里,旧道德伦理体系是经过重构之后才可以和《国富论》联系起来的。黑格尔不经过此重构,却能将二者粘在一起,又是什么套路呢?如果身子是新的,而大脑却是旧的,必然会有排异反应,不可能构成有机整体。

显然,这里面有他的绝活,让人对此深信不疑。这充分体现了德国特色。要把握黑格尔的这一体系,有三处是关键,而且彼此是关联的。

第一,就是大名鼎鼎的黑格尔辩证法。

对于黑格尔辩证法,一般地理解为"否定之否定",但它是怎么一个否定法,人们却不甚了然。它是否以消灭对方为目的?黑格尔说,不,这些都是手段,目的在于花最少代价消除紧张和对立局面。

那么,怎么才能做到这一点呢?对立双手最终走到一起是为了共同解决问题,因此就不能固执己见只强调自身理由,而应设身处地考虑对方可接受程度,这样才能达成双方都能首肯的一致意见。这才是黑格尔所要的辩证法。当然,它必然是一条刃锋道路,需要双方反复磨合,最终达成一致。

并不是只有黑格尔才讲辩证法。如果把黑格尔辩证法用在洛克那里,就是讲统治的合理性及正当性。不能是自上而下的单向统治,同时也要征得被统治者的同意,是双方合意的结果,政府有义务保障被统治的人民的生命、自由和财产,这是一种纵向的关系。把黑格尔辩证法用在市民社会中间,讲的就是平等主体之间的契约关系,由此确立私法的准则——黑格尔的诡辩性就在这里,它也像斯密那样,有意模糊了其所处的时代性条件。黑格尔有意将自己的体系向斯密方向挪了半步,好像是在向斯密致敬,实际上是他整个体系的巨大破绽——德国不是英国,德国还没有达到英国的历史进程。

第二,历史辩证法能够为自己开辟道路保证其实现。

怎么保证辩证法实现,为什么它是有效的? 靠的是历史辩证法为它自身开辟道路。黑格尔作为神学院的高材生,旧约始终是他不倦学习的经典,旧约就讲以色列民族磨难历程,以及上帝不离不弃的历史。反复经受外力强加的惩戒与拯救之后,几千年沉淀下来,酝酿出来的结果就是一部历史辩证法的启示录。同样道理,东方也有一部《资治通鉴》,讲的虽是统治的经验,但通晓民意不可违,水能载舟、亦能覆舟的道理,明辨天下唯有德者居之的真谛。这是用无数代人血的代价换来的。历史辩证法并不神秘,只要不健忘,用时间这把尺子好好去丈量一下历史,都能现出原形来。

黑格尔辩证法和历史辩证法是内外对应的。一部旧约就是一部历史辩证法的最好教科书,历史辩证法将这种外在的要求内化为一种自觉的意识,变成自身的道德诉求,就成了一部圣经。黑格尔将这种理论自信上升到绝对精神的高度,统驭一切,内圣于辩证法,外王于历史。它同样具有意识形态革命的性质,虽然没有做到斯密那样彻底转化为个人自觉行动,但毕竟往这个方向迈出了一小步。

第三，回到黑格尔最终要回答的问题，为什么落脚点是国家？为什么不像斯密那样是个人呢？这个答案本身就很有特色。

我们知道，大陆国家有个普遍特点，就是极力塑造一种共同意志，它不代表任何一方，而是代表所有人的意志，如卢梭的公意，黑格尔的普遍意志。要问它们从何得来，不是从虚空中得来的，而是从正反两面的历史经验教训中得来的。

黑格尔的这种历史经验还是从法国大革命得来的。在黑格尔看来，法国大革命使得对立的两大阶级分裂，成为无法弥合的历史创伤，不能寄希望于任何一方，而需要有第三方调和，这个第三方协调力量就是政府。黑格尔《法哲学原理》讲的就是这个道理，即政府官僚机器要起到这个调和作用。

黑格尔理论当中渗透了洛克、卢梭的一些想法，有这种相应的理论背景，尤其是卢梭。卢梭讲，国家应该代表一般意志，国家是共同意志的象征，他把社会问题和社会责任一股脑儿都推给了政府。我们总希望政府能代表共同利益，表达共同诉求，激发共同意志来化解矛盾，政府有时也确实是这么做的，但更多时候，充当中间调停人并不是一件简单的事，所以马克思认为黑格尔的想法太幼稚。如果国家不是中立的，公职人员不胜任，出台的法律制度设置不出于公心，该怎么办呢？

黑格尔似乎并不担心这种现象出现，即使出现上述不公现象，也不要紧，它必然会引发一系列危机，如财政危机，以及财政危机暴露出来背后的政治危机，因而更能显示出历史辩证法的纠正作用。如果还不能及时解决，会有更加全面的系统的危机形成倒逼机制。假以时日,历史辩证法一定会为自己开辟出道路,展示它应有的力量。而国家意志就是历史辩证法的执行人。黑格尔所设置的情境别无选择,只能是国家,只有这样一种选择,才能体现历史辩证法的意志。

以历史辩证法和国家为黏合剂整合起来的黑格尔法哲学,让市民社会与原有的那一套公序良俗并存。① 黑格尔的整个逻辑体系(论证过程)是严密的,没有顾首不顾尾的"精神分裂症",也不必像斯密那样非得改变立场不可,靠的是国家意志来维护应有的社会秩序。

在黑格尔体系当中,绝对精神是由国家意志所反映出来的真理、真相和利益三位一体。黑格尔体系的张力也在于此。在民主派眼里他被看作保皇派,而在保皇派眼里又被认定为民主派。正因为如此,黑格尔死后不久,他的哲学体系就迅速分裂成为激进派和保守派两大阵营,他的哲学智慧反而成了政治上的负资产。

三、异化论开启的思想史批判

(一) 对市场经济的不同认识缘于不同的时代条件

由异化问题引出的最大困扰在于,交换关系扩大是导向进一步合作还是异化? 这是决定市场经济的生死线。如果是异化,导致合作关系全面恶化,从而走向自己的反面,不可能有良好的经济

---

① 这当然不可能成功,为什么是国家? 马克思专门抽取了这部分内容进行批驳,写成了《黑格尔法哲学批判》。马克思独具慧眼,击中了黑格尔理论体系的要害。

秩序。

显然,斯密眼中的市场经济只有合作共赢、分工交换,没有任何不和谐的异化迹象,但是,在马克思1844年巴黎手稿充斥着异化论,二者的文风差别何其大也。这只能说明马克思所处的生产关系远比斯密所处的生产关系紧张,甚至紧绷到快要断弦的地步。联想到四年之后欧洲到处燃烧的革命烈焰,这种预感并非空穴来风。

问题在于,为什么斯密毫无感知而马克思(以及黑格尔)却有着强烈的预感呢?反差真有那么大么?

我们知道,英国完成资本主义原始积累用了四百年,中间断断续续、走走停停,政治上再乱,自然法一直没有被弃,仍在维系整个法治秩序,所以英国的资本主义原始积累可以采取骆驼进帐方式造成既成事实,一点点吞食封建权利,三代之后又无法追溯权利,这样用时间换取空间,最终实现资本主义秩序。老牛拖破车需要耐心与毅力,然而,德国的客观条件又不允许这样做,最终只能采取疾风暴雨式剥离农民和剥夺市民公共权利的办法(如禁伐令),在一两代人之间迅速完成。其结果是,短期内产生大批的无产者,被旧体制当作负担而抛弃,从而沦落为廉价劳动力。

这对于资本主义生产方式来说,是双重的红利,既创造了资本主义生产方式的一切条件,又创造了资本主义生产关系本身,但对于无产者来说则是双重的不幸。之所以成为无产者,是因为:第一,对于封建财产,没有任何继承权,甚至连任何名分都没有,直接被扫地出门;第二,完全被剥夺了封建财产继承权名分后,只能靠出卖劳动力为生,因而其劳动力必然是最廉价的。异化首先来自资本主义的原始积累,这是一个最大的源头。

　　与斯密相比的另一个差别,在于现在已经造就了一个正在觉醒中的无产阶级,异化就来自无产阶级的自我觉悟。无产阶级之所以被称为阶级,就在于它已经从自然状态变成了自觉状态。如果无产阶级还处于麻木的精神状态,即便被异化,但没有意识形态这根弦,也谈不上异化。① 与马克思同时代的蒲鲁东在法国喊出了"财产(权)即盗窃"的口号,当所有人都大声喊出"捉贼"的时候,盗窃行为(实际上是监守自盗)就不可能再瞒天过海。电影《闪闪的红星》里胡汉三"有米不卖要偷偷运走",当所有人都围住米行,"运米"这件事就办不成,一船大米被蜂拥而上的人群抢个精光。

　　这场社会变革注定是空前激烈的、硬碰硬的瓜分和维权的斗争,毫无妥协的余地。马克思预言"大洪水"很快就会到来。它远比斯密时代更激烈、更血腥。既出现了像俾斯麦那样强硬派的人物,不惜采取铁血政策,变本加厉地进行剥离和剥夺,同时,形形色色的社会主义思想也纷至沓来,在无产阶级阵营里也出现了科学社会主义。大雁总是成群而至,在这个风起云涌的年代,就像水到了沸点,各种思想都冒出泡来。

　　第三,异化论最重要的思想来源在于黑格尔,它的源头在黑格尔那里。青年黑格尔派也讲异化,黑格尔同样讲到了劳动的异化。1844 年手稿针对黑格尔的辩证法和法哲学思想所作的评注,多达1.6 万字,"异化"一词反复出现了 57 次,与"异化劳动"部分几乎旗

① 相反的情形,正如卢梭在《社会契约论》开篇所意识到的,人是生而自由的,但无处不在枷锁之中。一种观点就认为,只有砸烂枷锁才能夺回自由;另一种观点则认为,如果不把枷锁看作枷锁,不就重回自由了吗,又何必自寻烦恼呢?

鼓相当,异化在这两部分中都属于高频词。

黑格尔首先肯定了人类主体意识。先将主客体分离,然后重新肯定人类的主体意识,借由主体去驾驭客体。主客体分离的结果,必然导致自我异化,它有如分娩过程。除了主客体分离,还有其他两个层次的分离,即物质和意识的分离、意识和绝对精神的分离。对于人类来讲,客体就是生存境况,你所生活的条件的总和,就是你的生活本身(Condition of your life)。另外,人有意识,可以跟客体交互作用,能动地表现出来,从而使得改变境况成为可能。黑格尔所要展示的、想要说明的正是人是可以克服生活中那些客观条件的,所以他赞赏拿破仑征服世界,把他看作精神上的伟人,是马背上的英雄。

异化论的提出,旨在于克服、扭转现实当中被异化了的客观状况。从 1844 年巴黎手稿中不难看出,论证是如何展开的。最重要的部分是第一稿(笔记本 I)的第一节"关于工资、利润和地租"及对于异化论观点的极致表述,第四节内容尤其重要。第二、三稿都不如第一稿重要。

有关工资、利润和地租及私有权的论述,都在异化论中达到高潮,实际上是对黑格尔观点重新作了诠释,即指出了异化不是来源于观念,而来源于现实,来源于物质经济条件,具有一定的经济属性(如资本主义)。这时马克思尚不具有"资本主义"这个概念,但已经有了商品生产、商业社会等观念,异化正来源于此,将异化确立在商品生产范围内,然后确立异化的四个特性,一步步递进,最后到达私有制这个核心,目的是要摧毁它的核心,来个釜底抽薪。

第一，异化来源于生产对象。工人的劳动产品不属于自己，这是生产目的异化，即生产者对自己所生产的产品没有支配权，由此产生对立情绪，消极怠工，甚至于敌视。

第二，异化来源于生产行为，即生产行为的异化。劳动是不自由的，不是自愿的，而是强迫的，受到监督，如血汗工资制度。

第三，异化来源于人类本质。一味追求金钱和财富，利欲熏心不择手段地生产，把老实人当成笨蛋，投机取巧反而能成大事，社会从此失去准星，变得极为浮躁。古今中外很多文学作品都以讽刺挖苦人类的贪婪本性为题材。

第四，异化来源于广大同胞，跟所有人都对立。例如，三大污染（空气、水、土壤）的结果，害人又害己，最后谁也跑不了。发展的结果并没有使得生活更美好，反而更不宜生存。

马克思重点考察了资本主义社会中工人劳动的异化，揭示了劳动异化的具体表现或结果：劳动产品对于劳动者来说是一个异己的对象，劳动行为对于劳动者来说是一种非本质的、外在的、被迫的负担；劳动者的劳动行为及其产品被另一些人支配，使得这些人拥有了私有财产；整个社会由此也分裂为两大对立的阶级，即工人和资本家。正如马克思所说：

> 总之，通过异化的、外化的劳动，工人生产出一个对劳动生疏的、站在劳动之外的人对这个劳动的关系。工人对劳动的关系，生产出资本家——或者不管人们给劳动的主人起个什么别的名字——对这个劳动的关系。

(二) 克服异化的办法

马克思的异化论比他后来的剥削论更有爆发力,尽管他的剥削论远比他的异化论更有说服力。但是,异化论毕竟是块敲门砖,最终将上升到资本主义原始积累论和剥削论的理论高度。

异化是如何产生的? 它来源于资本主义生产方式。那么,资本主义生产方式又是如何产生的,这才是异化产生的根源。对此,《资本论》第二十四章第一节"原始积累的秘密"讲得非常清楚,资本主义生产关系的出现必须具备两个经济条件:一是有一批失去生产资料并具有一定人身自由的劳动者;二是在少数人手中积累了为组织资本主义生产必需的货币财富。而少数人之所以能够在短时间迅速积累起必需的货币财富,俗称"第一桶金"。

所谓资本原始积累就是指生产者和生产资料相分离的历史过程。这个过程之所以被称为"原始的",既是因为这一过程为资本主义生产方式的形成创造了前提,也是因为这一过程的野蛮性和残酷性。尤其是"对农业生产者即农民的土地的剥夺,形成全部过程的基础"[①]。马克思对此的评价是"资本来到世间,从头到脚,每一个毛孔都滴着血和肮脏的东西"[②],"是用血和火的文字载入人类编年史的"[③]。

正因为剥夺了大部分人的生产资料,让这一部分人"净身出

---

① 《马列主义经典著作选编(党员干部读本)》,党建读物出版社,2011 年,第 88 页。

② 《马克思恩格斯全集》17 卷,人民出版社,1963 年,第 258 页

③ 《马列主义经典著作选编(党员干部读本)》,党建读物出版社,2011 年,第 87 页。

户",一边是巨额的原始资本,另一边是自由的廉价的劳动力,这就大大地促进了资本主义生产方式发展,创造出前所未有的巨大财富。如果说前两个条件使得货币财富成为名副其实的资本,那么,这层关系则成为实现资本主义生产关系的第三个有利条件。

既然所有的财富最初都是通过强力剥离和剥夺得来的,马克思进而指出,那么,克服异化的关键就在于通过共产主义来扬弃私有财产:

> 共产主义是私有财产即人的自我异化的积极的扬弃,因而是通过人并且为了人而对人的本质的真正占有;因此,它是人向自身、向社会的即合乎人性的人的复归,这种复归是完全的,自觉的和在以往发展的全部财富的范围内生成的。这种共产主义,作为完成了的自然主义＝人道主义,而作为完成了的人道主义＝自然主义,它是人和自然界之间、人和人之间的矛盾的真正解决,是存在和本质、对象化和自我确证、自由和必然、个体和类之间的斗争的真正解决。它是历史之谜的解答,而且知道自己就是这种解答。①

马克思此处对共产主义的论述体现了其鲜明的人道(人本)主义立场。尤其值得注意的是,马克思还特别强调:

> 共产主义本身并不是人的发展的目标,并不是人的社会

---

① 马克思:《1844 年经济学哲学手稿》,载《马克思恩格斯全集》第 42 卷,人民出版社,1979 年,第 120 页。

的形式。①

马克思的这一论断不仅进一步表明了其浓厚、炽烈的人道主义情怀，而且有助于人们对共产主义最初内涵的理解。原来，共产主义思想的源头可以追溯到异化论。

(三)对异化论的历史评价

现实当中又是如何克服异化的呢？

以俄国为例。19 世纪末，俄国社会民主党内辩论最激烈的一个议题就是要不要、能不能跨越"卡夫丁峡谷"，即俄国的原始公社制度不经过资本主义原始积累阶段直接过渡到社会主义？

1861 年俄国农奴制改革，俄国公社制度开始瓦解，所谓"田园牧歌式"宁静生活被彻底打破，一切温情脉脉的面纱巾都被撕下，开始进入资本主义的快车道，其疯狂程度不亚于一场抢劫与掠夺封建财产权的竞赛。将近三十年的实践，现在俄国社会民主党的纲领必须回答这样一个尖锐问题：要不要保卫原始公社，阻止这场所有人都参与而只有少数人能胜出的抢劫与掠夺财富的游戏？为此，查苏利奇(1849—1919)就这个问题特地写信向马克思求教。

从马克思主义发展史的角度看，跨越"卡夫丁峡谷"这个问题

---

① 马克思：《1844 年经济学哲学手稿》，载《马克思恩格斯全集》第 42 卷，人民出版社，1979 年，第 131 页。

变得非常敏感,成为检验马克思主义的试金石。我们都知道,《共产党宣言》对于资本主义的产生和发展给予了非常高的评价,认为它所创造的社会财富超过了迄今为止人类历史上所有财富的总和,因此经历这个阶段是历史的必然。但是,异化论提出了似乎朝向另一方向的批判性观点,即花如此大的代价是否值得,有没有其他方式达到同样的效果? 这个问题恰巧被俄国人历史性地提出了。以后的历史进程,提供了正反两方面丰富的经验教训。

一种是按公社化、集体农庄的计划经济方式推进,无时不处在巨大的、潜在的市场交换关系之中。最典型的是屡禁不止的黑市交换,以及无所不在的影子价格。计划所依据的投入产出方法依据的就是影子价格而不是计划价格,这不是最大的讽刺么? 所以,一旦放松价格管制,"计划外价格"就会公行天下,倒卖票证、批文是必然的现象,这是不以长官意志为转移的。而实际上"官倒"就出自长官意志。

另一种是实行社会主义市场经济,避免资本主义原始积累造成的扭曲,同时实现斯密所讲的生产关系的和谐发展。党的十八届三中全会将这一原则概括为"三让",即让一切劳动、知识、技术、管理、资本的活力竞相迸发,让一切创造社会财富的源泉充分涌流,让发展成果更多更公平惠及全体人民,这是继党的十四大提出生产要素和资本概念之后在发展理念层面上的进一步深化与拓展。

我们现在所提倡的社会主义分配原则,讲的就是"三让"。列宁当年实行新经济政策也是出于激励和效率方面的考虑,可惜试行时间太短,仅作为临时应对策略和手段,还没有及时上升到社会主义本质来认识。列宁死后不久新经济政策便被弃之一旁,苏联转向追求更加集中统一的集体农庄。在这种政治气氛下,布哈林当年对广大农民喊出的那一声"发财吧"便犯了不可饶恕的原则性错误。

第十章 政治经济学批判的"主体出发点"引入论证——马克思《巴黎手稿》著述的主题

　　《巴黎手稿》(以下简称《手稿》)是马克思早期最重要的著作之一,包括关于经济学哲学三个手稿和《穆勒评注》四个笔记,是马克思第一次立足于现实来研究经济的著作。

　　关于这一著作的主题,至今仍众说纷纭,包括"人本主义""异化史观""异化逻辑揭示""经济研究的哲学分析"等各种观点。通过著作的"问题背景"分析和实际内容的解读,不难看出"手稿"的写作是为了解决如何基于"现实的人"这个主体出发点来进行经济研究,解决马克思哲学作为方法引入经济学的论证,以及哲学如何内化为经济的现实研究的问题,这是马克思著述"手稿"的真正主题。1843年马克思在《黑格尔法哲学批判》中就提出了"现实的人"的命题,《巴黎手稿》的著述正是基于"现实的人"这个主体出发点来解决经济学的方法问题。在具体文本上包括了三个层次的论题:一是"手稿"的"笔记本Ⅰ"系资本主义现实即异化劳动的事实批判,以此阐明"现实的人"这个主体出发点的引入方法和批判尺度;二是整个手稿特别是"笔记本Ⅱ""笔记本Ⅲ"几乎都贯穿了对国民经济学这个"副本"的批判,以此阐明"现实的人"这个主体出发点作为方法引入经济学所应有的理论维度;三是"手稿"专撰"对黑格尔的辩证法和整个哲学的批判"一节,是以此对"现实的人"这一主体作为出发点在方法论上的哲学补充论证。马克思对德国哲学扬弃的批判逻辑,实现哲学出发点即主体立场在经济学中的引入,才有后来的科学的劳动价值论,这是"手稿"在马克思主义理论中的学理意义,也是科学理解"手稿"的应有方向。

一、《巴黎手稿》的主题解读要有"主体出发点"

目前,《巴黎手稿》的不同解读表现为经济学与哲学的分野及其内在分歧。

首先是经济学的解读。1932年《手稿》全文出版时,苏联学者梁赞诺夫还以为其主题是"货币、工资、资本利息和地租分析"[1],是有关资本主义一般特征的研究。后来卢卡奇提出,《手稿》是经济学与哲学的结合,是从经济学角度对异化现象加以阐析。[2] 麦克莱伦指出,《手稿》是马克思开始构思的政治经济学批判文章,是《资本论》之前系列草稿的第一篇。[3] 费彻尔更是认为,《手稿》和

[1] Victor Adoratskij, *Einleitung*, in *MEGA.I/3*, op. Cit., p. xiii.

[2] Georg Lukàcs, *The Young Hegel : Studies in the Relations between Dialectics and Economics*, Merlin Press, 1975, pp.548-549.

[3] 戴维·麦克莱伦:《马克思主义以前的马克思》,李兴国等译,社会科学文献出版社,1992年,第168页、第229页。

有关笔记是马克思后来政治经济学批判的基础。① 这是以经济学来解读主题的主要观点。

其次是哲学层面的解读。在《手稿》出版初期,兰夏特和迈耶就曾指出,《手稿》并非关于消灭剥削的经济论证,而是以阐述"真正的人"如何"完成"为主旨②,开创了"人本主义"解读的先河。马尔库塞认为,《手稿》是马克思从哲学阶段到经济学阶段的转型,是经济学研究的哲学基础分析,表达了马克思科学活动的毕生价值观,即伦理—人道主义。③ 学者德-曼则区别"成熟马克思"以"青年时期的人本主义"来解读这部《手稿》。④ 梅洛-庞蒂则提出马克思思想是彻底的人本主义,《手稿》则是这种人本主义的基础。⑤ 比格和卡维兹则提出:马克思不是一个经济学家,对经济学没有什么贡献,作为人本主义主张并在早期《手稿》等著作中掌握了这些原则。⑥ 日本学者广松涉则认为在《手稿》与《形态》及其以后的著作之间有一个从"异化论逻辑"向"物象化论逻辑"转变的关系,《手稿》属于"异化论逻辑"。

苏联传统观点认为,马克思在 1844 年前后存在着一个从唯心主义向唯物主义、人道主义向共产主义转变的环节,《手稿》属于接受费尔巴哈"人本学"的理论阶段。中国学者倾向于接受苏联关于《手稿》的人本主义解读,如孙伯鍨和张一兵的"两个转变论"和

① Iring Fetscher, *Marx and Marxism*, Herder, 1971. p9.

② Siegfried Landshut, *Karl Marx*, Charles Coleman, 1932.

③ Henri de Man, "Der neu entdeckte Marx", *Der Kampf*, XXV: 5-6(1932), p277.

④ Henri de Man, "Der neu entdeckte Marx", *Der Kampf*, XXV: 5-6(1932), p224.

⑤ *D'une Sainte Familleàl'autre*, *Essais sur les marxismes imaginaires*, Gallimard, 1969, p44.

⑥ Pierre Bigo, *Marxisme et humanisme*, Presses universitaires de France, 1953, p248.

"两条逻辑论"中也把《手稿》的思想归结为费尔巴哈"人本学"的阶段。① 有许多学者认为《手稿》的主题是关于异化劳动史观的证明,以共产主义对私有制的克服来论证异化劳动史观为主旨。② 此外,韩立新《〈巴黎手稿〉研究》提出《手稿》是马克思思想的转折点,视角从孤立的个人到社会关系的转变。他认为马克思在《穆勒评注》使用了"交往异化"概念,这是具有"相互异化"模型的理论,它主要来自黑格尔的"社会化结构"的"异化"思想,这种异化思想的否定性规定包括了主体自我复归的意涵,而不是第一手稿中费尔巴哈的仅把异化规定为自我丧失的单一否定。马克思吸收黑格尔建立起来的"交往异化",包含了以"物像化"表达出来的人的本质的社会关系规定③,从而把"交往异化"理解为"社会关系"这一人的本质内容的阐述并当作是唯物史观创立的论证和著述主题。

关于主题研究已经形成四个维度,一是文字考释派,基于"类本质"论,形成以"应有"批判"现有"的人道主义主题论;二是核心范畴派,基于"异化劳动"概念,形成"异化劳动"批判论和"异化史观论"的主题论;三是逻辑揭示派,基于与后期著作对比,形成"人本学"或"异化论逻辑"的主题论;四是背景分析派,基于马克思思想背景分析,提出处于继承费尔巴哈批判黑格尔形成的思想的阶段论。这些观点在一定意义上抓住了《手稿》某一思想,但认为都还不是作品的主题思想。因为没有真正地梳理出马克思著述《手稿》时所面对的问题是什么,力图解决的问题是什么,即没有直面

① 张一兵:《马克思哲学的历史原像》,人民出版社,2002年,第195页。
② 张一兵:《回到马克思》,江苏人民出版社,2005年,第229页。
③ 韩立新:《〈巴黎手稿〉研究》,北京师范大学出版社,2014年,第12—15页。

马克思当时的问题意识来进行解答。基于此,我们研究得出,马克思著述《手稿》时——无论是面对资本主义的"原本批判",还是国民经济学和哲学的"副本批判",学界都没有正确引入"主体出发点"的科学方法论,这才是《手稿》需要迫切解决的问题和主题。

马克思哲学具有德国哲学传统,这个传统是康德以"哥白尼式的革命"开创出来的"主体论转向",即在"人与世界的关系"里,改变了过去把"人归结于世界"为"世界归结于人"的解释的原则,建立了"从主体出发"的新世界观的坐标系。但是,康德的世界观局限于认识论,建构的是排除客观物质对象(物自体)的视野,把知识来源当作"理性(主体)自我逻辑构造"并作为一种方法论证明,此时他的主体范畴等于纯粹的意识。黑格尔针对康德关于主体规定的能动性不足,批判地提出了"实体即主体"的主张,把知识理解为意识的自我否定的辩证运动,最终形成以绝对知识作为目标的历史理论,但是黑格尔的主体范畴仍然是意识的规定。马克思在《黑格尔法哲学批判》中提出了"现实的人"[1],这时这个主体的规定是具有劳动能力和生殖功能的肉体的私人[2]。这个命题,显然已经超越了康德和黑格尔的主体思想,初步形成了"实践的人"的主体规定,从而使康德以来所确立的"世界归结于人"的解释原则的"人"这个主体范畴不再局限于意识范畴之内,而是具有血肉之躯的实践的"现实的人"(后称为"现实的个人")。那么,马克思这里关于世界归结于人来解释包含的"主体出发点",就是《关于费尔巴哈的提纲》第一条提出的对"对象、客体、感性"的认识,必须从主体及其

---

① 《马克思恩格斯全集》第 2 卷,人民出版社,1998 年,第 102 页。
② 刘宗碧:《对望月清司"自然的异化"观点的分析》,载《哲学动态》2011 年第 9 期。

实践出发的立场。① 马克思在《〈政治经济学批判〉序言》中颠倒黑格尔提出的"法和国家决定市民社会"而得出相反的结论后,强调关于法和国家的关系需要通过市民社会来解释,而市民社会的解剖应该到政治经济学中去寻找。市民社会的"市民"就是"现实的个人"的主体,这一论述就包括了"从主体出发"的思想。

那么,《手稿》衔接《黑格尔法哲学批判》以来的理论阐述,在于批判解决当时人们对资本主义现实和国民经济学的理论及哲学基础的认识都没有达到正确引入"主体出发点"的这一状况,体现在对资本主义现实(生产)的"非人性质"(异化劳动)都没有看到,同时在国民经济学方法里关于财富的理解没有归结为"劳动"这一主体本质,原因在于作为理论基础的哲学包括费尔巴哈和黑格尔都没有正确的关于主体的规定和科学运用。因此,马克思需要对此进行矫正。于是,在第一手稿才有"异化劳动"批判,第二和第三手稿关涉国民经济学的"非人"方法批判和德国哲学及黑格尔辩证法的批判。这一切,均在于力图阐明"原本批判"需要正确引入主体理论并在经济和哲学的理论上需要重构的问题。这才是马克思著述《手稿》所面对的问题和主题。

对现实的批判如何从主体出发并正确引入对具有局限性的经济学和哲学理论进行改造,这才是马克思著述《手稿》的真正主题,其他都是由此展开的延伸。这样的解读才真正走进《手稿》,实现正确把握并超越以往的观点,同时对于破除两个马克思和正确理解马克思思想的发展逻辑意义重大。

---

① 参阅附录一。

综观上述,关于《手稿》的主题解读有待于进一步深入"主体出发点"予以研究。

二、《巴黎手稿》著述的"问题背景"

马克思撰写《巴黎手稿》的目的是要解决什么问题,相应的"问题背景"是理解"手稿"主题的一把钥匙。研究"手稿"的主题需要以梳理、解析著述的"问题背景"作为前提。

关于"手稿"著述的"问题背景",马克思在《〈政治经济学批判〉序言》中回忆叙述 1843 年前后有"苦恼的问题"和需要"退回书房"①一事,这是"问题背景"的一个重要线索。对此,过去学界的研究,一般仅当作需要解决的"林木盗窃案""地产问题"等具体经济问题的困难。其实,这只是引子。现实的具体经济问题当然也是马克思著述"手稿"的背景,但不是主要的,真正的"苦恼的问题",是马克思以此联系黑格尔的学说而产生出来的理论与实践之间的矛盾问题。

诚然,依据黑格尔精神现象学的原理,"法、国家"作为"共同体的理念",在现实上应是相对完成了的理性,指意识发展达到的当下最高阶段,蕴含和具有最全面性理性即"绝对知识",而且它也是一种"善"的规定。但是,马克思发现,在现实上这个"善"却变成了"不善",即变成了压迫和桎梏人(现实的人)的工具,即"法、国家"的现实功能正好与黑格尔的论述相反。早在 1842 年 10 月,马克思

———————————

① 《马克思恩格斯选集》第 2 卷,人民出版社,1995 年,第 32 页。

写《关于林木盗窃法的辩论》时,他就开始意识到这个问题了。在这一著作中,马克思不只是论述"拾枯木"作为一种农民等贫困者的习俗性权益与盗窃林木的区别,而且是论述私有制下林木所有者通过立法窃取国家即共同体的权益,国家变成了实现私人利益的工具。为此,针对当时的"盗窃法",他写道:"小偷盗窃了林木占有者的林木,而林木占有者就利用小偷来盗窃国家本身。"①对林木占有者而言,他们希望"整个国家制度和各种行政机构的作用都应该脱离常规,都应该沦为林木占有者的工具;林木占有者的利益应该成为左右整个机构的灵魂。一切国家机关都应该成为林木占有者的耳、目、手、足,为林木占有者的利益探听、窥视、估价、守护和奔波"。② 国家"被贬为私人利益的工具"③,这与黑格尔把法、国家看成是完善的理性相反。黑格尔的哲学作为精神现象学是关于意识自我否定的发展理论,按照"实体即主体"的立场和"抽象上升到具体"的方法,主体作为意识,它的最初规定是纯粹抽象的简单范畴,这个简单范畴具有普遍性和虚无性,但意识作为能动的主体范畴具有自由性,即自由意志。而自由意志的能动性表达就必然改变自己即发生自我否定。这种自我否定,就促使意识外化、异化,设定为"物性",即指称具体对象。在这个过程中,必然地使意识对自身原有的简单范畴发生否定,即意识一旦设定为"物性",它原来的规定的普遍性就变成了特殊性,虚无变成了存在,起点走向了过程,能动转化为被动,自由呈现为限制。这个意识自我否定呈现为

---

① 《马克思恩格斯全集》第 1 卷,人民出版社,1956 年,第 108 页。
② 《马克思恩格斯全集》第 1 卷,人民出版社,1956 年,第 100 页。
③ 《马克思恩格斯全集》第 1 卷,人民出版社,1956 年,第 155 页。

特殊性的规定，黑格尔把它归结为以下环节的范畴：一是物权意识，包括个人的占有意识和反映共同意识的契约精神；二是伦理意识，包括道德原则和人格等；三是个人意识，前面的物权意识与伦理意识的统一则是个人意识，是通过个体反映出来的自我意识。这里，从简单范畴这一抽象的普遍意识转变为特殊和具体的个人意识，这是意识发展中从普遍性到特殊性的下降过程。

　　意识从简单范畴变成了个人意识，通过这种意识自我否定获得的具体规定，使意识变成片面性和局限性的存在，而克服这种片面性和局限性又是意识的自我能动规定，即意识发展的自我否定具有二重化的辩证特征，具体就是意识在下降中又包含着上升的反向过程，这个上升就是意识从"个别"发展为"全体"的过程和要求。而这个上升过程环节，黑格尔的论述是以"承认关系"为基础，通过男女个人的爱欲（相互承认）形成家庭，而对家庭利益的克服就构成市民社会，再对市民社会的克服就构成国家。国家理性（法）则是意识克服了它自己外化和作为对立面存在而返回自身的完成，是向"全体"性质的绝对知识的发展（上升）。意识的"全体"就是意识获得普遍性的规定，这个"普遍性"的规定，它作为目的一开始就蕴含在初始的个人意识之中并形成发展的动向，最后呈现为以法和国家为范畴的共同体存在的理性形态。以致法、国家（理性）被叙述为"主体"，具有能动性并形成"法、国家决定市民社会"的观点，这也是黑格尔的理论蕴含着维护普鲁士王权统治的相应表现和缘由。马克思熟悉黑格尔的这一基本理论，在黑格尔理论背景下来观察现实中的"林木盗窃案"和"地产问题"时，一当发现在"林木盗窃案""地产问题"的经济案件中，法、国家都沦为林木占有者所利用的工具这一情形,马克思就立即发现了黑格尔理论的破绽了。现实与理论的这一对比,就露出了德国的理论主张与它所面对的实际现实发生相左的这一情况。显然,黑格尔的颠扑不破已经不存在,而如何破除黑格尔的理论来建构真正的正确方法来解释现实,就变成不可回避的了,这也是马克思当时所面临的真正的问题。

正是这个问题的出现,使得马克思进入了对黑格尔批判的阶段,而 1843 年著述《黑格尔法哲学批判》就是这一批判的开始。按照马克思后来的回忆,关于这个批判的深入研究——就法、国家与市民社会的关系,马克思得出了与黑格尔相反的结论,即指出了不是国家、法决定市民社会,而是相反。这个"相反"形成的理论原则就是要求人们必须从市民社会去解释法和国家的形成,摒除黑格尔的原有主张。诚然,马克思对这个解释原则的确立就意味着世界观的坐标已经发生了转变。这个转变的具体论述,马克思在《黑格尔法哲学批判》中把它表述为对黑格尔"主谓语颠倒"①的颠倒。

所谓"主谓语颠倒",就是指黑格尔神秘地把国家变成了主体和理论出发点,即"不把主观性和人格看作主体的谓语,反而把这些谓语弄成某种独立的东西,然后神秘地把这些谓语变成这些谓语的主体"。②"黑格尔把谓语、客体变成某种独立的东西,但是这样一来,他就把它们同它们的真正的独立性、同它们的主体割裂开来。随后真正的主体即作为结果出现,实则正应当从现实的主体出发,并把它的客体化作为自己的研究对象。因此,神秘的实体成

① 《马克思恩格斯全集》第 1 卷,人民出版社,1956 年,第 155 页。
② 《马克思恩格斯全集》第 1 卷,人民出版社,1956 年,第 155 页。

了现实的主体,而实在的主体则成了某种其他的东西,成了神秘的实体的一个环节。正因为黑格尔不是从实在的对象(主体)出发,而是从谓语、从一般规定出发(而这种规定的某一体现者总是应该有的),于是神秘的理念便成了这类体现者。"①

在这个著作中,马克思已经明确提出了颠倒黑格尔的实质内容,就是改变黑格尔的"法和国家决定市民社会"为"市民社会决定法和国家"。值得注意的是,在这个"颠倒"中明确地提出了理论的出发点就是市民社会中的"实在的主体"。关于什么是"实在的主体",马克思在著述明确提出就是市民社会中的"现实的人"。从主体或市民社会出发就是从"现实的人"出发。

马克思提出这个观点之后,接下来需要继续回答的是"什么是现实的人"。就这一点,在《黑格尔法哲学批判》中,马克思通过对国王作为"抽象的人"与国王作为"肉体的人"的分离及其关系来梳理和辨别就是其中的一个例证。在论证中,揭示了市民社会中的"市民"作为具有肉体的物欲的"私人"规定时,这个具有物欲和生殖功能的"私人"就是"现实的人"。"现实的人"是单一个体和经验性的。在"抽象的人"(履行国家职能)与"肉体的人"(私人)之间,"抽象的人"并不是独立存在的,是"通过个人才能发挥作用"②而显现出来的社会性。马克思批判黑格尔说道:"黑格尔之所以发这些谬论,是因为他抽象地、单独地来考察国家的职能和活动,把特殊的个体性看作它的对立物;但是,他忘记了'特殊的人格'的本质不是人的胡子、血液、抽象的肉体本性,而是人的社会特质,而国

---

① 《马克思恩格斯全集》第1卷,人民出版社,1956年,第273页。
② 《马克思恩格斯全集》第1卷,人民出版社,1956年,第270页。

家的职能等等只不过是人的社会特质的存在和活动的方式。"①国王所代表的"国家主权也唯有通过特殊的个人才能确立"②。"抽象的人只是作为法人即社会团体、家庭等,才把自己的人格提高到真正存在的水平。但黑格尔却不把社会团体、家庭等一般的法人理解为现实的经验的人的实现,而是理解为本身只抽象地包含着人格因素的现实的人。正因为这样,在黑格尔那里才不是从现实的人引申出国家,反倒是必须从国家引申出现实的人。"③这种批判所蕴含的理论已完全不同于黑格尔予以国王独立的"抽象的人"的主体规定。诚然,马克思批判黑格尔的"主谓语颠倒",确立"现实的人"才是真正的主体,确定了它才是理论的出发点,这是马克思与黑格尔的根本分歧,也是他的德国古典哲学革命的起点。从"现实的人"出发就是从"实践主体"出发,这个立场一直贯彻在他的整个学术理论之中。

市民社会中的"市民"这个"现实的人"作为主体规定,是历史科学需要的真正的逻辑起点,即理论出发点。在马克思的著述中,这个出发点得到明确的提出,当然是在后来《关于费尔巴哈的提纲》中的第一条。但是,我们结合《黑格尔法哲学批判》的论著内容来看,《关于费尔巴哈的提纲》的有关论述只能是《黑格尔法哲学批判》这一观点的进一步阐释。为此,对于恩格斯就《关于费尔巴哈的提纲》是"包含着新世界观天才萌芽的第一个文件"的评论,似乎需要重新认识,这个"萌芽"应该提前在《黑格尔法哲学批判》之中。

① 《马克思恩格斯全集》第1卷,人民出版社,1956年,第270页。
② 《马克思恩格斯全集》第1卷,人民出版社,1956年,第291页。
③ 《马克思恩格斯全集》第1卷,人民出版社,1956年,第292页。

马克思在 1843 年《黑格尔法哲学批判》提出的"现实的人"这个范畴,作为"实践主体"和出发点的规定意味着什么呢？显然是哲学世界观的根本变革,意味着新的方法论的提出。以"现实的人"这一"实践主体"作为出发点的规定,一方面需要进一步完善(如后来的《〈黑格尔法哲学批判〉导言》《神圣的家族》把真正的"实践主体"归结为真正劳动的工人阶级;《德意志意识形态》把"现实的人"改为"现实的个人"等都是完善的例证),另一方面就是接下来应当如何运用的问题。在扬弃黑格尔的"主奴辩证法"之后,马克思把"现实的人"归结为真正从事劳动的无产阶级,《巴黎手稿》将以工人阶级为内涵的主体规定引入经济学研究方法,"手稿"完成了这一步工作。

诚然,"手稿"的著述就是解决如何基于"现实的人"这个主体出发点来进行经济研究,解决马克思哲学作为方法引入经济学的论证问题。这是马克思在著述"手稿"时所面临的问题和需要解决的任务,即所谓"问题背景"。

三、《巴黎手稿》文本与著述的"主题"论证

马克思在《黑格尔法哲学批判》中通过"主客体颠倒"的批判提出了自己哲学的理论出发点,就是"现实的人"这个实践主体。这是马克思与黑格尔的分歧,也是马克思自己的理论新创造。而新理论的提出,除了需要理论本身完善,如何运用也是需要解决的问题。马克思著述"手稿",就是对"现实的人"这个主体出发点的理论进行完善和解决如何运用的问题。

按照马克思的观点,"现实的人"是"生产的",因而理论批判和现实批判对"现实的人"主体理论(出发点)的运用就是引入政治经济学,马克思在《〈政治经济学批判〉序言》证实了他的这一主张。至于如何引入,马克思在《〈黑格尔法哲学批判〉导言》也有过设想和安排,一方面是运用它对"副本"进行批判即已有理论批判,另一方面就是运用它对"原本"进行批判即社会现实批判。

从马克思在"手稿"的具体著述看,对"原本"即社会现实的批判就是资本主义生产方式的批判,呈现为"异化劳动"的批判;而对"副本"即已有理论的批判,则是针对国民经济学和德国哲学的批判,这两个批判都展现了对"现实的人"这个主体理论和出发点的完善和发展运用,这是著述"手稿"的真正主题。下面具体分析。

(一)"手稿"的"笔记本Ⅰ"系资本主义现实即异化劳动的事实批判,以此阐明"现实的人"这个主体出发点的引入方法和批判尺度

"手稿"的"笔记本Ⅰ"是整个手稿的第一部分,它论述的内容包括四节,即工资、资本的利润、地租和"异化劳动与私有财产"一节。前三节在于披露资本主义生产的现实是"异化劳动","异化劳动"就是与"人的本质"处于对立状态的一种生产;劳动是人的本质,劳动在本质上是人类自我确证的积极手段,但是在私有制的条件下它却成为剥削和压迫人的工具。"笔记本Ⅰ"的工资、资本的利润、地租论述,就是力图揭示这个特征所进行的实证。在资本主义条件下,工人阶级参加劳动,但他们不仅被剥夺了劳动成果,而且劳动也成为不利于自己发展的社会活动形式。对此,马克思在

"工资"一节描述了工人的三种处境。一是"如果社会财富处于衰落状态,那么工人所遭受的痛苦更大"①。二是"财富正在增长的社会来说,这是对工人唯一有利的状态"②。但是,"工资的提高引起工人的过度劳动"③。"工人的结局也必然是劳动过度和早死,沦为机器,沦为资本的奴隶(资本的积累危害着工人),发生新的竞争以及一部分工人饿死或行乞。"④三是当"在财富已经达到它的可能的顶点的国家,工资和资本利息二者都会很低。工人之间为了就业而进行的竞争如此激烈,以致工资会缩减到仅能够维持现有工人人数的程度","工人的贫困日益加剧","贫困持续不变"⑤。这是马克思从工资角度来描述的工人这个劳动主体的基本状况和地位。

　　而在"资本的利润"一节,主要分析资本的性质和资本的利润来源。关于资本,马克思定义为:"资本是对劳动及其产品的支配权。"⑥"资本是积累的劳动。"⑦"对于资本家来说,资本的最有利使用,就是在同样可靠的条件下给他带来最大利润的使用。"⑧在这方面,马克思还对李嘉图关于"各国只是生产的工场;人是消费和生产的机器;人的生命就是资本"⑨的论述说道:"在李嘉图看来,人

---

① 马克思:《1844年经济学哲学手稿》,人民出版社,2000年,第9页。
② 马克思:《1844年经济学哲学手稿》,人民出版社,2000年,第9页。
③ 马克思:《1844年经济学哲学手稿》,人民出版社,2000年,第9页。
④ 马克思:《1844年经济学哲学手稿》,人民出版社,2000年,第10—11页。
⑤ 马克思:《1844年经济学哲学手稿》,人民出版社,2000年,第11页。
⑥ 马克思:《1844年经济学哲学手稿》,人民出版社,2000年,第21页。
⑦ 马克思:《1844年经济学哲学手稿》,人民出版社,2000年,第22页。
⑧ 马克思:《1844年经济学哲学手稿》,人民出版社,2000年,第25页。
⑨ 马克思:《1844年经济学哲学手稿》,人民出版社,2000年,第32页。

是微不足道的,而产品则是一切。"①这里,马克思揭露一切资本利润都来源于对劳动者的榨取,以及工人已沦为资本积累的工具,指出了资本生产的本质和工人作为主体的客体化特征。

而进入"地租"这一节时,马克思开宗明义地提出"土地所有者的权利来源于掠夺"②,并分析指出国民经济学把地租的来源和它的多少说成是土地的富饶程度是错误的,地租不取决于自然因素,而是社会因素。租地农场主与土地所有者存在竞争,但其关系不是敌对的,而对于工人阶级而言,他们的利益则是一致的。地产的分割和资本化、地租等也不过是利润的另一形态罢了,揭示了地租的资本性质。

"手稿"对以上三个范畴的分析,就是从历史事实来实证资本主义生产对工人的剥削和工人处于"非人"的状况。当然,仅摆出事实并直观描述是不够的,对经济现实的把握和批判还需要上升到理论层次,即摆事实后,还要讲道理。在"笔记本Ⅰ"中的最后马克思增加了"异化劳动与私有财产"一节。在这一节中,马克思首先把前面实证的工人劳动和生活情况概述为"异化劳动",并具体分析了它的四个规定。提出异化劳动范畴及其内在的四个规定并以此来批判资本主义生产的"非人"特征,这是一个方面。

另一方面,这个批判需要建立批判的尺度,而这个尺度就是基于"现实的人"这个主体出发点作为方法论建立起来的。诚然,在"手稿"中,马克思著述中的叙事是基于工人这一劳动阶级的生产

---

① 马克思:《1844 年经济学哲学手稿》,人民出版社,2000 年,第 32 页。
② 马克思:《1844 年经济学哲学手稿》,人民出版社,2000 年,第 35 页。

生活状况和历史命运来进行的,这一叙事角度的选择,实际上意味着已经把工人阶级设定为主体范畴,即当作理论出发点了。

诚然,1844 年马克思在“手稿”中的主体范畴就直接是工人阶级了,主体的逻辑起点则是工人的劳动,而工人的劳动是“异化劳动”。这样,“异化劳动”这一范畴本身的出场就蕴含了以劳动作为出发点的叙事逻辑的建构和方法本身。“异化劳动”范畴的运用已经包含了对“现实的人”这个主体作为出发点的运用。

“异化劳动”范畴的出场虽然包含了马克思“现实的人”这个主体作为出发点的方法意涵,但并不表明马克思赞同“异化劳动”,相反地,马克思基于“现实的人”这个主体作为出发点的方法对之加以批判。依据马克思的论述,异化劳动不过是一个历史范畴,是私有制下的劳动形态。“异化劳动”对工人阶级的发展具有消极的性质。对此,马克思在“手稿”中写道:“异化劳动从人那里夺去了他的生产的对象,也就从人那里夺去了他的类生活,即他的现实的类对象性,把人对动物所具有的优点变成缺点,因为从人那里夺走了他的无机的身体及自然界。”①而对“异化劳动”进行批判,必然涉及对批判尺度的建构。对此,马克思具体通过揭示人类实践存在的两种客观形态来完成:一是提出人是对象性存在物,即人需要通过自己的对象性活动(劳动)来改造和利用自然界的对象,才能实现自己的生存和发展。在对象性活动过程中,一方面是对象化,即人基于劳动创造对象产品并把人的本质力量凝结在创造产品对象的过程和环节;另一方面是非对象化,即人通过使用、消费劳动产

---

① 马克思:《1844 年经济学哲学手稿》,人民出版社,2000 年,第 58 页。

品而获得能量和产生新的素质与能力,并转化为人的活动存在。人的对象性活动就是"对象化"与"非对象化"辩证统一的不断循环过程。二是提出人是类存在物,即人需要通过交往并依赖于交往形式创造和形成社会性的生产与生活关系,即社会关系。对此,在"手稿"中马克思指出:"人对自身的关系只有通过他对他人的关系,才成为对他来说是对象性的、现实的关系。"①在实践上,其内容既包括人与自然界的物质变换,也包括人与人的交往尤其劳动互换,并且二者互为中介。这就是"人同自然和自然界的任何自我异化,都表现在他使自身和自然界跟另一些与他不同的人所发生的关系上"②。所谓互为中介,就是人的自然关系要表达为人的社会关系才能实现出来,同样人的社会关系也要表达为人的自然关系才能表征,这种中介关系本身就是"否定"地实现的,也即异化。而人类劳动的实践包含了这双重中介的异化过程,以致马克思指出:"异化借以实现的手段本身就是实践。通过异化劳动,人不仅生产出他对作为异己的、敌对的力量的生产对象和生产行为的关系,而且还生产出他人对他的生产和他的产品的关系,以及他对这些他人的关系。"③其中,人的自然关系与人的社会关系互为中介,在这过程中,人的自然关系必然地表现为私有制下劳动者(奴隶或工人)在对象性活动中的"对象化"与"非对象化"循环的割裂,即"从人那里夺去了他的生产的对象……从人那里夺走了他的无机的身

---

①　马克思:《1844 年经济学哲学手稿》,人民出版社,2000 年,第 60 页。
②　马克思:《1844 年经济学哲学手稿》,人民出版社,2000 年,第 60 页。
③　马克思:《1844 年经济学哲学手稿》,人民出版社,2000 年,第 60—61 页。

体及自然界"①。劳动在私有制下必然变成"异化劳动",这是生产力作为人类共同活动的本质力量的发展需要以分工为前提的结果。因为只有通过分工及其个人占有自己劳动成果时,独立的个体这一社会主体细胞及相应的社会关系才会产生,可以说,个体之间排斥性地占有他人劳动成果促使所有制或私有制的形成与发展。在私有制下,私人之间的产品交换是以奴隶主占有奴隶的劳动成果作为前提的,奴隶的被剥夺了财产的劳动就是异化劳动,这种劳动发展到现代资本主义就是工人阶级的劳动。马克思在"笔记本Ⅰ"第四节快结束时总结性地说道:"从异化劳动对私有财产的关系可以进一步得出这样的结论:社会从私有财产等等解放出来、从奴隶制解放出来,是通过工人解放这种政治形式来表现的,这并不是因为这里涉及的仅仅是工人解放,而是因为工人的解放还包含普遍的人的解放;其所以如此,是因为整个的人类奴役制就包含在工人对生产的关系中,而一切奴役关系只不过是这种关系的变形和后果罢了。"②显然,通过人的自然关系与人的社会关系互为中介这一过程的历史辩证分析,"异化劳动"是否天然地具有合理性也就一目了然了,同时也建立了对"异化劳动"批判的尺度。它也是马克思"现实的人"这个主体出发点作为方法的延伸运用和方法论建构。

"人的自然关系"与"人的社会关系"互为中介的历史辩证发展必然包含了"否定性"的规定,即那种使人类社会的生产形式呈现

---

① 马克思:《1844 年经济学哲学手稿》,人民出版社,2000 年,第 58 页。
② 马克思:《1844 年经济学哲学手稿》,人民出版社,2000 年,第 62—63 页。

为私有制下的"异化劳动"。为了进一步理解这种规定,就得涉及"异化劳动"与"私有财产"的关系,马克思在完成了"笔记本Ⅰ"后转入《穆勒评注》的写作,就是对这个问题的梳理和解决,同时也是转入国民经济学这一"副本"批判的开始。

(二)整个手稿特别是"笔记本Ⅱ""笔记本Ⅲ"几乎都贯穿了对国民经济学这个"副本"的批判,以此阐明"现实的人"这个主体出发点作为方法引入经济学所应有的理论维度

在"手稿"中,马克思除了现实批判,还有理论批判,理论批判的一个重要内容就是国民经济学的方法问题。"手稿"对国民经济学的批判在三个手稿和"穆勒评注"中都始终贯穿,并通过这种批判来阐明马克思自己的政治经济学方法,以解决如何引入"现实的人"这个主体作为出发点的方法运用问题。

马克思在"手稿"中基于"现实的人"这个主体出发点作为方法引入政治经济学研究,是伴随对国民经济学的批判进行的,这个批判包括理论的逻辑起点、现实起点和历史观三个基本层次。

首先是逻辑起点方面。任何学科的研究都有自己的逻辑起点,经济学也一样。逻辑起点是指研究对象的本质规定和理论展开的基础。在马克思之前,经济学得到了相当程度的发展并被称为古典经济学或国民经济学,马克思在"手稿"中称为国民经济学。马克思对国民经济学的批判,当然是从揭示其逻辑起点不足开始的,这种不足表现为它的"非人"性质,即缺乏真正的主体的规定。从手稿的具体批判看,包括两个方面,即:一是没有从工人阶级这

个真实生产主体出发;二是经济发展的目的研究不是服务于广大劳动人民的,而是资产者的发财致富。

关于第一点,马克思在"笔记本Ⅰ"的"工资"一节就有较多的论述,如他指出:"不言而喻,国民经济学把无产者即既无资本又无地租,全靠劳动而且是靠片面的、抽象的劳动为生的人,仅仅当作工人来考察。它可以提出这样的一个论点:工人完全像每一匹马一样,只应得到维持劳动所必需的东西。国民经济学不考察不劳动时的工人,不把工人作为人来考察,却把这种考察交给刑事司法、医生、宗教、统计表、政治和乞丐管理人去做。"[1]实际上,"国民经济学家把工人只当作劳动的动物,当作仅仅有最必要的肉体需要的牲畜"[2]。马克思对国民经济学的这个批判同时包括了自己的主张,即工人阶级作为真正的劳动者,他们是真实的生产主体,是财富的创造者和改变社会的力量,经济学研究中的逻辑起点即主体的规定在资本主义时代应当是工人阶级。

关于第二点,马克思指出国民经济学的研究目的归结为私产者如何发财致富。在"笔记本Ⅰ"的"异化劳动与私有财产"一节论述道:"国民经济学虽然从劳动是生产的真正灵魂这一点出发,但是它没有给劳动提供任何东西,而是给私有财产提供了一切。"[3]事实上,"工人只有当他对自己作为资本存在的时候,才作为工人存在;而他只有当某种资本对他存在的时候,才作为资本存在。……因此,国民经济学不知道有失业的工人,即处于这种劳动关系之外

---

① 马克思:《1844年经济学哲学手稿》,人民出版社,2000年,第14页。
② 马克思:《1844年经济学哲学手稿》,人民出版社,2000年,第15页。
③ 马克思:《1844年经济学哲学手稿》,人民出版社,2000年,第63页。

的劳动人。……因此,在国民经济学家看来,工人的需要不过是维持工人在劳动期间的生活的需要,而且只限于保持工人后代不至于死绝的程度"①。实际的生产中,"工人生产得越多,他能够消费的就越少;他创造的价值越多,他自己越没有价值、越低贱……"②国民经济学没有把工人阶级当作社会发展的主体来对待,其理论在出发点的"主体"规定上出现了严重的缺陷。按照马克思批判所建构的逻辑,工人阶级作为真正的劳动主体,他们应当作为社会主体而得到改善,只是这种改善需要通过推翻不合理的制度来实现。经济学研究立足工人阶级的解放和发展才具有真正的符合历史发展的科学内涵。

当然,要注意到"主体"和"劳动"作为"逻辑起点"的区别与联系。"主体"是指对象内容,即"现实的人",也就是劳动着的现实个体,它是"逻辑起点"的现实内容。而"劳动"作为"逻辑起点"是指主体的本质特征或本质规定。哲学的出发点包括这两个层次,不仅需要确定"何为主体",还需要确定"主体何为",第一层是外延,第二层是内涵,二者的统一才构成"完整的出发点规定"。马克思批判黑格尔,第一步以"现实的人"颠倒"抽象的人",完成主体范畴的外延规定;第二步以"劳动"颠倒"思辨",完成主体内涵的揭示。这个过程只有把第一步提升到第二步,"出发点"的规定才算完成。"手稿"中,马克思关于财富的主体本质和来源的论述涉及这个领域。

其次是现实起点方面。经济学研究必须面对现实的经济事

① 马克思:《1844年经济学哲学手稿》,人民出版社,2000年,第65—66页。
② 马克思:《1844年经济学哲学手稿》,人民出版社,2000年,第53页。

实,但如何抓住这个现实事实却形成不同经济研究的分歧,甚至科学与否的差别。比较地看,国民经济学的现实起点属于直观范畴,缺乏历史辩证法的内涵揭示,不具科学性。表现在:一是私有制缺乏历史批判,看不到异化劳动的现实;二是关于资本主义抽象劳动的财富生产缺乏从主体立场对劳动形式分离的历史分析,不知道劳动成为价值的源泉及资产阶级财富具有主体本质的规定,导致经济范畴没有获得辩证关系的科学揭示。

关于第一点,马克思指出:"国民经济学从私有财产的事实出发。它没有给我们说明这个事实。它把私有财产在现实中所经历的物质过程,放进一般的、抽象的公式,然后把这些公式当作规律。它不理解这些规律,没有指明这些规律是怎样从私有财产的本质中产生出来。"①这里,马克思说的是国民经济学的现实起点是私有财产为基础的生产这个事实,但他们只是直观地把私有财产的生产当成一个既成的实体事实并作为对象,而不是把它当作具有历史发展过程的并且具有规律性的经济范畴,以致他们不能理解经济规律而只能机械地运用经济规律。这种直观地把握现实经济还有一个不良的后果,即看不到现实经济的不平等性,即异化的性质,以致不研究这些不平等的或异化的经济性质。对此,马克思说道:"国民经济学由于不考察工人(劳动)同产品的直接关系而掩盖劳动本质的异化。"②以致他们"总是置于一种虚构的原始状态。这样的原始状态什么问题也说明不了"③。

---

① 马克思:《1844 年经济学哲学手稿》,人民出版社,2000 年,第 50 页。
② 马克思:《1844 年经济学哲学手稿》,人民出版社,2000 年,第 52 页。
③ 马克思:《1844 年经济学哲学手稿》,人民出版社,2000 年,第 51 页。

关于第二点,马克思在"手稿"中已经十分明确地提出了资本主义生产的价值这一社会财富形式的内涵就是抽象劳动。他在"笔记本Ⅰ"的"工资"一节已经论述道:无产者是"全靠劳动而且是靠片面的、抽象的劳动为生的人"①,并且还反思道:"把人类最大部分归结为抽象劳动,这在人类发展中有什么意义?"②实际上,在人类社会发展中,财富形式从使用价值上升到价值包含了劳动内涵从具体劳动演变为抽象劳动的过程,这个过程在本质上就是劳动的分离过程。马克思提出国民经济学的弊病就在于"没有向我们说明劳动和资本分离以及资本和土地分离的原因"③,并且指出:"我们现在必须弄清楚私有制,贪欲和劳动、资本、地产三者的分离之间,交换和竞争之间,人的价值和人的贬值之间,垄断和竞争等等之间,这全部异化和货币制度之间的本质联系。"④必须注意到经济生产发生从具体劳动到抽象劳动的演变,这是劳动本身的分离过程,资本主义生产规律的形成就是劳动分离发展到一定阶段的结果。马克思指出:"劳动同它自身的分离等于工人同资本家的分离,等于劳动同资本——它的最初形式分为地产和动产——的分离……生产和消费、活动和精神在不同的人之间和在同一个人身上的分离……"⑤人类劳动经历一系列的劳动分离才形成抽象劳动范畴,它构成着价值的来源,它是一个具有历史扬弃关系丰富

① 马克思:《1844年经济学哲学手稿》,人民出版社,2000年,第14页。
② 马克思:《1844年经济学哲学手稿》,人民出版社,2000年,第14页。
③ 马克思:《1844年经济学哲学手稿》,人民出版社,2000年,第50页。
④ 马克思:《1844年经济学哲学手稿》,人民出版社,2000年,第51页。
⑤ 马克思:《1844年经济学哲学手稿》,人民出版社,2000年,第176页。

内涵的范畴。基于此,马克思才坚持说道:"劳动是财富的唯一本质。"①这也是马克思关于资本主义社会财富形式即价值这一范畴不包含使用价值的理论来源。

同样,因不理解劳动分离的辩证规律,因而也不理解财富具有主体本质的规定。一般地,"国民经济学家抽象地把劳动看成物"②,曾经发生"重商主义体系只知道贵金属是财富的存在"③的谬论。实际上,正如马克思指出的:"私有财产的主体本质,作为自为地存在着的活动、作为主体、作为个人的私有财产,就是劳动。"④要理解"而土地只有通过劳动、耕种才对人存在。因而财富的主体本质已经移入劳动中"⑤。也就是,财富的内涵应以劳动来规定,而非其他。重商主义的财富观就是没看到"现实的人"这个主体作为出发点和不能形成科学方法而出现误解的一个体现。

关于第三点,是历史观方面。诚然,国民经济学的历史观缺乏主体立场的方法论,无法理解实践的内在关系的辩证运动,因而看不到共产主义的未来,经济学研究缺乏现实的批判力量和未来展望的规划能力。

在"手稿"中,马克思把共产主义实现理解为对私有制生产关系的扬弃过程,这个过程内在地包含着实践的内在关系的辩证运动。这里,实践的内在关系的辩证运动,指实践中人的自然关系和

① 马克思:《1844年经济学哲学手稿》,人民出版社,2000年,第74页。
② 马克思:《1844年经济学哲学手稿》,人民出版社,2000年,第18页。
③ 马克思:《1844年经济学哲学手稿》,人民出版社,2000年,第75页。
④ 马克思:《1844年经济学哲学手稿》,人民出版社,2000年,第73页。
⑤ 马克思:《1844年经济学哲学手稿》,人民出版社,2000年,第75页。

人的社会关系——双方互为否定由此实现发展的过程,这正是人的实践发展的辩证特征。

私有制作为共产主义的历史环节,体现为实践的两个"关系"的互动,一方面"人的自然关系"发展以"人的社会关系"为中介(否定)才能全面实现;另一方面,反过来,"人的社会关系"也以"人的自然关系"为中介(否定)才能全面实现,这是异化的双重否定过程。马克思指出:"自我异化的积极扬弃同自我异化走的是一条道路。"①"共产主义是扬弃了的私有财产的积极表现;起先它是作为普遍的私有财产出现的。"②"普遍的私有财产出现"是共产主义扬弃私有财产的前提。这里,"普遍的私有财产出现"这个前提,其内容就是"人的自然关系"发展依赖于"人的社会关系"的不断全面性;反过来就是,以"人的社会关系"为本质的共产主义发展也依赖于"人的自然关系"的不断全面性。这里还需要弄清的是,这里两个"关系"的相互中介及其普遍化,在历史进程中,为什么必然地以私有制的形式展开出来?

在马克思看来,"现实的个人"及其自我确证的自由活动的增强,这是历史发展的指向。但是,人作为主体的"现实的个人"出现并获得发展是一个历史过程,是以分工、所有制的生产关系的出现作为历史契机的。这样,在以血缘氏族的共同体为主体的原始社会中,个体从中分离出来成为相对独立的主体,只有当分工出现并且个人对自己的劳动成果实现占有,即所有制(私有财产)产生时,人才真正地以个体的形态构成主体,成为"现实的个人",同时个人

---

① 马克思:《1844 年经济学哲学手稿》,人民出版社,2000 年,第 78 页。
② 马克思:《1844 年经济学哲学手稿》,人民出版社,2000 年,第 78 页。

在相互交往的基础上才使社会关系产生,形成人类社会。就此,马克思在《穆勒评注》中说道:"人的本质是人的真正社会联系,所以人在积极实现自己本质的过程中创造、生产人的社会联系、社会本质,而社会本质不是一种同单个人相对立的抽象的一般的力量,而是每一个单个人的本质,是他自己的活动,他自己的生活,他自己的享受,他自己的财富。上面提到的真正的社会联系并不是由反思产生的,它是由于有了个人的需要和利己主义出现的,也就是个人在积极实现其存在时的产物。"①

私有制是作为共产主义的历史环节发生的,具有必然性,但这一环节——作为异化了的形式又是需要扬弃的,它是一个辩证过程。在"人的自然关系"和"人的社会关系"这两个"关系"的普遍化进程中,二者是互为中介地发生的。理解了这一点,我们才能理解"手稿"中论述共产主义时提出的"人道主义"与"自然主义"相统一和"历史之谜"的解答的论点。关于"手稿"的"人道主义"和"自然主义",有的西方学者用抽象的人道主义理解马克思,并把它当作马克思理论的顶峰。有的国内学者认为,这是马克思基于人本学的抽象逻辑预设,采取否定性的辩证推理,提出的扬弃私有制的"哲学共产主义"的思想,并以此作为解答"历史之谜"的历史观。② 还有的人认为,这是马克思"揭示了人道主义的自然发生性,提出人道主义要和自然主义相结合,最终形成他的现实的、革命

① 马克思:《1844 年经济学哲学手稿》,人民出版社,2000 年,第 170—171 页。
② 朱宝信:《人道主义:实践哲学的内在意蕴——马克思〈1844 年经济学哲学手稿〉研究》,载《贵州师范大学学报(哲学社会科学版)》2003 年第 6 期。

的、实践的人道主义"①。诸多解释,都没有完全表达出马克思的原意。

关于"人道主义"与"自然主义"相统一和"历史之谜"的解答,马克思在"手稿"中阐述道:"共产主义是私有财产即人的自我异化的积极扬弃……这种共产主义,作为完成了的自然主义=人道主义,而作为完成了的人道主义=自然主义,它是人和自然界之间、人和人之间的矛盾的真正解决,是存在和本质、对象化和自我确证、自由和必然、个体和类之间的斗争的真正解决。它是历史之谜的解答,而且知道自己就是这种解读。"②深入把握这一论断,需要弄清的是:什么是"完成了的自然主义"和"完成了的人道主义"及其相等的关系?

关于这个问题,马克思在这段话的后面实际有了回答的论述,他说道"人如何生产人"③,体现为一种生产的社会性质的运动,而"社会性质是整个运动的普遍性质;正像社会本身生产作为人的人一样,社会也是由人生产的。活动和享受,无论就其内容或就其存在方式来说,都是社会的活动和社会的享受。自然界的人的本质只有对社会的人来说才是存在;因为只有在社会中,自然界对人来说才是人与人联系的纽带,才是他为别人的存在和别人为他的存在,只有在社会中,自然界才是人的存在基础,才是人的现实的生活要素。只有在社会中,人的自然的存在对他来说才是自己的人

---

① 魏则胜、杨少曼、宋猛:《异化史观与历史科学——解答"历史之谜"的两种路径》,载《深圳大学学报(哲学社会科学版)》2014年第2期。
② 马克思:《1844年经济学哲学手稿》,人民出版社,2000年,第81页。
③ 马克思:《1844年经济学哲学手稿》,人民出版社,2000年,第82页。

的存在,并且自然界对他来说才成为人。因此,社会是人同自然界的完成了的本质的统一,是自然界的真正复活,是人的实现了的自然主义和自然界的实现了的人道主义"①。

　　关于这个回答,应该以上述实践的内在关系的内涵来解读,具体就是"人的自然关系"的内容必然地以"人的社会关系"为形式才得以表现和实现出来,反过来,"人的社会关系"的内容也必然地以"人的自然关系"为形式才得以表现和实现出来,以致"人的自然关系"方面的全面性是基于"人的社会关系"的中介的全面性才得以表现和实现,同样,"人的社会关系"方面的全面性又是基于"人的自然关系"的中介的全面性才得以表现和实现。这里,"中介"就是"否定","否定"即"异化",但同时又是"创造"和"发展",作为历史过程的否定性运动,其两个"中介"的否定性的统合出现的历史形式就是"私有制"的生产关系。这种生产关系以异化的、对立的形式来生产或推动"人的自然关系"和"人的社会关系"的发展即不断全面性,马克思把它称为"私有财产的普遍性"②,共产主义"在它的最初的形式中不过是这种关系的普遍化和完成"③。只有"人的自然关系"和"人的社会关系"实现了全面性,人与自然界和人与人之间的矛盾才能彻底解决。人作为自然存在和作为人(社会)存在,才能达到统一,这就是"完成了的自然主义"和"完成了的人道主义"及其相等的关系,也就是"历史之谜的解答"④。

①　马克思:《1844 年经济学哲学手稿》,人民出版社,2000 年,第 83 页。
②　马克思:《1844 年经济学哲学手稿》,人民出版社,2000 年,第 78 页。
③　马克思:《1844 年经济学哲学手稿》,人民出版社,2000 年,第 79 页。
④　马克思:《1844 年经济学哲学手稿》,人民出版社,2000 年,第 81 页。

国民经济学,其没有主体立场的历史观,未建立起关于实践的内在关系辩证运动的理论方法,因而不可能有超越资本主义的共产主义预见及科学分析私有制与共产主义的历史关系,不能对现实展开批判并对未来进行展望。而国民经济学的缺陷却正是马克思理论的突破和优势之处。

(三)"手稿"专撰"对黑格尔的辩证法和整个哲学的批判"一节,是以此对"现实的人"这一主体作为出发点在方法论上的哲学补充论证

"手稿"在"笔记本 Ⅲ"有相对独立的"对黑格尔的辩证法和整个哲学的批判"一节,学界很难理解它的意图,其实这是马克思对经济研究引入"现实的人"这个主体出发点和方法论在哲学层面的补充论证而已。马克思在"手稿"的序言中指出:"本书的最后一章,即对黑格尔的辩证法和整个哲学的剖析,是完全必要的,因为当代批判的神学家不仅没有完成这样的工作,甚至没有认识到它的必要性。"①为什么说增加这一节是必要的呢?在"手稿"序言部分,有一段马克思删除的话解释了这个问题。其中针对青年黑格尔派的神学家们写道:"他发觉在费尔巴哈对黑格尔辩证法的批判中还缺少黑格尔辩证法的某些要素,这些要素还没有以经过批判的形式供他使用,这时,他自己并不试图或者也没有能力把这些要素引入正确的关系,反而以隐晦的、阴险的、怀疑的方式,搬用这些

———————————

① 马克思:《1844 年经济学哲学手稿》,人民出版社,2000 年,第 4 页。

要素来反对费尔巴哈对黑格尔辩证法的批判……神学的批判家认为，从哲学方面应当做出一切，来使他能够侈谈纯粹性、决定性以及完全批判的批判，是十分自然的；而当他感到例如黑格尔的某一因素为费尔巴哈所缺少时——因为，神学的批判家并没有超出感觉而达到意识，尽管他还对'自我意识'和'精神'抱有唯灵论的偶像崇拜，——他就以为自己是真正克服哲学的人。"[1]显然，马克思批判"神学家"，不在于"神学家"发现了费尔巴哈缺乏黑格尔辩证法的因素，而在于他"没有能力把这些要素引入正确的关系"[2]，这是马克思由政治经济学批判关涉哲学论述并反映他此时达到什么样水平的文字材料。从这个文字材料的表述看，马克思已经意识到，虽然费尔巴哈在唯物论上超越了黑格尔，并"创立了真正的唯物主义和实在的科学，因为费尔巴哈也使'人与人之间的'社会关系成了理论的基本原则"[3]，但是费尔巴哈缺少黑格尔辩证法的元素，不能对现实政治经济问题提出科学的方法，反而避到乡下去了，虽然超越了重商主义"只知道贵金属是财富的存在"[4]的局限，并提出了"以劳动为原则"[5]的财富来源和本质理论，但仍然把经济学当作"发财致富"的学问，"表面上承认人，毋宁说，不过是彻底实现对人的否定而已，因为人本身已经不再同私有财产的外在本质处于外部的紧张关系中，而是人本身成为私有财产的这种紧张

---

① 马克思:《1844 年经济学哲学手稿》,人民出版社,2000 年,第 5 页。
② 马克思:《1844 年经济学哲学手稿》,人民出版社,2000 年,第 5 页。
③ 马克思:《1844 年经济学哲学手稿》,人民出版社,2000 年,第 96 页。
④ 马克思:《1844 年经济学哲学手稿》,人民出版社,2000 年,第 75 页。
⑤ 马克思:《1844 年经济学哲学手稿》,人民出版社,2000 年,第 76 页。

的本质"①。国民经济学的这种"非人"的理论性质,在于没有看到"人本身成为了私有财产的这种紧张的本质"的现实性,从而就现实的这种"紧张关系","还没有把它理解为劳动和资本的对立,它还是一种无关要紧的对立,一种没有从它的能动关系上、它的内在关系上来理解的对立,还没有作为矛盾来理解的对立"②。这里是马克思在《手稿》中基于方法论层面对国民经济学予以明确批判的论述,而这一批判所指责的内容不正是费尔巴哈哲学所缺乏的黑格尔因素吗?费尔巴哈对黑格尔的扬弃,超越了他的唯心论立场,但没有保留其合理的辩证法,形成了理论的片面性,这一点马克思是十分明白的。而马克思进一步强调的是在与他同时代的"神学家"的眼里,在如何继承费尔巴哈和黑格尔的问题上,虽然认识到了费尔巴哈哲学缺乏的黑格尔辩证法的因素,但却没有能力完成它,以致对现实的批判仍然是无力的,这种情况也就反映在当时的政治经济学即国民经济学上了。

正是因为如此,"手稿"对国民经济学的批判才会有后面的"对黑格尔的辩证法和整个哲学的批判"一节。这一节的核心任务就是关于在政治经济学上如何正确引入黑格尔辩证法的论证。就此,马克思既分析了黑格尔的积极一面,又批判了黑格尔不足的一面,这完全是为了改造国民经济学之用的,也是批判国民经济学所要做的方法论指引。这样说来,马克思的"手稿"写作,实际上是批判地运用了黑格尔的辩证法。而从"手稿"的整体来看,辩证法的

---

① 马克思:《1844 年经济学哲学手稿》,人民出版社,2000 年,第 74 页。
② 马克思:《1844 年经济学哲学手稿》,人民出版社,2000 年,第 78 页。

方法就是后来马克思在《〈政治经济学批判〉导言》中明确提出的"从抽象上升到具体"这一政治经济学方法，只是它在"手稿"中仅仅呈现了初步运用和建构的原型。在"手稿"中，"异化劳动"与"私有财产"这两个概念的使用和相互关系，即所谓循环论证问题，实质是这一方法的萌芽和一种叙事的构筑。

从"手稿"的实际论证看，在哲学上，自康德提出"哥白尼式革命"，实现了"自然界归结于人去解释"的理论坐标变换，而不再围于传统自然哲学"人归结于自然界的解释"。而黑格尔提出"实体即主体"的命题并上升到辩证法，这是主体出发点的进一步论证。但是，康德和黑格尔都还围于"主体＝意识"，以致他们的哲学出发点就是意识，这是马克思所面对的和需要纠正的。关于纠正，在确认费尔巴哈"自然人"这个唯物主义基础后，又因其缺乏辩证法而需要引入黑格尔。但是，黑格尔辩证法是唯心主义的，以致需要批判地引用。这样，马克思进行主体出发点的改造时，对德国古典哲学而言就需要对黑格尔和费尔巴哈进行双重扬弃。"手稿"序言有一节被删除的文字内容，就是针对青年黑格尔派不懂得这一点的论述。

同期国民经济学的现实研究也是缺乏科学的主体立场和方法论，以致没有真正抓住资本主义生产的"异化"特征和不能进行有效批判。由于国民经济学的"非人"性质，不能把经济现象归结为人的实践的历史问题来把握，指向现实批判就要从揭示国民经济学这一缺陷开始。这个批判的结果就是建立"主体本质"的财富理论，即劳动价值论。诚然，历史科学必须指向主体"生产"的历史揭示，才能把主体落实为"现实的人"的具体把握。因而，哲学论证以经济生产作为内容才是真正的历史科学研究。

四、《巴黎手稿》在经济学和哲学上的主体理论重构的重要意义

1844 年巴黎手稿的主题是历史科学出发点"主体"的理论重构和经济学的引入。诚然，康德的"哥白尼式的革命"使哲学世界观的解释原则发生了"主体论转向"，即由过去"人归结为自然界解释"变为"自然界归结为人解释"。"主体论转向"意味着从人、社会去看待世界，这是哲学发展的合理走向。马克思在《黑格尔法哲学批判》中提出的"现实的人"，在《关于费尔巴哈的提纲》中提出的"实践主体"和在《德意志意识形态》中提出的"现实的个人"，都是这个出发点的继承和发展。但是，之前费尔巴哈的"自然人"和黑格尔的"理性主体"仍然等于意识，需要批判地重构。而且，国民经济学缺乏应有的"主体"立场，不能基于现实主体"异化劳动"的特征来分析私有制的历史本质，看不到资本生产的不合理性，不能予以有力的批判，同样需要"主体"重构。

1844 年巴黎手稿对资本生产现实、国民经济学和德国哲学的批判，就是围绕着重构"主体"这个出发点来进行论述的，具有重要意义。把主体落实为"现实的人"，经济学不在哲学之外，而是它的现实内容。马克思跳出以往研究范式，提出主体理论重构的主题。把握这一点，对于破除两个马克思对立、正确理解马克思的思想发展历程意义重大。一是揭示马克思在 1844 年前后开展"副本"和"原本"批判时所面对的问题，回溯马克思的问题意识和由此形成

的实际的科学任务。二是把"手稿"置入德国哲学发展和马克思思想发展的双重背景考证和解析,明确"主体理论"重构是时代的任务,并经《黑格尔法哲学批判》等前期著述的奠基生成为"手稿"的主题。三是突破学科式的研究传统,着眼于马克思把"生产"(劳动)作为历史现实内容的立场,融合经济学与哲学研究形成整体的历史科学解读路径,使"手稿"著述中的现实、国民经济学和德国哲学批判都围绕"主体理论"重构得到明确的梳理,解决学界关于"手稿"解读的各种纷争。

第十一章　工业赋能与人的发展——《评李斯特》核心思想与理论创新

　　马克思手稿《评弗里德里希·李斯特的著作〈政治经济学的国民体系〉》一文(以下简称《评李斯特》)在唯物史观形成过程中具有跟《关于费尔巴哈提纲》同等的重要性。重视并把握《评李斯特》一文及其核心思想"工业是人的发展"的科学内涵,才能客观评价《关于费尔巴哈提纲》的价值,并将随后的《德意志意识形态》及后来的《共产党宣言》《资本论》等成熟的马克思主义经典著作的思想体系有机地联系起来,揭示马克思主义理论的精神实质。

　　但是迄今为止,大多数学者并没有像重视《提纲》那样重视《评李斯特》,缺少对于后者所阐发的"工业是人的发展"这一核心思想的应有关注。

　　中世纪就流传一句话,城市使人更自由,而自由的前提是人的独立性。工业的专业化分工体系使人更独立,它在使人独立这件事上起到不可逆转的巨大推动作用,在人的自由全面发展进程中居功至伟、无可替代。

一、"工业是人的发展"思想的基本内容

《评李斯特》一文继是《神圣家族》(1844 年 9—11 月)写作之后,马克思于 1845 年 3 月在布鲁塞尔针对李斯特的《政治经济学的国民体系》撰写的一部没有付印的手稿。[①] 这部手稿现存 24 张,分为四章:

第一章,李斯特的一般评述;

第二章,生产力理论与交换价值理论;

第三章,论地租的问题;

第四章,李斯特先生和弗里埃。

手稿虽然残缺,论述的问题也较多,但深入分析和综合之后不难发现,手稿全部内容始终贯穿一个核心思想和观点,即"也可以从肮脏的买卖利益的观点""完全不同的观点来看待工业"[②],"不

[①] 李斯特于 1841 年出版《政治经济学的国民体系第 1 卷国际贸易、贸易政策和德国关税同盟》一书,俨然成了代表"福利、文化和力量"的治世良方和推动政治经济改革的宣言书。恩格斯在 1844 年 11 月 19 日致马克思的信中提到自己打算写一本批判性的小册子,1845 年 3 月 17 日则在信中对于马克思准备批判李斯特观点的计划表示赞同。现在所保存的马克思《评李斯特》一文是在马克思长女燕妮·龙格的孙子那里找到的,它也是手稿,而且不完整,缺第 1、10—21、23 张。国外有学者如科伊尔等人论证《评李斯特》一文的写作时间晚于《提纲》,不是 1845 年 3 月,而是在《曼切斯特笔记》之后。(参阅鲁克俭《国外学者关于马克思〈评李斯特〉写作时间的文献学考证》,载《哲学动态》2012 年第 7 期。)即便如此,也丝毫不影响这里所得到的结论,这个阶段马克思的哲学论证和经济学论证最终都落到"人的发展"这个主题上。

[②]《马克思恩格斯全集》第 42 卷,人民出版社,1979 年,第 257 页。

再把工业看作买卖利益,而是看作人的发展"①。《评李斯特》一文提出"工业是人的发展"重要思想并加以论证,既是对青年马克思实践理论的创新,也是对青年马克思的历史观、经济学和共产主义思想的创新,是马克思以物质生产为基础建构新理论、批判旧理论的开端。

《评李斯特》一文从三个方面阐述"工业是人的发展"这一重要思想。

(一)看待工业不能立足于市民社会而应立足于整个人类历史

要从"作为买卖的工业"中发现"作为人的发展的工业",看待工业的前提和立足点必须首先改变。马克思指出,如果人们不再把工业看作买卖利益而是看作人的发展,"那就撇开了当前工业从事活动的,工业作为工业所处的环境;那就不是处身于工业时代之中,而是在它之上;那就不是按照工业目前对人来说是什么,而是按照现在的人对人类历史来说是什么,即历史地说他是什么来看待工业"②。

对象化劳动、物质生产和工业要以一定形式的社会关系为条件。而以私有制为基础的市民社会就是当代的物质生产和工业的社会条件,以交换价值为目的商品生产就是以市民社会为条件的物质生产方式。在《评李斯特》一文中,马克思提出的问题是,以私

---

① 《马克思恩格斯全集》第 42 卷,人民出版社,1979 年,第 258 页。
② 《马克思恩格斯全集》第 42 卷,人民出版社,1979 年,第 257 页。

有制为基础的市民社会是和物质生产不可分割的社会条件吗？以交换价值为目的的商品生产是物质生产不可分割的自然形式吗？如果是肯定的回答，那么以私有制社会为前提条件看待工业就是合理的，反之就要撇开这个社会条件。在布鲁塞尔的经济学研究中，马克思不仅大量摘录有关古代和现代经济和经济学比较的著作(如德·尚博朗的《论贫困，古代与今天的状况》、布朗基的《欧洲政治经济学从古代到今天的历史》)，而且已经发现了古代经济发展与现代资产阶级经济在生产方式、社会组织方面的异质性，并以此为基础"发现贫困本身在每一个具体的社会时期的异质性"[①]。在《评李斯特》中，马克思已经认识到，私有制既不是物质生产劳动从来就有的，也不是永恒存在的社会制度和劳动组织，只是物质财富生产"现在的""社会制度、劳动组织"，只是"当前工业"所处的"环境"。在古代，"劳动组织"是不同于自由竞争的"社会的"组织，物质财富的生产也不是为了满足"交换价值"，而是满足"社会的""组织"需要。而"把物质财富变为交换价值只是现存社会制度的结果，是发达的私有制社会的结果"[②]。不仅如此，未来社会的劳动组织是一种废除了私有财产的"社会物质活动"，工业的未来社会制度将是代替资产者所体现的竞争的社会制度，工厂制度的"无产阶级所体现的新的社会制度"[③]。马克思这时已经明确认识到，以私有制、交换价值、自由竞争为条件的"目前的"劳动、物质生产和工业，既不是物质生产和工业的唯一形式，也不是其永恒的形

---

① 张一兵：《回到马克思》，江苏人民出版社，1999年，第315、362页。
② 《马克思恩格斯全集》第42卷，人民出版社，1979年，第254页。
③ 《马克思恩格斯全集》第42卷，人民出版社，1979年，第258页。

式,只是整个人类的劳动,物质生产和工业发展的"一个过渡
时期"①。

既然以私有制社会为条件的劳动、物质生产和工业只是整个
人类劳动、生产和工业发展的一个过渡时期,那么,我们要全面深
入把握劳动、物质生产和工业的含义、特征及历史功能时,就不能
立足于私有制社会,而应以全部人类社会为前提看待当前的工业,
就不能以现在的社会制度为前提,而应以全部人类历史为前提考
察工业。

(二)工业是以人占有自然的对象化活动为内容的人的发展的活动 过程

由于看待工业的前提从私有制社会转变为全部人类历史,那
么,工业的内涵和性质就发生了变化。马克思认为,历史地看待作
为买卖的现代工业,"工业可以被看作是大作坊,在这里人第一次
占有他自己和自然的力量,使自己对象化,为自己创造人的生活条
件","所认识的就不是工业本身,不是它现在的存在,倒不如说是
工业意识不到的并违反工业意志而存在于工业中的力量"②,这段
论述包含以下几层意思:

第一,工业是人改变自然的对象化活动。在该书中,马克思认
为,物质生产和工业既包含着人与自然的关系,也包含着人与人之

---

① 《马克思恩格斯全集》第 42 卷,人民出版社,1979 年,第 259 页。
② 《马克思恩格斯全集》第 42 卷,人民出版社,1979 年,第 257 页。

间的关系,物质生产活动要以当代的制度为条件。而从全部人类历史看,这种人与人的关系和社会制度条件,既是由人与自然的活动产生创造出来,也被人与自然的活动超越。因而,人与自然的活动和关系,是不依赖于某种社会关系的独立、自主的活动和关系。因此,在《评李斯特》一文中,马克思撇开人与人的关系,撇开各种特定社会形式,把劳动、生产、工业首先看成是人和自然之间的过程,是人占有自然的对象化活动。

第二,作为人改变自然的对象化活动的工业是人类能动活动的过程和体现。把人的对象化活动与人类能动活动相分离,是近代思想家的共识,也是青年马克思的观点。在《评李斯特》一文中,马克思撇开资本主义社会条件,只从人与自然关系考察生产和工业。而这种工业,作为人的对象化活动,既是人类力量的能动体现,又为人类生存创造了生活条件。这样,工业就不是与人类能动性相对立,而本身就是人类能动活动的过程,人们改变自然的生产力和人的力量是相同的。

第三,作为人类能动活动的工业是不断发展变化的。生产、工业作为人类为了自身的需要创造生活条件的过程,自身就具有发展的动力,是一个不以人和社会的意志为转移,客观发展的过程。在《评李斯特》一文中,马克思不仅多次强调,在作为买卖的现代工业中,存在着"工业意识不到的并违反工业的意志而存在于工业中的力量"[①]、与现代工业"不同的工业唤起的力量",而且他还分析生产力的发展过程,提出了农业生产力和工业生产力的不同发展

---

① 《马克思恩格斯全集》第 42 卷,人民出版社,1979 年,第 257 页。

阶段及其特征①。

这样,撇开现存社会制度,以人类历史为前提,马克思就把工业看成人与自然的过程。而作为人改变自然,创造生活条件的对象化活动,工业就不是与人类能动活动相对立,而是不断发展的人类能动活动过程;工业就不是人的异化,而是人的发展。马克思明确提出,"不再把工业看作买卖利益而是看作人的发展"②。

(三)作为人的发展的工业是创造和废除私有财产的基础

马克思撇开社会条件,撇开以私有制为基础的交换价值,以人与自然的过程看待工业,把工业看成不同于买卖的人的发展,不是要把人与自然的关系和人与人的关系分割开来,把物质生产活动与社会制度分割开来,而是要用人与自然关系说明人与人的关系的产生和性质,用物质生产活动的发展过程说明社会制度的产生和发展。在《评李斯特》一文中,作者用人类能动改变自然力量的工业和生产力的发展去说明私有财产的产生和消亡,说明在私有财产基础上作为买卖的工业的产生和消亡。

第一,劳动是为私有财产所决定的并且创造私有财产的活动。

在劳动、生产、工业与私有财产的关系上,古典经济学因为以私有制为前提,因而只看到以私有财产为基础的生产、工业,看不到私有财产也是人们生产出来的。在《评李斯特》中,马克思撇开

---

① 《马克思恩格斯全集》第 42 卷,人民出版社,1979 年,第 263 页。
② 《马克思恩格斯全集》第 42 卷,人民出版社,1979 年,第 258 页。

私有财产,以人改造自然的活动过程考察工业和劳动。而作为人类能动活动的劳动和工业,在生产物质产品的同时,也生产出劳动组织,生产出人与人的关系,生产出一定的社会组织。马克思并不否认私有制基础上的劳动、生产,但是他强调"私有财产无非是物化的劳动"①。这样,在《评李斯特》中,马克思与古典经济学不同,既看到私有制基础上以交换价值为目的的商品生产,又看到这种以私有制为基础的交换价值生产,也是人们在生产中创造出来的,是生产发展到分工和机器的结果,并明确指出"劳动按其本质来说,是非自由的,非人的,非社会的被私有财产所决定的并且创造私有财产的活动"②。

第二,私有财产是分工、机器和资产者最好的制度。在《评李斯特》一文中,马克思从人类历史出发,把私有财产及交换价值生产看作是劳动和工业发展的产物。而劳动、工业如果是人的发展,那么适合这种劳动和生产力发展的社会关系、组织和制度也是人的发展的体现。他认为,以私有财产为基础的自由竞争制度、工厂制度是适合分工和机器发展的社会制度和社会组织,因而它既是分工和机器"达到自己的最高发展"的制度,对于作为分工和机器的主体——"资产者是最好的世界,是发展他作为资产者的'能力'以及剥削人和开发自然的能力的最适宜的制度"③。正是从这样的认识出发,他认为把私有财产及交换价值生产与人的能动性和社会性对立起来的观点是错误的、"谈论自由的、人的、社会的劳动,

---

① 《马克思恩格斯全集》第 42 卷,人民出版社,1979 年,第 254 页。
② 《马克思恩格斯全集》第 42 卷,人民出版社,1979 年,第 254—255 页。.
③ 《马克思恩格斯全集》第 42 卷,人民出版社,1979 年,第 260 页。

谈论没有私有财产的劳动,是一种最大的误解"①。

第三,工业的发展是废除私有财产和交换价值生产的基础。

在古典经济学那里,私有财产是自然、永恒存在的。在《评李斯特》中,马克思撇开市民社会,从人与自然的活动过程理解工业,从而把工业看成人的发展。而作为人的发展的工业,就成为废除私有财产的基础和动力。马克思认为,私有财产既然是劳动创造的,因此"废除私有财产只有理解为废除'劳动'",而"这种废除只有通过劳动本身才有可能,只有通过社会的物质活动才有可能"②。但"工业意识不到违反工业的意志",所谓工业的意志就是以人类能动改造自然活动过程为内容的工业和生产力。一方面,工业和生产力的发展与私有制及交换价值生产的矛盾突出了。马克思指出:"一旦人们不再把工业看作买卖利益而是看作人的发展,就会把人而不是把买卖利益当作原则,并向工业中只有同工业本身相矛盾才能发展的东西提供与应该发展的东西相适应的基础。"③另一方面,工业和生产力发展则为解决这种矛盾、建立无产阶级的社会制度提供条件。马克思指出:"工业用符咒招引出来(唤起)的自然力量和社会力量对工业的关系,同无产阶级对工业的关系一样。今天,这些力量仍然是资产者的奴隶,资产者无非把它们看作是实现他的自私(肮脏的)利润欲的工具(承担者);明天,它们将砸碎自身的锁链,表明自己是会把资产者连同只有肮脏外壳(资产者把这个外壳看成是工业本质)的工业一起炸毁的人类发展的承担者。

---

① 《马克思恩格斯全集》第 42 卷,人民出版社,1979 年,第 254 页。
② 《马克思恩格斯全集》第 42 卷,人民出版社,1979 年,第 255 页。
③ 《马克思恩格斯全集》第 42 卷,人民出版社,1979 年,第 258 页。

这时人类的核心也就赢得了足够的力量来炸毁这个外壳并以它自己的形式表现出来。明天,这些力量将炸毁资产者用以把它们同人分开并把它们从一种真正的社会联系变为(歪曲为)社会桎梏的那种锁链。"①马克思明确指出,把工业当作人的发展的"这种估价同时也就承认废除工业的时刻已经到了"②。

在《评李斯特》中,"工业是人的发展"思想,既是从全部人类历史出发看待工业的立足点,也是对工业的历史含义和历史性质的界定,又是对工业的历史基础作用的强调。

二、从"工业是人的发展"思想出发的经济学批判

新理论的建构和旧理论的批判是同步进行的。在《评李斯特》一文中,马克思在阐述自己思想观点的同时,也对各种经济学思想进行了批判。而这种批判正是以"工业是人的发展"思想为基础。

(一)古典经济学的缺陷在于"把现代资产阶级社会作为前提条件"

在《评李斯特》中,马克思对李斯特经济学思想的批判是与对古典经济学的评价相关的,因而要了解马克思对李斯特的批判,首先要了解他对古典经济学的已有认识水平。在《评李斯特》一文中,马克思以工业是人的发展思想出发对古典经济学进行了分析。

一方面,古典经济学是现代资产阶级社会物质生产的现实运

① 《马克思恩格斯全集》第 42 卷,人民出版社,1979 年,第 258—259 页。。
② 《马克思恩格斯全集》第 42 卷,人民出版社,1979 年,第 257 页。

动在理论上的表现。马克思认为,在现代制度下,以私有制为基础的自由竞争社会,"生产力一开始就是由交换价值决定的"①,工业资本家和地租所得者在他们的活动中,在他们实际生活中,是受利润和交换价值所支配,"工人是一种商品,一种交换价值"②。因而古典经济学把工业看成"买卖",它提出的竞争规律、交换价值规律,就是自由竞争社会的物质生产特征和规律的反映,就是"现实运动在理论上的表现"③。英法经济学之所以"把财富奉为神明,并在学术上也无情地把一切献给财富"就在于现代工厂制度,在于"现实的社会组织是无精神的唯物主义,个人唯灵主义、个人主义,国民经济学只是给这一制度提供了相应的理论表现"④、在于它"泄露了财富的秘密并使一切关于财富的性质、倾向和运动的幻想成为泡影"⑤。这样,马克思在《评李斯特》一文中首先肯定了古典经济学的科学性。

另一方面,把竞争和自由贸易的现代资产阶级社会作为生产的自然前提是古典经济学的经济偏见。马克思认为,自斯密以来的"经济学的所有最杰出的代表都把竞争和自由贸易的现代资产阶级社会作为前提条件"⑥,"它是从竞争的社会制度出发的""以现在的社会条件为前提"⑦。在《评李斯特》中,马克思发现以人与

---

① 《马克思恩格斯全集》第 42 卷,人民出版社,1979 年,第 263 页。
② 《马克思恩格斯全集》第 42 卷,人民出版社,1979 年,第 254 页。
③ 《马克思恩格斯全集》第 42 卷,人民出版社,1979 年,第 242 页。
④ 《马克思恩格斯全集》第 42 卷,人民出版社,1979 年,第 252 页。
⑤ 《马克思恩格斯全集》第 42 卷,人民出版社,1979 年,第 241 页。
⑥ 《马克思恩格斯全集》第 42 卷,人民出版社,1979 年,第 241 页。
⑦ 《马克思恩格斯全集》第 42 卷,人民出版社,1979 年,第 260 页。

自然的活动过程为内容的作为人的发展的工业，是创造和废除私
有制的基础。因而，马克思这时已认识到，私有制和自由竞争制度
不是物质生产的自然前提，而是历史的产物。古典经济学把以私
有制为基础的自由竞争、"市民社会"当作生产的自然前提，是只看
到劳动工业以私有制为基础，没有看到资本主义自由竞争制度和
组织，也是工业创造所导致的结果。这正是国民经济学作为资产
者的代表的"经济偏见"。正是把以私有制为基础的自由竞争社会
作为前提，古典经济学把以私有制为基础，交换价值生产、买卖的
工业当作物质生产和劳动的自然形式，"以致把'物质财富'和'交
换价值'完全等同起来"①。从而把物质生产与人的能动性和社会
性对立起来，形成了在物质生产之外，在私有财产的劳动之外"谈
论自由的、人的、社会的劳动"这个"最大的误解"②。

(二)李斯特经济学依然"囿于旧经济学的经济偏见"

　　作为德国资产阶级代表，李斯特从德国特殊条件出发，认为德
国经济的发展，不能遵循英法的世界主义国民经济学，而要遵循自
己的国民经济学。他认为，世界主义国民经济学是"建立在交换价
值的基础上"，而他的国民政治经济学是"建立在生产力的基础
上"③。对李斯特经济学思想，马克思主要进行了以下分析。

　　第一，李斯特没有看到英法经济学是现实运动在理论上的表

---

① 《马克思恩格斯全集》第 42 卷，人民出版社，1979 年，第 253 页。
② 《马克思恩格斯全集》第 42 卷，人民出版社，1979 年，第 254 页。
③ 《马克思恩格斯全集》第 42 卷，人民出版社，1979 年，第 252 页。

现,仅从经济学家道德心理方面去解释。在英法经济学的来源和产生基础上,马克思认为,李斯特"认为整个经济学不外是研究室中编造出来的体系"①。在认识和评价英法经济学时,他不去研究现实的历史,而是探求经济学家个人的秘密的恶的目的。他反对英法经济学家的办法,就是"从道德上诽谤敌人,怀疑其心术不正,探查其行动的恶劣动机,一句话,使其声名狼藉,怀疑他的人格"。②在分别分析了李斯特对一些英法经济学体系的解释后,马克思总结道:"如果说李斯特先生从斯密个人的功名心和隐蔽的英国市侩精神来解释斯密体系,从复仇心和作为一种行业来解释萨伊体系,那么他在对待西斯蒙第方面却堕落到如此地步,以致要从西斯蒙第生理结构的缺陷上来解释西斯蒙第体系。"③这充分说明李斯特先生"觉察不到""像经济学这样一门科学的发展,是同社会的现实运动联系在一起的,或者仅仅是这种运动在理论上的表现"④。

第二,李斯特依然"囿于旧经济学的经济偏见"。马克思认为,英法经济学家作为资产阶级的代表,把资本主义自由竞争制度当作永恒存在与物质生产不可分割的社会前提。李斯特虽然反对国民经济学家,但是他作为资产阶级的代表不反对国民经济学的现实前提,同样认为"工厂所造成的竞争制度是最好的社会联合。工厂制度所创造的社会组织是真正的社会组织"⑤,他的愿望实质上是在德国"使工厂制度达到英国的繁荣程度,使工业主义成为社会

---

① 《马克思恩格斯全集》第 42 卷,人民出版社,1979 年,第 242 页。
② 《马克思恩格斯全集》第 42 卷,人民出版社,1979 年,第 242 页。
③ 《马克思恩格斯全集》第 42 卷,人民出版社,1979 年,第 248—249 页。
④ 《马克思恩格斯全集》第 42 卷,人民出版社,1979 年,第 242 页。
⑤ 《马克思恩格斯全集》第 42 卷,人民出版社,1979 年,第 251 页。

的调节者"①。马克思认为,由于都是以私有制基础上自由竞争制度为前提,因而李斯特经济体系具有和国民经济学一样的缺陷:李斯特同样"把'物质财富'和'交换价值'完全等同起来"②,认为从事物质生产的人只是一种"交换价值"③,一种商品;同样把物质生产活动与人类能动性对立起来,仍然坚持在物质生产之外,在"私有财产的劳动"之外"谈论自由的,人的社会劳动""这一种最大的误解"④。因而,马克思认为,尽管批判旧经济学,然而,"李斯特先生囿于旧经济学的经济偏见"⑤。

　　第三,李斯特以现有的制度为前提,把生产力与交换价值分开是一种任意的抽象。李斯特认为,生产力与交换价值是对立的。作为财富原因的"生产力表现为一种无限高于交换价值的本质。这种力量要求具有内在的本质地位,交换价值要求具有暂时现象的地位。这种力量表现为无限的,交换价值表现为有限的;前者表现为非物质的,后者表现为物质的"⑥。"国家必须牺牲物质的力量以便赢得精神的或社会的力量","我以交换价值牺牲了的东西,是某种外于我的东西,我以生产力的形式赢得的东西,是我的自我获得物"⑦。对李斯特这些看法,马克思认为"这样的分开是一种任意的抽象,是因为这样的分开是不可能的而且必然停于一般

---

① 《马克思恩格斯全集》第 42 卷,人民出版社,1979 年,第 251 页。
② 《马克思恩格斯全集》第 42 卷,人民出版社,1979 年,第 253 页。
③ 《马克思恩格斯全集》第 42 卷,人民出版社,1979 年,第 255 页。
④ 《马克思恩格斯全集》第 42 卷,人民出版社,1979 年,第 254 页。
⑤ 《马克思恩格斯全集》第 42 卷,人民出版社,1979 年,第 253 页。
⑥ 《马克思恩格斯全集》第 42 卷,人民出版社,1979 年,第 261 页。
⑦ 《马克思恩格斯全集》第 42 卷,人民出版社,1979 年,第 261 页。

的词句"①。在马克思看来,"在现代制度下,生产力不仅在于它也许使人的劳动更有效或使自然的力量和社会的力量更富成效,而且它同样正在使劳动更加便宜或者使劳动对工人来说生产效率更低了。生产力从一开始就由交换价值决定"②。只有"撇开了当前工业从事活动的,工业作为工业所处的环境","不是处身于工业时代之中,而是在它之上","不是按照工业目前对人来说是什么……而是历史地说他是什么来看待工业"③,才能看到与交换价值生产和作为买卖工业不同的作为人的发展的工业和生产力。马克思在这里的意思很清楚,生产力和交换价值不是不能区分,而是说这种区分是有条件的。如果以现有的自由竞争制度为前提,生产力就是由交换价值决定的,只有撇开现有社会条件,以人类历史为前提,生产力才是一种既区别于交换价值又决定交换价值的力量。而李斯特以现代工业制度为前提,试图把生产力与交换价值对立起来,只能是幻想和任意抽象。对此,马克思讽刺道:"有个可怜虫仍然停留在现有制度之内,他只想把现有制度提高到自己国内还没有达到的高度,并以嫉妒的眼光盯着另一个已经达到这一高度的国家,难道这样的可怜虫有权在工业中看到买卖利益以外的其他什么东西了吗?他能说他关心的仅仅是人的能力的发展和人对自然力的占有吗?这是卑鄙行为。"④

李斯特提出要建立一种不同于世界主义国民经济学的国民政

---

① 《马克思恩格斯全集》第 42 卷,人民出版社,1979 年,第 260 页。
② 《马克思恩格斯全集》第 42 卷,人民出版社,1979 年,第 263 页。
③ 《马克思恩格斯全集》第 42 卷,人民出版社,1979 年,第 257 页。
④ 《马克思恩格斯全集》第 42 卷,人民出版社,1979 年,第 258 页。

治经济学,也提出和国民经济学不同的一些观点,但是由于他坚持国民经济学的前提,因而他"不能使国民经济学得到发展","更不能在实践方面把迄今为止几乎在以往的社会基础上充分发展了的工业再向前推进"①。

(三)圣西门学派的缺陷在于没有发现与现代工业不同的作为人的发展的工业

在《评李斯特》一文中,马克思从"工业是人的发展"的思想出发,对圣西门学派的思想也进行了一些分析。马克思的分析评价主要表现为两个方面。

一方面,与古典经济学家和李斯特不同,圣西门的理论目标是向私有制进攻,以联合代替竞争。以斯密为代表的国民经济学,把私有制基础自由竞争当作人的自然联系,把以交换价值为目的商品生产当作物质生产的自然形式。李斯特反对国民经济学的交换价值理论,但仍然把自由竞争制度作为物质生产的前提条件。圣西门主义者,不仅向人发出第一个号召"把他们的工业从买卖中解放出来,把目前的工业理解为一个过渡时期",而且"继续前进,向交换价值、当前的社会组织、私有制进攻",他们提出以联合代替竞争。② 马克思指出:"我们决不能把圣西门主义者同李斯特这个人或德国庸人等量齐观。"③如果说李斯特和德国庸人与国民经济学

---

① 《马克思恩格斯全集》第 42 卷,人民出版社,1979 年,第 249 页。
② 《马克思恩格斯全集》第 42 卷,人民出版社,1979 年,第 259 页。
③ 《马克思恩格斯全集》第 42 卷,人民出版社,1979 年,第 259 页。

一样,都是维护资本主义私有制社会的资产阶级思想家,那么圣西门则是以摧毁资本主义私有制,以联合代替竞争为理论目标的共产主义者。

一方面,与古典经济学家和李斯特一样,圣西门没有发现与现代工业不同的作为人的发展的工业,仍然把资产阶级作为向私有制进攻、建立联合社会的动力。圣西门重视工业生产力,认为政治是关于生产的科学,在未来对人的政治统治应当变成对物的管理和对生产过程的领导,要用有计划和有组织的生产来代替资产阶级社会无政府的生产。而领导和统治生产的主体不是游手好闲者,也不能是无财产者,只能是科学和工业。"科学就是学者,而工业首先就是积极活动的资产者、厂主、商人、银行家。"①对圣西门这些观点,从作为人的发展的工业是私有制产生和消除的动力和基础思想出发,马克思认为,圣西门学派没有把自由竞争制度为基础的现代工业与以人与自然的活动过程为内容的作为人的发展的工业区别开来,"把二者即把工业同工业无意识地并违反自己意志而造成的,一旦废除了工业就能成为人类的力量,人的威力的那种力量混淆起来","把工业违反自己意志而无意识创造的生产力归功于现代工业"②,而以现代工业为前提,对象化的活动与人的能动性,社会性是对立的,因而只能在"私有财产的劳动"之外,"谈论自由的、人的、社会劳动"③,从而只能在劳动者之外,把资产阶级作为推动社会发展变化的动力和主体。在马克思看来,由于这种混淆,

① 《马克思恩格斯恩选集》第 3 卷,人民出版社,1995 年,第 725 页。
② 《马克思恩格斯全集》第 42 卷,人民出版社,1979 年,第 258 页。
③ 《马克思恩格斯全集》第 42 卷,人民出版社,1979 年,第 254 页。

圣西门学派就把推翻私有制、实现联合代替竞争的动力和主体，归结为以私有制和竞争为前提的动力和主体；从而使"对工业生产力的赞美成了对资产阶级的赞美"①。而从私有制为前提的主体和资产阶级出发，消灭私有制、实现社会生产的联合目标，只能是一种幻想。马克思总结道，圣西门学派的"那种混淆不仅使他们陷入幻想，把卑鄙龌龊的资产者看作牧师，而且也使他们在最初的外部斗争之后又回到旧的幻想（旧的混淆）之中"②。

　　这样，在《评李斯特》一文中，马克思认为，古典经济学家、李斯特和圣西门学派虽然在研究重点和观点上有所区别，但是他们的共同缺陷是，以资本主义为立足点，把工业和物质生产活动与人的本质割裂开来，否认工业的历史基础。对各种经济学流派的这个评价，既是从"工业是人的发展"的思想出发的结果，也是对"工业是人的发展"的思想的进一步论证。

三、"工业是人的发展"思想的理论创新

　　在马克思主义理论的形成过程中，"工业是人的发展"的思想的提出，对于包括《1844年经济学哲学手稿》《神圣家族》在内的马克思早期思想都是重大创新。

---

① 《马克思恩格斯全集》第42卷，人民出版社，1979年，第259页。
② 《马克思恩格斯全集》第42卷，人民出版社，1979年，第259页。

（一）在物质生产认识上的创新

在《德法年鉴》时期，马克思在坚持作为物质关系总和的"市民社会"决定政治国家的观点的同时，也确立了从以自然、感觉为基础的人的本质出发论证人类解放的理论思路。在1844年巴黎手稿和《神圣家族》中，作者从劳动和劳动的主体群众出发，去阐述物质关系的发展，论证私有制的消亡和共产主义的产生，明确提出"整个世界历史不外是人通过人的劳动而诞生的过程"①，"历史活动是群众的事业"②的论断。可是在这两部著作中，作者对劳动、物质生产、工业的认识具有以下特征：第一，以私有制社会为前提看待现实的劳动、物质生产和工业，明确提出"私有财产的运动——生产和消费——是迄今为止全部生产运动的感性展现，是人的实现或人的现实"③。第二，现实的劳动、工业，虽然是人的类本质的体现，但却是背离了人的主体性和社会性的异化活动。第三，现实的劳动和物质生产只是私有制关系产生的基础，而不是私有制关系灭亡的动力和基础，人类历史和共产主义产生发展的动力与基础是在现实劳动之外的合乎人的本质的理想劳动。因而这个时期，作者的劳动、生产理论，实际上是立足于资本主义社会否定其历史性质和历史地位的劳动、生产理论。

与1844年巴黎手稿和《神圣家族》相比，《评李斯特》一文中马

---

① 马克思：《1844年经济学哲学手稿》，人民出版社，2000年，第92页。
② 马克思、恩格斯：《神圣家族》，人民出版社，1958年，第104页。
③ 马克思：《1844年经济学哲学手稿》，人民出版社，2000年，第82页。

克思对物质生产的认识发生了根本的转变：第一，对考察劳动、生产和工业的前提和立足点有了新认识。马克思认为分析物质生产的含义及其与人的关系性质时，不能以现在的社会条件为前提，而是要撇开当前工业所处的社会条件；不是要处于当前工业所处的时代之中，而是在它之上；不是按照工业目前对人来说是什么，而是按照现在的人对人类历史来说是什么。这就超越了古典经济学和青年马克思以资本主义私有制社会作为前提分析把握工业的含义和性质的思想，提出了研究物质生产及人的本质时以全部人类历史为前提和立足点的思想。第二，对劳动、生产和工业的含义和性质有了新认识。作者认为，工业是人和自然的活动，既是人类自身力量的对象化，也为人类创造了生活条件，具有不以现代社会的意志为转移自主发展的力量。这就超越了古典经济学和青年马克思以交换价值、商品生产看待劳动、生产和工业，认为现实的劳动生产是没有人的自由和社会性的异化劳动思想，提出把物质生产与人的能动性、社会性结合起来，提出工业是人的发展的思想。第三，对劳动、生产和工业的历史作用和地位有了新认识。马克思认为，劳动是被私有财产决定的并且创造私有财产的活动。废除私有财产，只有通过作为社会物质活动的劳动本身才有可能。这就超越了只肯定劳动生产以私有财产为基础，看不到劳动是私有财产历史变化的基础的思想，提出生产力发展是私有制消亡的动力和基础的思想。在《评李斯特》中，马克思关于物质生产认识的这三方面创新是一个完整的整体，不撇开以私有制为基础的社会条件，就不能把工业当作人的发展，就不能得出工业、生产力发展是私有制灭亡的基础的观点，而工业、生产力是人的发展，是私有制产生和灭亡的基础的观点,也论证了撇开私有制前提条件看待工业的合理性。

以《评李斯特》手稿中对工业和物质生产的认识为基础,马克思在《关于费尔巴哈的提纲》中提出,与包括费尔巴哈在内的旧唯物主义不同,新唯物主义不是以市民社会为立脚点,而是以人类社会为立脚点;"对对象、现实、感性",不是只"从客体的或直观的形式去理解",把对象性活动与人的主体活动对立起来,而是"把人的活动本身理解为对象性活动";不是否认物质生产的历史动力作用,而是强调"社会生活在本质上是实践的"①。也正是在此基础上,马克思恩格斯在《德意志意识形态》中才提出"现实的个人是历史的前提"思想,物质生产是社会、政治、精神生活的基础的思想。②

(二)对古典经济学认识上的创新

马克思在《德法年鉴》中,把政治国家归结为市民社会,而对市民社会的考察必须进行经济学研究,1844 年巴黎手稿是马克思经济学研究的首次系统表述,也是他对古典经济学的首次系统批判。在 1844 年巴黎手稿和随后的《神圣家族》中,作者从无产阶级劳动者立场和消灭私有制的政治目标出发,对古典经济学的认识主要表现为两个方面:一方面,国民经济学是一种与现实社会相冲突的理论。作者认为,依照国民经济学的理论,劳动产品"本来属于工人",工人利益与社会利益不对立,地租和资本利润是工资扣除等,

① 《马克思恩格斯选集》第 1 卷,人民出版社,1995 年,第 54—57 页。参阅附录一。
② 马克思、恩格斯:《德意志意识形态》(节选本),人民出版社,2003 年,第 11 页。

但是在现实中工人只得到繁衍工人所必需的部分,工人的利益与社会利益是对立的,工资只是土地和资本,让给工人的一种扣除①,是一种"敌视人"的理论②。一方面,古典经济学的前提是合理的。作者明确提出:"我们是从国民经济学的各个前提出发的,我们采用了它的语言和它的规律,我们把私有财产、把劳动、资本、土地的相互分离、工资、资本利润、地租的相互分离以及分工、竞争、交换价值概念等等当作前提。"③总之,这个时期的马克思和恩格斯认为,国民经济学的结论是错误的,前提是合理的。

在《评李斯特》中,马克思撇开当代工业的社会条件,提出了工业是人的发展,是私有制产生和消亡的基础思想。以这个认识出发,马克思对以斯密为代表的国民经济学的认识,也发生了重大变化。一方面,从否定国民经济学理论的现实性,到承认国民经济学是当代"社会现实活动在理论上的表现"。马克思认为,国民经济学提出的交换价值的生产和原理,揭示了当代社会财富生产的秘密。一方面,从肯定国民经济学的前提到否定国民经济学的前提。马克思认为,国民经济学家虽然看到当代物质生产以私有制为条件,但是,由于资产阶级的经济偏见,没有看到私有制及商品生产都是物质生产创造出来,是历史的结果,从而把私有制为基础的自由竞争当作与物质生产不可分割的社会条件,把物质生产与交换价值的生产当作物质生产的自然形式,从而在私有财产的劳动之外"谈论自由的人的社会的劳动",因而"是一种最大的误解"。这

---

① 马克思:《1844年经济学哲学手稿》,人民出版社,2000年,第12—13页。
② 马克思:《1844年经济学哲学手稿》,人民出版社,2000年,第74页。
③ 马克思:《1844年经济学哲学手稿》,人民出版社,2000年,第82页。

样,马克思就超越了 1844 年巴黎手稿和《神圣家族》,认为国民经济学在内容上有合理性,但立足于资本主义市民社会,把资本主义生产方式的特征和规律当作物质生产的自然永恒特征和规律则是错误的。

《评李斯特》中马克思对古典经济学的认识和创新,是成熟的马克思主义认识和评价古典经济学的来源和基础。《德意志意识形态》中古典经济学既是"一门独立的专门科学",也是"替现存事物的单纯的辩护"的观点,①《资本论》中资产阶级政治经济学的根本缺陷在于"把资本主义制度不是看作历史上的过渡的发展阶段,而是看作社会生产的绝对的最后的形式"的思想,②只有以《评李斯特》中马克思对古典经济学的认识和创新为基础才能理解。

(三)对共产主义理论与古典经济学的关系认识上的创新

在 1844 年巴黎手稿和《神圣家族》中,关于共产主义理论与古典经济学的关系问题,马克思、恩格斯认为,在研究的主题和观点上,共产主义理论与古典经济学不同,后者关注和论证的是资本主义社会与人的本质协调及资本主义永恒存在,前者关注的是资本主义社会与人的本质的冲突及资本主义被共产主义代替的必然性问题;而在论证的前提下,共产主义与古典经济学是相同的,都把私有财产,把劳动资本、土地相互分离,工资、资本利润、地租的相互分离,以及分工、竞争、交换价值概念等"作为前提"。共产主义

① 马克思、恩格斯:《德意志意识形态》(节选本),人民出版社,2003 年,第 118—119 页。
② 马克思:《资本论》,人民出版社,1975 年,第 16 页。

仍然立足于已往的历史前提。

在《评李斯特》中,随着工业是人的发展的思想的提出,对古典经济学认识的转变,马克思对共产主义理论与古典经济学两者关系的认识也发生了变化。这主要表现为:第一,要把国民经济学向前推进,就不能立足于它的前提。马克思认为,李斯特虽然反对国民经济学,想建立一种不同于交换价值理论、以生产力为基础的国民政治经济学。但是,他与古典经济学一样,仍然以现在的社会条件为前提,"仍然停留在现有制度之内",从而就不能发现买卖工业以外的,作为人的发展的工业,也就"不能使国民经济学得到新的发展"。第二,要论证共产主义,就必须撇开国民经济学的前提。马克思认为,圣西门虽然与古典经济学和李斯特不同,把向私有制进攻、以联合代替竞争作为理论目标和研究主题,但是,他们仍然像资产阶级思想家一样,没有发现和区别以自由竞争为前提的买卖工业背后能摧毁现有制度的作为人的发展的工业、生产力及无产阶级,仍然把它归结为以资本主义私有制为基础的现代社会、归结为资产阶级。由于这种混淆,圣西门学派的共产主义目标陷入幻想。而要消灭私有制、废除作为买卖的工业的共产主义目标,只有撇开国民经济学的前提,把工业当作人的发展才有可能。① 因而,在《评李斯特》中,马克思认为,与古典经济学相比,共产主义不仅是主题、观点的创新,也是前提的创新和革命,而且这种前提创新是一种更根本的创新。

以《评李斯特》中关于共产主义理论的认识为基础,马克思恩

---

① 《马克思恩格斯全集》第 42 卷,人民出版社,1979 年,第 258 页。

格斯在《德意志意识形态》中开始对以哲学为出发点的人本社会主义的批判，才提出共产主义是由现有的前提产生的，消灭现存状况的现实的运动，也才能理解《共产党宣言》中所提出的各种社会主义理论的根本缺陷①，在于都站在工人运动以外，看不到无产阶级方面的任何历史主动性②，才能理解"为了使社会主义变为科学，就必须首先把它置于现实的基础之上"③。

总之，《评李斯特》中"工业是人的发展"的思想，与之前青年马克思的思想相比，不仅是工业观、实践观的创新，而且是历史观、经济学和共产主义理论的创新。它不仅超越了近代思想家，而且也超越了青年马克思，开始了以物质生产为基础的历史科学和新理论建构。如果说，青年马克思还只是立足于旧前提的观点和目标创新，那么，工业是人的发展的思想的提出就是超越旧前提、确立新前提的理论前提创新。当然，在该书中，马克思还未形成使用价值的生产与商品生产、生产力与生产关系、实践、社会等准确的概念，关于物质生产创造和消除私有制思想的论述也比较概括，对各种经济学思想的分析比较简单。这些，都需进一步的补充和完善。但是，在《评李斯特》一文中，马克思已经确立了，从否定物质生产的历史性质和历史作用向强调物质生产的历史性质和历史基础、从旧基础出发建构新理论向从物质生产出发建构新理论转变的理念和思路则是确定无疑的。

---

① 马克思、恩格斯：《德意志意识形态》节选本，人民出版社，2003年，第31、86页。
②《马克思恩格斯选集》第1卷，人民出版社，1995年，第264、303页。
③《马克思恩格斯选集》第3卷，人民出版社，1995年，第732页。

第十二章　马克思"感性活动"的内涵及其当代启示

《关于费尔巴哈的提纲》所提出的"感性活动"不仅是德国古典哲学的枢机所在,还创造性地将唯心主义和旧唯物主义的"反思"特质转变为新唯物主义的"行动"特质,将"实践"("感性活动")与当时德国及西欧诸国经济社会发展及工人运动实际相结合,为指导全世界无产阶级的解放事业奠定理论基石并作出卓越贡献,对于当代社会实际生活同样具有针对性、指导性及重要的哲学方法论价值,对于深刻领悟马克思主义基本原理大有裨益。无论过去还是现在,跟"感性活动"对接的都是社会实际生活,尽管它的具体内容随着时代变迁而不断改变。

一、马克思"感性活动"的深刻内涵

在诠释"感性"和"活动"的深刻内涵的基础上,马克思的"感性活动"阐扬了新唯物主义基于"感性活动"的逻辑结构及其哲学方法论价值。"感性活动"启发我们"把握特有对象的特有逻辑",运用全局观考虑、分析问题。

"感性活动"源自马克思著名的《关于费尔巴哈的提纲》。这篇重要文献有两个版本,其一为马克思 1845 年的稿本,其二为恩格斯 1888 年发表的稿本。"感性活动"在这两个版本中的表述方式略有不同,在马克思 1845 年的稿本中,"感性活动"表述为"感性的人的活动"①(德文为 Sinnlichmenschliche Tätigkeit②);在恩格斯 1888 年发表的稿本,"感性活动"表述为"人的感性活动"③(德文为 Menschlichesinnliche Tätigkeit④)。这里以马克思 1845 年的稿本为准。

"感性的人的活动"包含着"感性的人"和"活动"两个部分,看似平淡无奇,但却蕴藏着深刻的哲学内涵。其中的"活动"不同于通常的"为达到某种目的而采取的行动",而"感性活动"亦不能理解成"情感的外在表现"或"内在的心理活动"等。"活动"(德文 Tätigkeit)一词蕴含着德国古典哲学深植厚培的"活动"(activity)传统⑤,即哲学不应满足于对世界的沉思,还应被视作"改变现实"的行动。而"感性的人的活动"的"感性"(德文

---

① 《马克思恩格斯选集》第 1 卷,人民出版社,2012 年,第 133 页。

② Kurt Lhotzky:*Karl Marx und Friedrich Engels:Gesammelte Werke*, Anaconda Verlag GmbH, 2016,p29.

③ 《马克思恩格斯选集》第 1 卷,人民出版社,2012 年,第 137 页。

④ Institut Für Marxismus-Leninismus beim ZK der SED:*Karl Marx Friedrich Engels Werke:Band 3*,Berlin:Dietz Verlag GmbH,1978,p533.

⑤ Ursula Martini:*Barron's Foreign Language Guides:German-English Dictionary*,Barron's Educational Series,Inc.,2016. p423.

Sinnlich)确有"感官性"的含义,可以理解为 sensuous/sensual(感官性的)①,于是,"感性的人的活动"意即"感官性的人的活动"。

在近代西欧哲学的背景中,"感性"意味着区别于单纯自发性的感受性,即受动性;而所谓"活动"则意味着自我活动、纯粹活动的自发性本身,即能动性。前者属于感性领域,后者属于超感性领域。在一定的意义上,"感性的活动"便意味着受动—能动、感性—超感性,意味着一种包含矛盾的存在过程②。

以上论述包含值得注意的两个要点:

其一,"活动"在"感性活动"的范畴构建中发挥着关键性作用。如果"活动"意味着自我活动、纯粹活动的自发性,那么,它与表示感受性(受动性)的"感性"放在一块,无论从词性角度还是从语义角度来看,都容易给人一种格格不入的感觉。

那么,马克思为什么要提"感性活动"?原因众说纷纭,各执一词,但至少有一点可以肯定:马克思的"感性活动"在扬弃费尔巴哈的"感性直观"时发挥着关键作用,因为"在费尔巴哈以'直观'作为对象性的反思形式的地方,马克思却用'活动'(矛盾关系及其发展)这一形式表达着对象性的原理"③。在德国古典哲学中,感性直观中被直观的"通常是空间中固定静止的东西"④,

---

① Ursula Martini: *Barron's Foreign Language Guides*: *German-English Dictionary*, Barron's Educational Series, Inc., 2016, p397.

② 吴晓明、陈立新:《马克思主义本体论研究》,北京师范大学出版社,2017 年,第 218 页。

③ 余源培主编:《马克思主义哲学的理论与历史》(修订版),复旦大学出版社,2000 年,第 50 页。

④ 李文堂:《真理之光:费希特与海德格尔论 SEIN》,江苏人民出版社,2008 年,第 74 页。

而费尔巴哈的"感性直观"所指涉的是与主体照面的对象（德文Gegenstand），这种"直观"是受动的，且费尔巴哈将"感性直观"中的对象视为主体的固有、客观的本质①，根据费尔巴哈的感性—对象性原理，主体的本质内涵将受制于"空间中固定静止"的局限，从而缺失"运动""能动"等特征。

此外，"活动"不仅包含着自我活动、纯粹活动的自发性（能动性），还蕴含着矛盾关系及其发展。"活动"一词内涵丰富、立意深远，不仅批判地继承德国唯心主义的思辨传统，还合理地扬弃费尔巴哈的"感性直观"，从而为《德意志意识形态》的写作进行必要的理论准备。

日本学者今村仁司认为，马克思之所以将"感性"置于"感性的人的活动"之中，旨在克服旧唯物主义和唯心主义的局限，并且努力地汲取德国古典哲学中人的主体性思想的积极方面，"感性活动"（"实践"）不仅为扬弃旧唯物主义、提出新唯物主义铺垫，还具有"主体性、感性"的特点，因而成为对"世界的解释"的"精神的形式"②。

"感性活动"虽然具有"主体性和感性"特点，但不能归结为"精神的形式"，因为"感性"意即"感官性"，指具体的人借由"主体的感官"来进行"日常生产生活活动"③的变革，这显然不是

---

① 刘贵祥：《马克思的感性活动论研究——一个生存现象学视角的探索》，中国社会科学出版社，2016年，第94页。

② 今村仁司等：《马克思、尼采、弗洛伊德、胡塞尔——现代思想的源流》，卞崇道、周秀静等译，河北教育出版社，2002年，第26—27页。

③ 庞卓恒、吴英、刘方现：《文本再译与实践唯物主义的哲学阐释》，载《中国社会科学报》2015年3月25日。

"精神的形式"所能概括的。况且,马克思已经在《关于费尔巴哈的提纲》中表明,已往的哲学"只是用不同的方式解释世界,问题在于改变世界"[1]。马克思以"感性活动"("实践")作为新唯物主义的核心范畴,以实践中主客体的对立统一来改变世界,不可能满足于以"精神的形式"来解释世界。综上,今村仁司的上述观点是不够恰当和全面的。

其二,"感性活动"意味着近代西欧哲学"反思"特质向德国古典哲学"行动"特质的转变。

综观近代西欧哲学史历程,"感性活动"不仅包含受动——能动、感性——非感性的矛盾,还包含思维——存在、唯心主义——唯物主义的矛盾。矛盾"存在于事物发展的一切过程中,且贯穿于一切过程的始终"[2],其含义包含着运动、变化和发展等特点,认识上述受动——能动、思维——存在等矛盾需要在运动、变化和发展的维度上加以研讨。

近代西欧哲学将关注焦点置于认识论问题,即法国著名哲学家笛卡尔提出的"心身问题"(Mind-body Problem),也就是说,思维能否认识存在,如何认识存在?围绕上述两个问题,近代西欧哲学形成经验论和唯理论两大派别,经验论主张感性经验是一切知识和观念的唯一来源,强调经验或感性认识对于思维认识存在的基础性作用;而唯理论则背道而驰,将知识和观念奠基于先天的、不用证明或无法证明的"自明之理"(如:几何公理和传统形式逻辑的同一律、矛盾律、排中律等),然后借由严密的逻辑推

---

[1]《马克思恩格斯选集》第 1 卷,人民出版社,2012 年,第 136 页。
[2] 夏征农、陈至立:《辞海》(第六版),上海辞书出版社,2009 年,第 1534 页。

理来保障知识和观念的必然性和可靠性。在回答思维能否认识存在、如何认识存在两个问题时，即便两大派别争吵得不可开交，但他们的回答无不体现着近代西欧哲学的"反思"特质，即借助精神的自我活动和内省的方法来思考、回答哲学问题。

依据近代西欧哲学的"反思"特质，与"感性"搭配的哲学范畴不应是"活动"，而应是"直观"（德文 Anschauung 可解释为 view①）或类似范畴。但是，"感性"如果与"直观"搭配，就成为马克思所批判的费尔巴哈的"感性直观"。这显然与马克思的本意背道而驰。此外，"直观"一词所蕴含的思维方式特质，即从既有观念、概念出发来呈现事物的表象，也无法符合"活动"的自我活动、纯粹活动的自发性要求。

既然"感性"与"活动"在哲学上存在内涵和逻辑上的紧张关系，马克思为什么还使用"感性的人的活动"呢？请注意，马克思在"感性"和"活动"之间加入了"人"。"活动"是人的感官参与其中的"活动"，而不是抽象、内省的精神活动。

马克思曾这样表述："人作为对象性的、感性的存在物，是一个受动的存在物；因为它感到自己是受动的，所以是一个有激情的存在物。激情、热情是人强烈追求自己的对象的本质力量"②。

著名学者洛克莫尔认为，上述引文中诸如"受动的""激情"和"追求"等术语均与费希特有莫大的关联。马克思在批判费希特时，并不是采取简单地全盘否定的做法，而是运用费希特的术

---

① Ursula Martini: *Barron's Foreign Language Guides*: *German-English Dictionary*, Barron's Educational Series, Inc., 2016, p34.
② 《马克思恩格斯文集》第 1 卷，人民出版社，2009 年，第 211 页。

语来批判费希特哲学,并且建构了与费希特十分相近的人的概念。洛克莫尔还指出,德国古典哲学蕴含着将人视为活动着的经验主体的传统。在历史性的视野里,费希特与马克思的立场是相似的,即将人视为活动性的存在①。

上述分析说明,近代西欧哲学中"反思"特质逐步让位于德国古典哲学的"行动"特质,静态的结构分析为动态的发展过程所取代,"行动"特质有助于从运动、变化和发展的维度揭示受动——能动、思维——存在等矛盾的深刻含义。在这样的背景下,费希特的"活动性"和"经验主体"很可能给马克思的"感性活动"提供有益素材,并产生积极影响。

洛克莫尔的上述分析提示了费希特哲学对于人"活动性存在""经验主体"的属性规定,这虽然对于马克思的"感性活动"具有启发性,但却不能抹杀费希特和马克思在对于人的本质认识上的根本差别,即前者将人等同于自我意识,把意识的对象看作精神的创造物;而后者坚持人是从事"感性活动"(日常生产生活活动)的具体的活生生的存在物,而不是精神的创造物。

马克思认为:"当现实的、肉体的、站在坚实的呈圆形的地球上呼出和吸入一切自然力的人通过自己的外化把自己现实的、对象性的本质力量设定为异己的对象时,设定并不是主体;它是对象性的本质力量的主体性,这些本质力量的活动也必定是对象性的活动。"②"设定"在费希特的哲学中具有核心地位,几乎可以看

---

① 汤姆·洛克莫尔:《费希特、马克思与德国哲学传统》,夏莹译,北京师范大学出版社,2018 年,第 161—165 页。
② 《马克思恩格斯文集》第 1 卷,人民出版社,2009 年,第 209 页。

作费希特哲学的代表性词。① 马克思在批判"设定"时,不仅批判
费希特哲学,还澄清了"活动"的本质属性——"对象性(德文
Gegenständliche 译为"客观的")的活动"②,即感性的人将自身现
实的、对象性的力量外化的过程。马克思的"感性活动"扬弃了
旧唯物主义拘泥于"感性直观"的弊端,且批判地继承德国古典
哲学中唯心主义的"行动"特质,最终超越唯心主义和唯物主义
的对立,成功开启新唯物主义的篇章。

二、新唯物主义中基于"感性活动"的逻辑结构探讨

　　作为马克思实践哲学转向的核心范畴,"感性活动"的"感
性"为"活动"提供受动性前提,能动性的人的"活动"以其"矛盾
及其发展"丰富、深化"感性"的内涵,从而形成一个有机整体。
马克思的"感性活动"所揭示的生成性思维、关系定义法和概念
中介性构成了"感性活动"的逻辑结构,该逻辑结构具有哲学方
法论的重要价值,不仅为新唯物主义开启了认识论上的新路向,
还拓展了对象性原理上的新空间,彰显了唯物辩证法的新功能。

(一)"感性活动"在认识论上开启了生成性思维的新路向

　　思路决定出路,思维决定作为。将人视为活动性的存在意味

―――――――――――――

① 司强:《青年马克思与费希特思想关系研究》,中国社会科学出版社,2014 年,第
　107—109 页。
②《马克思恩格斯选集》第 1 卷,人民出版社,2012 年,第 134 页。

着扬弃康德所强调的"主观的被动性（Geworfenheit）"①传统，作为活动性存在的人才会在对象性活动中彰显追求自己的对象的本质力量，对象性的活动离不开"主观的被动性"，这说明人的主观能动性不是无止境、无限制的，但这不意味着"主观的被动性"等同于一味地向后倒退，即倒退至康德不可言说的"物自体"，或是倒退至休谟的不可知论。

马克思以"感性活动"的"感官性"为人的活动界定发挥人的认知、知觉功能的领域，不仅为近代西欧哲学引入"活动性存在"等重要内容，还促使后者实现哲学研究思路的转变，即由"反思"特质向"行动"特质转变。即便传统的唯物主义与唯心主义二分法思路具有一定的方法论价值，其弊端也为不少学者所诟病。为此，有学者另辟蹊径提出"理论哲学"与"实践哲学"二分法思路，为研究西方哲学开辟新的视域。

"理论哲学"蕴含着既成性（现成性）思维模式，这种思维模式从存在论（也作"本体论"）上预设不容置疑的、始终不变的本质（终极）存在，再从本质存在推演出人、自然和社会。以"终极因"论证为例，地球为何会有四季之分，原因在于地球在自转的同时围绕太阳公转。于是，有人继续追问，地球为何会自转？又会围绕太阳公转？思索与推理良久后，此人得出结论：终极因（神或上帝）起初推动地球转动，于是地球才能自转；终极因预先设计好太阳系内各个行星的公转轨迹，于是地球才会围绕太阳公转。

---

① 柄谷行人：《跨越性批判——康德与马克思》，赵京华译，中央编译出版社，2018年，第34页。

既成性思维模式热衷于将世间事物归结为唯一的本质存在，再从本质存在和预设的规则来推导现实情况。既成性思维模式让人强调预设、注重本质、从抽象原则出发，容易形成脱离现实条件、远离现实生活的倾向。此外，既成性思维模式在认识论中预设了主体、客体二分的逻辑前提，意即在人生存的现实世界之外，还存在一个先在的、脱离现实的本质世界。

在既成性思维模式的框架中，一切真实存在都是预先设定好的（或者说是"前定和谐的"）、"是其所是"的，哲学的主要任务是揭示本质，即明确"是什么"即可。

然而，生成性思维模式却从现实生活出发，否认所谓预先设定的先在的、固定不变的本质（终极）存在。世间万事万物都处于不断的运动、变化和发展之中。生成性思维模式将存在看作时空中不断变化的过程之集合，而不是实体的简单堆积或既定事物在数量上的累积。存在的意义蕴含于人的现实生活之中，并且需要借助"感性活动"（"实践"）来加以体现。

生成性思维模式的关键特征在于存在的未完成性（逻辑上的未完成性），存在处在不断运动、变化、发展的过程之中。由于它们处于逐步形成、逐渐定型的阶段之中，不能问它们"是什么"，而只能问它们"怎么是"，即问它们"如何"和"怎样"。

生成性思维模式的特征可归纳为：（1）重过程而非本质；（2）重关系而非实体；（3）重创造而反预定；（4）重个性、差异而反中心、同一；（5）重非理性而反工具理性；（6）重具体而反抽象主义。[1]

---

[1] 李文阁：《生成性思维——现代哲学的思维方式》，载《中国社会科学》2000年第6期。

马克思认为:"整个所谓世界历史不外是人通过人的劳动而诞生的过程,是自然界对人来说的生成过程,所以关于他(按:指人)通过自身而诞生、关于他的形成过程,他有直观的、无可辩驳的证明。"①

"人的劳动"是"感性活动"的表现形式。有了"人的劳动",世界历史才可以看作"通过人的劳动而诞生的过程",生成性思维模式才可以体现"生成过程"的特点,同时克服既成性思维模式追求预设固定不变的本质(终极)存在的弊端。于是,可以结合人的劳动("感性活动")来问世界"如何""怎样",而不是问世界"是什么"。只要转换思维模式,就能扬弃既成性思维模式的弊端,还能发挥生成性思维模式的优势。

在《关于费尔巴哈的提纲》中,马克思认为"人的本质……在其现实性上,它是一切社会关系的总和"②。其中的"总和"(原文为ensemble 意即"全体、整体")不能望文生义而理解为数量上的简单加和,而应该从"全体、整体"的意义上加以理解。因为"全体、整体"突出的是人的不同社会关系相互间形成的系统性网络(复杂关系),这也体现着生成性思维模式的特点。

(二)"感性活动"在对象性原理上拓展了关系定义法的新空间

生成性思维模式着重于过程而非本质,它主张在生成过程中对被定义对象进行定义,既成性思维模式的本质主义定义法将不

---

① 《马克思恩格斯文集》第 1 卷,人民出版社,2009 年,第 196 页。
② 《马克思恩格斯选集》第 1 卷,人民出版社,2012 年,第 135 页。

再适用；生成性思维模式着重于关系而非实体，这意味着关系定义法将成为概念定义方法的主角，即借助揭示被定义对象与其他事物之间的关系来给前者下定义。

马克思在《关于费尔巴哈的提纲》中提出"对……感性，只是从客体的或者直观的形式去理解，而不是把它们当做感性的人的活动……不是从主体方面去理解"①，"感性"与"客体的、直观的形式"，以及"感性"与"感性的人的活动、主体方面"均构成关系定义法中被定义对象与其他事物之间的关系。马克思没有直接明了地阐明"感性"究竟是什么，而只是给出两个不同层面的思考途径，即客体的层面和主体的层面。有人或许心生疑惑，马克思为什么在这儿"卖关子"，直截了当阐述"感性"岂不更清楚明白？其实不然，这恰恰是关系定义法的生动体现。

生成性思维模式的关系定义法揭示被定义对象"感性""怎么是"，即"感性"如何或"感性"怎样，但不会阐述"感性"是什么，其原因主要有两点：

首先，关系定义法扬弃既成性思维在概念定义上的套路。阐述被定义对象"是什么"和揭示被定义对象的本质，是既成性思维模式中本质主义的定义方法套路。这一套路已经在上文分析并论述，此处不再赘述。根据马克思的观点，"感性"的内涵相当丰富，即便本质主义的定义方法使尽"浑身解数"，也只能阐明"感性"有限的小部分内涵，换句话说，"是什么"可看作肯定概念的定义项，它的论域是有限的，举例说来，苏格拉底是"是古希腊人"，这意味

① 《马克思恩格斯选集》第1卷，人民出版社，2012年，第133页。参阅附录一。

着"古希腊人"以外的内容与苏格拉底无关,我们不能说苏格拉底是"古印度人",因为"古印度人"明显不同于"古希腊人"。这是肯定概念定义项论域的有限性。

其次,关系定义法蕴含着马克思关于概念定义的辩证法思想。马克思的新唯物主义批判地继承了黑格尔辩证法的合理内核,并在给"感性活动"下定义的过程中运用关于概念定义的辩证法思想。"一切规定性,都可以在相关的且流动的面貌上,即在他为的然而以自我否定为契机的面貌中来理解。"①"相关的且流动的"可以视为关系定义法所揭示被定义对象与其他事物之间关系的特点,关系定义法不仅揭示被定义对象与其他事物之间肯定的关系,如"感性""只是从……理解",还揭示两者之间否定的关系,如"感性""而不是从……理解"。在揭示肯定的关系和否定的关系的同时,定义项的论域得以扩展。相比本质主义的定义方法而言,关系定义法的定义项论域更为全面、更为完整,这有助于揭示被定义项"感性"的丰富内涵。

关系定义法的哲学基础在于对象性原理和事物的有机联系观。就人类活动的对象性原理而言,马克思指出:"人则使自己的生命活动本身变成自己意志和自己意识的对象……就是说,他自己的生活对他来说是对象。"②另一方面,"作为自然的、肉体的、感性的、对象性的存在物……他的欲望的对象是作为不依赖于他的对象而存在于他之外的;但是,这些对象是他的需要的对象"③。在

---

① 广松涉:《唯物史观的原像》,邓习议译,南京大学出版社,2009 年,第 250 页。
② 《马克思恩格斯文集》第 1 卷,人民出版社,2009 年,第 162 页。
③ 《马克思恩格斯文集》第 1 卷,人民出版社,2009 年,第 209 页。

"生命活动"("对象性的活动",指"感性活动")中,人与生活、人与外在于人的事物形成对象性的关系。对于事物的有机联系观,黑格尔这样表述:"任何事物,一孤立起来看,便显得狭隘而有局限,其所取得的意义与价值即由于它是从属于全体的,并且是理论的一个有机的环节。"①将被定义对象置于其他事物之中来考察它们之间的关系,运用关系定义法来对被定义对象加以定义,这不仅有助于更为全面、完整地认识被定义对象,还有助于体现事物之间相互关联、相互作用的特点。

(三)"感性活动"在唯物辩证法上彰显了概念中介性的新功能

如果将生成性思维模式看作马克思"感性活动"所揭示的新唯物主义图景,关系定义法就好比马克思"感性活动"所建立的人与人、人与生活和生产之间的复杂关系,那么,概念中介性就像马克思"感性活动"为人、自然与社会的变化与发展所注入的"推进剂"。在概念中介性的居间、牵引和连接作用下,"感性的人"发挥着"能动性","感性的人的活动"为人、自然与社会的变化与发展引入新唯物主义解释,于是,唯物辩证法重要的方法论功能得以彰显。

概念中介性指黑格尔的"(概念)中介(活动)"在两个事物之间所发挥的联系、沟通和转化功能。"中介不是别的,只是自身运动着的自我等同性,或者说,它是自身中的反思,自为存在着的我的环节……是**单纯的形成过程**。这种中介活动,由于它的单纯性

——————————

① 黑格尔:《小逻辑》,贺麟译,商务印书馆,1982年,第423页。

之故,就恰恰是形成着的直接性。"①黑格尔认为,人们倾向于"憎恶""中介活动",这使得"(概念)中介(活动)"往往不受重视。根据黑格尔的论述,概念中介性具有转变的特点,这意味着"中介"具有动态特质,并且在事物变化、发展中发挥着不可或缺的作用。

有关"中介"的论述,散见于马克思的多个论著当中。如前述"所以关于他通过自身而**诞生**、关于他的**形成**过程",另外在论述共产主义"以扬弃私有财产作为自己的中介"时,马克思将"这种中介的扬弃"视为"一个必要的前提"②。马克思在《政治经济学批判(1857—1858 年手稿)》中明确提出,"最初在两极间起中介作用的运动或关系,按照辩证法必然会导致这样的结果,即这种运动或关系表现为自身的中介,表现为主体,两极只是这个主体的要素,它扬弃这两极的独立的前提,以便通过这两极的扬弃本身来把自己确立为唯一独立的东西"③。

上述引文的"中介"与黑格尔"(概念)中介(活动)"存在密切关联,且与马克思所提及的"辩证法"有关。在 1868 年 5 月 9 日致狄慈根的信中,马克思曾表示,"一旦我卸下经济负担,我就要写《辩证法》。辩证法的真正规律在黑格尔那里已经有了,当然是具有神秘的形式。必须去除这种形式"④。由于时间、精力和身体健康等原因,马克思的《辩证法》最终没有完成。恩格斯在晚年指出:"这是一个老问题:起初总是为了内容而忽略形式","形式"可以理

---

① 黑格尔:《精神现象学[句读本]》,邓晓芒译,人民出版社,2017 年,第 13 页。
② 《马克思恩格斯文集》第 1 卷,人民出版社,2009 年,第 216 页。
③ 《马克思恩格斯全集》第 30 卷,人民出版社,1995 年,第 293 页。
④ 《马克思恩格斯文集》第 10 卷,人民出版社,2009 年,第 288 页。

解为思维的辩证法形式。恩格斯还提及"通常把原因和结果非辩证地看做僵硬对立的两极,完全忘记了相互作用"①。结合上文论述,"相互作用"无疑体现着"感性活动"的概念中介性特点。

三、马克思"感性活动"的当代价值

马克思的"感性活动"在重新诠释"感性""活动"深刻内涵的同时,为新唯物主义提供基于"感性活动"的逻辑结构,即运用生成性思维、关系定义法和概念中介性来揭示"历史中行动的人"、自然和社会的相互关系及发展态势。马克思的"感性活动"不仅具有重要的哲学方法论价值,还能如恩格斯所述"应用于现时代",为学懂学通马克思主义基本原理指明了方向。

(一) 深入生活、扎根人民,努力"把握特有对象的特有逻辑",从而学懂学通马克思主义基本原理

习近平总书记指出,"学懂学通马克思主义基本原理"的关键之一,在于"努力掌握贯穿经典著作中的马克思主义立场观点方法"。掌握马克思主义立场观点方法,就不能脱离社会发展实际和日常生产生活活动。源自生产生活和社会现实的"感性活动",在马克思的笔下就成了反映 19 世纪 40 年代德国民众生活状况和工人运动趋势的"晴雨表"。马克思认为,对现代国家制度的真正哲

① 《马克思恩格斯选集》第 4 卷,人民出版社,2012 年,第 643—644 页。

学的批判,需要从德国的国家制度出发,从德国的经济社会矛盾出发,由矛盾的本来意义上来把握矛盾……在于把握特有对象的特有逻辑。① 德国特殊国情孕育了德国工人运动("特有对象")的"特有逻辑":一方面是德国民众迫切希望政府改变经济社会现状,解决民生问题,德国西里西亚纺织工人起义掀起欧洲工人运动的浪潮;另一方面,德国的容克贵族和资产阶级心有不甘,妄图借助神学和唯心主义哲学进行思想钳制,并调动武装力量进行镇压,以期实现他们对德国民众和工人阶级的统治和压迫。

马克思的"感性活动"针砭时弊、切中肯綮,从方法论、认识论和存在论三个层面为新唯物主义提供宝贵的智力支持,从而推动德国和西欧工人运动向纵深发展,并为国际工人运动事业提供至为关键的"改变世界"的行动指南。习近平总书记号召全党向马克思学习,其中一条是学习和实践马克思主义关于坚守人民立场的思想。要坚守人民立场,就必须深入生活、扎根人民,关注国家发展,关心社会民生,关爱群众冷暖,不回避矛盾、不逃避问题,在矛盾和问题交织汇集、叠加涌动之处自觉运用马克思主义基本原理进行全面、合理和认真的分析,努力"把握特有对象的特有逻辑"并给出解决矛盾、问题的对策、思路或方案,从而学懂学通马克思主义基本原理。

---

① 《马克思恩格斯全集》第 3 卷,人民出版社,2002 年,第 114 页。

(二)在时空维度中"谋全局",自觉运用全局观考虑、分析问题,从而学懂学通马克思主义基本原理

时间、空间是"感性活动"的感官性发挥作用的两个基本维度,也是理解"感性活动"作用域限的出发点。"感性活动"既不讨论脱离时间、空间的"针尖上可容纳多少天使"的经院哲学问题,又不讨论"非对象性的存在物",而是以时间、地点和条件为转移来考虑"感性的人的活动"中的问题。"感性的人"是时空中的人,"感性的人的活动"自然是包含时间、空间维度的"活动"。

习近平总书记曾引用"不谋全局者,不足谋一域"[1]来说明运用全局观考虑问题的重要性,即"谋一域"偏重空间维度,而"谋一时"则着重于时间维度。从时间、空间维度来考虑问题,与"一切从实际出发"的思想路线是一致的。"实际"不能脱离一定的时间、空间等条件约束,且需要运用全局观来加以考察。"从实际出发"离不开时间、空间维度,也离不开全局观的自觉运用。自觉运用全局观,并在时空维度中考虑、分析问题,从而学懂学通马克思主义基本原理。

---

[1]《习近平谈治国理政》第 1 卷,外文出版社,2018 年,第 87—89 页。

(三) 辩证地理解马克思"感性活动"等范畴,认真领悟"守正创新、与时俱进"的可贵品质,从而学懂学通马克思主义基本原理

马克思在致阿尔诺德·卢格的信中写道:"问题不在于将过去和未来断然隔开,而在于实现过去的思想。最后还会看到,人类不是在开始一项新的工作,而是在自觉地完成自己原来的工作。"①这段话提示我们,"感性活动"不是僵死不变的教条,不是教条地预期未来社会图景的"万应良方",而是源于历史但不拘泥于历史,具有现实批判性,始终随实践变化而发展的行动指南。

"专心致志地读、原原本本地读"马克思经典著作,既不是囫囵吞枣、生吞活剥上述著作中的观点和结论,也不是死记硬背、生搬硬套上述著作中的原理和方法,而是在历史前进的逻辑中和时代发展的潮流中守正创新、与时俱进,在新时代中国特色社会主义道路上坚持并发展马克思主义,使得马克思主义基本原理的理论之树常青、实践之花常开,从而学懂学通马克思主义基本原理。

---

① 《马克思恩格斯全集》第 47 卷,人民出版社,2004 年,第 66—67 页。

第十三章　对《共产党宣言》内涵的解读
——兼论社会主义革命范畴的内涵

　　《共产党宣言》作为无产阶级革命的理论和纲领体系,其理论逻辑和实践逻辑包含三大革命,即思想革命、政治革命和社会革命,三者的关系是递进的,一是通过思想革命建立共产党,实现无产阶级作为阶级的政治觉醒,即思想解放,使无产阶级上升成为自在自为的革命阶级;二是通过政治革命而建立无产阶级国家政权,实现无产阶级的政治统治,即政治解放,使无产阶级在政治上上升为统治阶级;三是通过社会革命而最终消灭私有制和阶级,即社会解放,实现从资本主义这个阶级社会向共产主义这个无阶级社会的过渡。

一、阶级的存在仅仅同生产发展的一定历史阶段相联系

　　马克思主义是关于无产阶级政党领导无产阶级革命和人类社

会解放的科学的理论和实践纲领体系,《共产党宣言》是体现这一理论和纲领体系的代表作。马克思在《致约·魏德迈》信中提出的"新内容",有助于解读《共产党宣言》的内在理论逻辑和实践逻辑指向,同时也是对《共产党宣言》的补充和完善,使得马克思革命思想有了更完整的表述。诸如作为马克思思想新发展的关于无产阶级专政的内容,关于无产阶级政党建设的任务要求、关于社会主义发展阶段论的内容,等等。

在《共产党宣言》"资产者与无产者"一章中,马克思、恩格斯认为历史上一切阶级及其阶级斗争都是社会生产方式发展的产物,正确揭示了资产阶级的灭亡和无产阶级的胜利是同样不可避免的客观规律,实现了从历史客观规律向历史主体实践的跃升,科学地阐明了无产阶级的伟大历史使命。

其主要内容可以归纳为三个要点和一个结论。

第一,《共产党宣言》阐述了马克思主义的阶级斗争学说,表明了共产党人对过去阶级社会全部历史的理解。

马克思在《致约·魏德迈》的信中提出"阶级的存在仅仅同生产发展的一定历史阶段相联系"。在阶级社会中,阶级的存在和发展仅仅是生产关系及其演化的社会表现形式,在生产方式发展不同阶段交替进程中产生着不同的阶级和阶级斗争。私有制是阶级产生和存在的社会根源。由于私有制的存在,到目前为止的一切社会历史都是阶级斗争的历史;阶级斗争展现的是一定社会生产关系的内部矛盾及其斗争,因而,阶级斗争也就成了阶级社会发展的直接动力;阶级斗争更替和演化不过是生产方式内部结构和矛盾演化的直接结果。

第二,《共产党宣言》揭示了资本主义的产生、发展及其必然灭亡的规律。

1.马克思和恩格斯高度肯定并赞扬了资产阶级作为先进社会生产力代表的伟大历史作用。

马克思和恩格斯根据社会生产力发展是一切社会发展的根源的思想,提出了资产阶级是先进社会生产力即机器大工业代表的思想,指出:"现代资产阶级本身是一个长期发展过程的产物,是生产方式和交换方式的一系列变革的产物。"①作为机器大工业生产力的代表,资产阶级"在历史上曾经起过非常革命的作用"②。"蒸汽和机器引起了工业生产的革命。现代大工业代替了工场手工业……现代资产者,代替了工业的中间等级。""大工业建立了……世界市场。世界市场使商业、航海业和陆路交通得到了巨大的发展。这种发展又反过来促进了工业的扩展,同时,随着工业、商业、航海业和铁路的扩展,资产阶级也在同一程度上得到发展,增加自己的资本,把中世纪遗留下来的一切阶级都排挤到后面去。"③马克思和恩格斯充分肯定了资产阶级建立自己的阶级统治的历史合理性。他们强调指出:"资产阶级赖以形成的生产资料和交换手段,是在封建社会里造成的。在这些生产资料和交换手段发展的一定阶段上,封建社会的生产和交换在其中进行的关系,封建的农业和工场手工业组织,一句话,封建的所有制关系,就不再适应已经发展的生产力了。这种关系已经在阻碍生产而不是促进生产了。它变成

---

① 《马克思恩格斯选集》第 1 卷,人民出版社,1995 年,第 274 页。
② 《马克思恩格斯选集》第 1 卷,人民出版社,1995 年,第 274 页。
③ 《马克思恩格斯选集》第 1 卷,人民出版社,1995 年,第 273—274 页。

了束缚生产的桎梏。它必须被炸毁，而且已经被炸毁了。""起而代之的是自由竞争以及与自由竞争相适应的社会制度和政治制度、资产阶级的经济统治和政治统治。"①这样，马克思和恩格斯用诗一样的语言歌颂了资产阶级的伟大历史贡献，论证了资产阶级取得对社会的经济统治和政治统治的历史合理性和必然性。

资产阶级能够成为先进社会生产力代表的原因是资产阶级内部存在着一种"生存动力机制"。这一"生存动力机制"表现在两个方面：不断发展社会生产力和不断地改造社会生产关系。"资产阶级除非对生产工具，从而对生产关系，从而对全部社会关系不断地进行革命，否则就不能生存下去。""生产的不断变革，一切社会状况不停的动荡，永远的不安定和变动，这就是资产阶级时代不同于过去一切时代的地方。"②资产阶级为了自己的生存，就必须不断扩大自己的生存范围，提升自己的生存机能，实现资本对世界的统治。"资产阶级在它已经取得了统治的地方把一切封建的、宗法的和田园诗般的关系都破坏了。"③"不断扩大产品销路的需要，驱使资产阶级奔走于全球各地。它必须到处落户，到处创业，到处建立联系。""资产阶级，由于开拓了世界市场，使一切国家的生产和消费都成为世界性的了。"④

资产阶级的"生存"动力机制及其实践方式也为自己创造了一个适应自己"生存"需要的世界环境："资产阶级，由于一切生产工

①《马克思恩格斯选集》第1卷，人民出版社，1995年，第273—274页。
②《马克思恩格斯选集》第1卷，人民出版社，1995年，第275页。
③《马克思恩格斯选集》第1卷，人民出版社，1995年，第274页。
④《马克思恩格斯选集》第1卷，人民出版社，1995年，第276页。

具的迅速改进,与交通的极其便利,把一起民族乃至野蛮的民族都卷进到文明中来了。它的商品的低廉价格,是它用来摧毁一切万里长城、征服野蛮人最顽强的仇外心理的重炮。它迫使一切民族……如果它们不想灭亡的话……采用资产阶级的生产方式;它迫使它们在自己那里推行所谓文明,即变成资产者。一句话,它按照自己的面貌为自己创造出一个世界。"①

马克思和恩格斯用诗一般的语言盛赞资产阶级作为先进社会生产力代表的伟大历史作用:"资产阶级在它的不到一百年的阶级统治中所创造的生产力,比过去一切世代创造的全部生产力还要多,还要大。自然力的征服,机器的采用,化学在工业和农业中的应用,轮船的行驶,铁路的通行,电报的使用,整个整个大陆的开垦,河川的通航,仿佛用法术从地下呼唤出来的大量人口,过去哪一个世纪料想到在社会劳动里蕴藏有这样的生产力呢?"②由此,资产阶级"第一个证明了,人的活动能够取得什么样的成就"③。

2.马克思和恩格斯按照社会生产力发展规律理论,揭示了资产阶级最终失去了对先进社会生产力的代表资格,必须退出社会历史舞台的历史必然性和合理性。

马克思和恩格斯根据机器大工业发展的特点及其趋势,揭示出资本主义社会内部生产力与生产关系之间矛盾的解决已经超出了资产阶级的能力范畴,科学地论证了资本主义的发生、发展和灭亡的规律。

---

① 《马克思恩格斯选集》第 1 卷,人民出版社,1995 年,第 276 页。
② 《马克思恩格斯选集》第 1 卷,人民出版社,1995 年,第 277 页。
③ 《马克思恩格斯选集》第 1 卷,人民出版社,1995 年,第 275 页。

马克思和恩格斯论证说,伴随着生产力的社会化新发展,资产阶级私有制与机器大工业发展之间存在着的内在矛盾以越来越尖锐的方式表现了出来,资产阶级已经不能再驾驭这些崭新的社会生产力了,他们的社会历史作用越来越消退了。马克思和恩格斯明确指出:"资产阶级的生产关系和交换关系,资产阶级的所有制关系,这个曾经仿佛用法术创造了如此庞大的生产资料和交换手段的现代资产阶级社会,现在像一个魔法师一样不能再支配自己用法术呼唤出来的魔鬼了。几十年来的工业和商业的历史,只不过是现代生产力反抗现代生产关系、反抗作为资产阶级及其统治的存在条件的所有制关系的历史。只要指出在周期性的重复中越来越危及整个资产阶级社会生存的商业危机就够了。"即说,资本主义"社会所拥有的生产力已经不能再促进资产阶级文明和资产阶级所有制关系的发展;相反,生产力已经强大到这种关系所不能适应的地步,它已经受到这种关系的阻碍;而它一着手克服这种障碍,就使整个资产阶级社会陷入混乱,就使资产阶级所有制的存在受到威胁"。"资产阶级的关系已经太狭窄了,再容纳不了它本身所造成的财富了。""资产阶级用来推翻封建制度的武器,现在却对准资产阶级自己了。"这个"武器"就是"机器大工业",而运用这个"武器"的主体力量就是无产阶级。"资产阶级不仅锻造了置自身于死地的武器;它还产生了将要运用这种武器的人——现代的工人,即无产者。"①马克思和恩格斯正是根据社会生产力发展要求这一规律,揭示出领导社会历史发展的主体力量已经由资产阶级向

---

① 《马克思恩格斯选集》第 1 卷,人民出版社,1995 年,第 277—288 页。

无产阶级转移的历史必然性。

第三,《共产党宣言》阐明了无产阶级的伟大历史使命。

资本主义的必然灭亡并不等于资本主义会自行消灭。从资本主义必然灭亡的社会历史必然性到无产阶级通过社会革命推翻资本主义制度,需要一个由社会发展规律的客观必然性向社会主体实践目的性的革命性转换,需要无产阶级革命由个人自发性向阶级自觉性的提升和革命性转换,即必须通过无产阶级反对资产阶级的实际的革命斗争实践才能实现。正是由于马克思和恩格斯找到了这个使资本主义必然灭亡的具体的社会主体实践力量,找到了创造新世界并能推动历史发展的新的阶级主体力量("掘墓人"),才使马克思和恩格斯得出了关于"资产阶级的灭亡和无产阶级的胜利是同样不可避免的"这个划时代的结论,揭示了这是一个不以人们的意志为转移的社会客观规律。

在《共产党宣言》中,马克思和恩格斯主要是从无产阶级的诞生、发展及其历史地位来讨论无产阶级何以成为推翻资本主义的"掘墓人"的。

首先,马克思和恩格斯考察了无产阶级的诞生及其与资产阶级斗争的历史,指出:"无产阶级经历了各个不同的发展阶段。它反对资产阶级的斗争是和它的存在同时开始的。"[①]无产阶级反对资产阶级的斗争经历了若干发展阶段,最终发展为"具有两个阶级的冲突的性质","开始成立反对资产者的同盟","他们联合起来","甚至建立了经常性的团体","有些地方,斗争爆发为起

---

① 《马克思恩格斯选集》第 1 卷,人民出版社,1995 年,第 280 页。

义"①。这种斗争的真正成果是促进了"工人的越来越扩大的联合"。恰恰是这种联合"能把许多性质相同的地方性的斗争汇合成全国性的斗争，汇合成阶级斗争。而一切阶级斗争都是政治斗争"②。"联合"意味着阶级斗争的形成，"政治斗争"则为政党的产生提供了现实基础。马克思和恩格斯非常看重"无产者组织成为阶级，从而组织成为政党这件事"③。他们认为，通过政党领导的斗争，能够"利用资产阶级内部的分裂，迫使他们用法律形式承认工人的个别利益"④。无产阶级反对资产阶级的斗争，由自发的斗争发展为由无产阶级政党领导的自觉的阶级斗争，是科学社会主义史上一个伟大的实践创新和突破。

其次，在人类历史上，只有无产阶级革命是以废除和消灭私有制为社会目标的革命，是以解放全人类为终极社会目标的解放斗争，因而最具有革命的彻底性。

马克思、恩格斯回顾了历史上一切阶级斗争的后果，揭示了无产阶级革命何以能够将本阶级的解放与全人类的解放结合起来和统一起来的内在原因，指出，第一，只有无产阶级革命才是废除和消灭私有制的社会革命。"过去一切阶级在争得统治之后，总是使整个社会服从于它们发财致富的条件，企图以此来巩固它们已经获得的生活地位。无产者只有废除自己的现存的占有方式，从而废除全部现存的占有方式，才能取得社会生产力。无产者没有什

①《马克思恩格斯选集》第1卷，人民出版社，1995年，第280页。
②《马克思恩格斯选集》第1卷，人民出版社，1995年，第281页。
③《马克思恩格斯选集》第1卷，人民出版社，1995年，第281页。
④《马克思恩格斯选集》第1卷，人民出版社，1995年，第281页。

么自己的东西必须加以保护,他们必须摧毁至今保护和保障私有
财产的一切。"①第二,只有无产阶级革命才是着眼于最终解放全人
类的社会革命。"过去的一切运动都是少数人的或者为少数人谋
利益的运动。无产阶级的运动是绝大多数人的、为绝大多数人谋
利益的独立的运动。无产阶级,现今社会的最下层,如果不炸毁构
成官方社会的整个上层,就不能抬起头来,挺起胸来。"②第三,无产
阶级领导的政治革命必然是暴力革命。"如果不就内容而就形式
来说,无产阶级反对资产阶级的斗争首先是一国范围内的斗争。
每一个国家的无产阶级当然首先应该打倒本国的资产阶级。""无
产阶级用暴力推翻资产阶级而建立自己的统治。"③第四,马克思和
恩格斯从社会生产力决定社会生产关系的历史唯物主义原理高度
出发,直接宣布了资产阶级的灭亡和无产阶级的胜利已经具备了
充分的主观的和客观的社会历史条件。"我们已经看到,至今的一
切社会都是建立在压迫阶级和被压迫阶级的对立之上的。但是,
为了有可能压迫一个阶级,就必须保证这个阶级至少有能够勉强
维持它的奴隶般的生存的条件。农奴曾经在农奴制度下挣扎到公
社社员的地位,小资产者曾经在封建专制制度的束缚下挣扎到资
产者的地位。现代的工人却相反,他们并不是随着工业的进步而
上升。"因此"资产阶级再不能做社会的统治阶级了,再不能把自己
阶级的生存条件当做支配一切的规律强加于社会了。资产阶级不
能统治下去了,因为它甚至不能保证自己的奴隶维持奴隶的生

① 《马克思恩格斯选集》第 1 卷,人民出版社,1995 年,第 283 页。
② 《马克思恩格斯选集》第 1 卷,人民出版社,1995 年,第 283 页。
③ 《马克思恩格斯选集》第 1 卷,人民出版社,1995 年,第 283—284 页。

活";社会再不能在它的统治下生活下去了,"它的存在不再同社会相容了"。"资产阶级生存和统治的根本条件,是财富在私人手里的积累,是资本的形成和增殖;资本的条件是雇佣劳动。雇佣劳动完全是建立在工人的自相竞争之上的。资产阶级无意中造成而又无力抵抗的工业进步,使工人通过结社而达到的革命联合代替了他们由于竞争而造成的分散状态。于是,随着大工业的发展,资产阶级赖以生产和占有产品的基础本身也就从它的脚下被挖掉了。它首先生产的是它自身的掘墓人。"①正是在这样的意义上,马克思和恩格斯强调:"资产阶级的灭亡和无产阶级的胜利是同样不可避免的。"②

《共产党宣言》第一章作为思想革命的理论篇章,着眼点在于从生产力与生产关系辩证关系的高度和角度,宣布了"资产阶级的灭亡和无产阶级的胜利是同样不可避免的"这个伟大的历史性结论,同时也就宣告了无产阶级革命的历史必然性和现实合理性。

通过分析和把握阶级社会发展的规律,马克思、恩格斯在《共产党宣言》中提出了无产阶级是资本主义制度的"掘墓人"这个强大的历史性结论。无产阶级为什么必须承担起推翻资本主义这个"掘墓人"的历史任务呢?历史理由是什么?自身理由又是什么?马克思和恩格斯所给出的理由主要是两个:第一个理由是从无产阶级与机器大工业发展之间的关系来说的。主要强调只有无产阶级是"真正革命的阶级","在当前同资产阶级对立的一切阶级中,只有无产阶级是真正革命的阶级。其余的阶级都随着大工业的发

---

① 《马克思恩格斯选集》第 1 卷,人民出版社,1995 年,第 284 页。
② 《马克思恩格斯选集》第 1 卷,人民出版社,1995 年,第 284 页。

展而日趋没落和灭亡,无产阶级却是大工业本身的产物"①。第二个理由是从无产阶级自身的社会状况说的。由于资产阶级的私有制及其剥削和压迫,现代的工人并没有享受到机器大工业发展所带来的财富增长的实惠,他们的生活条件没有"随着工业的进步而上升,而是越来越降到本阶级的生存条件以下。工人变成赤贫者,贫困比人口和财富增长得还要快"②。无产阶级由于自己的雇佣劳动者身份和地位,会因为自己受到的压迫和剥削而起来革命,具有起来推翻资产阶级的强大的阶级意愿。

问题在于,如何科学地揭露出资产阶级剥削的实质,鼓动起无产阶级进行伟大的社会革命的巨大意愿呢?《共产党宣言》没有讲清楚这个问题。这个任务是马克思在后来的《资本论》中完成的。马克思通过《资本论》的研究和写作,制定了科学的剩余价值理论,最终彻底揭露了资本家剥削工人的秘密,即剩余价值,彻底搞明白了资本家何以暴富而无产阶级却终生无产的社会经济根源,从而最终帮助无产阶级找到了主动承担起推翻资产阶级并进行彻底的社会革命的内在根据即主体根据,即"使现代无产阶级意识到自身的地位和需要,意识到自身解放的条件"③。

然而,从马克思通过《资本论》研究揭示出资本家剥削无产阶级的秘密,到激发出无产阶级推翻资本主义制度的革命意志,将无产阶级从自在提升为自为的革命性存在,还需要建立一个能够领导无产阶级进行彻底革命的政党。只有无产阶级政党的统一领导

① 《马克思恩格斯选集》第 1 卷,人民出版社,1995 年,第 282 页。
② 《马克思恩格斯选集》第 1 卷,人民出版社,1995 年,第 282 页。
③ 《马克思恩格斯选集》第 3 卷,人民出版社,1995 年,第 777 页。

和广泛的宣传、组织和领导,才能使无产阶级组织有明确的阶级自我意识和社会发展目标意识,形成团结一致的社会革命力量,为自己的阶级解放而英勇战斗。

二、阶级斗争必然导致无产阶级专政

自近代资产阶级革命以来,阶级斗争开始进入政党政治时代。顺应阶级斗争发展的历史新形势需要,马克思、恩格斯指出,无产阶级要实现自己的历史使命,就必须有一个用科学理论武装起来的无产阶级政党的领导。为此,马克思、恩格斯结合无产阶级政党的创立和建设问题,主要讲了三个方面问题:

第一,马克思、恩格斯第一次提出并回答了建设一个什么样的共产党和如何建设共产党的问题,阐明了无产阶级政党即共产党的性质、特点和党的纲领。强调共产党是无产阶级的先锋队;共产党的特点在于共产党人革命的彻底性和国际主义精神;共产党人的纲领分为最近目标和最终目的,最终目标是实现共产主义社会,从而揭示了无产阶级政党的彻底革命性质。

马克思、恩格斯首先指明了共产党同全体无产者的关系,阐述了共产党的性质。

其一,马克思和恩格斯首先回答了"共产党人同全体无产者的关系"问题,指出"共产党人不是同其他工人政党相对立的特殊政党",也"没有任何同整个无产阶级的利益不同的利益","他们不提出任何特殊的原则,用以塑造无产阶级的运动"。① 共产党人用来指导无产阶级革命的理论原理,只是关于"现在的阶级斗争、我们眼前的历史运动的真实关系的一般表述"②。即说,共产党不带有任何宗派的性质,共产党也没有任何超越整个无产阶级利益的特殊利益,共产党代表的利益就是整个无产阶级的根本利益。

其二,回答了共产党人同其他无产阶级政党不同的地方。

马克思和恩格斯指出,共产党人同其他无产阶级政党也有不同的地方。这种不同主要表现在以下三个方面。

1.从共产党人所代表的利益方面来看,共产党人始终代表着整个无产阶级的整体利益,即始终代表着无产阶级的根本利益和长远利益。

马克思和恩格斯指出:"在各国无产者的斗争中,共产党人强调和坚持整个无产阶级共同的不分民族的利益。"③这段话怎么理解呢? 这是由资本主义的世界性发展各民族之间无产阶级革命运动的内在要求所决定的,无产阶级革命既是民族的又是国际的。

在回答无产阶级革命的民族性时,马克思、恩格斯认为:"如果不就内容而就形式来说,无产阶级反对资产阶级的斗争首先是一国范围内的斗争。每一个国家的无产阶级当然首先应该打倒本国的资产阶级。""在叙述无产阶级发展的最一般的阶段的时候,我们循序探讨了现存社会内部或多或少隐蔽着的国内战争,直到这个战争爆发为公开的革命,无产阶级用暴力推翻资产阶级而建立自

---

① 《马克思恩格斯选集》第1卷,人民出版社,1995年,第285页。
② 《马克思恩格斯选集》第1卷,人民出版社,1995年,第285页。
③ 《马克思恩格斯选集》第1卷,人民出版社,1995年,第285页。

己的统治。"①又说："无产阶级首先必须取得政治统治,上升为民族的阶级,把自身组织成为民族,所以它本身还是民族的。"②显然,无产阶级革命首先是各个民族国家内的革命,无产阶级必须首先通过暴力革命推翻各个民族国家内资产阶级的政治统治,获得国内阶级斗争的胜利,夺取政权,使无产阶级上升为统治阶级,建立无产阶级的民族国家。

在回答无产阶级革命的国际性时,马克思、恩格斯认为,无产阶级革命的国际主义是由资本主义的国际性和共产主义的世界历史性所决定的。马克思和恩格斯指出:"资产阶级,由于开拓了世界市场,使一切国家的生产和消费都成为世界性的了。……过去那种地方的和民族的自给自足和闭关自守状态,被各民族的各方面的互相往来和各方面的互相依赖所代替了。""资产阶级,由于一切生产工具的迅速改进,由于交通的极其便利,把一切民族甚至最野蛮的民族都卷到文明中来了。一句话,它按照自己的面貌为自己创造出一个世界。"③总之,"随着工业生产以及与之相适应的生活条件的趋于一致,各国人民之间的民族隔绝和对立日益消失"。"无产阶级的统治将使它们更快地消失。"④鉴于历史向世界历史的发展和过渡,各国无产阶级之间的"联合的行动,至少是各文明国家的联合的行动,是无产阶级获得解放的首要条件之一"⑤。

---

① 《马克思恩格斯选集》第1卷,人民出版社,1995年,第283—284页。
② 《马克思恩格斯选集》第1卷,人民出版社,1995年,第291页。
③ 《马克思恩格斯选集》第1卷,人民出版社,1995年,第285页。
④ 《马克思恩格斯选集》第1卷,人民出版社,1995年,第291页。
⑤ 《马克思恩格斯选集》第1卷,人民出版社,1995年,第291页。

"人对人的剥削一消灭,民族对民族的剥削就会随之消灭。""民族
内部的阶级对立一消失,民族之间的敌对关系就会随之消失。"①鉴
于资产阶级及其资本主义发展的世界性质,鉴于社会生产力特别
是机器大工业发展的世界性质,共产党人在领导国际无产阶级革
命的运动中,就不能不强调无产阶级革命斗争的世界性质和国际
性质,"在各国无产者的斗争中,共产党人强调和坚持整个无产阶
级共同的不分民族的利益"②。坚决杜绝那种狭隘的地方式的民族
主义的共产主义,坚持无产阶级革命斗争的国际主义,以与无产阶
级革命运动的国际性特征和国际性发展指向相适应。

第二,从共产党对无产阶级革命运动的领导来看,共产党人对
无产阶级革命的领导既是彻底革命的又是符合无产阶级革命自身
发展规律的。

这种领导革命的彻底性主要表现在无产阶级革命的实践方
面。马克思和恩格斯指出:"在无产阶级和资产阶级的斗争所经历
的各个发展阶段上,共产党人始终代表整个运动的利益。"③共产党
人在领导无产阶级革命斗争的历史征程上,会出现一系列的阶段
性任务和目标,但是,共产党人绝不会停留在任何一个具体的阶段
目标和任务上,无产阶级革命的历史进程是"革命发展阶段论"和
"不断革命论",由此,"在实践方面,共产党人是各国工人政党中最
坚决的、始终起推动作用的部分"④。因为,共产党人着眼于将无产

---

① 《马克思恩格斯选集》第 1 卷,人民出版社,1995 年,第 291 页。
② 《马克思恩格斯选集》第 1 卷,人民出版社,1995 年,第 285 页。
③ 《马克思恩格斯选集》第 1 卷,人民出版社,1995 年,第 285 页。
④ 《马克思恩格斯选集》第 1 卷,人民出版社,1995 年,第 285 页。

阶级的解放和全人类的解放统一起来，着眼于无产阶级的整体利益、根本利益和长远利益，着眼于全人类的彻底的社会解放，因而具有彻底革命的无产阶级的革命立场。

这种领导革命的科学性和符合无产阶级革命自身发展规律主要表现在关于无产阶级革命的理论方面。"在理论方面，他们胜过其余的无产阶级群众的地方在于他们了解无产阶级运动的条件、进程和一般结果。"①共产党人实现对无产阶级革命的科学领导，主要表现在以下三个方面：一是熟悉无产阶级革命的物质条件和主体条件。作为无产阶级革命的物质条件，即以机器大工业和国际市场的开辟为代表的社会生产力。巨大的社会生产力及其发展，就是无产阶级革命的社会物质基础；作为无产阶级革命的主体条件，就是无产阶级的成熟和无产阶级革命的国际性发展。二是"无产者组织成为阶级，从而组织成为政党"这件事，表明无产阶级革命已经开始学会了并采取了"政党政治"这种现代阶级斗争的政治斗争方式。在无产阶级政党领导下的无产阶级革命，就是现代无产阶级革命的主体基础。三是关于无产阶级革命的目标设定符合社会发展规律及其社会发展的新趋势，即符合整个无产阶级革命斗争的需要和解放全人类的社会发展目标要求，符合无产阶级革命斗争的实际进程和目标。马克思和恩格斯指出：从政治斗争的角度看，"共产党人的最近目的是和其他一切无产阶级政党的最近目的一样的：使无产阶级形成为阶级，推翻资产阶级的统治，由无产阶级夺取政权"②。要不要通过无产阶级的暴力革命来"推翻资

---

① 《马克思恩格斯选集》第 1 卷，人民出版社，1995 年，第 291 页。
② 《马克思恩格斯选集》第 1 卷，人民出版社，1995 年，第 291 页。

产阶级的统治,由无产阶级夺取政权",是共产党人与其他无产阶级政党之间的一个分水岭,也是共产党人正视无产阶级政治革命的重要性的标志之一。

第二个问题,是阐明了共产党人的理论原则和无产阶级革命的基本任务。马克思和恩格斯强调,共产党人的理论原则就是消灭私有制;共产主义革命具有两大基本任务:一是从社会实践上,通过消灭私有制而同传统的所有制关系实行最彻底的决裂,实现对整个社会关系的彻底改造;二是从社会观念上,通过实行社会所有制而同传统的私有制观念实行最彻底的决裂,实现对整个社会观念的彻底改造。这里,既体现了无产阶级专政在发展社会生产方面的巨大推动作用,又体现了经济基础决定政治上层建筑和思想上层建筑的社会主义实践原理。

第三个问题,通过对无产阶级专政的基本思想的论述,阐明了共产党人的最高纲领和最低纲领,提出共产党人的最近目的是在无产阶级政党的领导下,使无产阶级形成为阶级,通过暴力革命推翻资产阶级的统治,由无产阶级夺取政权,建立无产阶级的政治统治即无产阶级专政。

所谓使无产阶级形成为阶级,核心问题是建立无产阶级的政党,实现党对整个无产阶级革命的统一组织和领导;所谓使无产阶级上升为统治阶级,核心问题就是建立无产阶级专政的国家政权。所以,无产阶级必须采取革命手段,打碎资产阶级的国家机器,夺取政权,建立无产阶级专政。围绕着无产阶级应该以什么形式上升为统治阶级,应该建立什么样的国家政权方面,《共产党宣言》没有讲清楚。关于无产阶级专政的思想,是马克思总结1848年欧洲大革命特别是巴黎公社的经验后提出来，并在《共产党宣言》1872年再版序言中确认的。马克思、恩格斯指出："由于最近25年来大工业有了巨大发展而工人阶级的政党组织也跟着发展起来，由于首先有了二月革命的实际经验而后来尤其是有了无产阶级第一次掌握政权达两月之久的巴黎公社的实际经验，所以这纲领现在有些地方已经过时了。特别是公社已经证明：'工人阶级不能简单地掌握现成的国家机器，并运用它来达到自己的目的'（见《法兰西内战　国际工人协会总委员会宣言》德文版第19页，那里把这个思想发挥得更加完备）。"①列宁曾经指出："马克思学说中的主要之点是阶级斗争。人们时常这样说，这样写。但这是不正确的。"因为"只有承认阶级斗争、同时也承认无产阶级专政的人，才是马克思主义者"②。显然，马克思主义政党在领导无产阶级革命斗争的进程中，核心内容是以消灭私有制为标志的实现无产阶级和全人类的社会解放。如果不是这样，而停留在以夺取国家政权为标志的政治解放阶段，就不仅不能与其他工人政党划清界限，更不能与后来的一些机会主义者划清界限。当然，共产党领导的无产阶级革命斗争不能不经过政治斗争这个历史环节，即第一步就是夺取政权，建立无产阶级专政，实现无产阶级对国家的领导，从而实现对整个社会的彻底改造。无产阶级专政之所以必须和必要，是因为无产阶级专政作为无产阶级的国家政权形式，是实现无产阶级和全人类社会解放的最根本的政治保障。

　　与以往历史上的阶级专政相比较，无产阶级专政又有什么崭

---

① 《马克思恩格斯选集》第1卷，人民出版社，1995年，第249页。
② 《列宁选集》第3卷，人民出版社，1995年，第139页。

新的历史新特征呢？马克思、恩格斯明确指出，在阶级社会中，"原来意义上的政治权力，是一个阶级用以压迫另一个阶级的有组织的暴力"①。但是，当无产阶级建立了本阶级的专政即获得了国家政权以后，目的并不是仅仅建立本阶级的阶级专政，而是消灭私有制，消灭阶级，实现对整个社会关系的彻底改造。正如马克思和恩格斯所强调的："当阶级差别在发展进程中已经消失而全部生产集中在联合起来的个人的手里的时候，公共权力就失去政治性质，即失去了阶级压迫和剥削的性质。"②

在这样的社会基础上，共产党人的最高纲领，就是通过无产阶级专政，消灭私有制，消灭阶级对立和阶级本身存在的条件，从而消灭阶级本身，没有阶级的国家当然也就失去了国家存在的社会基础和需要，从而最终导致国家消亡，实现共产主义。正如马克思和恩格斯明确指出的："如果说无产阶级在反对资产阶级的斗争中一定要联合为阶级，如果说它通过革命使自己成为统治阶级，并以统治阶级的资格用暴力消灭旧的生产关系，那么它在消灭这种生产关系的同时，也就消灭了阶级对立和阶级本身的存在条件，从而消灭了它自己这个阶级的统治。"而"代替那存在着阶级和阶级对立的资产阶级旧社会的，将是这样一个联合体，在那里，每个人的自由发展是一切人的自由发展的条件"③。

在这里，马克思和恩格斯描绘了无产阶级专政下社会发展变革的过程和状况，即描述了在无产阶级专政条件下的两种历史结

①《马克思恩格斯选集》第 1 卷，人民出版社，1995 年，第 294 页。
②《马克思恩格斯选集》第 1 卷，人民出版社，1995 年，第 294 页。
③《马克思恩格斯选集》第 1 卷，人民出版社，1995 年，第 294 页。

果:第一,从政治上层建筑角度看,是阶级差别在发展进程中已经消失,而全部生产集中在联合起来的个人的手里的时候,公共权力就失去政治性质,从而为消灭一切阶级统治和进入无阶级社会奠定了政治基础。第二,从经济基础即社会经济关系角度看,是用来代替存在着阶级和阶级对立的资产阶级旧社会的,是一个新的社会联合体,在这样的社会联合体里,每个人的自由发展是一切人的自由发展的条件。

关于这个"过渡"时期的内容,马克思、恩格斯在写作《共产党宣言》中主要从生产关系层面提出了两个"彻底决裂"思想。而到马克思写作《哥达纲领批判》一书时,则进一步从生产关系与生产力辩证关系的角度,将这个"过渡"时期划分为两个阶段,第一个阶段是共产主义的初级阶段即社会主义阶段;第二个阶段就是共产主义的高级阶段。社会主义阶段的根本任务有二:一是大力发展社会生产力,二是推进实现"两个彻底决裂",其社会组织原则是"各尽所能,按劳分配";共产主义阶段则是在社会生产力高度发达,物质财富充分涌流,"两个彻底决裂"已经实现的基础上,社会组织形式采取了"各尽所能。按需分配"的原则。不过,按照马克思和恩格斯的理解,无产阶级革命的历史任务,就止步于共产主义高级阶段的入口处。因为,在那时,阶级已经不存在了,无产阶级革命的历史任务已经完成了,无产阶级专政也"自行消亡"了,人类已经实现了彻底的"社会解放",进入了共产主义社会,则马克思主义政党及其无产阶级革命的历史任务也就应该随着历史任务的完成而宣告彻底结束了。

第四个问题,把握好坚持彻底革命原则与灵活掌握斗争策略的关系。马克思和恩格斯在论述共产党的斗争策略时,指出:"共产党人为工人阶级的最近的目的和利益而斗争,但是他们在当前的运动中同时代表运动的未来。"①在马克思和恩格斯看来,共产党在领导无产阶级反对资产阶级的革命斗争中,都必须随时注意团结一切可以团结的力量,汇成浩浩荡荡的革命洪流,壮大自己的力量,以反对共同的敌人,实现无产阶级革命的"最近的目的和利益"。但是,马克思和恩格斯也非常清醒地指出:"总之,共产党人到处都支持一切反对现存的社会制度和政治制度的革命运动。""但是,共产党一分钟也不忽略教育工人尽可能明确地意识到资产阶级和无产阶级的敌对的对立。"②即说,这种支持和联合不是无原则的支持和联合。共产党人必须始终牢记自己的伟大历史使命,随时都代表着"运动的未来"。这个"运动的未来"就是消灭私有制。马克思和恩格斯强调指出:"在所有这些运动中,他们都强调所有制问题是运动的基本问题,不管这个问题的发展程度怎样。"③消灭私有制,是共产党领导的无产阶级革命坚定不移的社会目标,也是与其他政党的原则区别之一。

从这个意义上说,坚持"政治革命"胜利后继续进行"社会革命",是共产党人坚定不移的革命理想和目标原则,也是无产阶级实现彻底解放乃至实现人类彻底解放的必经之路。

---

① 《马克思恩格斯选集》第 1 卷,人民出版社,1995 年,第 306 页。
② 《马克思恩格斯选集》第 1 卷,人民出版社,1995 年,第 306—307 页。
③ 《马克思恩格斯选集》第 1 卷,人民出版社,1995 年,第 307 页。

三、这个专政不过是达到消灭阶级和实现向无阶级社会的过渡

有关社会革命,要从马克思和恩格斯关于消灭私有制的问题说起。当马克思、恩格斯从正面阐明了共产党的性质、特点和目标以后,就开始讨论私有制问题。由此开始,马克思、恩格斯一改此前正面阐发的写作风格,而改成设问方式,批驳"资产阶级对共产主义的种种责难"①。

1."消灭私有制"是无产阶级革命的最终追求和根本目标

马克思和恩格斯写道:"废除先前存在的所有制关系,并不是共产主义所独具的特征。""一切所有制关系都经历了经常的历史更替、经常的历史变更。""例如,法国革命废除了封建的所有制,代之以资产阶级的所有制。""共产主义的特征并不是要废除一般的所有制,而是要废除资产阶级的所有制。""但是,现代的资产阶级私有制是建立在阶级对立上面、建立在一些人对另一些人的剥削上面的产品生产和占有的最后而又最完备的表现。""从这个意义上说,共产党人可以把自己的理论概括为一句话:消火私有制。"②

2.资产阶级对共产党人决心消灭私有制的种种责难属于阶级斗争的表现

马克思和恩格斯强调指出:"至今的一切社会的历史都是在阶

———————

① 《马克思恩格斯选集》第 1 卷,人民出版社,1995 年,第 293 页。
② 《马克思恩格斯选集》第 1 卷,人民出版社,1995 年,第 285—286 页。

级对立中运动的,而这种对立在各个不同的时代具有不同的形式。""但是,不管阶级对立具有什么样的形式,社会上一部分人对另一部分人的剥削却是过去各个世纪所共有的事实。"①不同的经济地位和阶级地位决定着人们会具有不同的思想观念,产生激烈的思想斗争是伴随着阶级斗争的一种必然现象。"各个世纪的社会意识,尽管形形色色、千差万别,总是在某些共同的形式中运动的,这些形式,这些意识形式,只有当阶级对立完全消失的时候才会完全消失。"②

3.消灭私有制和消灭私有观念是事关人类社会解放的重大历史发展

共产党人消灭私有制的根本目标就在于"使整个社会革命化"③,从通过无产阶级革命斗争"使整个社会革命化"的高度,马克思和恩格斯得出了一个结论:"共产主义革命就是同传统的所有制关系实行最彻底的决裂;毫不奇怪,它在自己的发展进程中要同传统的观念实行最彻底的决裂。"④即说,无产阶级革命不仅要消灭私有制,而且还必须消灭一切与私有制有关系的私有制观念,不仅要彻底改造一切建立在私有制基础上的社会关系,还要彻底改造一切与私有制相关联的思想关系。

马克思在 1959 年写作的《〈政治经济学批判〉序言》中明确指出:"资产阶级的生产关系是社会生产过程的最后一个对抗形式,

① 《马克思恩格斯选集》第 1 卷,人民出版社,1995 年,第 292 页。
② 《马克思恩格斯选集》第 1 卷,人民出版社,1995 年,第 292—293 页。
③ 《马克思恩格斯选集》第 1 卷,人民出版社,1995 年,第 293 页。
④ 《马克思恩格斯选集》第 1 卷,人民出版社,1995 年,第 293 页。

这里所说的对抗,不是指个人的对抗,而是指从个人的社会生活条件中生长出来的对抗;但是,在资产阶级社会的胎胞里发展的生产力,同时又创造着解决这种对抗的物质条件。人类社会的史前时期就以这种社会形态而告终。"①由此可知,以消灭私有制为社会标志的无产阶级革命就是真正意义上的"社会革命",用马克思的话说就是"使整个社会革命化"。这样一个社会革命对于人类社会发展来说是非常伟大的和至关重要的,因为,只有通过这样一个最深刻、最彻底、最广泛的社会革命,最终消灭私有制,消灭了阶级,消灭了一切人对人的经济剥削和政治压迫,才能最终彻底地改造整个人类社会,使整个社会革命化,从而最终终结"人类社会的史前时期",开辟真正属于人类的崭新社会。面对人类历史上第一个最伟大的旨在消灭一切私有制的社会革命,不可能不遭受一切剥削阶级特别是资产阶级的激烈反对直至血腥镇压,一切资产阶级对无产阶级及其共产党人的批评指责和谩骂都在情理之中。

4."消灭私有制"的要义就是本来意义上的"社会革命"

在《共产党宣言》第二章中,人们在解读相关内容时,大都格外关注马克思、恩格斯关于未来共产主义社会的论述,并将相关关于共产主义的论述纳入了党的最终目标里来理解。共产主义确实属于共产党人革命的社会目标,应当列入党纲内容之中。其实,仔细阅读和理解,我们会发现,当马克思和恩格斯宣布"从这个意义上说,共产党人可以把自己的理论概括为一句话:消灭私有制"时,我们应该能够清楚地认识到,共产党人领导的无产阶级革命,是着眼

---

① 《马克思恩格斯选集》第 2 卷,人民出版社,1995 年,第 33 页。

于消灭私有制和消灭阶级,那么这个着眼点的实质和内容就是无产阶级和人类的彻底解放,而这个人类彻底解放的要义就是"社会解放"。为了实现这一"社会解放",就其解放的道路来讲,如果说在政治上层建筑方面还需要一个无产阶级专政作为政治"过渡"的话,那么在社会经济基础方面,也需要经过一个以消灭私有制为核心内容的社会"过渡",这个以消灭私有制和消灭阶级为核心内容的旨在彻底改造整个社会关系的革命,就应该是"社会革命",而整个社会主义阶段就属于社会革命阶段范畴。

从这个意义上说,我们在阅读《共产党宣言》并解读其内容和逻辑结构时,还是应该在政治革命之后增加一个专题,即社会革命专题,以将共产党人的目标内容和任务内容作出进一步的细分,将政治革命与社会革命相区别开来,从而依据这样的细分划分出无产阶级革命实践进程中的不同阶段及其各个阶段的主题任务、追求目标和实践特征。

从某种意义上说,无产阶级革命的真实目标内容不会止步于政治革命和建立无产阶级专政,即不会止步于无产阶级的政治解放,而是要进一步推动和实行社会革命,最终消灭资本主义私有制。如果说通过暴力革命的道路推翻资产阶级的国家政权并建立无产阶级专政是政治革命的目标的话,那么,消灭私有制则是实现社会革命的目标,是实现人类社会解放的实践支撑所在。因为,建立无产阶级专政属于上层建筑领域的革命和变革,而消灭私有制则属于社会领域整个社会关系的根本性的革命和变革,属于改造社会的范畴。以夺取政权建立阶级统治为目标的政治革命,早在奴隶社会、封建社会和资本主义社会,都已经发生过了,这样的政治革命不单单是无产阶级革命所独有的。但是,通过消灭资产阶级私有制,从而最终彻底消灭和根绝人类历史上的私有制社会,却是无产阶级革命所独有的革命目标。无产阶级革命通过消灭私有制,将最终消除产生阶级的社会根源和经济基础,从而实现对社会一切关系的彻底改造,实现向无阶级社会的过渡。严格地说起来,只有这样的以彻底消灭私有制为社会目标的社会革命,才称得上是最彻底、最坚决和最深刻的革命,才是名副其实的社会革命,才是属于无产阶级的社会革命。所以,无产阶级革命应该称为社会革命,以与历史上的一切剥削阶级的革命相区别。历史上的一切剥削阶级领导的社会革命只是从一种私有制转换为另一种私有制,而无产阶级领导的社会革命则是以彻底消灭一切私有制为社会目标。一切剥削阶级领导的社会革命都仅仅局限于本阶级的经济解放和社会革命,而无产阶级领导的社会革命则是彻底解放全人类。

四、关于"社会主义革命"范畴的再解读

重新解读《共产党宣言》的内涵,势必涉及对"社会主义革命"范畴的再解读问题。因为,关于"社会主义革命"的传统解读方式,虽然内容比较全面和完整,但是把思想领域、政治领域和社会领域三大领域的革命笼统地含混在一起,没有从理论逻辑层面上说清楚何为思想革命,何为政治革命,何为社会革命,更没有从历史逻辑上说清楚三大革命之间的实践关系,存在着概念不清的缺陷。

在社会主义革命的整体概念下,按照逻辑与历史相统一的方

法,结合对《共产党宣言》内涵的重新解读和梳理,我们可以将社会主义革命的内涵解析为思想革命、政治革命和社会革命三大逻辑范畴,进而将逻辑范畴转化为社会主义革命内容的三大领域,再进而将三大革命内容转化为无产阶级革命实践历史进程的三大阶段,推进革命实践主题的三大转换,完成革命实践推进的三大历史任务。

1.思想革命阶段的主要任务,就是通过创立历史唯物主义而揭示人类社会发展的规律,通过创立剩余价值学说而探寻无产阶级革命的主体力量,通过形成无产阶级革命的指导思想而创立无产阶级政党,通过共产党的领导使无产阶级组织成为阶级,提升无产阶级的阶级觉悟,使无产阶级由自在的阶级上升为自为的阶级,完成思想革命。

2.政治革命阶段的主要任务,用《共产党宣言》的表述就是:"共产党人的最近目的是和其他一切无产阶级政党的最近目的一样的:使无产阶级形成为阶级,推翻资产阶级的统治,由无产阶级夺取政权。"[1]或者说:"工人革命的第一步就是使无产阶级上升为统治阶级,争得民主。"[2]这层意思用后来成熟的语言来表达就是:无产阶级在共产党的领导下,通过暴力革命推翻和打碎资产阶级的国家机器,夺取国家政权,建立无产阶级专政,实现无产阶级对国家和社会的控制和领导,完成政治革命。

3.社会革命阶段的主要任务,则是借助无产阶级专政的国家机器,实现对资产阶级私有制的剥夺,进而实现对整个人类社会关系

---

① 《马克思恩格斯选集》第 1 卷,人民出版社,1995 年,第 285 页。
② 《马克思恩格斯选集》第 1 卷,人民出版社,1995 年,第 293 页。

的改造。

《共产党宣言》关于这部分的内容是这样表述的：

"无产阶级将利用自己的政治统治，一步一步地夺取资产阶级的全部资本，把一切生产工具集中在国家即组织成为统治阶级的无产阶级手里，并且尽可能快地增加生产力的总量。"

"要做到这一点，当然首先必须对所有权和资产阶级生产关系实行强制性的干涉，也就是采取这样一些措施，这些措施在经济上似乎是不够充分的和没有力量的，但是在运动进程中它们会越出本身，而且作为变革全部生产方式的手段是必不可少的。"①用成熟的语言来说，就是消灭私有制，消灭阶级，通过彻底改造社会，实现向无阶级社会的过渡，完成社会革命。

总之，《共产党宣言》第一章从人类社会发展规律的高度，回答了资产阶级何以产生和灭亡，以及无产阶级何以成为资产阶级"掘墓人"的历史必然性问题。第二章的内容涉及三大内容：一是关于共产党的界说，从思想革命的高度回答了共产党是一个什么样的无产阶级政党和如何建设无产阶级政党的问题；二是关于无产阶级专政的界说，从政治革命的高度回答了如何领导无产阶级夺取资产阶级国家政权和建设一个什么样的无产阶级政权等问题；三是关于社会革命的界说，从社会革命的高度回答了无产阶级政党如何借助于无产阶级专政的国家政权来领导社会革命和如何实现社会革命，即如何通过消灭私有制而实现由资本主义社会向共产主义社会过渡的问题。在共产党的领导下，无产阶级革命的具体

---

① 《马克思恩格斯选集》第 1 卷，人民出版社，1995 年，第 293—294 页。

道路就是要通过政治革命和社会革命两个社会发展阶段和两种社会实践形式,最终建成和实现共产主义社会。从而第一次回答了无产阶级革命能不能、行不行和成不成等涉及共产主义革命的一系列理论的和实践的根本问题。

第十四章　马克思恩格斯社会主义思想探析——以《共产党宣言·社会主义的和共产主义的文献》为例

　　"社会主义"自其诞生,引起学者的诸多讨论,经马克思、恩格斯的分析论述,获得丰富的内涵和外延。《共产党宣言》作为马克思恩格斯理论著作之一,是社会主义理论由空想变为科学的重要文本依据。其中第三章"社会主义的和共产主义的文献"呈现出的社会主义思想,对于深入理解马克思、恩格斯理论旨趣具有重大的帮助。《共产党宣言》第三章主要为马克思、恩格斯对当时三种社会主义思潮的批判,马克思、恩格斯通过批判性论述,把社会主义作为资本主义的对立物,作为人类的历史进程一部分,体现了人类历史性的存在,资本主义的内在逻辑性和生活的意义。

一、马克思、恩格斯对三种社会主义的批判

　　社会主义思想是马克思主义理论的重要组成部分,经马克思

主义理论阐释获得了丰富的语义空间。《共产党宣言》（以下简称《宣言》）自 1848 年 2 月出版以来，至今已有 169 年，它是认识马克思恩格斯社会主义思想理论的重要文献之一。列宁指出："这部著作以天才的透彻而鲜明的语言描述了新的世界观。"[①]《宣言》发表初期至随后的一百年里，从德国扩散到英、法、俄、中、日等多个国家，对推动全球社会主义运动产生了深远影响。但英国学者霍布斯鲍姆在纪念《宣言》发表 150 周年之际指出，《宣言》是特定历史时期的产物，其中的很多观点在当时就已经过时了。抛开历史研究的领域，走进现实，《宣言》只能从一种必然性政治文献，变成一种可能性的政治文献。马克思在伦敦流亡期间，在其创办的《新莱茵报·政治经济评论》杂志出版的最后一期（1850 年 11 月），很少提到"宣言"第三章再版。[②] 1872 年马克思和恩格斯已经意识到，"社会主义的和共产主义的文献"的观点已经过时。[③] 作为共产主义的同盟纲领，《宣言》是马克思在世时仅有的几本出版物之一，若如霍布斯鲍姆所言，那么《宣言》中关于社会主义的理论思想究竟意味着什么。下面以《宣言》第三章为例，重识马克思和恩格斯的社会主义思想。

"社会主义的和共产主义的文献"是《宣言》第三章的主要内容，马克思和恩格斯通过对资产者和无产者，无产者和共产者的论述，针对当时的三种社会主义进行了彻底的批判。在批判的过程

---

① 《列宁全集》第 26 卷，人民出版社，1990 年，第 50 页。

② 埃里克·霍布斯鲍姆：《史学家——历史神话的终结者》，马俊亚、郭英剑译，上海人民出版社，2002 年，第 324 页。

③ 埃里克·霍布斯鲍姆：《史学家——历史神话的终结者》，马俊亚、郭英剑译，上海人民出版社，2002 年，第 328 页。

中，马克思、恩格斯并没有直接阐释社会主义的概念、内涵与特征，这似乎为我们理解什么是社会主义造成了重重障碍。但是从批判本身来看，它为我们透视马克思、恩格斯的社会主义思想起到了重要的作用。在马克思和恩格斯看来，当时存在三种不合时宜的社会主义，它们分别是反动的社会主义、保守的社会主义、批判的空想的社会主义和共产主义。

反动的社会主义包括封建的社会主义、小资产阶级的社会主义和德国的社会主义，主要由英法贵族，中世纪的城关市民、小农阶级和德国的哲学家构成。英法贵族在遭受法国七月革命和英国改革运动的打击后，失去了原有的社会地位，出于不满与复辟的情绪，开始抨击现代资本主义社会。他们拉拢人民，打着关心剥削工人阶级利益的旗号，通过文字控诉现代资产阶级，形成封建的社会主义。中世纪的城关市民和小资产阶级是现代资产阶级的前身，介于无产阶级和资产阶级中间，在商业、工业和农业中失去独立的社会地位。他们从自身的立场出发替工人说话反对资产阶级，形成小资产阶级的社会主义。德国哲学家依照法国社会主义和共产主义文献，把法国思想与德国信条结合起来，在不考虑德国实际的情况下，形成社会主义的思辨，把德意志看成模范的民族，实则代表了德国小市民的利益，形成德国的社会主义。

保守的社会主义指资产阶级中的一部分人，由经济学家、博爱主义者、人道主义者及小改良家等构成。这些成员组合成一个完整的体系，在社会中居于主要地位，掌控着国家的经济、政治与文化。他们认为，资本主义存在的各种社会弊病，可以通过行政改良的方式，使问题得以缓解、消除、改善和提高。资本主义是现代社会的生活条件,是人们生活的物质基础,能够满足工人阶级的利益需求。蒲鲁东的《贫困的哲学》就是一个典型代表,"如果没有政治经济学的深刻批判和不断地发展,社会主义将是一筹莫展"①。

批判的空想的社会主义和共产主义代表人物有圣西门、傅立叶和欧文等人,在他们看来,社会主义是一个"人人平等,个个幸福"的新社会,那里没有剥削,没有压迫,每个人可以自由地行使权利。社会主义是资本主义的高级社会形态,按照社会发展的客观规律,随着工人阶级觉悟的提高,资本主义内部必然遭到瓦解,社会主义就会以科学的态势走上历史舞台,达成自身的目的。

社会主义自托马斯·莫尔《乌托邦》问世以来,英国学者里格菲斯在《什么是社会主义》一书中,汇集了260多种定义。《20世纪国外社会主义理论、思潮及流派》中,把社会主义进行了三个层次的划分:一是指社会主义思潮、理论和流派;二是指社会主义的社会制度;三是指社会主义学说指导和影响下的社会运动。② 那么《宣言》第三章里的"社会主义",通过马克思和恩格斯的描述,可以看出主要指的是当时存在的三种社会主义思潮,它们在反对资本主义的过程中,或是鼓吹历史倒车,恢复旧有的封建主义所有制,迷恋过去,或是企图通过消除社会弊病,保留资本主义的生存条件,固守现在,或者主张所谓和平的方式超越资产阶级社会,幻想未来。根据马克思、恩格斯批判性的论述,《宣言》第三章所强调的社会主义,是一个与资本主义相对立的存在物。马克思、恩格斯说

---

① 蒲鲁东:《贫困的哲学》,徐公肃、任起莘译,商务印书馆,1961年,第48页。
② 张志军编:《20世纪国外社会主义理论、思潮及流派》,当代世界出版社,2008年,第3页。

"代替那存在着阶级和阶级对立的资产阶级旧社会，将是这样一个联合体，在那里，每个人自由发展是一切人的自由发展的条件"①，所以作为资本主义的对立物，社会主义又是一种人类历史性的存在，体现了资本主义发展的内在逻辑，使人类生活有意义。

二、社会主义：人类历史性存在

历史性不是发生在我们身上的某种东西。我们即历史性，即时间和空间，人是一种历史性的存在，历史性就是人类存在的一种方式。历史性包含了过去、当下和未来，人在历史中，也就是存在一定的时间和空间中，时间和空间包含了历史的过去、当下和未来。过去是指刚刚发生过的事情，当下是指正在发生的事情，未来是指将要发生的事情。这就意味着人可以活在过去、活在当下或活在未来，可以是过去某个时刻的存在物，可以是当下的存在的物，也可以是未来的存在物。因为存在，不存在才有意义，因为在这里，"不在这里"才有意义。按照克罗齐一切历史都是当下史的观念，过去和未来都属于当下的一部分，成为不可分割的整体。在既定的范围内，当下总是不稳定的，当下总是要被超越的。它可能变成人类的过去，变成回忆的对象，或者通过计划、决策和决定变成未来。

《巴黎手稿》中马克思指出"人证明自己是有意识的类存在物，就是说是这样一种类存在物，它把类看作自己的本质，或者说把自

---

① 马克思、恩格斯：《共产党宣言》，人民出版社，2009年，第50页。

身看作类存在物"。① 人作为一种类存在物,与动物有着本质性的区分,也就是说人是可朽的。作为可朽的生命体,他不只是做着循环往复的简单劳动,而是在劳动中学会从过去中总结经验教训,作用当下,构建未来。动物只会麻木地适应生存环境维持生命,而人在满足基本的生活需要的基础上,还能够进行有意识有目的的劳动。人类通过劳动创造出丰富的物质和精神财富,从而使生物性的生命得到升华。升华后的人类,不仅能够意识到自身的类生命特征,还能意识到自身的社会属性,承载着几百万年的历史文化。人意识到自身是社会的产物,因而也就是历史的产物,人类以其独特的基因变成一种社会化的人,通过社会化,在社会交往中以语言、习俗、道德等方式规范使用对象,把握社会规则,理解特定的过去,导向未来。因而在社会中生长的人类,同时也再生产了社会,但是又不仅仅生产出一个社会。社会始终是永恒历史的一个环节,作为历史性的类存在物,人总要面对历史的过去、当下与未来。

历史自有人类记载以来,按黑格尔历史哲学的研究方法,被分为原始的历史学、反思的历史学和哲学的世界史。人在历史中,就会产生关于自身存在的意识,思考自身的社会处境,反思历史中的得失。在时间和空间的环节中,人不断追问"我们来自哪里,我们是什么,我们走向何方?"三个终极问题。社会主义就是人类发展到一定阶段的普遍性的历史反思,回答了人类历史性的存在问题。古希腊时期,历史反思以神话的形式表达人类存在,用神话规范现存的社会秩序,使其起源合法化,并认为人类历史是一个循环往复

---

① 《马克思恩格斯选集》第 1 卷,人民出版社,1995 年,第 46 页。

的过程。中世纪时期,上帝的形象走进人类思维,奥古斯丁通过上帝之城与世俗之城的划分,回答了人类开端、兴盛和衰落的可能。现代社会,自然科学与人道主义的快速兴起,促使马克思看到工业化生产条件下的历史运行轨迹。马克思指出,历史从过去到未来是一个低级到高级的发展过程,资本主义既然是过去发展的结果,就终将为未来所代替,社会主义应运而生,就是它的替代,代表着历史发展的未来。

马克思、恩格斯在《宣言》第三章强调的社会主义思想,作为资本主义的对立物,是人类历史发展的产物,它的产生是历史过程本身的内在趋势,与当下形成对比,由人类的劳动加以实现。马克思和恩格斯批判地指出,封建的社会主义,"有时也能用辛辣、俏皮而尖刻的评论刺中产阶级的心,但是它由于完全不能理解现代历史的进程而总令人感到可笑"①。社会主义通过吸收人类文明的优秀成果,向历史的过去与未来无限延展,从而保留了尘世间人的完整性。它警示、启迪和激发了历史的当下,一方面代表了资本主义内部矛盾的解决,一方面推动了现代社会的可能逻辑。俄罗斯"新马克思主义"者布兹加林曾说,社会主义不是社会化的资本主义,而是人类探索历史进程的永恒主题。所以马克思和恩格斯的社会主义思想,是站在历史的高度对当下资本主义的审视,它代表了人类的历史进程,是对当下社会的超越,是世界历史阶段性的命名。社会主义是人类关于自身存在的历史反思,回答了现代社会人类的终极问题,体现了人类历史性的存在。

---

① 马克思、恩格斯:《共产党宣言》,人民出版社,2009 年,第 50 页。

三、社会主义:资本主义的内在逻辑

从人类历史性存在出发,马克思、恩格斯把社会主义视为人类历史发展进程中的必经阶段,表明时代的不断进步性。作为资本主义的对立物,社会主义开拓了人类存在的可能性空间,解决了历史之当下的多重困惑,是超越历史之当下的必然结果。但值得注意的是,社会主义之所以能够成为资本主义的替代物,构成历史进程的一部分,与资本主义自身也有着潜在的联系。通过马克思和恩格斯对资本主义的分析,不难发现,正是资本主义内在性,决定了社会主义的合理性。从历史的当下来看,社会主义又是资本主义自身内在逻辑的体现,是被资本主义改造的必然世界。

福山在把历史理解为一个连续性的发展链条时,认为历史已经达到了它的终点,历史的基本结构不再会有新的发展,而将走向终结。资本主义就是历史的终结点。福山指出科学知识是所有人类社会公认的,决定历史方向的统一机制。"现代自然科学出现以后,科学知识与历史发展的关系发生了质的改变。"①现代科学知识不断征服自然,无论是经济上还是体制上,都会促使历史矛盾的解决,资本主义就是解决历史矛盾的载体。资本主义经济制度将遵循经济自由主义原则不断完善,资本主义政治制度也将朝着自由民主方向不断发展。20世纪意识形态的主要矛盾是自由民主制与法西斯主义和共产主义,第二次世界大战后,法西斯主义遭到摧

① 福山:《历史的终结与最后的人》,黄胜强、许铭原译,中国社会科学出版社,2003年,第71页。

毁,20 世纪 80 年代末 90 年代初,社会主义国家也相继发生动荡,这就表明西方自由民主制将不再受到威胁,成为世界的普遍意识形态。此后,西方的自由民主制虽然还会遇到民族主义或宗教的挑战,但长远来看,资本主义自由民主制将是历史的最终形式。

依据福山的观点,福山从意识形态和科学知识的角度,肯定了资本主义的社会地位,就等于否认了不同于资本主义的其他历史选择,不再存有任何能够更好地满足人类经济需求的其他社会形式。但从他的分析不难发现,福山并没有充分考虑到资本主义自身的内在逻辑。事实上,马克思、恩格斯把社会主义作为历史的高级形态,并非主观臆断。通过对资本主义历史的长期观察,马克思和恩格斯发现资本主义是人类文明发展到一定阶段的产物,社会主义的产生与资本主义息息相关。在马克思和恩格斯看来,资本主义是资产阶级工业革命的胜利成果,是资产阶级通过变革封建所有制形式得以确立的合法化程序。从前资本主义到资本主义,任何一个时期都是随着社会矛盾的激化,由新兴阶级以暴力革命的形式演变而来。资产阶级是 16、17 世纪资本主义工业社会孕育成熟的新兴的革命主体,以此类推,作为历史的高级形态,社会主义也将由生产力的不断提高生产出成熟的阶级主体,即无产阶级,以革命的形式走向现实。逻辑地看,马克思从资本主义的形成过程出发,对社会主义的预言,表明社会主义将遵循资本主义的演变路径,走向历史深处。

马克思提出:"历史不外是各个世代的依次交替。每一代都利用以前各代遗留下来的材料、资金和生产力;由于这个缘故,每一代一方面在完全改变了的环境下继续从事所继承的活动,另一方面又通过完全改变了的活动来变更旧的环境。"①资产阶级正是根据历史的过去创造出新生命,同时又为历史未来创造了改变自身的条件,为社会主义的实现提供了物质基础和阶级基础。但从 19世纪 40 年代末的社会实际情况来看,欧洲革命并没有达到马克思和恩格斯的预期,社会主义也没能如期而至,资本主义反而进入普遍繁荣时期。由此可见,马克思恩格斯《宣言》中所描述的社会主义,不是在 1848 年已经实现了的世界,而是由资本主义自身的演变逻辑推导出的世界,社会主义是资本主义内在逻辑的展现。尽管马克思早期就反对黑格尔式的思辨的逻辑演绎,提出批判的武器不能代替武器的批判,物质力量只能依靠物质力量摧毁,社会主义作为逻辑的衍生物似乎与马克思理论背道而驰。但从《宣言》所做的论述来看,资本主义是历史当下的社会境况,社会主义也就是历史当下社会境况的产物,而不只是纯思辨的形而上学。社会主义是马克思恩格斯资本主义批判的逻辑起点,也是马克思恩格斯资本主义逻辑批判的归宿。社会主义正是依据资本主义社会的现实逻辑,走向现实,走向人的世界,走向历史高级阶段。《宣言》中的社会主义思想,从历史的当下出发,从资本主义内在属性出发,这就是为 19 世纪 80 年代的社会主义运动,提供了现实的理论依据,提供了历史发展的正确方向。

四、社会主义:使生活有意义

马克思、恩格斯通过对资本主义的批判,使社会主义从空想走

---

① 《马克思恩格斯选集》第 1 卷,人民出版社,1995 年,第 88 页。

向科学,不管在逻辑上还是现实意义上,都得到许多西方学者肯定。但相比于资本主义,《宣言》或其他著作都没能像分析资本主义那样详细地分析社会主义的内涵与外延,由此也引起关于社会主义性质、本质、特征的多种讨论。有的学者认为马克思、恩格斯强调的社会主义是一种制度,布鲁斯指出“社会主义是一种不同的、独立的和更高的社会组织形式”①。有的学者认为社会主义是对资本主义的超越,劳伦斯·怀尔德说,社会主义不是一种制度,是对资本主义的积极扬弃。有的学者如萨特、沙夫等人认为社会主义是一种价值综合,它代表了自由、平等、人道等一系列价值观念。相反还有一些学者对社会主义提出了质疑,悉尼·胡克、埃尔斯特、卡尔·波普、莱谢克·科拉科夫斯基等人对马克思恩格斯的科学社会主义流露出了讽刺和轻蔑。悉尼·胡克把社会主义对资本主义的超越看成一种宿命论的和机械的科学社会主义。埃尔斯特指出,马克思恩格斯关于社会主义的论述,并不能表明社会主义优于资本主义,社会主义得到了合理的重建。

　　从学者的争论来看,马克思恩格斯的社会主义思想引起了诸多分歧。这种分歧性认识,与他们对社会主义的分析,时代变迁和社会实践不无关系。按照凯·尼尔森的说法,资本主义在今天的压迫与一百年前一样真实。资本主义的形式逐渐地发生改变,但它的替代品遇到很多问题,但是我们和从前一样,仍然需要一种社会科学指导社会实践。马克思恩格斯的看法,无论是否一劳永逸,

---

① 弗·布鲁斯:《社会主义概念探微》,载奥塔·锡克编《今日的社会主义:变化中的社会主义意义》,洛特莱基出版社,1996年,第47—48页。

都对认识今天的资本主义起到了关键性的作用。① 所以尽管马克思、恩格斯对社会主义的论述不尽详细，但是马克思、恩格斯把人类的经验、信息、行为、阐释的材料，通过放置、概念化和表达它们，使其有了意义。社会主义通过综合人类实践，以概念的形式表达了其存在，这就意味着它把事件和行为纳入人类世界，把未知的转化为已知，把无法认知的世界转化为可认知的世界，从而使人类自身的生活有了意义。

人类生活就是在他们所处的社会结构中从事一定的生产实践活动，以"自在存在"和"自为存在"的方式使自然与社会变成为"为我们存在"。"自在存在"是指尚未被认识和开发的东西，"自为存在"是指人类根据自身的目的使自在对象得以改变的过程。马克思、恩格斯的社会主义思想可以说是一种"自为存在"，使人类清楚地认识现存的社会秩序，并质疑现存的社会秩序，为生活提供意义。赫勒说人生活在两个世界中，一个是经验的世界，一个是本质的世界。经验的世界不同于本质的世界，因为表象与本质之间存在着明显的区别，表象总是混乱无序的，本质却是真正的、实际的世界本身，本质的世界总是隐藏在尘世之中，等待人们发掘发现。科学或哲学的任务就是努力发现尘世背后的本质世界，它们设定好目标，从杂乱的现实本身出发解读表象背后的本质，揭露被扭曲的幻觉和意识形态。

马克思、恩格斯的社会主义思想作为人类实践的综合，正好承担起了这一任务，它从资本主义出发，为揭示人类的本质世界提供

---

① 凯·尼尔森：《马克思主义与道德观念》，李义天译，人民出版社，2014年，第30页。

帮助,从而使人类生活更有意义。它自觉地揭露了被扭曲的现实世界,为人们呈现出生活世界的真实面貌,是人类批判社会的利器,也是人类建构社会的重要理论依据。马克思、恩格斯以"自在存在"的对象为前提条件,使之成为人化的对象,不仅让人类认识了生活本身,同时也让人类学会改造生活,创造属于人的世界。马克思、恩格斯的社会主义思想不是从个人出发,而是从每个人的自由全面发展出发,使每个人清楚生活中的权利与义务,有机会过上有意义的生活。

根据《宣言》第三章,马克思、恩格斯通过对三种社会主义思潮的批判,将自己的社会主义思想,与封建阶级、小资产阶级和空想社会主义分离开,把社会主义与资本主义相区别,体现了"人向自身、向社会的人的复归"。这种思想以世界历史目的论的眼光,解决历史当下社会中的所有对立,在建设社会主义方面所取得的成就,某种程度上是历史性的保证,也是历史之谜的解答。它从资本主义本身出发,把社会主义作为替代资本主义的高级形式,实际上就是把理想信念变成现实的过程,从而为人类的生活世界赋予意义。纵观马克思、恩格斯文本,社会主义思想贯穿始终,《宣言》第三章作为其中的一部分,对社会主义的阐释还原了当时的社会境况,为我们历史性地认识过去、当下与未来提供了重要的帮助。作为一种历史性存在的社会主义,它不仅蕴含在《宣言》中,同时也促成马克思、恩格斯所有文本中有关社会主义思想的一种连续,对于我们今天认识科学社会主义仍具有重要的价值。

第十五章 从"现实的个人"到"自由人的联合体"——马克思共同体思想的理论意涵

马克思共同体思想体现了马克思主义的理论品质,只有置于西方思想传统及与同时代人的辨析中才能突显其深刻含义。在现实中,"现实的个人"与"自由人"之间笼罩着资本主义生产关系,劳动与自由对立,自觉的活动变成异化劳动,康德、黑格尔等人遮蔽了现实中的异化劳动与劳动者的不自由。马克思共同体思想以"现实的个人"为逻辑基点,通过批判康德、黑格尔视域中"虚假的共同体",以及霍布斯以来的契约论传统,表达了其共同体思想:随着生产力的发展,在人的真正解放的同时,实现着相互之间保持着平衡张力的"自由人的联合体"。

一、马克思共同体思想的逻辑基点

马克思在《黑格尔法哲学批判》《德意志意识形态》中批判"虚

假的共同体"时使用的是 Gemeinwesen,德文原意为因政治因素而联结成的集体、国家;在《共产党宣言》中提及"自由人联合体"时使用的是 Gemeinschaft,德文原意为由共同的思想、目的联系起来的组织、集体、团体。还原马克思曾对话过的哲学家的相关理论,在辨析之中呈现出马克思共同体思想的理论意涵。

共同体归根结底是由个体组成的,马克思共同体思想阐述的逻辑基点在于在历史唯物主义视域下"现实的个人",与以往哲学家二元论背景下的人有着根本区别。

传统西方哲学诞生于对本体世界的探寻,在古希腊,传统逻辑中同一律的主词与谓词同一,即 A 是 A,同时也意味着是以分裂为前提的,是分裂张力中的同一,当哲学家将目光从纯粹逻辑转向人时,逻辑同一律就表现为主客体的同一。不同哲学家对待同一与分裂这对张力的手段不同,巴门尼德、柏拉图等人将永恒的、不变不动的、唯一的等特征与感性的、杂多的现实分开,二元论传统在哲学史上根深蒂固。就"人"这个主题来说,古希腊将灵魂与肉体对立起来,用崇高的伦理性压制血肉之躯。虽然启蒙运动以来重新发现了"人",但这种发现仍是建立在心物"二元论"基础上的"片面人"——近代科学将自然纳入数学化处理(伽利略),自然不过是"一部由时空中的物质运动所构成的巨大而自足的数学机器"[1],成为自我封闭、静止不动的物体世界。笛卡尔显然受到近代科学影响,他在《谈谈方法》中将与自然对应的"人的理性"当成人的本质,人与世界是主体与客体、认识与被认识的二元关系。

---

[1] 埃德温·阿瑟·伯特:《近代物理学的形而上学基础》,张卜天译,湖南科学技术出版社,2012 年,第 82 页。

　　然而,通过数学认识的世界并非世界本身,而是滤镜透视下的世界,在这种情形下与"人的自然存在物"对应的"人"是怎样的呢?被笛卡尔当作人的本质的理性,并通过理性这个滤镜透视之后的人是否就是人本身? 值得打个大大的问号。

　　主客二分法最极端的形式之一是用知性的手段把人类的心理现象、精神功能当作研究对象,它能在多大程度上反映人本身? 对此类问题,阿伦特似乎早已失去耐性,以一种决绝态度指出笛卡尔的困境:他(笛卡尔)无法确认世界的实在性和人类生活的实在性。① 近代哲学(认识论)不仅没有回应近代科学对哲学提出的挑战,反而把近代科学中的研究者和研究对象以一种更片面的方式分开了。(以上是认识维度、知性维度构建起来的人,并非政治维度。)

　　康德把自笛卡尔以来的近代哲学二元思维推向极致,在主客体分裂的基础上划分了现象与物自体、主体与客体、自然和自由、知性和理性、感性和理性等诸多二元对立的范畴,将这种分裂细致化。在现象与物自体的二元对立模式下,康德的知性作为认知主体的"主观观念"统合现象,区分了知性与理性,又用普遍理性赋予政治哲学维度上的资本主义生产关系先天特征,从而顺承下来,大概在康德看来,资本主义生产中的秘密属于物自体维度。黑格尔认为,哲学的根本任务是要克服这种二元对立与分裂(Entzweiung)。面对资本主义的现代性,康德"一方面极具想象力地肯定了这种分裂;另一方面……他也试图通过沟通自然和自由

---

① 汉娜·阿伦特:《人的境况》,王寅丽译,上海人民出版社,2009年,第220—221页。

来克服这种分裂,但由于他的二元论哲学立场,他的这种努力不可避免地以失败告终"①。黑格尔距离康德毕竟还比较近,而在我们今天看来,康德与其说是试图沟通,不如说纵容了这种分裂。

就德国古典哲学而言,无论费希特、谢林还是荷尔德林,都在着手解决主客体分裂的问题,但得到的结论,都是在自我意识的世界里寻找主客体同一的基础。黑格尔也是同样思路:从本质上看,思维与存在不同质,是异质性相互否定的结构体系,思维既是人的思维,也是自我认识的"绝对精神"。康德认为能够平衡这种分裂张力的是主观主义,而黑格尔持相反态度,他的"绝对精神"指向客观主义,从而使其推崇的古希腊伦理性能够顺理成章地来平衡现代性所造成的一系列问题。如果黑格尔能得手的话,那么从古希腊以来延续到现代精神文化形态中的诸多根本性二元对立都将得到克服,可惜做不到,正如马克思所指出的:"人的本质,人,在黑格尔看来=自我意识",黑格尔所谓存在,不过是"自我意识的外化设定"的"物性"②,并不是"真正的"对象性意义上的外部世界。

黑格尔哲学没有挡住康德日益推向极端的认识论分裂。相反,在灵性消亡的背景下,伴随着资本主义发展的是人类知性内容的外溢,康德哲学迎合了资本主义现代性对人和世界的分裂与碎片化,以至于人们一边沉浸在康德哲学的分裂世界之中,一边又跟随康德以普遍自由为前提,对理性抱着不切实际的幻想。罗尔斯就是将康德哲学在政治哲学领域发扬光大的典型代表。在这种氛围下,黑格尔对现代性问题的解决方案,并没有得到应有的重视。

---

① 张汝伦:《从黑格尔的康德批判看黑格尔哲学》,载《哲学动态》2016 年第 5 期。
②《马克思恩格斯文集》第 1 卷,人民出版社,2009 年,第 207 页。

马克思所处的时代显然要面对两方面的问题，一方面是古希腊以来西方哲学形成的二元对立结构的哲学元理论所造成的现实中人的分裂，另一方面是哲学家与现实世界同样处于解释与被解释的二元结构。马克思"现实的个人"思想就是在回应这两方面，借助于批判各个哲学家来澄清"现实的个人"的思想，主要以黑格尔和黑格尔派为批判对象。

马克思重点指出了黑格尔在二元框架下将"自我意识"与"对象世界"做同一处理的秘密："只要意识知道某个东西，那么这个东西对意识来说就生成了。"[1]黑格尔所提出的弥合分裂的方案，是以一种同质性为基础的同一来实现的，"意识所以知道对象同他之间的差别的非存在，对象对它来说是非存在，是因为意识知道对象是他的自我外化"[2]。意识不过是冒充的存在，"冒充为它自身的他物，冒充为感性、现实、生命"[3]。黑格尔所指向的客观主义并不是基于现实存在的客观，而是基于主观的客观，从而才能将古希腊伦理嵌入绝对的、客观的绝对精神之中，思维也才能最终通过"历史进程"把握到绝对精神，因为在黑格尔那里，思维和存在原本就是同质的。

"现实的个人"刺透了黑格尔封闭的、抽象的自我意识哲学，他说"人的本质并不是单个人所固有的抽象物"。既然不是，那又是什么呢？显然，马克思要达到更远的目标，对于传统理论形态下主客体、现象与物自体的分裂，马克思说"我们的出发点是从事实际

---

① 《马克思恩格斯文集》第1卷，人民出版社，2009年，第212页。
② 《马克思恩格斯文集》第1卷，人民出版社，2009年，第212页。
③ 《马克思恩格斯文集》第1卷，人民出版社，2009年，第213页。

活动的人",即有血有肉、需要"吃喝住穿"、从事物质生产活动的人,这种人才"是人的自然存在物"①。可见,人与自然的关系并不是认识论框架下知性的主体与物自体的关系,当现实的人吃掉那个苹果后,它(指苹果)就成了个体用以保持其作为社会存在的自然生命的一部分,成了"人的自然"的一部分。这个苹果是具体的、特殊的,不是形而上的、不可知的物自体,这个苹果也不是绝对意义上的客体而独立于人,它是现实的、感性的、被改造的对象。苹果的本质(如果它有本质的话)就体现在人与它之间具体的活动之中,并非在苹果之外另有一个本质。不同时代吃法各异,在茹毛饮血时代人类直接从树上摘果子吃,古希腊时期奴隶们洗净送到主人面前,现代分工更细,都是深加工产品,产销也分开了。虽然从生物学角度看原料都是苹果,对作为生物有机体的人来讲功能没有多大变化,但不同生产力与生产关系的具体历史语境,人在不同存在样态中对苹果的认知是不同的,只有理想状态(不包含任何现实条件的真空状态)二者才完全同一。

马克思用"现实的个人"和人的现实的、感性的活动击穿被形而上学割裂开的人与现实世界,在人的感性对象性活动中实现异质的人与对象的同一,哲学家不是在人与苹果关系之外再来"解释"苹果,而是就现实的人(群众)来"改变世界",也就是怎么把它吃掉,哲学家的角色、任务及其与世界的关系已经随时代的变迁发生了根本性改变。

---

① 《马克思恩格斯文集》第 1 卷,人民出版社,2009 年,第 211 页。

二、马克思共同体思想的展开逻辑

马克思在《共产党宣言》中将其共同体思想表述为"自由人的联合体",从 Gemeinwesen 与 Gemeinschaft 的区别来看,其主要区别在于组成这个集体的核心成员的不同,"自由人的联合体"的核心是对"自由人"的理解,从"现实的个人"到"自由人",马克思表达了其共同体思想展开的基本逻辑进路与理论意涵。

"现实的个人""为了生活,首先就需要吃喝住穿以及其他一些东西。因此第一个历史活动就是……生产物质生活本身"①,就是说,对于"现实的个人",他的感性对象性活动作为"第一个历史活动"就是改造自然界与人类社会的"物质生产活动",或称为"劳动"。在马克思视域中,人的"劳动"与"不把自己同自己的生命活动区别开来"的动物生命活动有着本质的区别:一方面动物的生命与自然界本就是同一的,动物的生命活动是自然界的一部分,而"人则使自己的生命活动本身变成自己的意志和自己意识的对象"②。人因为有意志而与自然相异质,人通过"劳动"不断改造自然界使之成为人类社会的一部分,从而也成为自己意识的对象,在现实历史中不断实现着自然与人的同一。另一方面,这种同一是人的自由的体现,动物没有自我意志,动物与自然的天然同质性,决定了动物的生命活动是必然的,是自然规律的一部分。但人不同,人是自由的,并且人就在"劳动"之中证明自己的自由。在黑格

①《马克思恩格斯文集》第 1 卷,人民出版社,2009 年,第 531 页。
②《马克思恩格斯文集》第 1 卷,人民出版社,2009 年,第 162 页。

尔那里,自由的最高表现是对"绝对精神"的认识与自觉,在"自为"的作用下使"绝对精神"由"自在"过渡到"自在自为",不过在被形而上学割裂的世界中黑格尔只能将自由封闭在"自我意识"内部,而马克思的自由却是在"劳动"中时时处处向自然界敞开的,"诚然,劳动尺度本身在这里是由外面提供的,是由必须达到的目的和为达到这个目的而必须由劳动来克服的那些障碍所提供的。但是克服这种障碍本身,就是自由的实现",人在按自己的目的,在自我实现的过程中使自然界失去单纯必然性,达到与人的同一,这"也就是实在的自由——而这种自由见之于活动就是劳动"①。虽然生物性的人是自然界的一部分,但人的自我意志决定了人的活动必然会与自然界、自然规律分离,从而会掌握自然规律按人的意志改造自然界。概言之,"现实的个人"通过"劳动"在异质的自然界中不断实现着人与自然的同一,这就是人的自由的体现,"现实的个人"与"自由人"原本应该是同一的。

　　"现实的个人"虽然在理论上突破了被形而上学割裂的二元结构,但马克思与这种二元结构所造成的现实中人与自由的分裂的斗争才刚刚开始。换言之,马克思"现实的个人"思想只是为其解决现实中"苦恼的疑问"在哲学上扫清障碍,他要解决的是"现实的个人"在现实的劳动中与"自由人"之间无法同一的问题。

　　资本主义生产关系造成了现实中的不自由,又用形式的自由来遮蔽这种不自由,而本质上看,他们是把私有财产的自由当成了人的自由。

----

① 《马克思恩格斯全集》第 30 卷,人民出版社,1995 年,第 615 页。

在国民经济学家亚当·斯密看来,劳动者由于不得不满足生存的需要而必须从事劳动,这种劳动意味着被某种外在力量强加的限制,所以自由意味着不劳动。斯密对于自由与劳动的认识显然来自资本主义内部,资本主义制度的奠基人霍布斯将自由定义为"没有阻碍的状况"①,在资本主义发展了几个世纪的20世纪,以赛亚·柏林对消极自由的定义与之如出一辙"免于……的自由"②。就自由来讲,马克思在《论犹太人问题》中就指出这种逃避某种事物的消极力量的自由根本不是属于人的真正的自由,"自由这一人权的实际应用就是私有财产这一人权"③,意味着资本主义制度下"现实的个人"的内核是私有财产,人的自由以私有财产的自由为特征,通过资本主义法权的形式表现出来:资本主义的法律对自由权利规定的实质在于对私有财产的支配与保护,它不过是在形式上规定了私有财产的神圣不可侵犯及活动范围。

在资本主义的现实中,"现实的个人"分裂为真正的人与私有财产,而真正的人的自由却要通过私有财产这个中介并以私有财产的特征表现出来,真正的人的自由被私有财产遮蔽了,取而代之的是资本主义生产方式下劳动者的形式上的自由。这种自由在康德那里有经典的表述,"任何一个行动,如果它,或者按照其准则每一个人的任意的自由,都能够根据一条普遍法则与任何人的自由共存,就是正当的"④,康德在此想要解决的是自由的任意性、普遍

---

① 霍布斯:《利维坦》,黎思复译,商务印书馆,2011年,第162页。
② 伯林:《自由论》,胡传胜译,译林出版社,2004年,第200页。
③《马克思恩格斯文集》第1卷,人民出版社,2009年,第41页。
④《康德著作全集》第6卷,李秋零译,中国人民大学出版社,2007年,第238页。

性、正当性之间的问题,康德将自由的普遍性收回到意志的原点,以"同意""想要"为唯一的旨归,而就形而上学意义上的普遍性而言,只有收回到意志的原点处,才能实现最高的普遍性,这显然是康德的一贯做法,人有一种自由选择的能力,人是自由地选择了"同意""想要"去做道德的事。但恰恰相反的是,这种能力体现在具体的行为中,就变成了既有可能服从道德法则,也可能采取与道德无关的行为,甚至违背道德法则,这种任意原本是特殊的,有可能撕裂社会的,但经过康德的"一条普遍法则"的魔法转换,就变成了普遍的。进一步,既然存在"一条普遍法则"可以让任何人的自由共存,那么只要所有人克服任意的意愿而自愿地服从这个普遍法则,加之抽象自由的普遍性,从而服从普遍法则的自由行为就是正当的。而实际上,戏谑的是康德所谓普遍法则,不过是一种毫无内容的"同意"和"想要"。于是,康德就在形而上学层面不仅用一种不影响任意性的普遍性表达了自由,也为现实中的行为构建了形式上的自由与正当性,在这个意义上,作为"独立于别人的强制意志"的自由就可以在现实中实现了,康德本人在《实践理性批判》中坦言:"自由概念"构成了整个批判哲学体系的"拱顶石"。但问题是,康德用形而上学构建起来的只是一种形式上的自由与正当性,却要与人的现实行为中的自由混淆,事实上,在现实行为中康德意义上的普遍法则就其"外在的强制(einÄußererZwang)"而言,不过是资本主义法权规则,但其经过内在自由的认可后,就以一种普遍化的方式固定下来。康德不过是把现实中的资本主义法权规则不加批判地通过自由这个"拱顶石"用形而上学遮蔽了起来,所有人只有自由地按照这个普遍法则行动才能实现所有人的普遍自由。康德举的一个例子可以很好地说明这个问题:"他为了自己的事情去购买货物时并不去问任何人,是否在这一笔买卖中获得好处的权力,而仅仅考虑这笔交易的形式,考虑彼此意志行为的关系"①。康德的意思是,只要买卖双方是在彼此意志自由的前提下,而且所完成的这笔交易,其在形式上可以实现一个人与另一个人的自由相协调,即"同意",那么这笔交易就是正当的,就是人的自由的实现。可以看出,康德关心的问题是交易双方的意志与交易的形式,而非交易的实质内容,形式的抽象性意味着普遍性,自由地去"同意"、自由地"想要"做道德的事取代了真正的正义变成了正当的唯一准绳,这也是传统的哲学家在二元论结构下通过形而上学关注现实问题的经典模式。

问题在于,劳动的分裂就发生在实质内容之中。传统教科书将商品的二重性刻板地理解为价值与使用价值,而实际上马克思透过商品二重性真正要表达的是,在资本主义的现实中,人的劳动产品被分裂为商品与自由自觉活动的产物的双重属性,综而言之,前者以后者为基础;分而言之,后者体现着人的真正需要,对应着使用价值,而前者则对应着价值,是与后者相关的资本主义生产关系中的特殊物品。而康德视域里的交易,只是在形式上体现了双方交易形式上价值上的等价,一方面交换价值是价值在商品社会交易中的体现,另一方面交换价值的表现形式——价格——又受到供需关系波动的影响。且不考虑价格在市场中的波动,仅就交易过程中的交换价值而言,虽然人们以获得使用价值为目的,但实

---

① 康德:《法的形而上学原理》,沈叔平译,商务印书馆,1991 年,第 40 页。

际交易中却是通过两个商品之间的同等交换价值交换的形式来实现的,经过价值形式这个中介,交换价值所体现的价值在形式上遮蔽了使用价值。所以康德所看到的商品,实际上是遮蔽了人的自由自觉活动的产物。在资本主义社会中,所发生的一切交易行为都是通过商品这种形式来完成的,康德认为这种交易只要在形式上使买卖双方相协调,就是自由的与正当的。而马克思认为,这种形式上的自由与正当,恰恰遮蔽了现实中劳动的分裂,从而遮蔽了劳动的异化与劳动者现实中的不自由问题。

而更严重的问题在于,资本主义架构中的人并不是在生产满足自己真正需要的物品,而是在从事商品的生产,是"异己的对象"。从而一方面"工人在劳动中耗费的力量越多,他亲手创造出来的反对自己的、异己的对象世界的力量就越大"①,现实中工人的劳动不再是实现着人与自然界的同一的劳动,而是一种异化的劳动,工人在"劳动中不是肯定自己而是否定自己,不是感到幸福,而是感到不幸,不是自由地发挥自己的体力和智力,而是使自己的肉体受折磨、精神遭摧残"②。这就是斯密所理解的劳动,而斯密之所以将劳动与自由对立,正是因为在资本主义社会中,一切物品都以商品的形式存在,工人为了获得基本的生存资料就不得不用仅有的劳动力换取工资从而交换商品,这种劳动不仅是不自由的,而且占据了生命活动的绝大部分。另一方面,商品也并不是人的本质需要的真正体现,甚至"商品"使得人的劳动产品越来越脱离实际需要本身,人不再按照人本身的目的来改造自然界,而是越来越按

---

① 《马克思恩格斯文集》第 1 卷,人民出版社,2009 年,第 157 页。
② 《马克思恩格斯文集》第 1 卷,人民出版社,2009 年,第 159 页。

照一种畸形的标准,正如马克思说,商品来自"机敏地而且总是精打细算地屈从于非人的、精致的、非自然的和幻想出来的欲望"①。

总之,在马克思视域里"现实的个人"与"自由人"原本是同一的,阻碍"现实的个人"成为"自由人"的是笼罩在"现实的个人"之上的资本主义生产关系,它使人的自由自觉的活动变成商品生产活动,使得劳动与自由对立起来。然而,传统哲学恰恰用一种二元论的方式,不仅遮蔽了现实中的资本主义生产关系,反而将形而上学意义上的自由等同于现实行为中的自由,从而遮蔽了现实中的异化劳动与劳动者的不自由。

三、马克思共同体思想的政治哲学指向

马克思的共同体思想最终旨归是自由人的联合,要实现"现实的个人"与"自由人"在现实中的同一,就必须实现人的真正解放,破除笼罩在"现实的个人"之上的资本主义生产关系,这种解放首先指向了把政治力量与社会力量分裂开的"虚假共同体",其次也意味着其不是漫无边际的解放,而是联合之中的解放。

如果说在古希腊,人具有不同的伦理实体的位格,古希腊的共同体是建立在伦理实体位格之上的,那么对于现代文明来说,其虽然打破了古希腊伦理实体对人的抽象,人却在形而上学的思维中又被抽象为以私有财产和欲望为主要特征的经济人人格。笛卡尔将人做二元化处理并把理性作为人的根本属性,这种思路在政治

---

① 《马克思恩格斯文集》第 1 卷,人民出版社,2009 年,第 224 页。

哲学中经过霍布斯的表达变成了现代文明的一个全新的建构基础——欲望和自我保存的自然法理论。经过洛克的阐释，这种自然法理论经过与"劳动"的勾连进一步将人扭曲成自私自利的、孤立的、相互排斥的人，现代文明正是建立在这样的人互相之间以安全、自由、财产为目的的契约之上。这种抽象的由契约联结而成的共同体受到了休谟的巨大挑战，他在1742年的《论原始契约》中根据经验论传统对抽象的契约论进行了颠覆性的批判：他并不否认在遥远的时代，人类建立最初的政府可能是基于某种同意或契约，但随着历史的变迁、政权的不断更替后已经不为当代人所知，因此把那些原始人联合起来的原始契约即使的确存在过，也由于太久远而并不能证明什么，而且在经验意义上，现存的政府没有一个是建立在自愿协议之上的，有历史记载的政府都是通过篡夺或征伐建立起来的。人们并不是由于契约联结起来从而有了忠诚或责任感，而是出于对暴力或权威的惧怕和无奈。被休谟从独断论中惊醒的康德显然必须回应休谟的挑战，他把契约论进一步形而上学化，"人民借以把自己建构成一个国家的那种行为——但真正来说只不过是国家的理念，只有按照这种理念才能设想国家的合法性——就是原始契约"①。在此，康德把前文所述论述自由的任意性、普遍性与正当性的那套说法重新又作为论述契约联合体，把契约的基础从外在的经验世界转移到内在的主体意志中，为资产阶级宪政国家的存在奠定了先验理性基础。实际上，通过对康德在《道德形而上学原理》《法的形而上学原理》对权利的论述可以看

---

① 《康德著作全集》第6卷，李秋零译，中国人民大学出版社，2007年，第36页。

出，他不过是把霍布斯和洛克早就奠立的以私有财产权为核心的资产阶级的政制关系通过形而上学进行普遍化、正当化处理从而将其凝固下来。康德高扬的"人是目的"背后真实的历史主体是像康德一样的小资产者，以及由千千万万小资产者按照其基本政治、经济诉求由最普遍的抽象契约组成的共同体，即由理性的、自私自利的原子式个人按照"普遍法则"在契约的基础上联结成的共同体。资本主义发展到黑格尔时期，已经出现诸多潜在的危机，黑格尔看到这样的共同体存在着从内部被撕裂的可能性，但他看到自私自利的原子式个人为现代文明带来的巨大进步，于是在自我意识意义上，黑格尔企图用古希腊伦理意识来调和自私自利的原子式个人，他区分出市民社会与国家，康德意义上的共同体类似于黑格尔的市民社会，而黑格尔的国家不同于康德的国家，其承载着将外在的伦理规范注入自我意识中从而使之具备伦理意识的重要责任，在黑格尔那里，市民社会与国家处于紧张的张力之中。

事实上，政治经济学"不是从天而降的，而是从治理艺术与国家理性的根据里上升而来的"[1]，在马克思看来，在政治经济学视域中，黑格尔的国家与康德的国家并没有实质性区别，都是"虚幻的共同体"，其本质是从控制阶级对立的需要中产生的，"是统治阶级的各个人借以实现其共同利益的形式"[2]。而"虚幻的共同体"理论反而掩盖了现实国家的真正本质。

---

[1] 张文喜：《历史唯物主义与政治经济学批判的边界讨论》，载《马克思主义与现实》2016 年第 3 期。

[2] 《马克思恩格斯选集》第 1 卷，人民出版社，2012 年，第 212 页。

马克思揭下了资本主义现实中的国家的面纱,为"现实的个人"的解放在理论上祛除了最后一层遮蔽,其自由人的联合与"现实的个人"的解放,就是一体两面的同一个过程,正如马克思说"只有当现实的个人把抽象的公民复归于自身,并且作为个人,在自己的经验生活、自己的个体劳动、自己的个体关系中间,成为类存在物的时候,只有当人认识到自身'固有的力量'是社会力量,并把这种力量组织起来因而不再把社会力量以政治力量的形式同自身分离的时候,只有到了那个时候,人的解放才能完成"①。正如前文所说,虚幻的共同体作为与社会力量分离的政治力量,是现实中资本主义生产关系在形而上学层面的体现,其掩盖了资本主义国家的真正本质,而鲍威尔仅仅追求政治解放与宗教解放的立场具有局限性,马克思表达的"自由人的联合体"是"现实的个人"按照类存在特有的方式,在观念上与现实中同样祛除政治力量与资本主义生产关系的双重笼罩,不再是以资本为中介的社会关系,而是以纯粹的属人社会力量的形式组织起来,这样的共同体就是人的解放的实现,这种解放不是漫无边际的解放,而是以人的类存在与类特征为尺度的人的广泛联合之中的解放,同时也是人的自由的实现。其深层意义在于,共同体中的每一个个体在个性与能力方面的差异不再与其所掌握的社会权力构成关联,不再像在资本主义时代,某人因为精于算计的能力或个性较其他共同体成员有所不同获得了更多的资本,从而掌握了更多的甚至可以支配他人现实劳动的社会权力。只有当因人而异的个性、能力不再与人的社会权力之

---

① 《马克思恩格斯全集》第 3 卷,人民出版社,2002 年,第 189 页。

间存在关联,更不可能成为社会阶级划分依据,从而也就不再有阶级的时候,人的解放才能完成,在这种情况下才能够允许有差异的个人按照人的多元尺度真正自由地发展,每个人可以不偏不倚地将其个性与能力推向极致,成为真正的"自由人",而不至于像美国学者古尔德在《马克思的社会本体论》中所说,在资本主义社会中,人类能力只能以物的或外在的形式来发展。[1] 反过来,这样的"自由人"只有联合起来才能够真正实现,亚里士多德早就表示过,"离开城邦者非神即兽",离开共同体将不再有"人"的存在,马克思也认为人"是只有在社会中才能独立的动物"[2],对于"自由人"来说,"每一个人自由发展是一切人自由发展的条件"。一方面,"只有在共同体中,个人才能获得全面发展其才能的手段,只有在共同体中才可能有个人自由"[3],只有在共同体中,存在差异的自由人才能构成一个完整的社会从而满足自身的多元需求,才能在个体能力有限的情况下,对人类整体发挥出类的力量;另一方面,"人是社会关系的总和",意味着共同体中的每一个个体的自由不是没有边际的或者面对着"条顿森林"任意臆想出来的,人离开社会关系对人的本质的规定,人也将不再称为人,"自由人"发展自己的方向天然地以整全的共同体为规范。概言之,共同体包含着差异性的个体,是"自由人"的有机统一,二者处于平衡的张力之中。

在历史唯物主义视域下,这个过程是随着生产力的发展而逐

---

[1] 古尔德:《马克思的社会本体论》,王虎学译,北京师范大学出版社,2009 年,第 30 页。

[2]《马克思恩格斯选集》第 2 卷,人民出版社,2012 年,第 684 页。

[3]《马克思恩格斯选集》第 1 卷,人民出版社,2012 年,第 199 页。

渐实现的:在古代,人们由于受到生产力发展水平的限制,不得不按照自然界规律实现着人与自然的同一,无法按照人的意志也就是以人的自由的方式改造自然界,同时也不得不按照自然血缘为纽带,以原始的公有制为形式形成"自然形成的共同体","以群的联合力量和集体行动来弥补个体自卫能力的不足"①。在今天,随着生产力的发展,"'占有'和'控制'的欲望和意志""'排他'和'孤独'"的自我与资本主义生产关系将一道被扬弃掉,其时,作为人的整体特性与类特性的生命活动,同时也是"自由的有意识的活动",必将普遍彰显出来,人作为解放了的人,作为现实的类存在物,其所形成的真正的社会力量才能实现"自由人的联合体"。

---

① 《马克思恩格斯全集》第 21 卷,人民出版社,1965 年,第 45 页。

第十六章　马克思恩格斯平等思想发展历程

平等思想是马克思恩格斯科学社会主义理论体系的重要组成部分,其发展演变的理论脉络与马克思主义唯物史观及政治经济学的创立和发展的进程紧密相连。马克思恩格斯平等思想的发展史大致分为对平等问题初步阐述并具有一定唯物成分的萌芽阶段、建立在唯物史观和政治经济学基础上的科学系统的平等思想确立阶段及进一步发展成熟阶段。在这一过程中,马克思在萌芽阶段和科学系统的平等思想的确立阶段发挥了主导性作用,而恩格斯则对前述平等思想的进一步发展成熟做出了突出贡献。

一、平等思想的萌芽

马克思恩格斯平等思想作为其社会主义理论体系的一个重要

组成部分①,在自身的发展逻辑上,是与马克思主义唯物史观及政治经济学的创立和发展的进程大体一致的,在这条主线下,不同时期所关注的现实主题和理论批判任务的变化,也是影响马克思恩格斯平等思想内容的丰富性和理论的深度及系统性的重要因素。基于这种综合考量,可以将马克思恩格斯平等思想的纵向发展史大致分为对平等问题初步阐述并具有一定唯物成分的萌芽阶段、建立在唯物史观和政治经济学基础上的科学系统的平等思想确立阶段及进一步发展成熟阶段。

马克思早期思想发展经历过一个由唯心主义向唯物主义、革命民主主义向共产主义的转变过程,这一转变始于 1842 年,在 1845—1846 年完成。② 尽管如此,在他彻底的、系统的唯物史观建立之前,其思想仍不可避免地保留有前一时期的某些痕迹。特别是在 19 世纪 40 年代上半期,对平等问题的认识还带有明显的思辨色彩,视野主要局限于政治领域。在 19 世纪 40 年代,尽管自思想转变以来对物质领域的平等现状已表达一定的关注,一些见解带有唯物主义的成分,但由于缺乏系统的经济学理论做支撑,在理论

---

① 虽然马克思和恩格斯对"平等"议题的直接探讨并不多,甚至在某种意义上拒绝将"平等"作为一个理论范畴使用,但这并不妨碍我们从其社会主义理论本质上去理解其"平等"思想。已有学者指出,从广义上讲,整个马克思主义体系都可以看作"关于社会平等的理论"。参阅李纪才《马克思、恩格斯的平等观》,载《社会主义研究》2008 年第 3 期。

② 马克思的转变始于 1842 年《莱茵报》时期,这一时期所写的文章就是证据,但学界对于马克思何时完成这样的转变,以及以何为标志,仍有分歧,如有的学者认为是 1843 年的《黑格尔法哲学批判》,也有学者认为是《1844 年经济学哲学手稿》。北京大学教授赵家祥则认为是 1845—1846 年写作的《关于费尔巴哈的提纲》和《德意志意识形态》。参阅赵家祥《论马克思恩格斯思想的两种转变》,载《中国人民大学学报》2007 年第 5 期。

分析上还不够深入彻底，也略显零碎。对于马克思（包括恩格斯）这一时期平等思想的表现，可以将之视为其科学系统的平等思想确立之前的萌芽状态。

马克思在 1843 年《黑格尔法哲学批判》中指出，如同"基督徒在天国是平等的，而在尘世则不平等一样"，人们在"政治世界的天国是平等的，而在社会的尘世存在中却不平等"①。这实际上道出了资产阶级革命所追求的"政治解放"的局限性：它虽然瓦解了封建专制体系，使人们在政治身份上获得了平等，但却未能进一步改变人们在经济社会地位上的不平等，从而只是将政治等级变成社会等级，不平等的社会现实依然存在。在其后不久的另一篇著作《论犹太人问题》中，马克思对体现在法律和政治生活中的资产阶级自由、平等等人权进行了本质上的揭露，他指出：所谓人权，"无非是市民社会的成员的权利"，是"利己的人的权利"。"自由是可以做和可以从事任何不损害他人的事情的权利"，其"实际应用就是私有财产这一人权"，私有财产这一人权又是"任意地、同他人无关地、不受社会影响地享用和处理自己的财产的权利"，而平等"就其非政治意义来说，无非是上述自由的平等"②。显然，马克思看到，平等并非市民社会成员的最终要求，而只是其实现自身根本利益——私有财产占有自由的条件与方式而已，在"平等"这一公共性政治权利的背后，是个人的私有财产占有与处置权。而由于人们在财产占有上的不平等，这背后恰恰呈现出的是不平等的现实图景。恩格斯在写于同年的《大陆上社会改革的进展》一文中也表

---

① 《马克思恩格斯全集》第 3 卷，人民出版社，2002 年，第 100 页。
② 《马克思恩格斯文集》第 1 卷，人民出版社，2009 年，第 40—41 页。

达了对资本主义社会平等问题的关注,他指出,资产阶级政治革命所建立的民主制是一种"伪善",其所推行的政治自由和政治平等是一种"假象"和"实在的奴役制"。① 资产阶级的民主制不能实现真正平等,而"真正的自由和真正的平等只有在公社制度下才可能实现"②。在上述三篇文章中,马克思、恩格斯看到了资产阶级政治解放的不彻底性,揭露了资本主义社会政治权利平等的背后是新的社会等级的不平等,不过他们这时候的揭露和批判更多地只触及资本主义社会不平等现实的表象。

马克思在 1844 年巴黎手稿中指出:"平等不过是德国人所说的自我＝自我译成法国的形式即政治的形式。平等,作为共产主义的基础,是共产主义的政治的论据。这同德国人借助于把人理解为普遍的自我意识来论证共产主义,是一回事。不言而喻,异化的扬弃总是从作为统治力量的异化形式出发:在德国是自我意识;在法国是平等,因为这是政治;在英国是现实的、物质的、仅仅以自身来衡量自身的实际需要。"③在随后不久他和恩格斯合著的《神圣家族》中,他亦再次指出法国的平等和德国的"自我意识"相比,后者"按德国的方式即用抽象思维所表达的东西",就是前者"按法国的方式即用政治语言和具象思维的语言所说的东西","自我意识是人在纯粹思维中同他自身的平等"。④ 马克思在此揭示了平等这一普遍原则在当时欧洲各民族国家外在表现形式及内涵指向上的

① 《马克思恩格斯全集》第 3 卷,人民出版社,2002 年,第 475 页。
② 《马克思恩格斯全集》第 3 卷,人民出版社,2002 年,第 482 页。
③ 《马克思恩格斯文集》第 1 卷,人民出版社,2009 年,第 231 页。
④ 《马克思恩格斯文集》第 1 卷,人民出版社,2009 年,第 263—264 页。

差异性,这实际上也是对将平等原则抽象化和神圣化做法(如蒲鲁东)的批驳。在《神圣家族》中,马克思还进一步指出:"平等是人在实践领域中对他自身的意识,人意识到别人是同自己平等的,把别人当做同自己平等的人来对待。"①马克思植根于社会实践来看待平等问题,认为平等不能脱离现实生活而抽象地存在,它是人们在社会实践中对相互之间社会关系的一种认知。显然,这已涉及平等的本质特征。

马克思 1845 年《关于费尔巴哈的提纲》虽未直接论述平等问题,但明确界定了人的本质,即"人的本质不是单个人所固有的抽象物,在其现实性上,它是一切社会关系的总和"②。在此他强调了人的本质在于其社会性,即人总是处于一定的社会关系之中。其现实意义在于:既然人的本质存于其所处的现实社会关系之中,那么判定人在社会中平等与否,就要从其在所处社会关系中的实际地位去审视,而对于平等这一目标,也只有通过不断变革不平等、不合理的社会关系才能实现。马克思关于人的本质的界定为其对平等本质的进一步把握提供了理论基础。在写于 1845—1846 年的《德意志意识形态》中,马克思和恩格斯虽也几乎未述及平等问题,但该著作的重大意义在于它首次系统地阐述了历史唯物主义的基本原理,从而为马克思恩格斯科学系统的平等思想的创建提供了方法论支撑,也为其超越所有旧时代的平等思想提供了理论基石。

在马克思恩格斯系统的唯物史观建立前后,恩格斯在 1846 年初所著的《给"北极星报"编辑的第三封信》中,再次指出了资产阶

---

① 《马克思恩格斯文集》第 1 卷,人民出版社,2009 年,第 264 页。
② 《马克思恩格斯文集》第 1 卷,人民出版社,2009 年,第 501 页。

级所建立起的政治平等的局限性和虚伪性:它虽然取消了以往一切个人特权和世袭特权,但又建立起新的金钱的特权。平等原则由于"被限制为仅仅在'法律上的平等'而一笔勾销了"①,而这种法律上的平等是以富人和穷人的现实不平等为前提的,因此它简直就是将不平等叫作平等。这次揭批较之他在 1843 年《大陆上社会改革的进展》一文中所作的批判,已初步涉及对资产阶级依靠金钱的力量而获得社会强势地位这一不平等现实背后经济原因的分析,因而要更具深度。

继而,马克思在 1847 年《哲学的贫困》中开始运用唯物史观这一崭新理论武器,对蒲鲁东所谓"政治经济学形而上学"(经济学哲学)进行批判,具体到对蒲鲁东抽象的经济平等观的批判,马克思指出:假设只是为某种目的而设立的,而通过蒲鲁东之口讲话的社会天才给自己提出的目的是"消除每个经济范畴的一切坏的东西,使它只保留好的东西",而"好的东西,最高的幸福,真正的实际目的就是平等"。

平等是"最高的假设",也是蒲鲁东的理想,"他以为分工、信用、工厂,一句话,一切经济关系都仅仅是为了平等的利益才被发明的,但是结果它们往往背离平等"。这样历史现实就和蒲鲁东的臆测发生矛盾,蒲鲁东虽看到矛盾的存在,但也"只存在于他的固定观念和现实运动之间"。对于所谓社会天才们(包括蒲鲁东)而言,肯定平等的经济关系就是好的,否定平等和肯定不平等就是坏的。每个新范畴都是其为了消除之前不平等所作的假设。总之,

①《马克思恩格斯全集》第 2 卷,人民出版社,1957 年,第 648 页。

"平等是原始的意向、神秘的趋势、天命的目的,社会天才在经济矛盾的圈子里旋转时从来没有忽略过它"①。马克思揭露了蒲鲁东平等观念的抽象性和神秘性——他以预设的符合天命目的的"平等"裁剪人类社会的经济事实,当现实经济运行结果与其预设的平等原则冲突时,他又用更新的范畴(假设)去消除之前假设和现实不平等的矛盾,不断地到观念范畴中寻求帮助,陷入在观念体系里打转的怪圈。

蒲鲁东的这种平等理论达不到指导工人反抗现实不平等运动的目的,不仅无益反而有害。马克思在《哲学的贫困》中对蒲鲁东的批判(包括对其平等观的批判)彰显了其在《德意志意识形态》中业已形成的唯物史观在经济学领域中的恰当运用,这种批判具有针对性,并有一定深度,但此时马克思尚未深入系统地研究经济学,一定程度上影响了其对资本主义生产关系深层内容的理解,还不能真正确立科学系统的平等理论。正如马克思后来重新出版这部著作时所作的说明那样:"该书中还处于萌芽状态的东西,经过二十年的研究之后,变成了理论,在《资本论》中得到了发挥。"②正是这部著作,开启了马克思从经济层面深入构建科学的社会主义理论(包括平等理论)的历史航程。

二、科学系统的平等思想确立

如前所述,系统的历史唯物主义理论的创立为马克思恩格斯

---

① 《马克思恩格斯文集》第 1 卷,人民出版社,2009 年,第 610—611 页。
② 《马克思恩格斯全集》第 19 卷,人民出版社,1963 年,第 248 页。

认识平等问题锻造了强大的思想武器和提供了科学的方法论指导,但在缺乏必要的经济学理论知识作支撑的情况下,其平等理论还不够深入彻底,离真正意义上的科学认知尚有一定的距离。不过,随着 19 世纪 50—60 年代马克思将理论关注的视野转向经济学领域,特别是他通过《资本论》等力作对资本主义生产方式及经济运行规律的深刻揭示,为其科学系统的平等思想的真正确立奠定了基础。

在《政治经济学批判(1857—1858 年手稿)》中,马克思对资本主义社会平等和自由的实质作了经济学意义上的阐释,他指出:在资本主义商品交换关系中,作为交换主体的个人之间是平等的,"如果说经济形式,交换,在所有方面确立了主体之间的平等,那么内容,即促使人们去进行交换的个人和物质材料,则确立了自由。可见,平等和自由不仅在以交换价值为基础的交换中受到尊重,而且交换价值的交换是一切平等和自由的生产的、现实的基础。作为纯粹观念,平等和自由仅仅是交换价值的交换的一种理想化的表现;作为在法律的、政治的、社会的关系上发展了的东西,平等和自由不过是另一次方上的这种基础而已"[1]。在揭示出资本主义社会的平等只是商品经济等价交换原则在观念上和政治法律上的理论表达这一实质的同时,马克思又进一步指出,在现存的资本主义社会,"商品表现为价格以及商品的流通等等,只是表面的过程,而在这一过程的背后,在深处,进行的完全是不同的另一些过程,在这些过程中个人之间这种表面上的平等和自由就消失了"[2]。在资

---

[1]《马克思恩格斯全集》第 30 卷,人民出版社,1995 年,第 199 页。
[2]《马克思恩格斯全集》第 30 卷,人民出版社,1995 年,第 202 页。

本主义社会经济生活中,建立在交换价值基础上的自由与平等仅仅是一种"骗人的表面现象"①。表现为平等的"等价物的交换",只不过是"建立在不通过交换却又在交换假象的掩盖下占有他人劳动的基础上"的"一种生产的表层而已"②,在表象化的交换平等背后隐藏的是劳动与占有相异化的不平等现实。

马克思于1863—1865年完成了《资本论》这一旷世力作的第一、二、三册手稿,这标志着其系统的政治经济学理论的确立,也为其锻造了批判资本主义现实不平等的强大理论武器。马克思通过对资本主义经济过程的深入研究,再次指明了资本主义平等和商品经济的内在联系,即平等源自商品交换的需要并在商品等价交换过程中得到实现和确证,在此基础上,他还进一步指出平等原则的内在根据在于商品生产中一般人类劳动的等同性。此外,马克思在之前《政治经济学批判(1857—1858年手稿)》中已将"劳动"和"劳动力"进行初步区分的基础上,对劳动力的概念及其作用进行了进一步阐释,并借以考察掩藏在资本主义劳动力买卖平等交易背后的不平等事实。在劳动力买卖形式化平等的背后,是资本家不付等价物而占有的他人已物化的劳动的一部分,来不断换取更大量的他人劳动。劳动力的出卖者即雇佣工人在劳动生产中所创造的价值,要远远大于资本家所付的工资——劳动力价值,这就是剩余价值产生的秘密,也是资本家剥削工人的秘密所在。资本家凭借生产资料所有权而进一步拥有劳动力的所有权,从而也获得占有他人劳动的权利;而作为劳动力出卖者的雇佣工人,在付出

---

① 《马克思恩格斯全集》第30卷,人民出版社,1995年,第457页。
② 《马克思恩格斯全集》第30卷,人民出版社,1995年,第505页。

劳动后却不能占有自己的劳动产品。这就是劳动力买卖平等表象背后隐藏的极大不平等事实,它深刻地揭露了资产阶级平等观的虚伪本质。

　　总之,大概在 19 世纪 50 年代至 60 年代中期这一阶段,马克思深入资本主义经济实际运行过程并完成对政治经济学的批判,构筑起深厚的经济学理论功底,并借对资本主义经济条件下平等原则的本质揭示,以及对其虚伪性的深刻批判,表明其平等思想已走向系统和科学。

三、平等思想进一步发展成熟

　　随着系统的唯物史观和政治经济学理论的全面建立,马克思恩格斯同时掌握了这两大批判旧世界和论证打造新世界的强大理论武器,并与对欧洲社会主义运动的指导紧密结合起来。在这一进程中,他不断赋予社会主义平等理论新的内容,从而促使它不断发展成熟。

　　在 1865 年《工资、价格和利润》中,马克思对拉萨尔主义所鼓吹的"平等工资论"进行了批判。他认为要求工资平等是根本不能实现的妄想,因为在雇佣劳动制度下,各种不同质量的劳动力的生产费用不同,进而不同行业所用的劳动力的价值也会各不相同,由此必然导致工资上的差异。马克思指出:对平等工资的要求是只承认前提而企图避开结论的虚妄和肤浅的激进主义的产物,"在雇佣劳动制度的基础上要求平等的或甚至是公平的报酬,就犹如在奴隶制的基础上要求自由一样"①。工人如果拘泥于就工资同资本家开展斗争,那他们"反对的只是结果,而不是产生这种结果的原因"②。要想根本改变雇佣工人的命运,就应该摒弃诸如"做一天公平的工作,得一天公平的工资!"这种保守的信条,转而运用有组织的力量去消灭雇佣劳动制度,以求得工人阶级的解放并为实现真正意义上的平等创造必要的前提条件。

在 1869 年《国际工人协会总委员会致社会主义民主同盟中央局》中,马克思对工人运动中试图调和阶级关系的改良主义思想进行了批评并指明无产阶级运动的真正目标。他指出,"各阶级的平等,照字面上理解,就是资产阶级社会主义者所拼命鼓吹的'资本和劳动的协调'。不是各阶级的平等——这是谬论,实际上是做不到的——相反地是消灭阶级,这才是无产阶级运动的真正秘密,也是国际工人协会的伟大目标"③。在此,马克思已将平等和消灭阶级相联系,初步表达了在阶级社会中平等的现实要求和实现条件是消灭阶级的思想。

在 1875 年《给奥·倍倍尔的信》中,恩格斯对德国社会民主工党的纲领草案中所出现的拉萨尔主义倾向进行了批判。他指出,用"消除一切社会的和政治的不平等"来代替"消灭一切阶级差别",这是一个很成问题的提法。因为国与国、省与省,甚至地方与地方之间在生活条件方面总会有某种不平等存在,"这种不平等可

---

① 《马克思恩格斯文集》第 3 卷,人民出版社,2009 年,第 56 页。
② 《马克思恩格斯文集》第 3 卷,人民出版社,2009 年,第 77 页。
③ 《马克思恩格斯全集》第 16 卷,人民出版社,1964 年,第 394 页。

以减少到最低程度,但是永远不可能完全消除"①。进而,恩格斯认为,把社会主义社会看作平等的王国,这是以"自由、平等、博爱"这种旧口号为根据的片面的法国人的看法,这种看法尽管作为一定发展阶段的东西是正确的,但现在应当被克服,因为它只能引起思想的混乱,而现在已经有了"更精确的叙述方法"——消灭一切阶级差别。尽管恩格斯在此对空泛和不切实际的"平等"主张表达了否定性看法,并提出用"消灭一切阶级差别"来替代"平等"这一旧口号,但他并不是否定平等本身,只是反对用形式化的平等概念和口号消解和扰乱无产阶级反抗资本主义社会不平等的实际斗争。恩格斯关于不平等不可能完全消除的看法,既是对消灭一切不平等的荒谬主张的批判,也潜在地承认了在社会主义社会亦不能实现所有方面的平等,平等只是一种相对的状态,随历史条件的变化而变化。

在 1875 年《哥达纲领批判》中,马克思首次提出对未来共产主义社会的阶段划分,即共产主义社会第一阶段和高级阶段,并相应对这两个阶段的平等特征作了区分。马克思认为,共产主义社会第一阶段是刚刚从资本主义社会中产生出来的,因而"它在各方面,在经济、道德和精神方面都还带着它脱胎出来的那个旧社会的痕迹"。② 相应地,在这一阶段,平等的权利还只能被限制在一个资产阶级的框框里,亦即劳动者的权利同其提供的劳动成正比,平等是以同一尺度——劳动——来计量的。虽然就劳动这一点而言,

---

① 《马克思恩格斯文集》第 3 卷,人民出版社,2009 年,第 415 页。
② 《马克思恩格斯文集》第 3 卷,人民出版社,2009 年,第 434 页。

每个人和其他人一样都是劳动者,从而实现没有阶级差别的身份
地位平等。但由于以劳动为衡量尺度的平等权利默认劳动者不同
等的个人天赋与工作能力为"天然特权",并由此带来劳动者在收
入分配上的差距,所以就其内容而言,它仍是不平等权利。要避免
上述弊病,"权利就不应当是平等的,而应当是不平等的"。但这些
弊病在这一阶段又是不可避免的,因为"权利决不能超出社会的经
济结构以及由经济结构制约的社会的文化发展"①。所以共产主义
社会第一阶段的平等还只是形式上的平等,其在分配原则上的体
现就是:各尽所能,按劳分配。而只有到共产主义社会高级阶段,
在迫使个人奴隶般地服从分工的情形已经消失,从而脑体劳动的
对立随之消失之后;在劳动已不仅是谋生的手段,而且成为生活的
第一需要之后;以及在随着个人的全面发展和生产力的极大增长,
集体财富的一切源泉充分涌流之后——才能完全超出资产阶级权
利的狭隘眼界,实行"各尽所能、按需分配"这一淡化人们之间劳动
能力差异的实质意义上的平等原则。马克思在《哥达纲领批判》中
对平等的阐述,已将其和生产力、生产关系的状况紧密联系起来,
从历史唯物主义的高度来看待和论述共产主义社会的平等问题,
从而将对平等的认识提升至一个崭新的高度。

---

① 《马克思恩格斯文集》第 3 卷,人民出版社,2009 年,第 435 页。

继而,在 1876—1878 年,恩格斯写下了《反杜林论》①这部批判德国小资产阶级社会主义者杜林的论战性著作,并以"道德和法。平等"为题专设一章对杜林的抽象平等观展开批判,在这一过程中,恩格斯没有拘泥于跟着杜林思路跑的被动应对式论战,而是变"消极的批判"为"积极的批判",将论战转变为对无产阶级平等观的系统阐述。至此,马克思恩格斯平等思想走向成熟。

在《反杜林论》中,恩格斯对杜林平等思想的批判主要围绕两个方面来进行:第一,批判了杜林研究平等问题的方法——唯心主义先验论。恩格斯指出,杜林研究问题的惯用方法为:"把每一类认识对象分解成它们的所谓最简单的要素,把同样简单的所谓不言而喻的公理应用于这些要素,然后再进一步运用这样得出的结论。"②具体到对平等问题的研究,杜林也遵从上述思路,即首先由"最简单的要素"——两个抽象的人——来组成社会,然后把意志的"完全平等"当作"公理"加在这两个人身上,再据此推出其关于人与人"完全平等"的平等观,并宣布这一发现为永恒真理。恩格斯对杜林的这种方法进行了本质上的揭露:它"不是从对象本身去认识某一对象的特性,而是从对象的概念中逻辑地推导出这些特

---

① 在《反杜林论》第 2 版序言中,恩格斯明确表示:"本书所阐述的世界观,绝大部分是由马克思确立和阐发的,而只有极小的部分是属于我的,所以,我的这种阐述不可能在他不了解的情况下进行,这在我们相互之间是不言而喻的。……在各种专业上互相帮助,这早就成了我们的习惯。"参阅《马克思恩格斯文集》第 9 卷,人民出版社,2009 年,第 11 页。对马克思恩格斯平等思想的研究是出于整体性视角来开展的,在以文本线索进行分别论说时更多是出于理论分析的需要。
② 《马克思恩格斯文集》第 9 卷,人民出版社,2009 年,第 101 页。

性","不是从现实本身推导出现实,而是从观念推导出现实"①,因而从根本上说它是一种先验主义的方法。第二,揭批了杜林在平等问题上一些论述的虚假性、荒谬性和矛盾性。这主要体现在:其一,揭露了杜林"两个人"平等模型这一理论前提自身的虚假性。如前所述,杜林在阐述其平等理论时,首先构建了一个"两个人"平等模型,即社会由两个人组成,而这两个人在意志上是完全平等的——这是"公理"。恩格斯对此回应道:"两个人或两个人的意志就其本身而言是彼此完全平等的——这不仅不是公理,而且甚至是过度的夸张。"②因为从简单的生活经验看,如果这两个人有男女之别,这首先在性别上就不平等,而且由男女组成的原始家庭中,二者的实际地位也是不平等的。这样,从符合杜林心意的逻辑来推断,这两个人只能是两个男人(妇女是不被理睬的),且必须设想他们是两个家长(保证地位的平等),但又会导致新的问题。因为两个男人是无法承担繁衍后代的任务的,社会因此会走向灭亡。两个家长的模式也不是在证明人的平等,而最多只是证明家长的平等。此外,由于妇女被忽视,它还证明了妇女的从属地位,这依然是种不平等。所以,杜林的"两个人"平等模型是根本站不住脚的。其二,批判了杜林关于不平等起源于暴力的谬论。在杜林的两个人平等模型中,这两个人在意志上是完全平等的,其中一方不能向另一方提出任何肯定性的要求(强制命令)。如果有一方向另一方提出了肯定要求,并以暴力来实现他的要求,那就会产生不平

---

① 《马克思恩格斯文集》第 9 卷,人民出版社,2009 年,第 101 页。
② 《马克思恩格斯文集》第 9 卷,人民出版社,2009 年,第 102 页。

等和奴役等非正义状态,他就是据此来"说明全部以往应唾弃的历史的"。对于杜林这种将暴力看作不平等和奴役的起源并以暴力来说明社会历史的唯心主义论点,恩格斯予以针锋相对的反驳。他首先肯定了卢梭关于不平等起源于私有制的唯物主义观点,继而以中世纪欧洲自由农"甘受奴役"及19世纪初普鲁士废除依附农制时农民请愿让其"继续处于受奴役的地位"等事实为例,说明在私有制社会中,劳动人民在经济上是非独立自主的,即便没有暴力参与其中,也不得不接受生产资料占有阶级的统治与奴役。所以不平等并不是暴力的结果,而是私有制发展的产物。其三,揭露了杜林平等理论的自相矛盾。杜林的"两个意志的完全平等"的公理一旦运用到现实社会,立刻就会陷入尴尬和困境。为了摆脱这种难堪的局面,他不得不步步退却,宣称平等是有例外的,这样就表现出明显的自相矛盾。杜林提到了"三个退却":第一个退却——对于自我规定欠缺的意志而言,平等是无效的。比如儿童,由于其心智发展受限,是一个受压制的即欠缺的意志,进而其和大人之间的不平等即隶属关系是可以允许的。第二个退却——对于两个道德上不平等的人,平等是不适用的。人分为具有人性的人和具有兽性的人,由于二者在道德上的不平等,所以无论前者多么严厉地运用不信任、计谋、严酷的甚至恐怖的、欺骗的手段对付后者,都丝毫不违背道德。第三个退却——对于两个精神上不平等的人,如一个按照真理和科学行动,一个却按照迷信或偏见行动,两个意志的"完全平等"也是不适用的。按照真理和科学行动的人可以用暴力手段压服按照迷信和偏见行动的人,这么做并不是要否认后者即"异己的意志"有平等的权利,而是通过对后者由于本身荒谬而成为敌对性的愿望进行压服,促使这种愿望"向共同联系手段的还原",以恢复平衡,进而又达到另一种意义上的平等。对于上述杜林在平等理论上所遭遇的困境和自相矛盾之处,恩格斯指出了其症结所在"两个意志的完全平等,只是在这两个意志什么愿望也没有的时候才存在;一当它们不再是抽象的人的意志而转为现实的个人的意志,转为两个现实的人的意志的时候,平等就完结了"①。

虽然恩格斯对杜林抽象的平等观进行了辛辣的批判,但他并没有就此否认平等观念本身的价值,而是指出:尽管"关于杜林对平等观念的浅薄而拙劣的论述已经谈完,但是我们对平等观念本身的论述没有因此结束"②。继而,恩格斯在唯物史观的指导下,对自古代以来平等观念的发展脉络及其实质内容进行了梳理总结,并在此基础上系统阐述了无产阶级的平等理论。恩格斯的相关探讨主要围绕如下两个方面展开:第一,肯定了平等观念在人类历史发展进程中的作用并指出其历史特性。恩格斯对杜林平等理论的批判,本意并不在于否定平等观念本身,而是要使对平等观念的认识回归到正确的轨道上来。他指出,平等观念在近代以来通过启蒙思想家特别是卢梭起到了一种思想启蒙和实际的政治作用,并对19世纪差不多所有国家社会主义运动的开展仍起着巨大的鼓动作用。平等观念科学内容的确立,将对无产阶级革命运动的鼓动有着极大的价值。恩格斯还对自古代以来的平等观念进行了纵向梳理,并得出如下结论:平等的观念,无论以哪个具体历史阶级

---

① 《马克思恩格斯文集》第9卷,人民出版社,2009年,第108页。
② 《马克思恩格斯文集》第9卷,人民出版社,2009年,第108页。

的理论形式出现，"本身都是一种历史的产物，这一观念的形成，需要一定的历史条件，而这种历史条件本身又以长期的以往的历史为前提"①。平等不是抽象的，而是具体的，是和一定的历史条件相联系的历史的产物。第二，阐述了无产阶级平等理论的发展进程和实质要求。恩格斯指出，无产阶级作为资产阶级的"影子"，其平等要求是和资产阶级的平等要求相伴生的。即从资产阶级提出消灭阶级特权的平等要求起，无产阶级也相应提出了消灭阶级本身的平等要求。消灭阶级的要求是无产阶级平等要求的实际内容，"任何超出这个范围的平等要求，都必然要流于荒谬"②。不过，由于无产阶级自身有一个从不成熟到成熟的发展过程，其平等理论的发展也大致经历了状态不一的两个阶段。在第一阶段，由于无产阶级尚不成熟，其消灭阶级的平等要求采取了宗教这一外化形式去表达，即从原始基督教的教义中寻找自己的理论根据；而到第二阶段，无产阶级就以资产阶级平等理论本身为依据，提出了自己更进一步的平等主张，即"平等应当不仅仅是表面的，不仅仅在国家的领域中实行，它还应当是实际的，还应当在社会的、经济的领域中实行"③。在此，恩格斯明确地提出了要将资产阶级主要局限于政治和法律上的形式平等进一步向社会和经济领域的实质平等推进的无产阶级平等目标。

　　《反杜林论》和之前《哥达纲领批判》中对无产阶级平等理论全面和系统的阐述，标志着马克思恩格斯平等思想进入成熟状态。

---

① 《马克思恩格斯文集》第9卷，人民出版社，2009年，第113页。
② 《马克思恩格斯文集》第9卷，人民出版社，2009年，第113页。
③ 《马克思恩格斯文集》第9卷，人民出版社，2009年，第112页。

但这并不意味着其就此不再发展,在 1878 年之后,特别是 1883 年马克思逝世后,恩格斯在一些著作中仍表达了对平等问题的关注,并对相关平等思想进行继续丰富和发展。如在写于 1884 年的《家庭、私有制和国家的起源》中,恩格斯通过对人类社会文明发展进程的考察,得出如下结论:"由于文明时代的基础是一个阶级对另一个阶级的剥削,所以它的全部发展都是在经常的矛盾中进行的。生产的每一进步,同时也就是被压迫阶级即大多数人的生活状况的一个退步。对一些人是好事,对另一些人必然是坏事,一个阶级的任何新的解放,必然是对另一个阶级的新的压迫。"①在此,他将阶级剥削和阶级的存在与生产力发展状况相联系:阶级(剥削)之所以存在,是生产力有了一定发展但还未得到极大发展的产物;只要生产力的发展还未能达到消灭阶级的地步,只要阶级现象还存在,一个阶级的崛起和解放必然伴随着对其他阶级的新的奴役和压迫。这其实是对他在《反杜林论》中已经提及的"无产阶级平等要求的实际内容是消灭阶级"的论点作了进一步的唯物主义的说明。在该著作中,恩格斯还表达了对性别平等的关注,他指出:"只要妇女仍然被排除于社会的生产劳动之外而只限于从事家庭的私人劳动,那么妇女的解放,妇女同男子的平等,现在和将来都是不可能的。"②显然,他在此谈到了生产劳动对人的解放的重要作用,妇女要获得和男子平等的地位,首先就要获得同等参加社会化生产劳动的权利,劳动权利的平等是人们获得普遍解放的重要基础

---

① 《马克思恩格斯文集》第 4 卷,人民出版社,2009 年,第 196—197 页。
② 《马克思恩格斯文集》第 4 卷,人民出版社,2009 年,第 181 页。

性条件。继而,在《1891年社会民主党纲领草案批判》中,恩格斯针对德国社会民主党1891年纲领草案所存在的问题提出了自己的修改意见,其中他写道:"我建议把'为了所有人的平等权利'改成'为了所有人的平等权利和平等义务'等等。平等义务,对我们来说,是对资产阶级民主的平等权利的一个特别重要的补充,而且使平等权利失去道地资产阶级的含义。"①这也是对马克思于1871年修订的《国际工人协会共同章程》中业已提出的"工人阶级的解放斗争是要争取平等的权利和义务","没有无义务的权利,也没有无权利的义务"的思想的再次申明和进一步阐述。在此他强调,对于无产阶级的平等要求而言,光主张平等的权利是不够的,权利必须和义务统一起来,即还要有履行义务的平等。对于这一点的强调,体现了无产阶级平等理论和资产阶级平等理论的本质区别。资产阶级在鼓吹"民主的平等权利"的同时,他们忽视甚至否定履行平等的义务,并将这一责任交给包括无产阶级在内的广大劳动人民去承担,这种缺乏"平等的义务"作支撑的"平等的权利",其结果只能是导致剥削和压迫这一事实上的不平等。这其实是再次批判了资产阶级平等主张的局限性和虚伪性,也从侧面指明了无产阶级解放的一大目标和条件。

　　以上以马克思、恩格斯相关著作文本的成书年代为线索,大致勾勒出了马克思恩格斯平等思想的发展历程。从中可以看出,马克思恩格斯平等思想的发展经历了一个由萌芽到科学系统的平等

---

① 《马克思恩格斯文集》第4卷,人民出版社,2009年,第411页。

思想的确立再到进一步发展成熟的漫长过程。在这一过程中，马克思在萌芽阶段和科学系统的平等思想的确立阶段发挥了主导性作用，而恩格斯则对其进一步发展成熟做出了突出贡献。

附录　文本考古学方法

　　这里提供的版本不同于以往形式，重点在于创新文本还原方法，给人以"所见即所是"的直观视觉体验，还原文本所有改动是如何实现的，是最值得推荐的方法。

　　文本考古并非出于修缮完成最终作品的目的，而是极尽可能恢复写作的本来面貌及其原初状况，求证思想的形成过程。过程稿的重要性，就在于展示行文过程及其微妙的细节变化，而不是只看最终结果，即不是光知道吃蛋，还要了解鸡怎么下蛋。① 科学探索非得刨根问底深挖思想根系及其赖以生存的土壤不可，而这些信息都充分体现在行文过程当中，这是只看结果所得不到的。

---

① "曾把钱锺书作品译成德文的邓成博士（Dr. C. Dunsing）来上海看我。她是一位德国汉学家，在闲聊之中，她说起在北京会见钱锺书的印象。她一到北京，无论如何，要求见一见钱锺书。钱锺书答应了。钱锺书是一个很幽默的学者。当她来到钱锺书家中，他说道：现在，许多青年读者看了我的小说《围城》，一定要看一看我是什么模样的。其实，你吃了鸡蛋，何必一定要看鸡呢?" 参阅叶永烈《钱锺书论"鸡"与"蛋"》http://blog.sina.com.cn/s/blog_470bc6dd0100ngqy.html。

一、《关于费尔巴哈的提纲》文本还原

写作《提纲》之前有《巴黎手稿》（1844 年 5—8 月）和《神圣家族》（1844 年 9—11 月），此后有《德意志意识形态》（1845 年 9 月—1846 年下半年），《提纲》是承前启后的纽带。

它最早可追溯到 1843 年夏天开始写作的《黑格尔法哲学批判》，该手稿前后部分风格有明显改变，内在地表明清算旧哲学体系并转向唯物主义已成必然，之后《巴黎手稿》《神圣家族》等著作都对费尔巴哈的观点赞赏有加。《关于费尔巴哈的提纲》写作时间是在 1945 年。它最初写在一张纸片上，夹在 1844—1847 年笔记本中。恩格斯 1888 年出版的《路德维希·费尔巴哈和德国古典哲学的终结》一书将它作为附录，以见证俩人共同完成了清算旧哲学的心愿。

关于《提纲》在马克思主义发展上的地位。对费尔巴哈的批判始于《德意志意识形态》《提纲》，这是马克思有关思想方法的第二次转身，与之后所写的《〈政治经济学批判〉导言》《〈政治经济学批判〉序言》《资本论·论劳动过程》及恩格斯《费尔巴哈和德国古典哲学的终结》对接起来，它如同一道闪电，照亮这个长夜当空被禁锢了思想的世界。恩格斯盛赞《提纲》是有着新世界观萌芽的天才的纲领。恩格斯在《终结》一书序言中称它为"关于费尔巴哈的提纲"，在内容上亦有改动。苏共中央马克思列宁主义研究院据此正式命名为《关于费尔巴哈的提纲》。

（一）　马克思 1845 年原稿①

关于费尔巴哈

1. 从前的一切唯物主义（包括费尔巴哈的唯物主义）的主要缺点是：对对象、现实、感性，只是从**客体**的**或者直观**的形式去理解，而不是把它们当作**感性的人的活动**，当作**实践**去理解，不是从主体方面去理解。因此，和唯物主义相反，**能动的**方面却被唯心主义抽象地发展了，当然，唯心主义是不知道现实的、感性的活动本身的。费尔巴哈想要研究跟思想客体确实不同的感性客体：但是他没有把人的活动本身理解为**对象性的**活动。因此，他在《基督教的本质》中仅仅把理论的活动看作是真正人的活动，而对于实践则只是从它的卑污的犹太人的表现形式去理解和确定。因此，他不了解"革命的""实践批判的"活动的意义。

2. 人的思维是否具有客观的真理性，这不是一个理论的问题，而是一个**实践的**问题。人应该在实践中证明自己思维的真理性，即自己思维的现实性和力量，自己思维的此岸性。关于思维——离开实践的思维——的现实性或非现实性的争论，是一个纯粹**经院哲学的**问题。

---

① 原为德文，据中文版重新加以编辑。见《马克思恩格斯全集》第 3 卷，人民出版社，1960 年，第 6—8 页。

3. 关于环境和教育起改变作用的唯物主义学说忘记了：环境是由人来改变的，而教育者本人一定是受教育的。因此，这种学说一定把社会分成两部分，其中一部分凌驾于社会之上。

环境的改变和人的活动或自我改变的一致，只能被看作是并合理地理解为**革命的实践**。

4. 费尔巴哈是从宗教上的自我异化，从世界被二重化为宗教世界和世俗世界这一事实出发的。他做的工作是把宗教世界归结于它的世俗基础。但是，世俗基础使自己从自身中分离出去，并在云霄中固定为一个独立王国，这只能用这个世俗基础的自我分裂和自我矛盾来说明。因此，对于这个世俗基础本身应当在自身中、从它的矛盾中去理解，并在实践中使之革命化。因此，例如，自从发现神圣家族的秘密在于世俗家庭之后，世俗家庭本身就应当在理论上和实践中被消灭。

5. 费尔巴哈不满意**抽象的思维**而喜欢**直观**；但是他把感性不是看作**实践的**、人的感性的活动。

6. 费尔巴哈把宗教的本质归结于**人的本质**。但是，人的本质不是单个人所固有的抽象物，在其现实性上，它是一切社会关系的总和。

费尔巴哈没有对这种现实的本质进行批判，因此他不得不：

1）撇开历史的进程，把宗教感情固定为独立的东西，并假定有一种抽象的——**孤立的**——人的个体。

2）因此，本质只能被理解为"类"，理解为一种内在的、无声的、把许多个人**自然地**联系起来的普遍性。

7. 因此，费尔巴哈没有看到，"宗教感情"本身是社会的产物，而他所分析的抽象的个人，是属于一定的社会形式的。

8. 全部社会生活在本质上是**实践的**。凡是把理论引向神秘主义的神秘东西，都能在人的实践中以及对这个实践的理解中得到合理的解决。

9. 直观的唯物主义，即不是把感性理解为实践活动的唯物主义至多也只能达到对单个人和市民社会的直观。

10. 旧唯物主义的立脚点是市民社会，新唯物主义的立脚点则是人类社会或社会的人类。

11. 哲学家们只是用不同的方式**解释**世界，问题在于**改变**世界。

（二）马克思德文原稿①

ad Feuerbach

1. Der Hauptmangel alles bisherigen Materialismus（den Feuerbachschen mit eingerechnet）ist, daß der Gegenstand, die Wirklichkeit, Sinnlichkeit nur unter der Form des *Objekts oder der Anschauung gefaßt* wird; nicht aber als *sinnlich menschliche Tätigkeit, Praxis*; nicht subjektiv. Daher die *tätige* Seite abstrakt im Gegensatz zu dem Materialismus von dem Idealismus － der natürlich die wirkliche, sinnliche Tätigkeit als solche nicht kennt － entwickelt Feuerbach will sinnliche － von den Gedankenobjekten wirklich unterschiedne Objekte: aber er faßt die menschliche Tätigkeit selbst nicht als *gegenständliche* Tätigkeit. Er betrachtet daher im **Wesen des Christenthum** nur das theoretische Verhalten als das echt menschliche, während die Praxis nur in ihrer schmutzig jüdischen Erscheinungsform gefaßt und fixiert wird. Er begreift daher nicht die Bedeutung der "revolutionären", der "praktisch－kritischen" Tätigkeit.

2. DieFrage, ob dem menschlichen Denken gegenständliche Wahrheit zukomme － ist keine Frage der Theorie, sondern eine

---

① Transkription u. HTML－Markierung: Einde O' Callaghan für das Marxists' Internet Archive. https://www. marxists. org/deutsch/archiv/marx － engels/1845/thesen/thesfeue－or. htm.

praktische Frage. in der Praxis muß der Mensch die Wahrheit, i. e. Wirklichkeit und Macht, Diesseitigkeit seines Denkens beweisen. Der Streit über die Wirklichkeit oder Nichtwirklichkeit des. Denkens − das von der Praxis isoliert ist − ist eine rein *scholastische* Frage.

3. Diematerialistische Lehre von der Veränderung der Umstände und der Erziehung vergißt, daß die Umstände von den Menschen verändert und der Erzieher selbst erzogen werden muß. Sie muß daher die Gesellschaft in zwei Teile − von denen der eine über ihr erhaben ist − sondieren.

DasZusammenfallen des Ändern [s] der Umstände und der menschlichen Tätigkeit oder Selbstveränderung kann nur als *revolutionäre Praxis* gefaßt und rationell verstanden werden.

4. Feuerbachgeht von dem Faktum der religiösen Selbstentfremdung, der Verdopplung der Welt in eine religiöse und eine weltliche aus. Seine Arbeit besteht darin, die religiöse Welt in ihre weltliche Grundlage aufzulösen. Aber daß die weltliche Grundlage sich von sich selbst abhebt und sich ein selbständiges Reich in den Wolken fixiert, ist nur aus der Selbstzerrissenheit und Sichselbstwidersprechen dieser weltlichen Grundlage zu erklären. Diese selbst muß also in sich selbst sowohl in ihrem Widerspruch verstanden als praktisch revolutioniert werden. Also nachdem z. B. die irdische Familie als das Geheimnis der heiligen Familie entdeckt ist, muß nun erstere selbst theoretisch und praktisch vernichtet werden.

5. Feuerbach, mit dem *abstrakten Denken* nicht zufrieden, will die

Anschauung; aber er faßt die Sinnlichkeit nicht als *praktische* menschlich
⁻sinnliche Tätigkeit.

6. Feuerbachlöst das religiöse Wesen in das menschliche Wesen
auf. Aber das menschliche Wesen ist kein dem einzelnen Individuum
inwohnendes Abstraktum. In seiner Wirklichkeit ist es das ensemble der
gesellschaftlichen Verhältnisse.

Feuerbach, der auf die Kritik dieses wirklichen Wesens nicht
eingeht, ist daher gezwungen:

1) vondem geschichtlichen Verlauf zu abstrahieren und das
religiöse Gemüt für sich zu fixieren, und ein abstrakt - *isoliert* -
menschliches Individuum vorauszusetzen.

2) DasWesen kann daher nur als " Gattung ", als innere,
stumme, die vielen Individuen *natürlich* verbindende Allgemeinheit
gefaßt werden.

7. Feuerbachsieht daher nicht, daß das " religiöse Gemüt" selbst
ein gesellschaftliches Produkt ist und daß das abstrakte Individuum, das
er analysiert, einer bestimmten Gesellschaftsform angehört.

8. Alles gesellschaftliche Leben ist wesentlich *praktisch*. Alle
Mysterien, welche die Theorie zum Mystizism [us] veranlassen,
finden ihre rationelle Lösung in der menschlichen Praxis und in dem
Begreifen dieser Praxis.

9. DasHöchste, wozu der anschauende Materialismus kommt, d.
h. der Materialismus, der die Sinnlichkeit nicht als praktische Tätigkeit
begreift, ist die Anschauung der einzelnen Individuen und der

bürgerlichen Gesellschaft.

10. Der Standpunkt des alten Materialismus ist die bürgerliche Gesellschaft, der Standpunkt des neuen die menschliche Gesellschaft oder die gesellschaftliche Menschheit.

11. DiePhilosophen haben die Welt nur verschieden *interpretiert*, es kömmt drauf an, sie zu *verändern*.

（三）马克思原文英译①

Theses On Feuerbach

1. The main defect of all hitherto‑existing materialism — that of Feuerbach included — is that the object [*der Gegenstand*], actuality, sensuousness, are conceived only in the form of the object [*Objekts*], or of contemplation [*Anschauung*], but not as human sensuous activity, practice [*Praxis*], not subjectively. Hence it happened that the active side, in opposition to materialism, was developed by idealism — but only abstractly, since, of course, idealism does not know real, sensuous activity as such. Feuerbach wants sensuous objects [*Objekte*], differentiated from thought‑objects, but he does not conceive human activity itself as objective [*gegenständliche*] activity. *In The Essence of Christianity* [*Das Wesen des Christenthums*], he therefore regards the theoretical attitude as the only genuinely human attitude, while practice [Praxis] is conceived and defined only in its dirty‑Jewish form of

---

① Translated by Cyril Smith 2002, based on work done jointly with Don Cuckson. https：//www. marxists. org/archive/marx/works/1845/theses/index. htm.

appearance ［*Erscheinungsform*］.① Hence he does not grasp the significance of 'revolutionary', of 'practical‑critical', activity.

2. The question whether objective truth can be attributed to human thinking is not a question of theory but is a **practical** question. Man must prove the truth, i. e., the reality and power, the this ‑ sidedness ［*Diesseitigkeit*］ of his thinking, in practice. The dispute over the reality or non‑reality of thinking which is isolated from practice is a purely scholastic question.

3. The materialist doctrine that men are products of circumstances and upbringing, and that, therefore, changed men are products of changed circumstances and changed upbringing, forgets that it is men who change circumstances and that the educator must himself be educated. Hence this doctrine is bound to divide society into two parts, one of which is superior to society. The coincidence of the changing of circumstances and of human activity or self‑change ［*Selbstveränderung*］ can be conceived and rationally understood only as **revolutionary practice.**

4. Feuerbach starts off from the fact of religious self‑estrangement ［*Selbstentfremdung*］, of the duplication of the world into a religious,

---

① "Dirty‑Jewish" — according to Marhsall Berman, this is an allusion to the Jewish God of the Old Testament, who had to 'get his hands dirty' making the world, tied up with a symbolic contrast between the Christian God of the Word, and the God of the Deed, symbolising practical life. See *The Significance of the Creation* in *Judaism*, *Essence of Christianity* 1841.

imaginary world, and a secular [*weltliche*] one. His work consists in resolving the religious world into its secular basis. He overlooks the fact that after completing this work, the chief thing still remains to be done. For the fact that the secular basis lifts off from itself and establishes itself in the clouds as an independent realm can only be explained by the inner strife and intrinsic contradictoriness of this secular basis. The latter must itself be understood in its contradiction and then, by the removal of the contradiction, revolutionised. Thus, for instance, once the earthly family is discovered to be the secret of the holy family, the former must itself be annihilated [*vernichtet*] theoretically and practically.

5. Feuerbach, not satisfied with **abstract thinking**, wants **sensuous contemplation** [*Anschauung*]; but he does not conceive sensuousness as **practical**, human‑sensuous activity.

6. Feuerbach resolves the essence of religion into the essence of man [*menschliche Wesen* = ' *human nature* ']. But the essence of man is no abstraction inherent in each single individual. In reality, it is the ensemble of the social relations. Feuerbach, who does not enter upon a criticism of this real essence is hence obliged:

1) To abstract from the historical process and to define the religious sentiment regarded by itself, and to presuppose an abstract — isolated — human individual.

2) The essence therefore can by him only be regarded as ' species ', as an inner ' dumb ' generality which unites many

individuals only in a **natural** way.

7. Feuerbach consequently does not see that the ' religious sentiment' is itself a **social product,** and that the abstract individual that he analyses belongs in reality to a particular social form.

8. All social life is essentially **practical.** All mysteries which lead theory to mysticism find their rational solution in human practice and in the comprehension of this practice.

9. The highest point reached by contemplative [*anschauende*] materialism, that is, materialism which does not comprehend sensuousness as practical activity, is the contemplation of single individuals and of civil society [*bürgerlichen Gesellschaft*].

10. The standpoint of the old materialism is civil society; the standpoint of the new is human society or social humanity.

11. Philosophers have hitherto only *interpreted* the world in various ways; the point is to *change* it.

（四）恩格斯 1888 年公布的文本①

马克思论~~关于~~费尔巴哈

1. 从前的一切唯物主义 ←——包括费尔巴哈的唯物主义~~，~~——的主要缺点是：对对象、现实、感性，只是从客体的或者直观的形式去理解，而不是把它们当作~~感性的人~~人的感性的活动，当作**实践**去理解，不是从主体方面去理解。因此，结果竟是这样，和唯物主义相反，唯心主义却发展了能动的方面~~却被唯心主义抽象地发展了~~，但只是抽象地发展了，因为~~当然~~，唯心主义当然是不知道现实的、感性的活动本身的。费尔巴哈想要研究跟思想客体确实不同的感性客体~~，~~但是他没有把人的活动本身理解为**对象性**的活动。因此，他在《基督教的本质》中仅仅把理论的活动看作是真正人的活动，而对于实践则只是从它的卑污的犹太人的表现形式去理解和确定。因此，他不了解"革命的""实践批判的"活动的意义。

2. 人的思维是否具有客观的真理性，这不是一个理论的问题，而是一个**实践**的问题。人应该在实践中证明自己思维的真理性，即自己思维的现实性和力量，自己思维的此岸性。关于离开实践的思维~~——离开实践的思维——~~的现实性或非现实性的争

---

① 提纲作为恩格斯《路德维希·费尔巴哈和德国古典哲学的终结》（1888）单行本的附录第一次公开发表。原文是德文，现据中文版重新加以编辑。《马克思恩格斯全集》第 3 卷，人民出版社，1960 年，第 3—6 页。

论，是一个纯粹**经院哲学**的问题。

3. 有一种唯物主义学说，认为人是环境和教育的产物，因而认为改变了的人是另一种环境和改变了的教育的产物，——这种~~关于环境和教育起改变作用的唯物主义学说~~忘记了：环境正是由人来改变的，而教育者本人一定是受教育的。因此，这种学说~~一定~~必然会把社会分成两部分，其中一部分凌驾于社会之上。（例如，在罗伯特·欧文那里就是如此。）

环境的改变和人的活动~~或自我改变~~的一致，只能被看作是并合理地理解为**革命的~~变革的~~实践**。

4. 费尔巴哈是从宗教上的自我异化，从世界被二重化为宗教的、想象的世界和~~世俗~~现实的世界这一事实出发的。他做的工作是把宗教世界归结于它的世俗基础。他没有注意到，在做完这一工作之后，主要的事情还没有做。~~但是~~因为，世俗基础使自己从自身中分离出去，并在云霄中固定为一个独立王国，这一事实，只能用这个世俗基础的自我分裂和自我矛盾来说明。因此，对于这个世俗基础本身首先应当~~在自身中~~从它的矛盾中去理解，然后用排除矛盾的方法并在实践中使之革命化。因此，例如，自从发现神圣家族的秘密在于世俗家庭之后，对于世俗家庭本身就应当~~在~~从理论上进行批判，并在~~和~~实践中~~被消灭~~加以变革。

5. 费尔巴哈不满意**抽象的思维**而~~喜欢~~诉诸**感性的直观**；但是他把感性不是看作**实践的**、人的感性的活动。

6. 费尔巴哈把宗教的本质归结于**人的本质**。但是，人的本质不是单个人所固有的抽象物，在其现实性上，它是一切社会关系的总和。

费尔巴哈没有对这种现实的本质进行批判，因此他不得不：

1）撇开历史的进程，把宗教感情固定为独立的东西，并假定有一种抽象的——孤立的——人的个体。

2）因此，他只能把人的本质只能被理解为"类"，理解为一种内在的、无声的、把许多个人纯粹自然地联系起来的普遍性。

7. 因此，费尔巴哈没有看到，"宗教感情"本身是社会的产物，而他所分析的抽象的个人，实际上是属于一定的社会形式的。

8. 全部社会生活在本质上是实践的。凡是把理论引向导致神秘主义的神秘东西，都能在人的实践中以及对这个实践的理解中得到合理的解决。

9. 直观的唯物主义，即不是把感性理解为实践活动的唯物主义，至多也只能达到做到对"市民社会"的单个人和"市民社会"的直观。

10. 旧唯物主义的立脚点是"市民"社会；新唯物主义的立脚点则是人类社会或社会化的人类。

11. 哲学家们只是用不同的方式解释世界，问题在于改变世界。

（五）朱光潜译本①

关于费尔巴哈论纲

1. ~~从前的~~前此一切唯物主义（包括费尔巴哈~~的唯物主义在内~~）的主要缺点~~是~~，都在于对对象、现实界~~，~~即感性世界，只是从**客体**对象的形状~~的~~或者直观得来的~~形式~~形状去理解，而不是把~~它们~~对象当作~~为~~**感性的人的具体活动**，~~当作~~或实践去理解，即不是从主体方面去理解。因此，~~和唯物主义相反，~~**能动**活动的方面不是由唯物主义~~却被~~反而由唯心主义抽象地~~发展~~阐明了，当~~然，~~——唯心主义当然是不知道~~现~~实在的~~，感性的~~具体活动本身~~的~~。费尔巴哈所~~想要的~~研究~~跟~~是和思想~~客体~~对象确~~实~~实在不同的感~~性客体~~觉对象：但是他~~没有~~不把人的活动本身~~理解为~~当作**对象性方面**的活动来理解。~~因此，~~所以他在《基督教的本质》~~中仅仅~~里只把~~理论的~~认识活动~~看作~~当作是真正人的活动，而~~对于~~把实践则~~只是从它的卑污的~~理解和固定为犹太人的那种卑鄙的表现形式~~去理解和确定~~。~~因此~~所以他不了解"革命的~~，~~"~~、~~"或实践批判的"活动的意义。

2. 人的思维是否~~具有的~~能达到客观~~的真理性~~真理的问题~~，这，~~并不是一个~~理论的~~认识问题，而是一个**实践的**问题。人~~应该~~必须在实践中证明~~自己思维~~他的思想的真理性，亦即~~自己思维的~~

---

① 朱光潜：《对〈关于费尔巴哈的提纲〉译文的商榷》，载《社会科学战线》1980
年第 3 期。编入本附录时重新加以编辑。

现实性，~~和威力量~~，自己思维的~~和~~此岸性（可知性）。关于思维——脱离开实践的~~而争辩~~思维——的是否现实性或非现实性的争论~~真实~~，那就纯粹是一~~个纯粹~~种~~经院哲学~~经院气的问题。

3. 有一种唯物主义的教条宣扬~~关于~~环境和教育起的~~改变~~改革作用的~~唯物主义学说~~，却忘记了~~：~~环境正是由人来~~改变~~改造的，而教育者本~~人~~自己也~~一定是~~必须受教育的。~~因此，~~所以这种~~学说~~教条~~一定~~必然要把社会~~分成~~分裂成两部分，把其中一部分凌驾~~于~~抬高到社会之上。

环境的改变和人的活动或自我~~改变~~改造之间的一致，~~只能~~只有把这两种改变~~被~~看作革命的实践，~~是~~才可以~~并~~认识和合理地理解~~为革命的实践~~。

4. 费尔巴哈的出发点是~~从宗教上~~的自我异化，即~~从~~把世界~~被~~二重化为一种~~是~~宗教世界和~~而另一种是~~世俗世界~~这一事实出发的~~。他~~辙~~的工作是~~要~~把宗教世界~~归结于~~还原到它的世俗基础。但是~~，~~这世俗基础~~原是使~~由自己~~从自身中~~分离~~分裂出去，~~并在~~而转入云霄~~申~~固定成为一个独立王国，这就~~只能~~只有用这个世俗基础的自我分裂和自我矛盾来~~才可以~~说明。~~因此，~~对~~于~~所以这~~个~~世俗基础本身应当在自身中~~、~~既要从它的矛盾~~申~~去理解，~~并在~~又要通过实践~~中使之~~去加以~~革命化~~改革。~~因此，~~例如~~举例来说，~~既~~已自~~从世俗家庭里发现~~到~~神圣家族的秘密了~~在于世俗家庭之后~~，世俗家庭本身就应当在理论~~上~~通过认识和实践~~中被~~来消灭（或推翻）世俗家庭本身。

5. 费尔巴哈~~不满意~~对抽象的思维不满意~~而喜欢~~要求直观；但是他~~不~~把感性世界~~不是~~看作理解为人的实践的~~、人的感性的~~具体活动。

6. 费尔巴哈把宗教的本质~~归结于~~还原到**人的**本质。但是~~，~~人的本质并不是~~单个人~~某一个人~~所~~生来固有的抽象物~~的东西~~，人的本质~~在其现实性上，它~~实际上就是~~一切~~社会关系的总和。

费尔巴哈~~没有~~既不对这种~~现实的~~实际本质进行批判，~~因此他不得不~~就被迫：

1）~~撇开~~抛开历史的进程~~，~~而把宗教~~感情~~心情（或情操）固定成为独立自在的~~东西~~，并且假定有一种抽象的——**孤立化的**——~~人的性~~个体。

2）因此，他~~本质~~只能把［人的］本质~~被~~理解为~~"类"~~ "物种"，理解为一种内在的、~~无声的~~哑口无言的、把由许多个人以**自然地的**方式联系起来的~~普遍性~~总类（或共同体）。

7. 因此，费尔巴哈~~没有~~看不到~~，~~"宗教感~~心~~情"本身就是一种**社会的产物**，而他所分析的那种抽象的个人~~，~~实际上仍是属于~~一定的社会形式的~~某一形态的社会。

8. ~~全部~~凡是社会生活在本质上都是**实践的**~~，~~凡是把~~理论~~认识引向~~误~~引到神秘主义去的~~神秘东西，~~那些宗教秘密仪式都~~能~~要在人的实践中以及对~~这全~~这种实践的理解中得到合理的解决。

9. ~~凭~~直观的唯物主义，即不是把感性~~理解为~~看作实践活动的唯物主义，所能达到的最高水平~~至多也只能达到对~~不过是一些零星的单个人的直观和市民社会的直观。

10. 旧唯物主义的~~立脚点~~立场就是市民社会，新唯物主义的~~立脚点~~立场~~却~~则是人类社会或社会性的人类。

11. 哲学家们只是用不同的方式**解释**世界，问题在于**改变世界**~~改革社会~~。

二、《德意志意识形态》文本还原

　　1845 年 2 月，马克思和恩格斯在合作完成第一本著作《神圣家族》出版之后决定再共同完成另一本著作《对费尔巴哈、布鲁诺·鲍威尔和施蒂纳所代表的现代德国哲学以及各式各样先知所代表的德国社会主义的批判》。这就是后来著名的《德意志意识形态》，正题反而是出版前马克思临时加上的。《德意志意识形态》之所以著名，是因为它是马克思主义发展史上的一座里程碑——伴随着《德意志意识形态》脱稿，唯物史观和唯物辩证法也就脱颖而出，清晰完整地表述出来了。更可贵的是，《德意志意识形态》所表达的哲学基本观点真正实现了辩证而不是简单二分，是马克思主义哲学的入门之道。

　　写作始于当年 9 月，第二年（1846 年）夏初基本完成。手稿50 印张分两卷，交付后并没有最终出版。① 书稿当初只记有 I、II，没有一二卷分标题，这些标题都是后人编辑时根据马克思在1847 年 4 月 6 日发表的声明《驳格律恩》有关内容加上去的。②

　　1903 年伯恩斯坦以不完整形式出版，直到 1926 年梁赞诺夫主编的《马克思恩格斯文库》才首次完整刊发，与《关于费尔巴哈的提纲》同期用德文刊发。1932 年收入《马克思恩格斯

----

① 《维干德季刊》1845 年第 3 卷刊有布鲁诺·鲍威尔和麦克斯·施蒂纳的论战文章，马克思在 9 月初收到后决定予以回击，开始写作《莱比锡宗教会议》。到年底写作规模扩大到对费尔巴哈和"真正社会主义者"的批判。最终没能出版也与出版商不同意批判"真正社会主义者"有关。
② 《马克思恩格斯全集》第 4 卷，人民出版社，1958 年，第 43 页。

全集》。

马克思在《驳格律恩》中提到这部书稿，以后又在 1859 年《〈政治经济学批判〉序言》提到"两厚册八开本"。恩格斯在 1888 年《费尔巴哈和德国古典哲学的终结》单行本序言中评价《德意志意识形态》在唯物主义历史观形成过程中起到了重要作用。

本附录根据新编俄文单行本翻译的《费尔巴哈——唯物主义观点和唯心主义观点的对立》（中共中央马恩列斯著作编译局编译，人民出版社，1988 年，简称新编本）和《文献学语境中的〈德意志意识形态〉》（广松涉编注，彭曦译，南京大学出版社，2000 年，简称南大本）重新加以编辑。

其中，马克思字迹用楷体、恩格斯字迹用宋体以示区别。加下划线为增补文字。删除部分一次性删除用单划线，遇到二次删除用双划线，整页删除另行说明。中括号为添加文字。页头左侧大括号系恩格斯新标记的页序；页头右侧中括号系马克思原先标记页序。马克思写作习惯将稿纸四折，现分别以 a~d 表示。

（一）《德意志意识形态》序言

《序言》和《费尔巴哈章》相对独立于《德意志意识形态》书稿其余部分。《序言》是为《德意志意识形态》两卷本而作，并不包括《费尔巴哈章》，新编俄文单行本特别指出它是"为第一卷而作"。序言写于 1846 年 4—8 月间，其中，b、c 面内容全予删除，d 面为空白页。

——第 1 页 a——

序言

人们迄今总是为自己造出关于自己本身、关于[是]什么想象自己是如此这般关于自己是何物或应当成为何物的种种虚假观念。他们按照自己关于神、关于一个模范①人等等观念来建立自己的关系。他们头脑的产物就统治他们②。他们这些创造者就屈从于自己的创造物。我们要把他们从幻想、观念、教条和想象的存在③物中解放出来，使他们不再在这些东西的枷锁下呻吟喘息④。我们要起来反抗这种思想的统治⑤。一个人说⑥，只要我们教会他们如何用符合人的本质的思想来代替这些幻想，另一个人说⑦，只要我们教会他们如何批判地对待这些幻想，还有个人说⑧，只要我们教会他们如何从头脑里抛掉这些幻想，这样——现实的世界当前的现实就会崩[溃]自然地崩溃。⑨

这些天真的幼稚的空想构成现代青年黑格尔哲学的核心。在

---

① 南大本：标准。
② 南大本：他们头脑的产物不受他们支配。
③ 梁赞诺夫将此处"存在"判读为"疯狂"。
④ 南大本：日渐萎靡消沉。
⑤ 以上针对黑格尔左派的言论，疑似针对《惟一者及其所有物》（1844）一书开头部分，故有此言。
⑥ 指路·费尔巴哈。
⑦ 指布·鲍威尔。
⑧ 指麦·施蒂纳。
⑨ 三人分别是费尔巴哈、鲍威尔、施蒂纳。人民出版社 1988 年单行本第 1 页也作此解释。

德国不仅是公众怀着畏惧和虔敬的心情来接受这种哲学，就是①**哲学英雄们**自己在捧出②它③的时候也洋洋自得地④感到它有震撼⑤世界的危险性和大逆不道的残酷性⑥。本书第一卷作为计划的目的在于⑦揭露这些自称为狼、别人也把他们看作是狼⑧的绵羊，指出他们的咩咩叫声只不过是以哲学的形式来重复德国市民的观念，而这些⑨哲学评论家⑩们的夸夸其谈只不过掩[盖]夸张地反映出德国现实的贫乏⑪。本书的目的在于揭穿同现实……的影子中所作的哲学斗争，揭穿这种如此投合沉溺于幻想的⑫精神萎靡的德国人民口味的哲学斗争，使这种斗争得不到任何信任⑬。

有一个好汉一天忽然想到，人们之所以溺死，是因为他们被**关于重力的思想**迷住了。如果他们从头脑中抛掉这个观念，比方说，宣称它是宗教迷信的观念⑭，那末他们就会避免任何溺死的危险。那位好汉进行了斗争他一生都在同重力的幻想作斗争，统

---

① 南大本：而且。
② 南大本：抬出。
③ 南大本：这种哲学。
④ 南大本：一本正经地。
⑤ 南大本：颠覆。
⑥ 南大本：不怕被治罪的坚决性。
⑦ 南大本：就是要。
⑧ 疑似为"狼"字。
⑨ 一开始是定冠词。
⑩ 南大本：宣讲者。
⑪ 南大本：现实状况的可悲。
⑫ 南大本中间加顿号。
⑬ 南大本：使之名誉扫地。
⑭ 南大本：是迷信的观念，是宗教观念。

计学①给他提供愈来愈多的②有关这种幻想的有害后果的证明③。这位好汉就是现代德国革命哲学家们的标本④。

（编者注：a 部分之后的所有内容，包括订正部分全删。）

————共 1 页 b~c————

德国哲学与那个[法国的]所有其他民族的意识形态不同。德国唯心主义和其他一切民族的意识形态没有具有提供任何特殊的区别。根据……一个有特征的后者也同样认为思想统治着世界⑤，把思想和概念至上且最真实的，作为在……何处的形式看作⑥是决定性的原则，⑦ 使之匆匆而过把一定的思想……的至上且最真实的形式看作是奥秘只有哲学家们才能揭示⑧的物质世界的规定秘密⑨。作为德国唯心主义的东西——思维、思想[的]他者、思维的产物

黑格尔完成了叙述[打算]叙述……实证唯心主义。对他来说一切状态以及各种关系他⑩不仅把整个物质世界变成了思想世界

---

① 南大本：各种统计都。
② 南大本：大量的。
③ 南大本：新证据。
④ 南大本：典型。
⑤ 南大本：世界是受观念支配的。
⑥ 南大本：没有把……看作。下句同样处理。
⑦ 南大本：本原。
⑧ 南大本：理解。
⑨ 南大本：本原。
⑩ 南大本：在他看来。

[被]完成，而且把整个历史也变成了思想的历史。他在过程中也他不[仅仅]只是叙述……他并不满足于写下记录思想中的东西，他还试图描绘它们的生产的活动。

德国的

如果德国的哲学家们从他们的梦想的世界中醒悟

从自己的幻想世界中被逐出来的①德国哲学家们反抗思想世界。他们……把关于现实的、有形的……观念同这种世界……②

所有的德国哲学批判家们分有共同的敌对者，共有着黑格尔的体系这个体系正是他们作为对手的斗争世界……在[就]理论性的前提，他们同时打算否认这个前提——黑格尔的体系在他们的……思想所有人在以下信念上保持一致都断言：观念、想法、概念迄今一直支配着世界一直统治和决定着人们的现实世界③，这样的事态现在必须被改变迄今为止发生着那样的事态，现实世界是观念世界的产物。这种情况一直保持到今日，但今后不应继续存在。他们彼此不同的地方在于：他们想出现[在]用不同的方法来拯救他们所谓在自己的固定思想的威力下呻吟的人类④；他们相同彼此不同的地方取决于⑤在[就]根据[视为]固[定的思想的东西]的范围根据以下问题他们视为究竟把什么东西宣布为固定⑥思想。他们如下相同的地方在于：他们相信这种思想的统治；他们

---

① 南大本：被唤醒的。

② 南大本：思想世界。

③ 南大本：支配和决定着现实的人们、世界。

④ 南大本：拯救在他们看来还在这种自己的固定思想的威力下呻吟的人类。

⑤ 南大本：在于。

⑥ 梁赞诺夫判读为"自由"。

相同的地方在于：他们相信期待思想的支配而进行斗争的他们的方法他们的批判思想的活动应当①使现存的东西遭到毁灭，——其中他们的批判思想的活动一些人认为只要进行孤立的思想活动，就能做到这一点，另一些人则打算争取共同的意识。②

以下问题相信现实世界是观念世界的产物，相信思想观念世界……[这一信念]

德国哲学家们[从被黑格尔的思想世界所迷惑以来]德国哲学家们在他们的黑格尔的思想世界中迷失着了方向，他们反对思想、那是同一问题的另一种说法[思想]观念、想法的统治，而按照他们的观点，即按照黑格尔的幻想，思想、观念、想法一直是产生、规定和支配现实世界的。他们宣布反对并停止……

在[黑格尔的体系中]按照黑格尔体系，观念、思想、概念产生、规定和支配现[实]世界的姿态现实[世界]人们的现实生活、也产生他们的物质世界、他们的现实关系。他的叛逆的门徒对这一点[丝毫]没有怀疑深信[这一思考]对黑格尔的丝毫从他那里承受③了这一点……

自从他们已经不坚持对手他们而言是……以往的现[实]的黑格尔体系以来

德国哲学家们分[为]

（编者注：b、c部分内容至此终止，同时又全部删除。）

---

① 南大本：一定会。
② 南大本：他们或者认为他们的孤立的思想活动就已足够，或者希望争得共同的意识。
③ 南大本：接受。

(二)《费尔巴哈章》誊写稿的底稿

　　《德意志意识形态》第一卷第一部分《费尔巴哈章》之所以重要，在于它第一次正面阐述唯物史观这个马克思主义世界观及其根本方法。《费尔巴哈章》写于 1845 年 11 月—1846 年 8 月，但直到 1846 年下半年，当所有书稿都交付出版商时，这一部分的内容仍未完成。如今这些篇目，取材于手稿边注，为后人所加。

　　誊写稿是恩格斯笔迹，以宋体表示；马克思改动部分以楷体表示，中括号为添加文字，一次性删除用单划线，遇到二次删除用双划线，整页删除另行说明。黑体字为强调词或订正部分，限于编辑手段有限未予说明。

——第 1 页 a~b——

{p.1}

I.

费尔巴哈

　　正如我们德国的玄想家们①所断言宣告的，德国在最近几年里经历了一次空前的变革。那它是史无前例的革命性变革。从施特劳斯开始的**黑格尔体系**的解体过程②发展为一种席卷一切"过去的力量"的**世界性骚动**。从在普遍的混乱中，一些强大的王国产生了并走向衰落，又匆匆消逝了—英雄们瞬息之间出现了许多英雄，但是马上又因为出现了更勇敢更强悍的对手而销声匿迹。这是一次革命，与这一革命相比法国革命同它相比只不过是**儿戏**

---

① 指黑格尔左派鲍威尔等专讲意识形态的学者。

② 施特劳斯著有《耶稣传》（1835），揭开了宗教批判的序幕。

421

罢了；这是一次世界斗争，在亚历山大之后为了争夺皇位的**狄亚多希**①的斗争在它面前简直微不足道。一种原理排斥别的原理，一些原则为另一些原则所代替，一个思想英雄一些思想勇士为另一些思想勇士所歼灭，其速度之快是前所未闻的。在1842—1845年这三年中间②，在德国进行的清洗比比最近几个[世纪]过去三个世纪③都要彻底得多。

据说这一切都是在纯粹的思想领域中发生的。~~世俗的外部世界当然体会不到这一点，~~因为整个震撼世界的事件归根到底只是~~在绝对精神解体过程的基础上产生的。对婚礼招待者且葬礼见证人挑 [判家] 来说，~~ ~~那作为解放的伟大战争的残渣~~不可缺少。// 然而，不管怎么样，我们涉及的是一个有意义的事件：绝对精神的瓦解过程。当它的生命的最后一个火星燃烧熄灭时，这个构成caput mortuum④ 的各个组成部分就分解了，它们重新化合，构成新的物质⑤。那些以哲学为业，一直以经营绝对精神为生的人们，现在都扑向这种新的化合物而且。每个人当然热心地试图从自己手中所得到的那一份制造出东西都不辞劳苦地兜售该部分他所得到的**那一份**，尽力地并从其他人那里不事先通告地获得一切。~~竞争从此产生~~这竞争不可避免。起初这种竞争还相当体面，具有市民的循规蹈矩的性质。不久则成为激烈的斗争[。~~这个斗争现在却被描述和断言成一种具有世界意义的~~种产生了十分重大的结果

---

① 马其顿的亚历山大（公元前336—公元前323年）死后手下将领们争权夺利。初版《黑格尔全集》编者之一菲尔斯塔把黑格尔死后的状态比喻为狄亚多希的争权夺利。

② 是黑格尔左派最活跃时期。

③ 可能泛指，也可能指顺着上文指亚历山大帝国分裂到被罗马帝国灭亡的300年，即希腊化时代。

④ 原意是骷髅，或指化学蒸馏后无用的残渣。

⑤ 针对黑格尔左派的"实体"与"自我意识"。

和成就的因素。]后来，当商品充斥德国市场，而在世界市场上尽管竭尽全力商品也无法找到销路的时候，~~采取子……方式斗争用虚假生[产]以及当[然的愤慨]的所有武器以激愤，按照通常的德国方式，生意因虚假生[产]都~~因搞批量的和虚假的生产，因材[料]的质量降低、原料搞鬼掺假、伪造商标、买空卖空、空头支票以及没有任何实物性现实根基基础的信用制度按照通常的德国方式而搞糟了。竞争变成了激烈的斗争。而这个斗争现在却被吹嘘和构想成一种具有世界历史意义的变革，一种产生了十分重大的结果和成就的因素。

~~为子正确地评价为了~~正确地~~明了地~~认识这种~~……[的]意义甚至在可敬的德国市民心中唤起怡然自得的民族感情的……[的]意义哲学的豪言壮语、它的大声的叫卖，为子~~清楚地表明这整个青年黑格尔派运动的①~~渺小卑微、~~如此的疑念~~地域以及民族的局限性，以及~~无聊之处、~~空洞的现状的[矮小和……卑微]，（特别②是为了揭示这些英雄们的真正业绩和关于这些业绩的幻想之间的令人啼笑皆非的显著差异，）就必须站在德国以外的立场上来考察一下这些喧嚣吵嚷。

因此，在我们对这个运动的个别人物进行专门批判之前，就德国哲学以及意识形态整体提出一些能进一步阐明他们的共同思想前提的一般意见。~~这些意见是以表明我们在进行批判时所持的观点，而表明我们的观点对于了解和说明以后各种批评意见是必要的。我们这些意见正是针对~~**费尔巴哈**的，因为只有他才多少向前迈进子几步，只有他的著作才可以认真地加以研究。只有他的著作才会进一步阐明一般意识形态的全部前提。

（编者注：a 面以下半页及 b 面留白。）

———————————

① 写于正文外，有插入正文的箭头符号 F。
② 写于正文外，有插入正文的箭头符号 F。

——第 1 页 c~d——

{p.1}？

A1.一般意识形态,特别是德国哲学

[A.]

我们仅知道一门唯一的科学,即历史方面科学。~~历史可以从两个方面来考察~~可以把它划分为自然史和人类史。但这两方面是不可分割的;只要有人存在,自然史和人类史就彼此相互制约。~~自然史,即所谓自然科学,我们在这里不谈;我们需要深入研究的是人类史,因为几乎整个意识形态不是曲解**人类史**,就是完全撇开人类史。~~意识形态本身只不过是这一历史的一个方面。

我们开始要谈的前提不是任意提出的,不是教条,而是一些只有在想象中才能撇开的现实前提。这是一些现实的个人,是他们的活动和他们的物质生活条件,包括他们已有的和由他们自己的活动创造出来的**物质生活条件**。因此,这些前提可以用纯粹经验的方法来确认。

全部人类历史的第一个前提无疑是有生命的个人的存在。~~[这些个人的第一个**历史**行为,因此]~~他们把自己和动物区别开来的第一个历史行动不在于他们有思想,而在于他们开始**生产自己的生活资料**。因此,第一个需要确认的事实就是这些个人的肉体组织以及由此产生的个人对其他自然的关系。当然,我们在这里既不能深入**研究人们自身的生理特性**,也不能深入研究人们所处的各种自然条件——地质条件、山岳水文地理条件、气候条件以及其他条件①。**以及人的解剖学特性**。但是,这些条件不仅决定着人们最初的、自然形成的肉体组织,特别是他们之间的这样的

---

① 对照{p.6}d=[p.11]的马克思边注,在这里做了一定的发挥。

种族差别，而且直到如今还决定着肉体组织的整个进一步发展或不发展。任何历史记载都应当从这些整个历史自然基础出发，那[在]以及它们在历史进程中由于人们的活动而发生的变更出发。

可以根据意识、宗教或随便别的什么来区别人和动物。一当人开始**生产**自己的生活资料的时候，这一步是由他们的肉体组织所决定的①，人本身就开始把自己和动物区别开来。人们生产自己的生活资料，同时间接地生产着自己的物质生活本身。

人们用以生产自己的生活资料的方式，首先取决于他们**已有的和需要再生产**的生活资料本身的特性。这种生产方式不应当只从它是个人肉体存在的再生产这方面加以考察。更确切地说，（在更大程度上）它是这些个人的一定的活动方式，是他们表现自己生活的一定方式、他们的一定的生活方式。个人怎样表现自己表现自己的生活，他们自己也就是怎样。因此，他们是什么样的，因而，体现在他们的生产方式当中，与他们在**生产什么**一样，体现在[他们怎样生产]之中。**这同他们的生产是一致的——既和他们生产什么一致，又和他们怎样生产一致。**因而，个人是什么样的，这取决于他们进行生产的物质条件。②

这种生产第一次是随着**人口**的增长而开始的。而生产本身又由是以个人彼此之间的**交往**为前提的。这种交往的形式由又是由生产决定的。

（编者注：d 面留白，写有"无法排序"字样，疑似恩格斯或伯恩斯坦笔迹。）

---

① 南大本：即出由他们的肉体组织所决定的这一步的时候。
② 弗兰尼茨基的《马克思主义史》特别引用了以上两段文字以说明新的历史观。
　参阅弗兰尼茨基《马克思主义史》，黑龙江大学出版社，2015 年，第 122 页。

——第 2 页 a~d——

{p.2}

一　费尔巴哈

A.一般意识形态,特别是德意志意识形态

在德国所展开的德国的批判,直至它最近所作的种种努力,都没有离开过哲学的基地。它(这个批判)虽然没有研究过自己的哲学一般哲学前提,因为离它还差得很远,但是它谈到的全部问题它的全部问题终究是在一定的哲学体系即黑格尔体系的基地上产生[子]产生的。因此,那不仅不仅是它的回答,而且连它所提出的问题本身,都是包含着神秘主义。对黑格尔的这种依赖关系正好说明了为什么在这些新出现的批判家中甚至没有一个人迄今为止没有对试图对黑格尔体系进行全面的批判,尽管尽管他们每一个人都断言自己已经超出了黑格尔哲学。他们和黑格尔的论战以及他们相互之间相互之间的论战,只局限于他们当中的每一个人都抓住黑格尔体系的某一方面,用它来反对整个体系,另外,也反对别人所抓住的那些方面。起初他们还是抓住纯粹的、未加伪造的黑格尔的范畴,如"实体"和"自我意识"①,但是后来却用一些比较世俗的名称如"类""惟一者""人"② 等等,使这些范畴世俗化。

从施特劳斯到施蒂纳的整个批判德国[哲学]批判都局限于对宗教观念的一种批判。这种批判自以为是使世界消除一切灾难的绝对解[放者]救世主。宗教总是被看作和解释成这些哲学家们所厌恶的一切关系的终极原因,他们的主要敌人。什么是宗教观念

———

① 指施特劳斯和鲍威尔。
② 指费尔巴哈和施蒂纳。

他们的出发点是现实的宗教和真正的神学。当初至于什么是宗教意识，什么是宗教观念，他们后来下的定义各有不同。其进步在于：……也还所谓占统治地位的形而上学观念、政治观念、法律观念、以及道德观念以及其他观念也被归入宗 ┤宣布├ 是宗教性的教观念或神学观念的领域；还在于：形而上学的政治意识、法律意识、道德意识被宣布为宗教意识或神学意识，而政治的、宗 ┤教的├ 法律的、道德的人，总而言之，"**一般人**"，则被宣布为宗教的人。宗教的统治被当成了前提。一切占统治地位的关系逐渐地都被宣布为宗教的关系，继而被转化为迷信——对法的迷信，对国家的迷信等等。到处涉及的都只是教义和对教义的信仰。世界在越来越大的规模内被圣化了①，直到最后可尊敬的圣麦克斯完全圣化子把它宣布为圣物，从而一劳永逸地把它葬送为止。

老年黑格尔派认为，只要把一切归入黑格尔的逻辑范畴，他们就**理解**了一切。青年黑格尔派则将 ┤宗教观念├ 通过以宗教观念代替一切或者宣布一切都是神学上的东西来**批判**一切。青年黑格尔派同意老年黑格尔派的这样一个信念，即认为概 ┤念├ ②宗教、概念、普遍的东西统治着现存世界。不过一派认为这种统治是篡夺而加以反对，另一派则认为这种统治是合法的而加以赞扬。

既然这些青年黑格尔派认为，观念、思想、概念，总之，被他们变为某种独立东西的意识的一切产物，是人们的真正枷锁，就像老年黑格尔派把它们看作是人类社会的真正镣铐一样，那么不言而喻，青年黑格尔派只要同意识的这些幻想进行斗争就行了。而且改变占统治地位的意识就是他们所追求的目的。既然根据青年黑格尔派的设想，人们之间的关系、他们的一切举止行

---

① 天主教用语，指加入圣人行列。
② *BeReligion* 疑为"概念"（*Begriffe*）之笔误。

为、他们受到的束缚和限制，~~人们的~~[意识]的~~一~~种产物都是他们意识的产物，那么青年黑格尔派完全合乎逻辑地向人们提出一种道德要求，要用[他们/这一]人的、批判的或利己的意识①来变为代替他们现在的意识，从而破坏消除束缚他们的限制。这种改变意识的要求，就是要求用另一种方式来解释存在的东西，也就是说，由借助于另外的解释来承认它。青年黑格尔派玄想家们尽管满口讲的都是所谓"震撼世界的"②思想词句，却是最大的保守派。如果说，他们之中最年轻的人宣称只为反对"**词句**"而斗争③，那就确切地表达了他们的活动。不过他们忘记了：他们自身只是用词句来反对这些词句：既然他们仅仅反对这个世界的词句，那么他们就按原样维持绝对不是反对现实的现存世界。这种哲学批判所能达到的唯一结果，是从基督教的~~历史宗教[史]~~**宗教史**上对基督教作一些说明，而且还是片面的说明。那个至于他们的全部其他论断，只不过是进一步修饰他们的要求：想用这样一些微不足道的说明作出具有全世界历史意义的发现。

这些哲学家没有一个想到要提出关于德国哲学和德国现实之间的联系问题，关于他们所作的批判和他们自身的物质环境之间的联系问题。④

---

① 分别指费尔巴哈、鲍威尔、施蒂纳。他们参加了 1844—1845 年在莱比锡出版的《维干德季刊》，最后俨然成了宗教会议审判异教徒那样党同伐异的阵地。

② 《维干德季刊》1845 年第 4 卷第 327 页原文为"颠覆世界的思想"。《德意志意识形态》第二篇明确引用了原文。

③ 施蒂纳在《维干德季刊》1845 年第 4 卷中对自己的《惟一者及其所有物》所作的辩护性论文《施蒂纳的批评家们》中解释"惟一者"不是概念，只不过是"称呼""措词"而已。恩格斯批驳青年黑格尔派围绕惟一者所作的争论不过是"措施=词句"而已，是"自己与词句的斗争"。

④ 写作这一部著作，其目的就在于批判青年黑格尔派和"批判的批判"这些仍局限在意识领域批判的德国当代哲学。

——第 3 页 a~d——

{p.3}

各民族之间的相互关系取决于每一个民族的生产力、分工和内部交往的发展程度。这个原理是公认的。然而不仅一个民族与其他民族的关系，而且这个民族本身的整个内部结构也取决于自己的生产以及自己**内部和外部**的交往的发展程度。一个民族的生产力发展的水平，最明显地表现于该民族分工的发展程度。任何新的生产力，只要它不是迄今已知的生产力单纯的量的扩大（**例如，开垦土地**），都会引起分工的扩大进一步发展。

一个民族内部的分工使这一民族分裂，首先引起工业劳动和商业劳动同农业劳动的分离，从而也引起**城市**和**乡村**的分离和城乡利益的对立。分工的进一步发展导致工业劳 [动] 商业劳动同工业劳动的分离。同时，由于这些不同①劳 [动] 部门内部的分工，共同从事某种劳动的个人之间又形成不同的②阶级诸关系分工③。这种种④分工的相互关系取决于⑤ [进行] 劳 [动] 农业劳动、工业劳动和商业劳动的经营方式（父权制、奴隶制、等级、阶级）。在交往比较发达的条件下，同样的情况也会在各民族间的相互关系中出现。

分工发展的各个不同阶段⑥，同时也就是所有制的各种不同

---

① 南大本：各个。
② 南大本：各种各样的。
③ 南大本：各种各样的**阶级诸关系分工**在共同从事某种劳动的个人之间也越来越细致了。
④ 南大本：这种细致的。
⑤ 南大本：由……决定。
⑥ 南大本：分工的各种形式发展阶段。

形式。这就是说，分工的每一个阶段还决定个人的与劳动材料、劳动工具和劳动产品有关的相互关系。

第一种所有制形式是部落所有制。它与生产的不发达阶段相适应，当时人们靠狩猎、捕鱼、牧畜，或者最多靠耕作维生。同时在后一种情况下，它是以有大量未开垦的土地为前提的。在这个阶段，分工还很不发达，仅限于家庭中现有的自然形成的分工的进一步扩大。因此，由因此，社会全体结构只限于家庭的扩大：父权制的部落首领，他们管辖的部落成员，最后是奴隶。潜在于家庭中的奴隶制，是随着人口和需求的增长，随着战争和交易这种外部交往的扩大而逐渐发展起来的。

第二种所有制形式是古典古代的**公社所有制**和**国家所有制**。这种所有制是由于几个**部落**通过**契约或征服**联合为一个**城市**而产生的。在这种所有制下仍然保存着奴隶制。除公社所有制以外，动产私有制以及后来的不动产私有制已经发展起来，但它们是作为一种共同体所有反常的、从属于公社所有制的形式发展起来的。公民仅仅共同享有支配自己那些做工的奴隶的统治权力，因此奴隶们的弱小受公社所有制形式的约束。**这是积极公民的一种共同私有制，他们面对着奴隶不得不保存这种自然形成的联合方式。**因此，建在这个基础上的整个社会结构，以及与此相联系的人民权力，随着私有制，那个[不动产]特别是不动产私有制的发展而逐渐趋向衰落。分工已经比较发达。城乡之间的对立已经产生，后来，一些代表城市利益的国家同另一些代表乡村利益的国家之间的对立出现了。在城市内部存在着工业和海外贸易之间的对立。公民和奴隶之间的阶级关系已经充分发展。我们在罗马平民中最初首先发现小土地所有者，后来发现无产阶级的前身，而

无产阶级由于处于有产者公民和奴隶之间的中间地位，并未获得发展。~~同时~~①，~~我们在此首先看出……~~②

　　随着私有制的发展，这里第一次出现了这样的关系，这些关系我们在考察现代私有制时还会遇见，不过规模更为巨大而已。**一方面**是私有财产的集中，这种集中在罗马很早就开始了（李奇尼乌斯土地法就是证明），从内战发生以来，尤其是在王政时期，发展得非常迅速；~~而且~~，**另一方面**是由此而来的平民小农向无产阶级的转化，然而，后者由于处于有产者公民和奴隶之间的中间地位，并未获得独立的发展。

　　第三种形式是封建的或等级的所有制；~~一种~~[形式]。古代的起点是**城市及其领域狭小的领域**，中世纪的起点则是**乡村**。地旷人稀，居住分散，而征服者也没有使人口大量增加，——这种情况决定了起点有这样的变化③。因此，与希腊和罗马相反，封建制度的发展是在一个宽广得多的、由罗马的征服以及起初继它之后④就同征服联系在一起的农业的普及所准备好了的地域中开始的。趋于衰落的罗马帝国的最后几个世纪和蛮族对它的征服本身，使得生产力遭到了极大的破坏；农业衰落了，工业由于缺乏销路而一蹶不振，商业停滞或被迫中断，~~农村人~~[口]城乡居民都减少了。这些情况与……联[系]而发展的以及受其制约的进行征服的组织方式，在日耳曼人的军事制度的影响下，发展了封建所

---

① 梁赞诺夫判读为"同样地"。
② *MEGA2* 此处不换行。
③ 分散的现有的、稀少的、分散在广阔土地上的人口，并没有因为征服者而大量增加，——这种情况决定了不同于古代的那一出发点。
④ 有判读为"伴随着它"。

有制。这种所有制像部落所有制和公社所有制一样，也是以一种共同体为基础的。但是作为直接进行生产的阶级而与这种共同体对立的，已经不是与古代共同体相对立的奴隶，而是小农奴。随着在后来出现[子的]封建制度的充分发展，也①产生了与城市对立的现象。土地占有的等级结构以及与此相联系的武装扈从制度使贵族掌握了支配小[农奴]农奴的权力。这种组[织]封建结构同古代的公社所有制一样，是一种联合，其目的在于对付被统治的**生产者**阶级；只是联合的形式和对于直接生产者的关系有所不同，因为出现了不同的生产条件②。

——第 4 页 a~b——

{p.4}

在**城市**中与这种土地占有的封建结构相适应的是同业公会所有制，即王业手工业的封建组织。在这里财产主要在于个人的劳动。联合起来反对成群搭伙的掠夺成性的贵族的必要性，在实业家同时又是商人的时期对公共商场的需要，流入当时繁华城市的逃亡农奴的竞争的加剧，全国的封建结构，——所有这一切产生了**行会**；个别手工业者逐渐积蓄起少量资本，在手工业者的人数没有什么变动的条件下增长的人口形[成的]**而且在人口不断增长的情况下他们的人数没有什么变动**，这就使得帮工制度和学徒制度发展起来，而这种制度在城市里产生了一种和农村**等级制**③相

---

① 南大本：又。

② 只不过因为伴随着与……的不同与古代的情况不同的生产条[件]生产与交往的条件生产条件出现了，所以联合的形式和对于直接生产者的关系才有不同而已。

③ 南大本：那种关系。

似的等级制。

这样，封建时代的所有制的主要形式，一方面是土地所有制和束缚于土地所有制的农奴劳动，另一方面是拥有少量资本并支配着帮工劳动的自身劳动。这两种所有制的结构都是由狭隘的生产关系——小规模的粗陋的土地耕作和手工业式的工业——决定的。在封建制度的繁荣时代，分工是很少的。每一个国家都存在着城乡之间的对立；除子等级结构以外……虽然等级结构诚然固然①表现得非常鲜明，但是除了在乡村里有王公、贵族、僧侣和农民的划分，在城市里有在……师傅、和帮工、学徒以及后来的下层民平民短工②的划分之外，就再没有什么大的分工了。在农业中，分工因土地的小块耕作而受到阻碍，与这种耕作方式同时产生的还有农民自己的家庭工业；在工业中，诚然各业手[工业]各业手工业内部根本没有实行分工，而各业手工业之间的分工也是非常少的。在比较老的城市中，工业和商业早就分工了；另一方面而在比较新的城市中，只是在后来当这些城市彼此发生了关系的时候，这样的分工才发展起来。

比较广大的地区联合为封建王国，无论对于土地占有贵族或城市来说，都是一种需要。因此，每[次]统治阶级土地[贵族]的组织即贵族的组织到处都在君主的领导之下。

（编者注：誊写稿的底稿至此结束，九成留白。）

---

① 南大本：的确。
② 指打短工的下层民众。

（三）《费尔巴哈章》原稿所阐述的历史观

在这部分内容里，马克思第一次正面阐述了唯物史观。恩格斯在《费尔巴哈和德国古典哲学的终结》1888 年单行本序言里指出，《德意志意识形态》这一著作在形成唯物主义历史观过程中起到了重要作用。

{p.5}a~d+{p.7}b~d+{8}a　　　　[pp.13—15]

由此可见，事情是这样的：在~~一定的生产关系下的~~[每个人]以一定的方式进行生产活动的一定的个人，发生一定的社会关系和政治关系。经验的观察~~虽然它固执于现实的事实在任何情况下都能够~~[证明]应当根据经验来证明揭示社会结构和政治结构同生产的联系吧，而不应当带有任何神秘和思辨的色彩。~~我们在此可以看出以下问题，该~~这一社会结构和国家总是从一定的个人的生活过程中~~是如何产生~~产生的。但是，这里所说的个人不是~~不是~~他们自己或别人想象中的那种个人，而是**现实中的**个人，也就是说，这些个人是从事活动的，进行物质生产活动的，因而是在一定的物质的、不受他们任意支配的界限、前提和条件下活动着的。

这些个人所产生的观念，~~下述当中之一~~或者是关于他们对自然界的关系的观念，或者是关于他们之间的关系的观念，或者是关于他们自身的状况的观念。~~显然，~~在这几种情况下，这些观念都是他们的现实关系和活动、他们的生产、他们的交往、~~他们的~~[组织]他们的社会组织和政治组织关系~~有表~~[现]意识的表现，而不管这种表现是现实的还是虚幻的。相反的假设，只有在除了现实的、受物质制约的个人的精神以外还假定有某种特殊的精神的情况下才能成立。如果这些个人的现实关系的有意识的表现是虚幻的，〔也就是说〕如果他们在自己的观念中把自己的现实颠倒过来，那么这又是由他们狭隘的物质活动方式~~那也是下述东西的~~以及由此而来的**他们**狭隘的社会关系造成的。

思想、观念、意识的生产最初是直接与人们的物质活动，与人们的物质交往，与现实生活的语言表达语言交织在一起的。观念以及思想人们的想象、思维、精神交往在这里还是人们物质行动的直接产物。表现在某一民族的政治、**法律**、道德、宗教、形而上学等的语言中的精神生产也是这样。人们将观念是自己的观念、思想等等的生产者，而且人们是受他们的物质生活的生产方式，他们的物质交往和这种交往在社会结构和政治结构中的进一步发展所制约的。但这里所说的人们〔正因为〕是现实的、从事活动的人们，〔所以〕他们受他们的〔一定的〕自己的生产力和与之相适应的交往的一定发展——直到交往的最遥远的形态——所制约。意识在任何时候都只能是被意识到了的存在，而人们的存在就是他们的现实生活过程。如果在全部意识形态中，人们和他们的关系就像在照相机中一样是倒立呈像的，那么这种现象也是从人们生活的历史过程中产生的，正如物体在视网膜上的倒影是直接从人们生活的生理过程中产生的一样。①

德国哲学从天国降到人间；和它完全相反，这里我们是从人间升到天国。这就是说，我们不是从人们所说的、所设想的、所想象的东西出发，也不是从口头说的、思考出来的、设想出来的、想象出来的人出发，从那里去理解有血有肉的人。我们的出

---

① 弗兰尼茨基的《马克思主义史》特别引用了这段文字以说明新的历史观。参阅弗兰尼茨基《马克思主义史》，黑龙江大学出版社，2015 年，第 123 页。

发点是从事实际活动的人，而且从他们的现实生活过程中还可以描绘出这一生活过程在意识形态上的反射和反响的发展。甚至人们头脑中的模糊幻象也是他们的可以通过经验来确认的、与物质前提相联系的物质生活过程的必然升华物。

因此，道德、宗教、形而上学和其他意识形态那样的话，将失去一切表面上的自主[性]，以及与它们相适应的意识形式便不再保留独立性的外观了。它们没有历史，没有[自发性的]发展，而在物质生产和物资交往中发展的人们发展着自己的物质生产和物质交往的人们，在改变自己的这个现实的同时也改变着自己的思维和那种思维的产物。不是意识决定生活，而是生活决定意识。前一种考察方法从意识**出发**，把意识看作是行动的**有生命的**个人。后一种符合现实生活的考察方法则从现实的、有生命的个人本身出发，把意识仅仅看作是这些现实活动着的各个人的意识**他们的意识**。①

这种考察方法不是没有前提的。它从现实的前提出发，它一刻也不离开这种前提。它的前提是人，但不是处在某种虚幻的离群索居和固定不变状态中的人，而是处在现实的、可以通过经验观察到的、在一定条件下进行的生[活过程]发展过程中的人。只要描绘出这个能动的生活过程，历史就不再像狭隘的**那些本身还是抽象的**经验论者所认为的那样，是一些僵死的事实的那样的汇集，也不再像唯心主义者所认为的那样，是想象的主体的想象活动。

在思辨终止的地方，在现实生活面前，这样一来，真正的实证科学开始正是描述人们实践活动和实际发展过程的真正的实证

---

① 弗兰尼茨基的《马克思主义史》特别引用了这段文字以说明新的历史观。参阅弗兰尼茨基《马克思主义史》，黑龙江大学出版社，2015年，第124页。

科学开始的地方。关于意识的空话将终止，它们一定会被真正的知识所代替。对现实的描述会使独立的科学哲学失去生存环境，能够取而代之的充其量不过是从对人类历史发展的考察中抽象出来的最一般的结果的概括。这些抽象本身离开了现实的历史就没有任何价值。~~而且只能起到以下的帮助作用。~~它们只能对整理~~对别人来说为历史~~考察历史资料提供某些方便，指出那种历史资料的各个层次的顺序。但是这些抽象与哲学不同，它们绝不提供可以适用于各个历史时代的药方或公式。相反，只是在人们着手考察和整理历史资料——着手探求各种各样层次的实际的、事实上的①~~不管是有关过去时代的还是有关当代的资料~~——的时候，在实际阐述资料的时候，困难才开始出现。这些困难的~~消除~~排除受到种种前提的制约，这些前提在这里是根本不可能提供出来的，而只能从对每个时代的个人的现实生活过程和实[践的]活动的研究中~~得出~~产生。这里我们只举出几个~~它怎么~~我们用来与意识形态相对照的抽象，并用历史的例子来加以说明。

（编者注：以下 1/3 留白。）

{p.7} a～d　　　　　　　　　　　［pp.12—15］

……的满足已经得到满足的第一个各种需要本身、满足需要的活动和已经获得的为满足需要而用的工具又引起新的需要，而这种新的需要的产生是历史第一个历史活动。从这里立即可以明白，德国人的伟大智[慧]历史智慧是谁的精神产物。德国人的伟大历史智慧之类认为，凡是在他们缺乏实证材料的地方，凡是在神学、政治和文学的谬论不能立足的地方，就没有任何历史，那

---

① 南大本：实践的。

里只有"史前时期"①；至于如何从这个荒谬的"史前历史"过渡到真正的历史，他们却没有对我们作任何解释。不过另一方面，他们的历史思辨所以特别热衷于这个"史前历史"，是因为他们认为在这里 ~~相信不会受到干预~~，而且他们不会受到"粗暴事实"的干预，而且还可以让他们的思辨欲望得到充分的自由，创立和推翻成千上万的假说②。

一开始就进入③历史发展过程的第三种关系是：每日都在重新生产自己生命的人们开始生产另外一些人，即繁殖。这就是夫妻之间的关系，父母和子女之间的关系，也就是**家庭**。这种家庭起初是唯一的社会关系，后来，当需要的增长产生了新的社会关系**而人口的增多又产生了新的需要**的时候，这种家庭便成为从属的关系了（德国除外）。这时就应该根据现有的经验材料来考察和阐明家庭，而不应该像通常在德国所做的那样，根据"家庭的概念"来考察和阐明家庭。**此外，不应该把社会活动的这三个方面看作是三个不同的阶段，而只应该看作是三个方面，或者，为了使德国人能够了解，把它们看作是三个**④**"因素"。从历史的最初时期起，从第一批人出现时，这三个方面就同时存在着，而且现在也还在历史上起着作用。**

——这样，生命的生产，无论是通过劳动而达到的自己生命的生产，或是通过生育而达到的他人生命的生产，// 就立即表现为双重关系：一方面是自然关系，另一方面是社会关系；社会关系的含义在这里是指许多个人的共同活动，至于这种活动在什么

---

① 黑格尔《历史哲学讲演录》。
② 指黑格尔左派"历史观"，包括鲍威尔、施蒂纳、以及某个时期的赫斯在内。
③ 南大本：纳入。
④ 新德文版判读为定冠词。

条件下、用什么方式和为了什么目的而进行，则是无关紧要的。//由此可见，一定的生产方式或一定的工业阶段始终是与一定的共同活动方式或一定的社会阶段联系着的，而这种共同活动方式本身就是"生产力"；由此可见，……的状况人们所达到的生产力的总和决定着社会状况，因而，始终必须把"人类的历史"同工业和交换的历史联系起来研究和探讨。但是，这样的年志历史德[国]的在德国是写不出来的，这也是很明显的，因为对于德国人来说，要做到这一点不仅缺乏理解能力和材料，而且还缺乏"感性确定性"；而在莱茵河彼岸①之所以不可能有关于这类事情的任何经验，是因为那里再没有什么历史。由此可见，一开始就表明了人们之间是有物质联系的。这种联系是由需要和生产方式决定的，它和人本身有同样长久的历史；由此可见，对于"历史"来说这种联系不断采取新的形式，因而就表现为"历史"，它不需要有专门把人们联合起来的任何政治的或宗教的呓语。——只有现在，在我们已经考察了原初的历史的关系的四个因素、四个方面之后，我们才发现：人与其他东西加起来具有"精神"，而且这一"精神"将自我作为"意识"而"外化"还具有"意识"。但是这种意识并非一开始就是"纯粹的"意识。"精神"从一开始就很倒霉，受到物质的"纠缠"②，物质在这里表现为振动着的空气层、声音，简言之，即语言。语言和意识具有同样长久的历史；语言是一种实践的、既为别人存在因而也才为我自身而存在的、现实的意识。语言也和意识一样，只是由于需要，由于交往和他人交往的迫切需要才产生的。我对我的环境的关系是我的意识。凡是有某种关系存在的地方，这种关系都是

---

① 是否指居住地布鲁塞尔，它正好在莱茵河此岸。
② "被纠缠的人们"语见《惟一者及其所有物》，施蒂纳批判了"纠缠着的状态"。

为我而存在的；**动物**其自身与[什么东西]不发生[关系]**不对什么东西发生"关系"，而且根本没有"关系"**；对于动物来说，它对他物的关系不是作为关系存在的。因而，意识一开始就是社会的产物，而且只要人们存在着，它就仍然是这种产物。当然，意识在起初~~当然~~起初只是对直接的可感知的环境的一种感性的意识，是对处于开始意识到自身的个人之外的其他人和其他物的狭隘联系的一种意识。同时，它也是对关于自然界的一种意识，自然界起初是作为一种完全异己的、有无限威力的和不可制服的力量与人们对立的，人们同自然界的关系完全像动物同自然界的关系一样，自然界对~~人~~人们就像牲畜一样慑服于自然界，因而，这是对自然界的一种纯粹动物式的意识（自然宗教）。

这里立即可以看出，这种自然宗教受到交往~~社会形态~~的制约或对自然界的这种特定关系，是与[社会形态]一起由社会形式决定的，反过来也是一样。这里和任何其他地方一样，自然界和人的同一性也表现在：人们对自然界的狭隘的关系决定着他们之间的狭隘的关系，而他们之间的狭隘的关系又决定着他们对自然界的狭隘的关系，这正是因为自然界仅仅~~几乎~~还没有被历史的进程所改变"。①

但是，另一方面，意识到必须和周围的个人~~必然~~的来往，也就是开始社会性地意识到人总是生活在社会中的。② 这个开始，同这一阶段的社会生活本身一样，带有家禽动物的性质；这不过

---

① 马克思边注：人们之所以有历史，是因为他们必须生产自己的生活，~~即~~而且必须用一定的方式来进行：这是受他们的肉体组织制约的，人们的意识也是这样受制约的。（有解读为肉体受此制约，意识也不得不受此制约。）

② 弗兰尼茨基的《马克思主义史》在脚注中引用了这段文字以说明物质和精神不是简单的二分法。参阅弗兰尼茨基《马克思主义史》，黑龙江大学出版社，2015年，第125页。

是纯粹的畜群意识，而且，这里，人和绵羊①不同的地方只是在于：他的意识代替了他的本能，或者说他的本能是被意识到了的本能。~~绵羊或种族意识~~。由于生产效率的提高，需要的增长以及作为二者基础的居民 ~~[数量]~~ 人口的增多，这种绵羊意识或部落意识获得了进一步的发展和提高。与此同时分工也发展起来。分工 ~~以前~~ 起初只是性行为方面的分工，后来是由于那种天赋（例如体力）、需要、偶然性等等才自发地因此或②"自然形成"分工。分工 ~~"精神"和~~ 只是从物质劳动和精神劳动分离的时候起才真正成为分工。

从这时候起意识才能现实地想象：它是和现存 ~~事物~~ **实践**的意识不同的某种东西；它不用想象某种**现实的东西**某种现实的东西就能**现实地**想象某种东西。③ 从这时候起，意识才能摆脱世界而去纯粹的构造"纯粹的"理论、神学、哲学、**道德**等等④。但是，如果这种理论、神学、哲学、道德等等和现存的关系发生矛盾，那么，这仅仅是因为现存的社会关系和现存的生产力发生了矛盾。不过，在一定民族的各种关系的范围内，这也可能不是因为现在该民族范围内出现了矛盾，~~也不单单是因为在属于那种意识的范围内呈现产生~~而是因为在该民族意识和其他民族的实践之间，亦即在某一民族的民族意识和普遍意识之间出现了矛盾（就

---

① 指被阉了的羊，见下文。

② 有解读为"即"。

③ 马克思边注：意识形态（玄想家）最初形式和僧侣同时出现。

④ 鲍威尔有所谓"纯粹理论""纯粹批判"。与现实诸关系的矛盾、对立需要通过批判，以此启发人的自我意识。

像目前德国的情形那样)① ——既然这个矛盾似乎只呈现表现为**意识**的**民族意识范围内**的矛盾，那么在这个民族看来，斗争也就限于这种民族废物，因为这个民族就是废物本身。

{p.8} b~d 栏外增补　　　　[pp.17—19]

正是由于特殊利益和共同利益之间的这种矛盾，共同利益才采取形式**国家**这种与实际的单个利益和全体利益相脱离的独立形式，② 同时采取虚幻的共同体的形式，而这始终是在每一个家庭集团或部落集团中现有的骨肉联系、语言联系、较大规模的分工联系以及其他利益的联系的现实基础上，特别是在我们以后将要阐明的已经由分工决定的阶级的基础上产生的，这些阶级是通过每一个这样的人群分离开来的，其中一个阶级统治着其他一切阶级。[在这些现实基础上，共同利益采取国家这一自立姿态] 从这里可以看出，国家内部的一切斗争在……之间——民主政体、贵族政体和君主政体相互之间的斗争，争取选举权的斗争等等，不过是一些虚幻的形式——[被称为]普遍的东西一般说来是一种虚幻的共同体的形式——，在这些形式下进行着各个不同阶级间的真正的斗争（德国的理论家们对此一窍不通，尽管在《德法年鉴》和《神圣家族》中已经十分明确地向他们指出过素 ┼材┼ 这一点）。从这里还可以看出，每一个为了力图取得统治的阶级，即使它的统治要求消灭整个旧的社会形式和一统治，就像无产阶

---

① 弗兰尼茨尼基的《马克思主义史》特别引用了这段文字以说明物质和精神不是简单的二分法。参阅弗兰尼茨尼基《马克思主义史》，黑龙江大学出版社，2015 年，第 126 页。

② 弗兰尼茨尼基的《马克思主义史》特别引用了以上这段文字。参阅弗兰尼茨尼基《马克思主义史》，黑龙江大学出版社，2015 年，第 126 页。

级那样，都必须首先夺取在政权，以便把自己的利益又说成是普遍的利益，而这是它在初期不得不如此做的。正因为各自各个人所追求的**仅仅**是自己的特殊的、[就连]对他们来说是同他们的共同利益不相符合的利益①，所以他们认为，这种共同利益是"异己的"和"不依赖"于他们的，即仍旧是一种特殊的独特的"普遍"利益，或者说，他们本身必须在这种[特殊与普遍的]不一致的状况下活动②，就像在民主制中一样。另一方面，这些始终**真正地**同共同利益和③虚幻的共同利益相对抗的特殊利益所进行的**实际斗争**，使得通过国家这种虚幻的"普遍"利益来进行**实际的**干涉和约束成为必要。

最后，分工立即给我们提供了第一个例证，说明 ~~[只要]人~~自身的行为那──这─一行为不是~~真实的~~自由的社会[~~行为~~]只要人们还处在自然形成的社会中，就是说，只要特殊利益和共同利益之间还有分裂，也就是说，只要劳动分工还不是出于自愿，而是自然形成的，~~该分担这一活[动]~~那么人本身的活动对人来说就成为一种异己的、同他对立的力量，这种力量驾驭压迫着人，而不是人驾驭着这种力量。

原来，当分工一出现之后，任何人都有自己一定的**特殊的**活动范围，这个范围是强加于他的，他不能超出这个范围：他是一个猎人、渔夫或牧人，或者是一个批判的批判者④，只要他不想失去他的生活资料，他就始终应该是这样的人。而在共产主义社会里，任何人都没有特殊的活动范围，而是都可以在各[领域]任

---

① 南大本：他们的特殊的、他们共同的利益对他们来说是不相符合的。

② 南大本：遭遇到。

③ 南大本：而且，也有解读为"或者"。

④ 指鲍威尔。纯粹批判自称普遍性，也摆脱不了排他性活动领域的束缚。

何部门内发展，社会调节着整个生产，因而使我有可能随自己的兴趣今天干这事，明天干那事，上午当鞋匠~~然后~~中午下午当园~~丁，傍晚当演员，~~[随心所欲地]打猎，下午捕鱼，傍晚从事畜牧，晚饭后从事批判①，这样就不会使我老是一个猎人、渔夫、或者牧人或批判者[这样固定的专家]②。社会活动的这种固定化，**我们本身的产物聚合为一种统治我们、不受我们控制、使我们的愿望不能实现并使我们的打算落空的物质力量**，这是现实社~~[会]~~的迄今为止历史发展的主要因素之一。③ 而且在所制中，这一所有制真实是由~~人人们~~自己建立起来的制度~~不过~~很快就使社会发生一种特有的、并非它的创始人所料想的变化，这对于每一个不坚持"自我意识"或"惟一者"这种想法的人来说，都是很清~~楚的。~~**受分工制约的**不同个人的共同活动产生了一种社会力量~~将大……的~~[社会力量]，即扩大了的生产力。因为共同活动本身不是自愿地而是自然形成的，所以这种社会力量在这些个人看来就不是他们自身的联合力量，而是某种异己的、在他们之外的强制力量④。关于这种力量的起源和发展趋向，他们一点也不了解；~~而且以……~~因而他们不再能驾驭这种力量，相反地，这种力量现在却经历着一系列独特的、不仅不依赖于人们的意志和行为反而支配着人们的意志和行为的发展阶段。

这种"**异化**"（用哲学家易懂的话来说）当然只有在具备了两个**实际**前提之后才会消灭。要使这种异化成为一种"不堪忍受

---

① 南大本：也批判吃饭。
② 此段疑为针对施蒂纳《惟一者及其所有物》批判共产主义。
③ 弗兰尼茨基的《马克思主义史》特别引用了这段文字以说明新的历史观。参阅弗兰尼茨基《马克思主义史》，黑龙江大学出版社，2015年，第126—127页。
④ 施蒂纳《惟一者及其所有物》批判了神、一般人、国家、共同体对个人的压抑，提倡个人联合。

的"力量，即成为革命所要反对的力量，就必须让它把**一个人类**的大多数变成完全"没有财产的"人，这一点同时［这些人］又同现存的有钱有教养的世界相对立，而这两个条件都是以生产力的巨大增长和高度发展为前提的。另一方面，生产力的这种发展（随着这种发展，人们的**世界历史性的**而不是取代地域性的**世界历史性的**地域性的存在同时已经是经验的存在了）已经之所以是绝对必需的实际前提，还因为如果没有这种发展，那就只会有**贫困、极端贫困**①的普遍化；而在极端贫困的情况下，必须重新开始争取必需品的斗争，全部陈腐污浊的东西又要死灰复燃。其次，生产力的这种发展之所以是绝对必需的实际前提，还因为：只有随着生产力的这种普遍发展，人们的**普遍**交往才能建立起来；普遍交往，一方面，可以产生一切民族中同时都出现存在着"没有财产的"群众这一现象（那个普遍竞争），而且……现在使每一民族都依赖于其他民族的变革。不这样，最后，地域性的个人为**世界历史性的**、经验上普遍的个人所代替。不这样，（1）共产主义就只能作为某种地域性的东西而存在；而且（2）交往的**异己的力量**本身就不可能发展成为一种**普遍的**因而是不堪忍受的力量：它们会依然处于地方的、笼罩着迷信气氛的"状态"，而且（3）交往的任何扩大都会消灭地域性的共产主义②。

　　共产主义只有作为占统治地位的各民族"一下子"而且同时发生的行动，在经验上才是可能的，而这是以生产力的普遍发展和与此相联系的世界交往为前提的。

　　共产主义对我们来说不是应当确立的**状况**，不是变得异己的

---

① 南大本：贫穷。马克思没有删除这个词而是在它上面加了极端贫穷。

② 地域性的共产主义指英国欧文（派）、法国卡贝（派）的共产主义建设、共产主义部落。

[东西]现实应当与之相适应的**理想**。我们所称为共产主义的是实[践性的]，将实践的[消灭]进行……的那种消灭①现存状况的现实的运动。我们只能叙述[以下问题]这个运动的条件能够按照皇实在的实际存在的现实本身来判断是由现有的前提产生的。

此外，**一贫如洗**的②劳动大众~~许许多多人~~仅仅依靠自己劳动为生——大量的劳力，与资本隔绝或甚至连有限地满足自己的需要的可能性都被剥夺~~劳动者阶级~~劳动者~~势力~~存在，由于竞争，他们不再是暂时失去作为有保障的生活来源的工作，他们陷于绝境，这种状况是以**世界市场**的存在为前提的。因此，无产阶级~~这样一来，以作为~~**实践的**、~~经验的存在的世界历史为前提~~只有在**世界历史**意义上才能存在，就像共产主义——它③的事业——只有作为"世界历史性的"存在才有可能实现一样。而各个人的世界历史性的存在，也就是与所有……的~~历史~~世界历史在物质上直接相联系的各个人的存在。④

否则，例如财产一般怎么能够具有某种历史，采取各种不同的形式，例如**地产**怎么能够像今天实际生活中所发生的那样，根据现有的不同前提而发展呢？——在法国，大土地所有从小块经营发展到集中于少数人之手，在英国，则是从集中于少数人之手发展到小块经营。或者[需求与供给的]关[系]贸易——它终究不过是不同个人和不同国家的各个产品交换，——怎么能够通过供求关系而统治全世界呢？用一位英国经济学家的话来说，这种

---

① 建议译为"扬弃"。

② 南大本：无产的。

③ 指无产阶级。

④ 弗兰尼茨基的《马克思主义史》特别引用了以上三段文字。参阅弗兰尼茨基《马克思主义史》，黑龙江大学出版社，2015年，第128页。

关系就像古典古代的命运之神一样，遨游于寰球之上，用看不见的手①把幸福和灾难分配给人们，把一些王国创造出来，又把它们毁掉，使一些民族产生，又使它们衰亡；但随着基础即随着私有制的消灭，随着对生产实行共产主义的调节以及根绝……这种调节所带来的人们对于自己产品的异己关系的消灭，需[求]的供求关系的威力也将消失，人们将使交换、生产及他们发生相互关系的方式重新受自己的支配。[然而，在现实中，商业究竟是如何通过供求关系来支配全世界的呢？]

　　……

　　在过去一切历史阶段上[每次]出现的受生产力制约同时又制约生产力的交往形式，就是**市民社会**。从前面已经可以得知，这个市民社会在……之士是以简单的家庭和复杂的家庭，即所谓部落制度作为自己的前提和基础的。关于市民社会的比较详尽的定义已经包括在前面的叙述中了。从这里已经可以看出，这个市民社会是全部历史的真正发源地和舞台，可以看出过去那种轻视现实关系而局限于言过其实的历史事件的历史观何等错误荒谬。

　　我们现在逐渐在关于所有的……这个实在的……之后

　　到现在为止，我们主要只是考察了人类活动的一个方面——**人改造自然**。另一方面，是**人改造人**……②

　　国家的从……的起源和国家同市民社会的关系

　　（编者注：以下为空白页。）

---

① 斯密：《国富论》（1776）第 4 卷第 2 章提到 "看不见的手"。
② 马克思边注：交往和生产力。

{p.9}a~d   [pp.20—23]

历史不外是各个世代的依次交替。每一代都利用那个以前各代留给后来的遗留下来的~~资金、材料~~材料、资金和生产力；由于这个缘故，每一代一方面在完全改变了的环境下继续从事原来的所继承的活动，另一方面又通过完全改变了的活动来变更旧的环境。然而，事情被思辨地扭曲成这样：好像后期历史是前期历史的目的，例如，好像美洲的发现的~~从根本上~~根本目的就是要促使法国大革命的爆发。于是历史便具有了自己~~目[的]~~特殊的目的并成为某个与"其他人物"（像"自我意识""批判""唯一者"[等等]）"并列的人物"。其实，前期历史的"使命""目的""萌芽""观念"等词所表示的东西，终究不过是从后期历史中得出的抽象，不过是~~人的确从这些秘密得以探求的东西的成果和产物中~~从前期历史对后期历史发生的（积极）影响中得出的抽象。

各个相互影响的活动范围在这个发展进程中越是扩大，各民族的~~封[闭性]~~原始封闭状态由于日益完善的~~交[往形态]~~生产方式、交往形态以及在大众规模的因交往而**自然形成的不同民族之间的**分工扬弃消灭得越是彻底，历史也就越是成为世界历史。例如，如果在英国发明了一种机器，它夺走了印度和中国的无数劳动者的饭碗，并引起这些国家的整个生存形式的改变，那么，这个发明便成为一个世界历史性的事实；同样，砂糖和咖啡是这样来表明自己在 19 世纪具有的世界历史意义的：拿破仑的大陆体系所带来~~成[了]~~必然的反拿破仑引起的这两种产品的匮乏推动了德国人起来反抗拿破仑，从而就成为光荣的[1813 年]解放战争的现实基础。由此可见，历史向世界历史的~~推[移]~~转变，不是"自我意识"、宇宙精神或者某个形而上学怪影的某种纯粹的抽象行动，而是完全物质的、可以通过经验证明的行动，每一个过着实际生活的、需要吃、以及喝、穿的个人都可以证明这种行动。圣麦克斯·斯蒂纳自身背负着世界历史，并且每天吃世界历史，喝世界历史，正如从前我们吃喝我主耶稣基督的肉和血一样，而世界历史又每天生产他，生产那作为他的产物的惟一者，因为~~每天~~他必须吃、喝、穿。他的《惟一者及其所有物》中的引文以及圣麦克斯反对赫斯和其他不太相干的人的论战①证明，他在精神上也是世界历史生产出来的。因此可以得出结论：在"世界历史"中，如同在施蒂纳的任何一个由学生和自由女裁缝组成的"联盟"中一样，个人都同样是这种"所有者"。进而言之，产生以下问题。单个人随着自己的活动扩大为世界历史性的活动，越来越受到对他们来说是异己的力量隶属于越来越形成大众规模的威力的支配（他们把这种压迫想象为所谓宇宙精神等等的圈套），受到日益扩大的、归根结底表现为**世界市场**的力量的支配，这种情况在迄今为止的历史中当然也是经验事实。但是，另一种情况也具有同样的经验根据，这就是：随着现存社会制度被共产主义革命（下面还要谈到这一点）所那个[解除]推翻和解除**以及与这一革命具有同等意义**的私有制的消灭，这种对德国理论家们来说是如此神秘的力量也将被消灭；同时②，每一个单个人各自的解放的程度是与历史完全转变为世界历史的程度成正比一致的。③至于个人的在精神财富真正的精神财富完全取决于他的现实关系的财富，根据上面的叙述，这已经很清楚了。只有这样，单个人才能摆脱种种民族局限和地域局限而同整个世界的生产（也同④精神的生产）发生实际联系，才能利用获得利用全球的这种全面

---

① 施蒂纳文章《施蒂纳的批评家们》。
② 南大本：那时。
③ 马克思边注：关于意识的生产。
④ 南大本：包括。

的生产（人们的创造①）的能力。各个人的**全面的**依存关系、他们的这种自然形成的**世界历史性的**共同活动的最初形式②，由于这种共产主义革命而转化为对下述力量的[被人们]控制和自觉的驾驭，这些力量[尽管]本来是由人们的相互作用产生的，但是迄今为止对他们来说都作为完全异己的力量威慑和驾驭着他们。这种观点仍然可以被思辨地、唯心地~~被解释为如下~~、即幻想地~~被解释为如下~~解释为"类的自我产生"（"作为主体的社会"③），从而把所有前后相继、彼此相联的个人想象为从事自我产生这种神秘活动的唯一的个人。④ 这样这里很明显，尽管人们在肉体上和精神上**互相**创造着，即便不是在[对布鲁诺]所说的意义上但是他们既不像圣布鲁诺胡说的那样，也不像"唯一者""被创造的"人那样创造自己本身。~~依据布鲁诺的胡说，"本来，（1）个性这一概念中（2）一般（3）存在述问题那（4）就是将自己设想为被制约的东西"（他出色地完成了），而且这一制约是个性（不是由自己，不是一般性地，也不是由自己的概念而是）"**由它的普遍的**（5）**本质的来设想的东西**。（7）**因为这一本质**只不过是个性的**内在的**（8）自我区别（9）的成果、个性的活动的成果而已，所以应该再次加以（10）**扬弃**（11）"第87、88页⑤。~~也不像"被创造的"人"惟一者"那样。

　　大概最后，我们从上面所阐述的历史观中还可以得出以下的结论：（1）社会生产力在其发展的过程中达到这样的阶段，在这个阶段上产生出来的生产力和交往手段在现存关系下只能造成灾

---

① 南大本：人们所创造的一切。
② 南大本：**最初的自然形成的形式**。
③ 南大本：社会以及主体。
④ 马克思边注：布鲁诺先生没有凑够一打。
⑤ 小林觉认为是刊登鲍威尔文章《评路德维希·费尔巴哈》的杂志页码。

难，这种生产力已经不是生产的力量，而是破坏的力量（机器和货币）。与此同时还产生了一个阶级，它必须承担社会的一切重负，而不能享受社会的福利，它被排斥于社会之外，因而被迫不得不同其他一切阶级发生最激烈的对立；这种阶级形成全体社会成员中的大多数，从这个阶级中产生出必须实行彻底革命的意识，即共产主义的意识，这种意识当然也可以在其他阶级中形成，只要它们认识到这个阶级的状况；（2）社[会]生产力的每一个发展阶段成为社会的一定阶级实行统治的基础，那些使一定的生产力能够得到利用的条件，是社会的一定阶级实行统治的条件，这个阶级的①权力，那是由其财产状况产生的社会权力，每一次都在相应的国家形式中获得**实践的**观念的表现，因此在市民社会的最终阶段一切革命斗争都是统治针对在此以前实行统治的阶级的；②（3）迄今为止的一切革命始终没有触动活动的性质，始终不过是按另外的方式分配这种活动，不过是在**另一些人中间**重新分配劳动，而共产主义革命则针对活动迄今具有的**性质**，并消灭在[资产阶级]的统治之下……的的近代[的]形态③**劳动**，并消灭任何阶级的统治以及这些阶级本身，因为完成这个革命的是这样一个阶级，它在社会上已经不算是一个阶级，它已经不被承认是一个阶级，它已经成为**现今社会的一切阶级、民族等等的解体的表现**；（4）无论为了使这种意识共产主义意识普遍地产生还是为了实现事业本身，使人们普遍地发生变化是必需的，这种变化只有在实际运动中，在**革命**中才有可能实现；因此，革命之所以必需，不仅是因为没有任何其他的办法能够**推翻**统治阶级，而

---

① 南大本：这个阶级的社会的。

② 边注：这些人所关心的是维持现在的生产状况。

③ 南大本：消灭在……统治下活动的形式。

且还因为推翻统治阶级的那个阶级，只有在革命中才能打倒抛掉自己身上的一切陈旧的肮脏东西，才能成为一个社会的新基础。①

{p.10} b~d　　　　　　　　[pp.24—26]

由此可见，对于这种历史[观]来说这种历史观②就在于：从直接生活的物质生产出发阐述现实的生产过程，把同这种生产生产方式相联系的、它所产生的交往形式即各个不同阶段以及在其实践的—观念的层面，即国家上的市民社会理解为整个历史的基础，而且将其实践的—观念的层面从市民社会作为国家的活动描述市民社会，同时从市民社会出发阐明又还原到市民社会意识的所有各种不同理论的产物和形式，如宗教、哲学、道德等等，而且追溯它们产生的过程。这样当然也能够完整地描述事物（因而也能够描述事物的这些不同方面之间的相互作用）。这种历史观和唯心主义历史观不同，它不是在每个时代中寻找某种范畴，而是始终站在现实历史的基础上，不是从观念出发来解释实践，而是从物质实践出发来解释观念的形成，由此[还]可得出下述结论：意识的一切形式和产物不是可以通过精神的批判来消灭的，不是可以通过把它们消融在追讨"自我意识"中或化为"幽灵""怪影""怪想"等等来消灭的，而只有通过实际地推翻这一切唯

① 弗兰尼茨基的《马克思主义史》也特别引用了这段最后一句。参阅弗兰尼茨基《马克思主义史》，黑龙江大学出版社，2015年，第129页。
② 15年之后即1859年，马克思在《〈政治经济学批判〉序言》中给出了唯物史观更为经典的表述。比较两种表述之间的差别，《形态》侧重于对历史的现实基础的阐述，《批判》侧重于对物质生产关系的解剖。二者的共同性在于揭示了唯物史观的实质，强调人类全部历史的现实基础及发展的基本规律，得出了要根源于物质的生活关系来认识历史及历史发展的结论；都体现了社会存在和社会意识的辩证关系、生产力和生产关系的矛盾、社会革命发生的根源及物质因素等唯物史观的基本原理内容。

452

心主义谬论所由产生的现实的关[系]社会关系，才能把它们消灭；历史的动力以及宗教、哲学和任何其他理论的动力是革命，而不是批判。从这些以及下述内容这种观点表明：历史不是作为"产生于精神的精神"① 消融在"自我意识"中而告终的，而是历史的每一阶段都遇到一定的物质结果，一定的生产力总和，人对自然以及个人之间历史地形成的关系，都遇到以前的前一代传给后一代的大量生产力、资金和环境，尽管一方面这些生产力、**资金**和环境为新的一代所改变，但另一方面，它们也预先规定新的一代本身的生活条件，使它得到一定的发展和具有特殊的性质。由此可见，这种观点表明：人创造环境，同样，环境也创造人。**每个个人**和每一代所遇到的现成的东西：生产力、资金和社会交往形式的总和，是哲学家们想象为"实体"和"人的本质"的东西的现实基础，是他们神化了的并与之斗争的东西的现实基础，这种基础尽管遭到以"自我意识"和"唯一者"的身分出现的哲学家们的反抗，但它对人们的发展所起的作用和影响却丝毫也不因此而受到干扰。各代所遇到的这些生活条件还决定着这样的情况：历史上周期性地重演的革命动荡是否强大到足以摧毁现存一切的基础；如果还没有具备这些实行全面变革的物质因素，就是说，一方面还没有一定的②生产力，另一方面还没有形成不仅反抗旧交往的社会的个别条件，而且反抗旧的"生活生产"本身、反抗旧他们的普遍活动社会所依据的"总和活动"的[革命]群众，那么，正如共产主义的历史所证明的，尽管这种变革的观

---

① 源于鲍威尔"精神的精神"，以下带引号的都是反话。鲍威尔讥讽《神圣家族》无限度地抬高费尔巴哈，马克思和恩格斯对此予以反击。

② 南大本：现有的、或各种不同的。

念已经表述过千百次，但这对于实际发展没有任何意义。①

迄今为止的一切历史观不是完全忽视了历史的这一现实基础，就是把它仅仅看成与历史过程没有任何联系的附带因素。被这样对待[的历史]因此，历史总是遵照在它之外的某种尺度来编写的；现实的生活生产被看成是某种非历史的②东西，而历史的东西则被看成是某种脱离日常生活的东西，某种处于世界之外和超乎世界之上的东西。这样，就把人对自然界的关系从历史中排除出去了，因而造成了自然界和历史之间的对立。因此，这种历史观只能在历史上看到政治历史事件，看到理[论的?]宗教的和一般理论的斗争，而且在每次描述某一历史时代的时候，**它都不得不赞同这一时代的幻想**。例如，某一时代想象自己是由纯粹"政治的"或"宗教的"动因所决定的——[那个尽管"宗教"和"政治"只是时代的现实动因的形式——]，那么它的历史编纂学家就会接受这个意见。这些特定的人关于自己的真正实践的"想象"、"观念"变成现实的一种支配和决定这些人的实践的唯一起决定作用的和积极的转化为本质存在力量③。印度人和埃及人借以实现分工的粗陋形式在这些民族的国家和宗教中产生了等级制度，所以历史学家便现实地认为似乎等级制度是产生这种粗陋的社会形式的力量。法国人和英国人自己至少抱着一种毕竟是同现实最接近的政治幻想，而德国人却在"纯粹精神"的领域中兜圈子，把宗教幻想推崇为历史的动力。黑格尔整合的最终的黑格尔的历史哲学是整个这种**德国式**历史编纂学的最终的、达到自己

---

① 弗兰尼茨基的《马克思主义史》也特别引用了这段文字以说明新的历史观。参阅弗兰尼茨基《马克思主义史》，黑龙江大学出版社，2015年，第132—133页。

② 南大本：史前的。

③ 南大本：观念推动，一般认为这一力量支配和决定这些人的实践。

"最纯粹的表现"的成果。对于德国式历史编纂学来说，问题完全不在于现实的利益，甚至不在于政治的利益，而在于纯粹的思想。那[这种历史哲学]后来在圣布鲁诺看来也一定①是一连串的"思想"，其中一个吞噬另一个，最终消失于"自我意识"中。而且，比布鲁诺更加彻底，圣麦克斯·施蒂纳对全部现实的历史一窍不通，他认为历史进程必定只是"骑士"、强盗和怪影的历史，他当然只有借助于"不信神"才能摆脱这种历史的幻觉而得救。② 这种观点实际上是宗教的观点：它把宗教的人假设为全部历史起点的原人，它在自己的想象中用宗教的幻想生产代替生活资料和生活本身的现实生产。整个这样的历史观及~~由此而~~[产生]其解体和由此产生的怀疑和顾虑，完全仅仅是德国人**本民族**的事情，而且对德国来说也只有**地域性**的意义。例如，近来不断讨论着如何能够"从神的王国进入人的王国"③ 这样一个重要问题：似乎这个"神的王国"除了存在于想象之中，还在其他什么地方存在过，而似乎学识渊博的先生们不是一直生活在——他们自己并不知道——他们目前想要找到去路的那个"人的王国"之中，~~似乎从现实的尘世关系来详细说明和证明这个理论的穿中楼的奇妙性，充其量不是作为~~[科学娱乐]似乎这就不是什么最高级的科学娱乐旨在说明这个理论上的空中楼阁的奇妙性的科学娱乐——因为这不过是一种娱乐——恰恰不在于证明这种空中楼阁是从现实的尘世关系中产生的。

---

① 南大本：不得不。

② 马克思边注：所谓客观的历史编纂学正是脱离活动来考察诸事[象]历史关系。反动的性质。

③ 被鲍威尔引用的一句"除了爱之外……只有从神的王国进入人的王国之路"，出自费尔巴哈《因〈惟一者及其所有物〉而论〈基督教的本质〉》一文。

{p.20} a~d　　　　　　　　　[pp.30—32]

[Ⅲ]

[由此可见,黑格尔硬说中世纪的天主教教阶制具有想成为"精神的统治"的意图;随后又把这种教阶制解释为这种精神统治的有局限性的、不完备的形式,他认为这种统治在新教以及它的臆想出来的进一步发展中中得到完成。不管这是多么不合乎历史,黑格尔总还相当尊重历史,他没有把"教阶制"的名称扩展到中世纪之外去。但圣麦克斯从这位黑格尔那里得知:较晚的时代是较早的时代的"真理",因此,精神的完备的统治时代是精神的尚不完备的统治时代的真理,]因此新教是教阶制的真理,也就是说,是真正的教阶制。但既然只有真正的教阶制才配称为教阶制,那就很明显,中世纪的教阶制不能不是"软弱的";这是施蒂纳很容易证明的,因为黑格尔在上述各段话中以及在其他上百处地方都把中世纪精神的统治描写成不完备的。施蒂纳所要做的只不过是抄一下而已,至于他"固有的"活动就是:以"教阶制"一词代替"精神的统治"一词。他甚至连非常简单的推论,即他借以把定神的统治直接变为教阶制的推论也可以完全不作,因为:在德国理论家中间,用原因来称呼结果,把所有渊源于神学但又还没有完全达到这些德国理论家的原理的高度的东西,如黑格尔的思辨、施特劳斯的泛神论等等,都归结为神学的范畴,已经成为时髦的事了,——这是在1842年十分流行的把戏性。从上面引用[自黑格尔]的几段话中也可看出,黑格尔(1)把法国革命看作是这种精神的统治的新的更完备的阶段;(2)认为哲学家是19世纪世界的统治者;(3)肯定现在人们中间只有抽象思想行得通;(4)在他那里,婚姻、家庭、国家、自力所得、市民秩序、财产等等已被看作是"宗教的东西"了;(5)作为世俗化子的神圣性或神圣化子的世俗生活的道德被描写成精神统治世界的最高

形式和最后形式，——所有这一切，我们可以原原本本地在施蒂纳逐字逐句重复的东西那里再次看到。

关于施蒂纳的教阶制不值得多费唇舌和论证，值得一谈、值得加以证明的仅仅是：施蒂纳为什么抄袭黑格尔[的说明]，——这是一个事实，但要说明这个事实又需要一些物质材料，所以这个事实只有对那些熟悉柏林气氛的人才是可以解释清楚的。至于黑格尔关于精神的统治的观念究竟是如何形成的，那是另一个问题，关于这一问题，总之对于德国理论家来说，在此先付上几句话吧。请看上面说的（第一页）①

统治阶级的思想在每一时代都是占统治地位的思想。这就是说，一个阶级是历史社会上占统治地位的**物质**力量，同时也是社会上占统治地位的**精神**力量。支配着物质的生产资料的阶级，同时也支配着精神生产资料，因此，那些没有精神生产资料的人的思想，**一般地**是隶属于这个阶级的。占统治地位的思想不过是占统治地位的物质关系在意识形态上观念上的表现，[换言之]不过是以思想的形式表现出来的占统治地位的物质关系；因而，这就是那些使某一个阶级成为统治阶级的关系在观念上的表现，因而这也就是这个阶级的统治的[思想]②。此外，构成统治阶级的各个人也都具有意识，因而他们也会思维；既然他们作为一个阶级进行统治，并且决定着某一历史时代的整个面貌，那么不言而喻，他们在这个历史时代的一切领域中也会这样做，就是说，他们还作为思维着的人来统治，作为思想的生产者进行统治，他们调节着自己时代的思想的生产和分配；而这就意味着他们的思想

---

① 指《费尔巴哈章》。以上被删两段又以魏德迈笔迹出现在《第三篇圣麦克斯》中，显然此处删除出于篇章结构调整的考虑。

② 梁赞诺夫判读为"诸关系"，另有判读为"观念表现"。

是一个时代的占统治地位的思想。① 例如，在某一国家的某个时期，王权、贵族和资产阶级为夺取统治而争斗，因而，在那里统治是分享的，那里占统治地位的思想就会是关于分权的想象学说，于是分权就被宣布为"永恒的规律"。

我们在上面（第［82—86］② 页）已经说明分工是迄今为止历史的主要力量之一，现在，分工也以物质精神劳动和物质劳动的分工的形式在统治阶级中间表现出来，因此在这个阶级内部，一部分人是作为该阶级的思想家出现的，他们是这一阶级的积极的、有概括能力的玄想家③，他们把**编造**这一阶级关于自身的幻想当作主要的谋生之道，而另一些人对于这些思想和幻想则采取比较等[待的]消极的态度，并且准备接受这些思想和幻想，因为在实际中他们是这个阶级的积极成员，很少有时间**用于**编造关于自身的幻想**和思想**。在这一阶级内部，这种分王分裂甚至可以发展成为这两部分人之间的某种程度的对立和敌视，但是一旦发生任何实际冲突，即当阶级那东西本身受到威胁的时候，当占统治地位的思想好像不是统治阶级的思想而且好像拥有与这一阶级的权力不同的权力这种假象也趋于消失的时候，这种对立和敌视便会自行消失[子]消失。一定时代的革命思想的存在是以革命阶级的存在为前提的，关于这个革命阶级的前提所必须讲的，在前面（第［84—88、90—91］）已经讲过了。④

如果然而，在考察历史进程时，如果把统治阶级置之度外而**且如果把统治阶级的思想和统治阶级本身分割开来，使这些思想**

---

① 弗兰尼茨基的《马克思主义史》也特别引用了以上这段文字。参阅弗兰尼茨基《马克思主义史》，黑龙江大学出版社，2015 年，第 130—131 页。

② 小林昌人估计是 pp. 22—23。

③ 有判读为"作为思想家积极地、概括性地……"。

④ 指《费尔巴哈章》。此处缘于篇章结构改变所进行的编辑处理。

独立化，如果不顾生产这些思想的方式样式条件和它们的生产者而硬说该时代占统治地位的是这些或那些思想，也就是说，如果完全不考虑这些思想的基础——个人和历史环境①，那就可以这样说：例如，在贵族统治时期占统治地位的概念是荣誉、忠诚，等等思想，而在资产阶级统治时期占统治地位的概念则是自由、平等，等等。总之，统治阶级自身抱着他们这些概念占统治地位的想象，通过把这些概念描述成永恒真理的办法来把其他阶级以前时代占统治地位的观念与自身的东西区分开来。这些"占统治地位的概念"根据下述内容仅仅那样，越发具有一种更加普遍的且更加广泛的形式。统治阶级越是不得不把自己的利益说成是社会的所有成员的利益，[相应地也就越是具有普遍的和广泛的形式。]总之，统治阶级自己为自己编造出诸如此类的幻想。所有历史编纂学家，主要是18世纪以来的历史编纂学家所共有的这种历史观，必然会碰到这样的事情会碰到这样一种现象：占统治地位的将是越来越抽象的思想，即越来越具有普遍性形式的思想。因为每一个企图取代旧统治阶级的新阶级，为了贯彻达到自己的目的不得不把自己的利益说成是社会全体成员全[体]的[利益]的共同利益，就是说，这在观念上的表达就是：赋予自己的思想以普遍性的形式，把它们描绘成唯一合乎理性的、有普遍意义的思想。进行革命的阶级，仅就它对抗另一个阶级而言，从一开始就不是作为一个阶级，而是作为全社会的代表出现的；它俨然以社会全体群众的姿态反对唯一的统治阶级②。它之所以能这样做，是因为它的利益在开始时的确同其余一切非统治阶级的共同利益

① 把构成思想基础的个人及世俗世界的状态置之度外。
② 马克思边注：普遍性符合于：（1）与等级相对的阶级；（2）竞争、世界交往，等等；（3）统治阶级的人数非常多；（4）共同利益的幻想。朴实这种幻想是真实的；（5）思想家的欺骗和分工。

还有更多的联系，**在当时存在的那些关系的压力下**还不能够发展为特殊阶级的特殊利益。因此，这一阶级的胜利对于其他未能争得统治地位的阶级中的许多个人来说也是有利的，但这只是就这种胜利使这些个人现在有可能升入统治阶级而言。当法国资产阶级推翻了封建[制]贵族的统治之后，它使许多无产者有可能升到无产阶级之上，但是只有当他们变成资产者的时候才达到这一点。由此可见，每一个新阶级赖以实现自己统治的基础，总比它以前统治着的以前的统治阶级所依赖的基础要宽广一些；可是一到后来后来，非统治阶级和正在进行统治的阶级之间的对立也发展得更尖锐和更深刻。这两种情况使得非统治阶级反对新统治阶级的斗争通过更加坚决的、更加彻底的[否定]在否定旧社会制度方面，又要比过去一切争得统治的阶级所作的斗争更加坚决、更加彻底。

{p.21}a~d   [pp.33—35]

只要阶级的统治完全不再是社会制度的形式，也就是说，只要不再有必要把特殊利益说成是在整体上作为共同的东西实践性地，而且，作为普遍的东西理论性地加以论述①普遍利益，或者把"普遍的东西"说成是占统治地位的东西，那么，一定阶级的统治似乎什么都不是只是某种思想的统治这整个假象当然就会自行消失。

把占统治地位的思想同进行统治[的阶级]的个人分割开来，主要是同生产方式的一定阶段所产生的各种关系分割开来，并由此作出结论说，历史上始终是思想占统治地位，这样一来，就很

---

① 梁赞诺夫判读为：在实践上作为全体成员的共同利益，在理论上（作为普遍利益）。

容易从这些不同的思想中抽象出"**一般思想**"①、观念等等，并把它们当作历史上占统治地位的东西，从而把所有各种各样这些个别的思想和概念说成是历史上发展着的一般**概念**的"自我规定"。在这种情况下，从人的概念、想象中的人、人的本质、一般人中能引伸出人们的一切关系，也就很自然了②。思辨哲学就是这样做的。黑格尔本人在《历史哲学》的结尾承认，他"所考察的仅仅是一般**概念的**前进运动"，他在历史方面描述了"真正的**神正论**"（第446页）。现在又可以重新回复到"概念"的代表者生产者，回复到理论家、玄想家和哲学家，并作出结论说：哲学家、思维着的人本身自古以来就是在历史上占统治地位的。这个结论，如我们所看到的，早就由黑格尔表述过了。这样，证明精神在历史上的最高统治（施蒂纳的**教阶制**）的全部戏法，可以归结为以下三个变换手段，其根据全是无批判的轻信。——在施蒂纳那里由以下内容支撑黑格尔式的哲学家的统治世界统治[这一想法]的采纳和那由施蒂[纳]麦克斯变换的教阶制以我们这位圣者的极端非批判的轻信为媒介成立，而且这样，证明精神在历史上的最高统治（施蒂纳的教阶制）的全部戏法，可以归结为以下叁个手段：

通过"神圣的"或者说是"**无可救药**"的无知而实现。这种无知使他仅满足于"浏览"历史，（即**走马看花式地**阅读黑格尔的历[史]黑格尔所用的历史材料），百不功夫去"知道"许多"事物"。总而言之，一旦开始"学习"，他就得担心不能从事于"**取消和融化**"子（第96页），就得担心陷在"虱子臭虫的忙碌"中子，——要寻找不"进到""取消和融化"自己无知的理

---

① 南大本：思想。
② 把所有这些个别的思想和概念说成是历史上发展着的一般"概念"的"自我规定"，就不难容易了。马克思在此加了边注，但没有指定位置。现插入此处。

由。那是俯拾皆是的。

第一，（1）必须把进行统治的个人——而且是由于种种经验的原因、在经验的条件下和作为物质的个人进行统治的个人——的思想同这些进行统治的个人本身分割开来[视为自立的东西]，从而承认思想或幻想在历史上的统治。

第二，（2）在这一占统治地位的思想之下必须使这种思想统治具有某种秩序，必须证明，在一个承继着另一个而出现的占统治地位的思想之间存在一定的着某种思想理论性的**神秘的**联系，而要做到这一点就得把这些思想看作是"概念的自我规定"（所以能这样做，是因为这些思想凭借自己的经验的基础，彼此彼此确实是联系在一起的，而且，还因为它们被**仅仅**当作**思想**来看待，因而就变成自我差别，变成由思维产生的差别）。

第三，（3）为了消除这种……的神秘这种"自我规定着的概念"的神秘外观，便把它变成某种人物——"自我意识"；或者，**为了表明自己是真正的唯物主义者**，又把它变成在历史上代表着"概念"的许多人物——"思维着的人""哲学家"、玄想家①，而这些人又被看作是历史的制造者、"监护人会议"、**统治者**②。这样一来，就把一切唯物主义的因素从历史上消除了，就可以任凭自己的思辨之马自由奔驰了。

要说明这种曾经在德国占统治地位的历史方法，以及说明它为什么主要在德国占统治地位的原因，就必须从它与一切意识形态性的意识玄想家③的幻想，例如，与法学家、政治家（包括实际的国务活动家）的幻想的联系出发，必须从这些家伙的独断的

---

① 意识形态家。此句语法有问题，推断当初是：人们把这些人看作是历史的制造者，结果改成被动句反而不通了。

② 马克思边注"一般人：思维着的人的精神"，有判断读为"一般人＝思维着的人的精神"。

③ 意识形态家。

玄想和曲解出发。而从他们的实际生活状况、他们的职业和分工出发，是很容易说明这些幻想、玄想和曲解的。①

如果人们要像黑格尔那样第一次创造，而且将之为全部历史，**而且是在现代世界的整个范围内**创造一个结构，这两点**黑格尔**实际上已经做到了那么没有广泛的实证知识，而且没有对经验历史的探究（哪怕是一些探究），而且没有某种巨大的精力和远见，是不可能的。如果反之，人满足于如果只满足于利用和改造历史的现成的结构来达到自己的目的，并用结合个别的例子（例如黑人和蒙古人、天主教徒和新教徒法国革命等等）来说明"自己的"这种观点，在满足的情况下，在那种情况下——事实上，我们的这位与圣物博斗的战士正是如此行动的——在那种情况下，完全不要求有任何历史知识。这样利用的结果，总之归结于必然与我们至今为止从圣麦克斯那里发现的东西，以及大概今后也能发现的东西一样，不得已变为[无意义]可笑的东西。构成世界的这种方法在世界从过去突然跃进到现在的情况下以最可笑的方式出现。这方面的例子，已经在关于"怪想"以及其他的议论中看到了。今后大概也可以看到更加精彩的例子。必然是很可笑的；最可笑的是从过去突然跃进到现在，这方面的例子我们在关于"怪想"的议论中已经看到了。

至于谈到中世纪的现实的教阶制，我们在这时里所要指出的只是：它对于人民，对于广大的群众是不存在的。对于广大群众来说，只有封建制度是存在的，教阶制只有当它本身或者是封建的或者是在封建制度范围内反封建的时候才是存在的。封建制度本身以纯粹经验的关系人微言轻自己的基础。教阶制以及它和封建制度的斗争（某一阶级的思想家反对本阶级的斗争）只是封建制度以及在封建制度其自身内部展开的斗争（也包括在封建主义

---

① 原是下段的边注，被插入此处。

国家之间的斗争）在思想上的表现。这个那个教阶制是封建封建制度的观念形式；封建制度是中世纪的生产和交往关系的政治形式，（即在直接的、物质的现实形式上的诸个人相互关系的[政治形式]这些叙述，因此）因此，最终【就连在那两种统治[形式]】的封建制度的框架内，与……同样是存在的基础只有这样从对这一实践的、物质的诸关系的叙述，教阶[制]也主要封建制度反对教阶制的斗争才能解释清楚。而这些关系阐明以后，所有以往盲目相信中世纪幻想特别是皇帝和教皇在相互斗争中所提出的幻想的历史观就站不住脚子。

在日常生活中人任何一个小店主都能精明地判别某人的假貌和真相，然而我们的历史编纂学却还没有获得这种平凡的认识，不论每一时代关于自己说了些什么和想象①了些什么，它都一概相信。

然而，即便如此由于圣麦克斯就这一现实的、历史的教阶制，只指出说，即指出说教阶制是极其"虚弱的东西"，而那实际上等于什么都没有说，所以我们就这个问题已经谈得够多的子，而且当然那并不是为施蒂纳所做的。取代上面对于此现实叙述的抽象启发，人们恐怕会马上给予勇敢的②"高贵的"利己主义者施蒂纳以此[叙述]对象的没有遗漏的现实叙述吧。当然，那是在他把这一对象本身"视为我们的东西"，而且不再满足于把黑格尔关于教阶制和中世纪的一些抽象概念自己归结为若干"华丽的词句和贫乏的思想"——，……以外因为黑格尔只把关于中世纪和教阶制的一些抽象概念归结为"华丽的词句"和"贫乏的思想"，所以在这里根本就没有谈论就现实的历史的教阶制的机会。

---

① 有单用一"想"字。
② 阿多拉茨基判读为"勇敢的人"。

那么，现在让我们进入圣麦克斯的教阶制吧。他把……圣麦克斯把旧日的僧侣的统治移到近代，他从而把规律①近代解释为**僧侣主义**；随后他又根据……把这种移到近代的僧侣统治看作是和旧日的中世纪的僧侣统治有区别的，他把这种统治描写成思想家的统治、**教书匠精神**。因此，僧侣主义精［神的统治］作为精神的统治的教阶制②［，教书匠精神＝作为教阶制的精神的统治］。

{p.90} a~d　　　　　　　　　　［pp.64—67］

定居下来的征服者所采纳的共同体形式，应当适应于他们面临的生产力发展水平，如果起初情况不是这样，那么共同体形式就应当按照生产力来改变。这也就说明了民族大迁移后的时期到处可见的一件事实，即奴隶成了主人，征服者很快就接受了被罗马化的被征服民族的语言、教育和风俗。——封建制度决不是现成地从德国搬去的。因为战时［组织］才出现的它起源于征服者在进行征服时军队的战时组织③，而且这种组织只是在征服之后、由于在被征服国家内遇到的生产力的影响才发展为真正的封建制度的。这种形式到底在多大程度上受生产力的制约，这一点从别的形式，从企图仿效古罗马来建立其他形式④的失败尝试（查理大帝，等等）中已经得到证明⑤。

待续。

————————————（长分割线）————————————

---

① 南大本：当年。

② ［p.35］到此结束，以下被删除文字根据魏德迈誊写的第三篇手稿补全。

③ 军事组织。

④ 各种形式。

⑤ 可以看得很清楚。

在大工业和竞争中，各个人的一切生存条件、一切**制约性**、**片面性**①都融合为两种最简单的形式——私有制和劳动。货币不仅使那—任何②交往形式和交往本身成为**对个人来说**是偶然的东西。因此，货币就是产生下述现象的根源：迄今为止的一切交往都只是在一定条件下个人的交往，而不是作为个人的个人的交往。这些条件可以归结为两点：积累起来的劳动，或者说私有制，以及现实的劳动。如果二者缺一，交往就会停止。现代的经济学家如西斯蒙第、舍尔比利埃等人自己就把个人的联合同资本的联合对立起来。但是，另一方面，个人本身完全屈从于分工，因此他们完全被置于相互依赖的关系之中。私有制，就它在劳动的范围内同劳动相对立来说，是从作为必然性而出现积累的必然性中发展起来的。它起初它大部分仍旧保存着共同体的形式，逐渐地但是在以后的发展中但是越来越接近私有制的现代形式。分工从最初起就包含着劳动**条件**——劳动工具和材料——的分配，**也包含着积累起来的资本在各个所有者之间的劈分，从而也包含着资本和劳动之间的分裂以及所有制本身的各种不同的形式。分工越发达，积累越增加，这种分裂也就发展得越尖锐。劳动本身只能在这种分裂的前提下存在。**

—————————————— （长分割线） ——————————————

（各个民族③——德国人和美国人——的个人能力，已经通过种族杂交而产生的能力，——因此德国人是白痴式的；在法、英等国是异族人移居于已经发达的土地上，在美国是异族人移居于一块全新的土地上，而在德国，土著居民安居不动。）

—————————————— （长分割线） ——————————————

---

① 有作边注处理。

② 所有。

③ 各个民族各个国家的个人。

因此，这里显露出两个事实①。第一，生产力表现为一种完全不依赖于各个人并与他们分离的东西，表现为与各个人同时存在的特殊世界，其原因是，各个人——他们的力量就是生产力——是分散的和彼此对立的，而另一方面，这些力量只有在这些个人的交往和相互联系中才是真正的力量。因此，一方面是[存在]生产力的总和，生产力好像具有一种物的形式，并且对个人本身来说它们已经不再是个人的力量，而是私有制的力量，因此，生产力只有在个人是私有者的情况下才[作为]是个人的力量[存在]。在以前任何一个时期，这一生产力都没有采取过这种对于**作为个人的个人**的交往完全无关的形式，因为他们的交往本身还是受限制的。另一方面是同这些生产力相对立的大多数个人，这些生产力是和他们分离的，因此这些个人丧失了一切现实的生活内容，成了抽象的个人，然而，正因为这样，他们才有可能**作为个人**彼此发生联系。

他们②同生产力并同他们自身的存在还保持着的唯一联系，即劳动，在他们那里已经失去了任何自主活动的假象，而且只能用摧残生命的方式来维持他们的生命。而在以前各个时期，自主活动和物质生活的生产是分开的，这是因为它们是由不同的人承担的，同时，物质生活的生产由于各个人本身的局限性还被认为是自主活动的从属形式，而现在它们③竟互相分离到这般地步，以至自主活动物质生活一般都表现为目的，而这种物质生活的生产即劳动（**它现在是自主活动的唯一可能的形式，然而正如我们看到过的，也是自主活动的否定形式**）则表现为手段。

---

① 恩格斯边注："西斯蒙第"。
② 指个人。
③ 指自我活动和物质生活的分离，使得劳动变成了手段。

467

这样一来，现在情况就变成了这样：发展成为一定总和的、并且同普遍交往相联系的生产力，完全不再由各个人所占有各个人必须占有现有的生产力总和，不用说这不仅是为了实现他们的自主活动，而且就是为了保证自己的生存。这种占有首先［第一］受所要那个占有的对象的制约，即受发展成为一定总和并且只有在普遍交往的范围里才存在的生产力的制约。因此，仅仅由于这一点，占有就必须带有同生产力和交往相适应的普遍性质。那，其次［第三］，受这些……个人的制约对这些力量的占有本身不外是同物质生产工具相适应的个人才能的发挥。

仅仅因为这个缘故，对生产工具一定总和的占有，也就是一种个人本身的才能的一定总和的发挥以［之］为前［提］。其次［第二］，这种占有受进行占有的个人的制约。只有**完全**失去了整个自主活动的现代无产者，才能够实现自己的充分的、不再受限制的自主活动，这种自主活动就是对生产力总和的占有以及由此而来的才能总和的发挥。过去的一切革命的占有都是有限制的；各个人的自主活动受到有局限性的生产工具和有局限性的交往的束缚，他们所占有的是这种有局限性的生产工具，因此他们只是达到了新的局限性。他们的生产工具成了他们的财产，但是他们本身始终屈从于分工和自己的生产工具。在迄今为止的一切占有制下，许多个人始终屈从于某种唯一的生产工具；在无产阶级的占有制下，许多生产工具必定归属于每一个个人，**而财产则归属于全体个人**。交往现代的普遍交往，除了归全体个人支配，完全不可能归各个人支配。①

其次［第三］，占有还受实现占有所必须采取的方式的制约。

---

① 弗兰尼茨基的《马克思主义史》也特别引用了这段文字以说明新的历史观。参阅弗兰尼茨基《马克思主义史》，黑龙江大学出版社，2015 年，第 129 页。

这占有只有通过联合才能实现，由于无产阶级~~普遍~~[的]本身固有的本性，这种联合又只能是普遍性的，而且占有也只有通过革命才能得到实现，在革命中，一方面为了打倒迄今为止的生产方式和交往方式的权力以及社会结构生产的权力被打倒，另一方面无产阶级的普遍性质以及无产阶级为实现这种占有所必需的能力得到发展，同时无产阶级将抛弃那个它迄今的社会地位遗留给它的一切东西。

只有在这个阶段上，自主活动才同物质生活一致起来，而这又是同各个人向完全的个人的发展以及一切自发性的消除相适应的。同样，劳动向自主活动的转化，同过去受制约的交往向个人本身的交往的转化，也是相互适应的。随着联合起来的个人对全部生产力的占有，私有制也就终结了。在迄今为止的历史上，一种特殊的条件总是表现为偶然的，而现在，各个人本身的独自活动，即每一个人本身特殊的个人职业，才是偶然的。

{p.91}a~d   [pp.68—71]

哲学家们在不再屈从于分工的个人身上看到了他们名之为"人"的那种理想，他们把我们所阐述的整个发展过程看作是"人"的发展过程，从而把"人"强加于迄今每一历史阶段中所存在的个人，并把他描述成历史的动力。这样，整个历史过程被看成是"人"的自我异化过程，实质上这是因为，他们总是把后来阶段的普通个人强加于先前阶段的个人并且以后来的意识强加于先前的个人①。由于这种本末倒置的做法，即一开始就撇开现实条件，所以就可以把整个历史变成意识的发展过程了。

---

① 马克思边注：自我异化。

———————————— （长分割线） ————————————

市民社会包括各个人在生产力发展的一定阶段上的一切物质交往。它包括该阶段的整个商业生活和工业生活，因此它超出了国家和民族的范围，尽管另一方面它对外仍必须作为民族起作用①，对内仍必须组成为国家的形式。"市民社会"这一用语是在 18 世纪产生的，当时财产关系已经摆脱了古典古代的和中世纪的共同体。真正的市民社会只是随同资产阶级发展起来的；但是市民社会这一名称始终标志着直接从生产和交往的基础上中发展起来的社会组织，这种社会组织在一切时代都构成国家的基础以及任何其他的观念的上层建的基础②。

———————————— （长分割线） ————————————

国家和法同所有制的关系

所有制的最初形式，无论是在古典古代世界或中世纪，都是部落所有制，这种所有制在古[代人]罗马人那里主要是由战争决定的，而在日耳曼人那里则是由畜牧业决定的。**在古典古代民族中，（特别是罗马和斯巴达）一个城市里聚居着几个部落，因此部落所有制就具有国家所有制的形式，而个人的权利则局限于简单的占有，但是这种占有也和一般部落所有制一样，仅仅涉及地产。无论在古代或现代民族中，真正的私有制只是随着动产的出现才开始的。——（奴隶制和共同体③）（古罗马公民的合法的所有权）。在起源于中世纪的民族那里，那一部落所有制经过了**

_____

① 南大本：得到认可。

② 不管是在哪个时代，构成国家以及其他观念论上层建筑基础的、直接从生产和交往的基础上中发展起来的社会组织却可以同样用这个名称来称呼却始终由这一名称称呼着。

③ 共和体。括号内被认为是后人增补的。

几个不同的阶段——即封建地产所有制、同业公会的动产所有制，工场手工业资本——才发展为由大工业和普遍竞争所引起的现代资本，即变为抛弃了共同体的一切外观并消除了国家对所有制发展的任何影响那种干涉的纯粹私有制。现代国家是与这种现代私有制相适应的。现代国家由于税收而逐渐被私有者所操纵，由于国债而完全归他们掌握；其［现代国家］物质的的存在既然受到交易所内国家证券行市涨落的调节，所以它完全依赖于私有者即资产者提供给它的商业信贷。**因为资产阶级已经是一个阶级，不再是一个等级了，所以它必须在全国范围内而不再是在一个地域内组织起来了，并且必须使自己通常的利益具有一种普遍的形式。**由于私有制摆脱了共同体，国家获得了和市民社会并列并且在市民社会之外的独立存在；实际上国家不外是资产者为了在国内外相互保障各自的财产和利益所**必然**要采取的一种组织形式。目前国家的独立性只有在这样的国家里才存在：在那里，等级还没有完全发展成为阶级，在那里，比较先进的国家中被克服的**已被消灭的**等级还起着某种作用，并且那里存在在某种混合体，因此在那里在这样的国家里居民的任何一部分也不可能对居民的其他部分进行统治。只有德国的情况就正是这样。现代国家的最完善的例子就是北美。法国、英国和美国①的一些近代作家又都一致认为，国家只是为了私有制才存在的，可见，这种思想也渗入日常的意识了。

因为国家是统治阶级的各个人借以实现其共同利益的形式，**而且是该时代的整个市民社会获得集中表现**的形式，所以可以得出结论：~~［规章］的共同东西都~~一切共同的规章在政治形式上都是

---

① 梁赞诺夫判读为"北美的"。

以国家为中介的，都获得了政治形式。由此便产生了一种错觉，好像法律是以意志为基础的，而且是以脱离其现实基础的意志即**自由**意志为基础的。同样，法[＝权力＝正义]随后也被归结为法律。

私法和私有制是从自然形成的共同体的解体过程中同时发展起来的。在罗马人那里，私法私有制和私法的发展没有在**工业和商业**方面引起进一步的结果，因为他们的整个生产方式没有改变①。而且这种发展并不是商业的扩大引起的在现代民族那里，工业和商业瓦解了封建的共同体，随着私有制和私法的发展产生，开始了一个能够进一步发展的新阶段。在中世纪自己建立进行了广泛的海上贸易的第一个城市阿马尔菲也制定了海商法。当工业和商业——起初在意大利，随后在其他国家——进一步发展了私有制的时候，详细拟定的罗马私法便又立即得到恢复并取得威信。后来，资产阶级力量壮大起来，君主们开始照顾它的利益，以便借助资产阶级来摧毁封建贵族，这时候法便在所有国家中——法国是在 16 世纪——开始真正地发展起来了，除了英国以外，这种发展在所有国家中都是以罗马法典为基础的。即使在英国，为了私法（特别是其中关于动产的那一部分）的进一步完善，也不得不参照罗马法的原则。（不应忘记，法也和宗教一样是没有自己的历史的。）

在私法中，现存的所有制关系是作为普遍意志的结果来表达的。仅仅使用和滥用的权利就一方面表明私有制已经完全不依赖于共同体，另一方面表明了一个错觉，仿佛私有制本身仅仅以意志无限制[的]个人意志即以**对物的任意支配**为基础。实际上，滥用对于私有者具有极为明确的经济界限，只要如果他不希望他的

---

① 恩格斯边注：（放高利贷！）。

财产从而他滥用的权利转入他人之手的话；这是因为仅仅从私有者的意志方面来考察的物，根本不是物；物只有在交往中并且不以权利为转移时①，才成为 ~~成为~~ 一种物，即成为真正的财产②（一种关系为什么，哲学家们称之为观念的一种关系）。③ ——这种把［权利］归结④为纯粹意志的法律上的错觉，［在所有制关系进一步发展的情况下，］必然会造成这样的现象：某人在法律上可以对某物享有权利，但实际上并不拥有某物。例如，假定由于竞争地租，某一块土地不再提供地租，虽然这块土地的所有者在法律上享有权利，包括享有使用和滥用的权利。但是这种权利对他毫无用处：~~他的财产对他来说没有任何用处~~只要他还未占有足够的资本来经营自己的土地，他作为土地所有者就一无所有。法学家们的这种错觉说明：~~各个人相互所处的该一切关系，例如契约以及契约的内容在法学家那里被视为偶然的任意的关系~~在法学家们以及任何法典看来，各个人相互之间的关系，例如缔结契约这类事情，一般都是偶然的现象；即他们认为这些关系可以随意建立~~或~~不建立，因此，~~它们~~它们的内容完全依据缔约双方的个人意愿。⑤

---

① 南大本：**并且独立于法的时候。**

② 南大本：**即现实的财产。**

③ 马克思边注：**"在哲学家们看来关系＝观念。他们只知道'一般人'对自身的关系，因此，在他们看来，一切现实的关系都成了观念。"**这段话并没有指定插入的位置，被编辑者加上括号插入此处。

④ 正文外有马克思的注释，梁赞诺夫解读为"在意志中，作为意志的**现实的**，等等"，也有解读为"关于意志的，在意志中的**现实的**，等等"或"在意志中，尽管如此，意志是**现实的**"。

⑤ 梁赞诺夫判读为"法学家们的这种错觉说明：即各个人相互所处的该一切关系对各个人来说作为任意的关系，即他们认为这些关系可以随意建立或不建立，因此，它们的内容完全取决于缔约双方的个人意愿"。

参考文献

1.马克思:《黑格尔法哲学批判》,载《马克思恩格斯全集》第 3 卷,人民出版社,2002 年。

2.马克思:《〈黑格尔法哲学批判〉导言》,载《马克思恩格斯文集》第 1 卷,人民出版社,2009 年。

3.马克思:《论犹太人问题》,载《马克思恩格斯文集》第 1 卷,人民出版社,2009 年。

4.马克思:《1844 年经济学哲学手稿》,载《马克思恩格斯文集》第 1 卷,人民出版社,2009 年。

5.马克思:《关于费尔巴哈的提纲》,载《马克思恩格斯文集》第 1 卷,人民出版社,2009 年。

6.马克思、恩格斯:《德意志意识形态》,载《马克思恩格斯文集》第 1 卷,人民出版社,2009 年。

7.马克思:《资本论》第 3 卷,载《马克思恩格斯文集》第 7 卷,人民出版社,2009 年。

8.马克思、恩格斯:《共产党宣言》,载《马克思恩格斯文集》第 2 卷,人民出版社,2009 年。

9.马克思:《〈政治经济学批判〉序言》,载《马克思恩格斯文集》第 2 卷,人民出版社,2009 年。

10.马克思:《资本论》第 1 卷,载《马克思恩格斯文集》第 5 卷,人民出版社,2009 年。

11.马克思:《哥达纲领批判》,载《马克思恩格斯选集》第 3 卷,人民出版社,1995 年。

12.马克思:《给维·伊·查苏利奇的复信》,载《马克思恩格斯选集》第 3 卷,人民出版社,1995 年。

13.恩格斯:《社会主义从空想到科学的发展》,载《马克思恩格斯选集》第 3 卷,人民出版社,1995 年。

14.恩格斯:《家庭、私有制和国家的起源》,载《马克思恩格斯选集》第 4 卷,人民出版社,1995 年。

15.恩格斯:《卡·马克思〈1848 年到 1850 年法兰西阶级斗争〉一书导言》,载《马克思恩格斯选集》第 4 卷,人民出版社,1995 年。

16.恩格斯:《路德维希·费尔巴哈和德国古典哲学的终结》,载《马克思恩格斯选集》第 4 卷,人民出版社,1995 年。

17.列宁:《国家与革命》,载《列宁选集》第 3 卷,人民出版社,1995 年。

18.列宁:《谈谈辩证法问题》,载《列宁专题文集(论辩证唯物主义和历史唯物主义)》,人民出版社,2009 年。

19.列宁:《哲学笔记》,人民出版社,1957 年。

20.笛卡尔:《谈谈方法》,王太庆译,商务印书馆,2000 年。

21.亚当·斯密:《道德情操论》,谢宗林译,中央编译出版社,2011 年。

22.亚当·斯密:《国民财富的性质和原因的研究》,郭大力、王亚南译,商务印书馆,1974 年。

23.黑格尔:《哲学史讲演录》第 1 卷,贺麟等译,商务印书馆,1959 年。

24.黑格尔:《法哲学原理》,范扬、张企泰译,商务印书馆,1961 年。

25.黑格尔:《小逻辑》,贺麟译,商务印书馆,1982 年。

26.黑格尔:《精神现象学[句读本]》,邓晓芒译,人民出版社,2017 年。

27.艾四林、柯萌:《"政治国家"为何不能真正实现人的解放——关于〈论犹太人问题〉中马克思与鲍威尔思想分歧再探讨》,载《马克思主义与现实》2018 年第 5 期。

28.柄谷行人:《跨越性批判——康德与马克思》,赵京华译,中央编译出版社,2018 年。

29.陈先达、靳辉明:《马克思早期思想研究》,北京出版社,1983 年。

30.普雷德拉格·弗兰尼茨基:《马克思主义史》,黑龙江大学出版社,2015 年。

31.古尔德:《马克思的社会本体论》,王虎学译,北京师范大学出版社,2009 年。

32.广松涉:《唯物史观的原像》,邓习议译,南京大学出版社,2009 年。

33.韩立新:《〈巴黎手稿〉研究》,北京师范大学出版社,2014 年。

34.今村仁司:《马克思、尼采、弗洛伊德、胡塞尔——现代思想的源流》,卞崇道、周秀静等译,河北教育出版社,2002 年。

35.特雷尔·卡弗:《马克思与恩格斯:学术思想关系》,姜海波、王贵贤译,中国人民大学出版社,2008 年。

36.鲍·米·凯德洛夫:《列宁〈哲学笔记〉研究》,求实出版社,1984年。

37.Kurt Lhotzky, *Karl Marx und Friedrich Engels*:*Gesammelte Werke*, Anaconda Verlag Gmb H,2016.

38.诺曼·莱文:《不同的路径——马克思主义与恩格斯主义中的黑格尔》,北京师范大学出版社,2009年。

39.诺曼·莱文:《马克思与黑格尔的对话》,周阳译,中国人民大学出版社,2016年。

40.李彬彬:《思想的传承与决裂——以"犹太人问题"为中心的考察》,中国人民大学出版社,2015年。

41.李文阁:《生成性思维——现代哲学的思维方式》,载《中国社会科学》2000年第6期。

42.李文堂:《真理之光——费希特与海德格尔论 SEIN》,江苏人民出版社,2008年。

43.刘贵祥:《马克思的感性活动论研究——一个生存现象学视角的探索》,中国社会科学出版社,2016年。

44.林浩超:《论马克思的宗教批判——重读〈论犹太人问题〉》,载《马克思主义哲学研究》2016年第1期。

45.兹维·罗森:《布鲁诺·鲍威尔和卡尔·马克思》,王瑾等译,中国人民大学出版社,1984年。

46.戴维·麦克莱伦:《青年黑格尔派与马克思》;夏威仪、陈启伟、金海民译,商务印书馆,1982年。

47.戴维·麦克莱伦:《马克思思想导论》,郑一明、陈喜贵译,中国人民大学出版社,2008年。

48.马塞罗·默斯托:《马克思的〈大纲〉》,闫月梅译,中国人民大学出版社,2011 年。

49.汤姆·洛克莫尔:《费希特、马克思与德国哲学传统》,夏莹译,北京师范大学出版社,2018 年。

50.Ursula Martini, *Barron's Foreign Language Guides*: *German‐English Dictionary*, Barron's Educational Series, Inc., 2016.

51.庞卓恒、吴英、刘方现:《文本再译与实践唯物主义的哲学阐释》,载《中国社会科学报》2015 年 3 月 25 日。

52.司强:《青年马克思与费希特思想关系研究》,中国社会科学出版社,2014 年。

53.史蒂夫·B·斯密什:《政治哲学》,贺晴川译,北京联合出版公司,2015 年。

54.伊林·费彻尔:《马克思与马克思主义——从经济学批判到世界观》,赵玉兰译,北京师范大学出版社,2009 年。

55.B.A 马利宁、B.H.申卡鲁克:《黑格尔左派》,曾盛林译,社会科学文献出版社,1987 年。

56.聂锦芳:《清理与超越——重读马克思文本的意旨、基础与方法》,北京大学出版社,2005 年。

57.聂锦芳、李彬彬:《马克思思想发展历程中的"犹太人问题"》,中国人民大学出版社,2017 年。

58.聂锦芳:《再论"犹太人问题"——重提马克思早期思想演变中的一桩"公案"》,载《现代哲学》2013 年第 6 期。

59.Renate Merkel‐Melis, *Friedrich Engels Werke*: *Artikel Entwürfe Mai 1883 bis September* 1886, Akademie Verlag, 2011.

60.孙伯鍨、侯惠勤:《马克思主义哲学的历史与现状》,南京大学出版社,2004 年。

61.孙伯鍨:《探索者道路的探索——青年马克思恩格斯哲学思想研究》,南京大学出版社,2002年。

62.孙熙国:《是地道的唯心主义哲学还是唯物史观的秘密诞生地:马克思〈博士论文〉与唯物史观的创立》,《学术月刊》2013年第5期。

63.吴晓明、陈立新:《马克思主义本体论研究》,北京师范大学出版社,2017年。

64.余源培:《马克思主义哲学的理论与历史》(修订版),复旦大学出版社,2000年。

65.杨木:《马克思"社会形态""经济的社会形态"的范》,载《甘肃社会科学》2011年第4期。

66.杨木:《"五种'社会形态'"说对马克思"社会""经济的社会形态"和"社会形态"范畴的混淆》,载《甘肃理论学刊》2011年第5期。

67.杨木:《马克思"社会形态"术语和范畴的提出及其逻辑范畴的形成》,载《西部法学评论》2012年第3期。

68.张文喜:《历史唯物主义与政治经济学批判的边界讨论》,载《马克思主义与现实》2016年第3期。

69.张慎:《西方哲学史(学术版)》第6卷,江苏人民出版社,2005年。

70.张一兵:《马克思哲学的历史原像》,人民出版社,2009年。

71.张双利:《马克思论宗教与现代政治——重解马克思的〈论犹太人问题〉》,载《复旦学报》2016年第1期。

72.赵林林:《从政治解放到人类解放——斯宾诺莎与马克思的比较》,载《马克思主义哲学论丛》2018年第3期。

后 记

马克思主义是中国革命和建设的指路明灯。中国共产党为什么能,中国特色社会主义为什么好,归根到底是因为马克思主义行!至于马克思主义为什么行,需要深入开展马克思主义经典著作研究,梳理源头、把握脉络,还原思想史的历史进程,了解马克思主义来龙去脉,厘清马克思主义的各种论断,弄懂弄通马克思主义真谛,这是创新发展 21 世纪马克思主义最重要的思想资源之一。经典著作常读常新,这方面仍有大量工作可做,这里所展示的是阶段性成果,兹将作者依次排列如下:

第一、二、三、四、七、九章、附录:桁林(中国社会科学院大学教授、中国社会科学院马研院研究员、博士生导师)。其中,浙江师范大学研究生彭威协助整理,承担了大量文字工作;首都经贸大学教授沈敏荣提出书面意见,使最终成果得以完善;

第五章:丁涛(东北财经大学马克思主义学院副教授);

第六章:李亿(清华大学马克思主义学院博士研究生);

第八章:孟庆友(中国社会科学院马研院助理研究员、北京大学法学博士）；

第十章：刘宗碧（凯里学院马克思主义学院教授）；

第十一章：刘天喜（浙江理工大学马克思主义学院教授）；

第十二章：梁苘（苏州大学马克思主义学院副教授）；

第十三章：李业杰（新疆理工学院教授）；

第十四章：张婷（中国人民大学哲学院博士研究生）；

第十五章：赵国杰（中国人民大学哲学院硕士研究生）；

第十六章：郑波辉（信阳师范学院当代马克思主义研究所副研究员）。

本书的鲜明特色和学术贡献在于：

第一，首次提出具有内在关联性的"观念巨链"，如"马克思主义发生史""文化层意义上的唯物史观和唯物心史观"及"文本考古学"和"文本考古学方法"等，它们并非可有可无的点缀，或雷大雨小的噱头，而是深入骨髓的方法论创新。第一章《绪论》从史学研究方法、唯物史观和唯心史观关系、历史辩证法的彻底性、意识形态批判、研究中的教条主义危害性五个方面概括总结了方法论探索与创新的最新成果，具有某种文献学的价值。

第二，把马克思主义哲学来源从德国古典哲学往前推到古希腊哲学，目的在于超越黑格尔吹起的一个个"圆圈"，看清底下的辩证法本色。哲学首先写在活生生的现实社会关系中，尔后才登堂入室，讲经说法。在德国古典哲学终结的地方诞生马克思主义，并不意味着德国古典哲学就是它的起点，不要忘了，还有古希腊哲学与之遥相呼应，马克思博士论文就是以德谟克利特和伊壁鸠鲁为题的。至于政治经济学，也不限于古典，前斯密的原始积累时期同等重要。原始积累过程的过渡性特征,决定了它从不属于前后任何一种社会形态,这种非典型性反倒成了研究中的灯下黑,这个理论黑洞应当填上,它有着特别重要的当代意义,影响至今,从时间跨度上说也延续了好几代人,而非过眼烟云,转瞬即逝。至于科学社会主义,更是新生事物,人们只知道从空想转化而来,不知其背后的文化积淀和付出的代价,就马克思时代来说就有法国实践和美国实验需要总结,更不要说后来如火如荼的社会主义运动。如果每个阶段都能及时总结到位,何至于今天仍夹杂着那么多天真幼稚的认知。

第三,研究马克思主义发生发展的历史,必须立足于三点所织成的平面,一是作为唯物史观载体和具体存在形式的社会形态即马克思社会形态学,二是作为现代化原点的传统社会形态,三是作为历史和逻辑起点的资本原始积累,推动马克思主义发展史的三驾马车缺一不可,书中第二章至第四章构成底层思维逻辑,是社会解剖学的伽玛刀,提供了马克思主义发生史方法论研究所需要的全部要件。

关于发生史和创立史的区别。发生史是指思想观念的发散过程,它是多头的、多元的,在酝酿发酵时一切似乎皆有可能,而创立史则指学说如何形成,它必须是收敛的;正因为有了先前的多头突破——观念总是像大雁那样成群而起,尔后才有经验的积淀和认知上的久久为功,两厢相向而行,最终成就的是马克思主义。

第四,马克思主义历史进程是立体的,它从一个方面看是唯物史观进程,从另一方面看是历史辩证法进程,从第三个方面看是意识形态批判进程。马克思主义的这个特点,在列宁那里得到了确认,他强调辩证法、逻辑学和认识论在黑格尔和马克思那里是同一的,甚至不必用三个词,更坚定了我们的理论自信和探索真理的决心。

总之,各章都有鲜明特色与独到贡献。我们对于这一成果的出版充满期待,也希望更多人从中受到启迪和激发。

大鹏一日同风起,扶摇直上九万里,我们已经大踏步地赶上了新时代,正全力以赴实现第二个百年目标,奔向 2050 年现代化强国,谁也挡不住前进道路。这个现代化强国之所以强,就强在它唤起亿万人的创造性,着眼于每个人自由全面地发展,后者正是《共产党宣言》最庄严神圣的承诺。所有理论创新和实践创新,都朝向这个总目标看齐,这是"四个自信"的策源地。改革必于是,发展必于是,舍此而无他途。

回首向来萧瑟处,也无风雨也无晴,在科学入口处,正如在地狱入口处一样,必须摈除一切杂念,勇于直面,虽万千人,亦往矣。

桁林 谨记